August Bebel im April 1894. Bislang unveröffentlichtes Foto aus dem Privatbesitz des Bismarck-Biographen Ernst Engelberg, dessen Vater Wilhelm das Bild im Kinzigtal (Schwarzwald) aufnahm.

Brigitte Seebacher-Brandt

Bebel

Künder und Kärrner im Kaiserreich

Verlag J.H.W. Dietz Nachf.

ISBN 3-8012-0137-6

Copyright © 1988 by Verlag J. H. W. Dietz Nachf. GmbH
Berlin · Bonn
In der Raste 20–22, D-5300 Bonn
Umschlag: Karl Debus, Bonn
Satz: Fotosatz Froitzheim, Bonn
Abbildungen: S. 2 © bei Ernst Engelberg, Berlin (DDR); S. 180/181 © bei Internationales
Institut für Sozialgeschichte, Amsterdam; alle übrigen Abbildungen © bei Archiv der
sozialen Demokratie (AdsD), Bonn
Druck und Verarbeitung: Clausen & Bosse GmbH, Leck
Alle Rechte vorbehalten
Printed in Germany 1988

Inhalt

I. Bebel, Bismarck und das Reich

20. Januar 1890, Hamburg. Fünfzigtausend Menschen sind auf den Beinen, zwölftausend finden in den Sagebielschen Sälen Platz und werden Zeuge einer denkwürdigen Versammlung. Bebel berichtet an seine Frau: „Als ich die Tribüne betrat, gab es einen Beifallssturm, daß die Wände bebten, und dasselbe war der Fall, als ich nach anderthalbstündiger Rede – ich war gut disponiert, und trotz des ungeheuren Raumes drang meine Stimme durch – die Tribüne verließ. Als dann nach angenommener Resolution, für die sich ein Wald von Händen erhob, der Vorsitzende ein dreifaches Hoch auf mich ausbrachte, kannte der Enthusiasmus keine Grenze mehr. Die Tausende von Hüten, die geschwenkt wurden, mit dem Donner der Kehlen dazwischen, das war ein Schauspiel, das einzig war. Am großartigsten aber war, daß, als nach Schluß der Versammlung die Massen den Saal verließen und an der Tribüne vorbeizogen, diese immer und immer wieder in neue Hochs mit Hüteschwenken ausbrachen, so daß mir schließlich vor lauter Kopfnicken das Genick wehe tat."

24. Januar 1890, Berlin. Im Kronrat geraten Kaiser und Kanzler hart aneinander. Der Bruch, der sich abzeichnet, wird von Landwirtschaftsminister Lucius als „irreparabel" empfunden. Den Anlaß hat jenes Sozialisten-Gesetz geliefert, dessen Beerdigung in Hamburg soeben vorweggenommen wurde. Bismarck will die Sozialdemokratie unterdrückt wissen, und zwar schärfer als in der Vergangenheit, Wilhelm II., so hält Lucius fest, seine ersten Regierungsjahre nicht „mit dem Blut seiner Untertanen färben", sondern ein Arbeiterschutzprogramm vorlegen.

25. Januar 1890, Berlin. Im Reichstag bildet sich eine ungewohnte Mehrheit heraus. Sozialdemokratie, Zentrum, Freisinn und Konservative verweigern sich einem neuen Sozialisten-Gesetz; der Entwurf sah keine Befristung mehr vor, verzichtete aber auf die einst berüchtigten Ausweisungsparagraphen. Zu eben diesem winzigen Zugeständnis, das die Nationalliberalen zu erzwingen suchten, wollte und

will Bismarck sich nicht bereitfinden. Er besteht auf dem Alles oder Nichts und wähnt, daß er allein aus dem Chaos Nutzen ziehe.

In der Debatte hat Bebel fast die gleiche Rede wie in der Hamburger Massenversammlung gehalten. Das Repertoire wiederholt sich: Die Sozialdemokratie wächst unaufhörlich; Verelendung und Proletarisierung schreiten fort; die Mittelschichten, Handwerker und Bauern, schwinden; die alte, die bürgerliche Gesellschaft verfällt und wird – naturnotwendig – durch die neue, die sozialistische Gesellschaft abgelöst. Freudig fast nimmt er das Ergebnis der Abstimmung vorweg; daß anderes als ein verlängertes und verschärftes Ausnahmegesetz herauskommen könne, schließt er aus. Er ist seiner Sache gewiß und fühlt sich bestätigt. „Die schlimmsten Reaktionäre sind die größten Revolutionäre", ruft er in den Reichstag hinein und vergleicht sich und seine Partei abwechselnd mit den ersten Christen und den mittelalterlichen Ketzern, die auch verfolgt worden seien. Das Bild einer Partei, die so unaufhaltsam und so sicher anwachse wie das Christentum und gleiche Verfolgung erdulde, bemühte Bebel in diesen Jahren immer wieder.

In seiner Rede am 25. Januar erkannte Bebel an, daß das Sozialisten-Gesetz mit wachsender Dauer zunehmend weiter ausgelegt und großzügiger gehandhabt worden sei und die Partei sich einen beachtlichen Raum der Entfaltung habe schaffen können. Aber dies zuzugeben, war eines. Den Schluß zu ziehen, daß nicht gleichgültig sein durfte, was innerhalb der bestehenden Ordnung vor sich ging, ein anderes. Wäre Bebel darauf hingewiesen worden, daß weder die Stimmengewinne noch der organisatorische Ausbau der Partei bei anhaltend harter Unterdrückungspraxis möglich gewesen wären, er hätte sich entrüstet. Die eigene Bewegung gedieh prachtvoll, doch erst das Gefühl, verfolgt zu werden, beflügelte jenes Sendungsbewußtsein, das es erlaubte, sich vom Rest der Welt abzuwenden und deren Ende getrost abzuwarten. Als das Ausnahme-Gesetz am 30. September 1890 seinen Geist auch offiziell aufgegeben hatte, legten die Berliner Sozialdemokraten ihre Sonntagskleider an und feierten in den sieben größten Sälen der Stadt riesige Feste, die Ausgewiesenen wurden im Triumphzug heimgeführt. In den Reden der Führer aber – Bebel trat um Mitternacht in Tempelhof auf – ward davon gesprochen, daß die Waffen gewechselt hätten, der Kampf aber derselbe bleibe.

Die gouvernementale Auseinandersetzung um die Zukunft des Sozialisten-Gesetzes ging an Bebel vorbei. Sie interessierte ihn nicht, und er wollte jetzt so wenig Einfluß nehmen wie er früher, wenn es um die Verlängerung ging, auf schwankende Abgeordnete einzuwirken gesucht hatte. Die Einsicht, daß nur ein Kurswandel aus der Sackgasse herausführe und Unheil verhüte, hatte sich bis in die Rechte hinein verbreitet. „Nicht nur Recht und Billigkeit", auch „Berechnung und Klugheit" sprächen für eine neue Politik gegenüber der Arbeiterbewegung, befand nicht nur die „Frankfurter Zeitung". Und daß Bismarck gerade „die soziale Frage" ein willkommenes Mittel war, seine Macht zu sichern, es also nicht mehr nur um Sein oder Nicht-Sein eines Gesetzes ging, sondern um den Kampf zwischen Kanzler und Kaiser, der zwar auch kein Programm, aber Jugend und kaiserlich-königliche Insignien auf seiner Seite hatte, nahm Bebel zur Kenntnis, es bewegte ihn kaum. „Zerwürfnis und Sturm in den höchsten Regionen", wie er zu sagen pflegte, galten ihm als Zeichen der ihrem Zusammenbruch entgegeneilenden bürgerlichen Gesellschaft.

Während der greise Kanzler seine letzten Karten ausreizte, kamen am 4. Februar die kaiserlichen Erlasse heraus, ohne daß Bismarck sie gegengezeichnet hätte; es sollten eine internationale Arbeiterschutzkonferenz stattfinden, sowie die bestehenden Reichsgesetze überprüft und erweitert werden. Bebel wertete die Signale von oben als Frucht des Drucks von unten, pries sie als großen moralischen Sieg der Sozialdemokratie und stürzte sich in einen Wahlkampf, der die Partei in einen Höhenrausch versetzte und ihr beste Aussichten bescherte. In einem Bericht für die Wiener „Arbeiter-Zeitung" schwärmte Bebel von Opferwilligkeit, Kraft und Intelligenz der Massen und wie über viele, die nie zuvor öffentlich geredet hätten, der „heilige Geist" komme und der Wahltag ein Tag der Erlösung werde. Der sozialdemokratische Wahlkampf fand keine Beschränkung mehr, Versammlungen wurden nur noch aufgelöst, wenn sie überfüllt waren. Bebel ging mit größter Umsicht ans Werk und war erleichtert, als die Bergarbeiter einen neuerlichen Streik verschoben, bis die Wahlen vorüber seien. Die Staatsmacht nicht zu provozieren, war jetzt wie in allen Jahren zuvor sein erstes Bestreben. Er wich der Auseinandersetzung, ja der Berührung mit jener Gesellschaft aus, die er die bürgerliche nannte, und dabei war es gleich, ob sie in der

9

sanften Weise des parlamentarischen Handels stattfinden würde oder in der härteren Gangart des außerparlamentarischen Kampfes. So lautete denn seine Parole für den Ersten Mai 1890: Arbeitsruhe nur, wenn sie ohne Konflikte möglich ist.

Monatelang, schon seit dem Dezember 1889, waren in mehreren deutschen Städten Vorbereitungen für eine Maifeier getroffen worden – angeregt durch den Beschluß des Pariser Gründungskongresses der Internationale, der die Form der Feier allerdings offen gelassen hatte. Als der Termin nahte und aus Berlin eine koordinierende Streik-Initiative erging, zog die Parteiführung, die offiziell noch durch die Reichstagsfraktion wahrgenommen wurde und inoffiziell bei Bebel lag, die Notbremse und erließ einen Aufruf; von „einem Tag allgemeiner Arbeitsruhe" ward nachdrücklich abgeraten, sie würde wirtschaftliche und politische Konflikte „von unabsehbarer Tragweite veranlassen". Je stärker eine Partei, so Bebels Begründung, desto mehr habe sie auch die Folgen ihrer Schritte abzuwägen. Als alles einheitlich und ohne Konflikt und sogar in Berlin „musterhaft" über die Bühne gegangen war, folgerte er: Die Bourgeoisie wisse nun, daß ihre Uhr im Ablaufen begriffen und ihr in der Arbeiterklasse ein Gegner entstanden sei, „der weiß, was er will, und ruhig und entschlossen sein Ziel verfolgt". Er selbst hatte den Ersten Mai in Dresden verbracht, privat.

1871, das Reich war gerade gegründet, tauchte in den „Berliner Wespen" eine Karikatur auf: Bebel als David, wie er mit der Schleuder zum Wurf ausholt, und Bismarck als Goliath, der – weil zu groß – für den Stein unerreichbar ist. So beugt er sich über den Kühnen und dreht ihm lustig eine Nase. Zwei Jahrzehnte später macht das Bild wieder Furore, unter umgekehrtem Vorzeichen: David besiegt Goliath. Die Wahlen vom 20. Februar hatten für die Sozialdemokraten einen glänzenden Verlauf genommen. Seit 1881, als man gute 300.000 Stimmen sammelte, war es immer nur nach oben gegangen, nun also 1,4 Millionen Stimmen, 664.000 mehr als 1887; jeder fünfte im Reich wählte 1890 sozialdemokratisch. Der Ertrag – 35 Mandate – schien gering; erstens waren die Wahlkreise auf ein Agrarland zugeschnitten und nahmen sich in einem der ersten Industriestaaten der Welt anachronistisch aus; zweitens taten sich die Sozialdemokraten schwer, in der Stichwahl Bündnispartner zu suchen und zu finden.

Bebel schob's auf den „furchtbaren Schrecken", den die Hauptwahlen „auf das Philistertum aller Parteischattierungen ausübten", und prophezeite Engels, seine Genugtuung nicht verbergend, daß „der rote Schrecken" auch im Parlament weiterwirken und sich alles „gegen uns" vereinigen werde. Engels hatte, bevor er in seinen letzten Lebensjahren auf die Eroberung von „Kernregimentern" der preußischen Armee setzte, das allgemeine Stimmrecht als Gradmesser für die Reife der Arbeiterklasse gewertet; zeige das Thermometer den Siedepunkt an, wüßten Arbeiter wie Kapitalisten, woran sie seien. Eine Einschätzung, die nahezu Allgemeingut in der deutschen Partei geworden war und 1890 neuen Auftrieb erhielt.

Daß der Fortschritt, der ununterbrochene Fortschritt das Lebensprinzip der Völker sei, es keinen Stillstand und noch weniger ein „Zurück" gebe, hatte Bebel, anläßlich eines Rückblicks auf hundert Jahre Französische Revolution, verkündet. Schon 1877, als er sich während einer Haftstrafe mit der Geschichte Frankreichs beschäftigte, meinte er das Gesetz des Fortschritts erkannt zu haben. Sein Schluß: Keine Macht der Erde könne diesem Gesetz widerstehen. Er verkündete, daß „einst für alle Geknechteten und Bedrückten die Erlösungsstunde schlagen wird". Fortschritt lag für ihn in jener Entwicklung begründet, die er auch in seiner Reichstagsrede am 25. Januar 1890 wieder ausgemalt hatte und von der er sagte, daß sie in der sozialistischen Gesellschaft ende, jenem paradiesischen Zustand, in dem die Freiheit des einzelnen in der Gleichheit aller aufgehoben sein würde. 1878 hatte er in seinem Buch „Die Frau und der Sozialismus" dieses Ende aller bisherigen Geschichte ins Auge gefaßt und nie wieder davon gelassen. Ein Jahrzehnt zuvor war sein Stichwort vom Zusammenbruch der bürgerlichen Gesellschaft zum erstenmal gefallen, seither hat er es unzählige Male variiert und mit neuem – marxistischen – Vokabular ausgeschmückt. Die kapitalistische Katastrophe blieb der Fixpunkt seiner Vision – über die Jahrzehnte hinweg. Bebel maß die Entwicklung nicht nur an den Stimmenzahlen, er fand den allgemeinen Niedergang immer auch in eigener Anschauung begründet. Bis in seine letzten Jahre stand die Krise für ihn – „kurz bevor". Erst ganz am Ende seines Lebens überlagerte die Angst um das Schicksal Deutschlands sein Zusammenbruchsdenken.

Nach der Wahl vom 20. Februar, die Konservativen und Nationalliberalen eine verheerende Niederlage bereitet hatte, galt Bismarcks Abgang als Frage von Tagen und Gelegenheiten. Am 4. März untersagte Wilhelm II. seinem Kanzler, noch einmal ein neues, verschärftes Sozialisten-Gesetz vorzulegen, und setzte ein letztes Zeichen dafür, daß das Ende der Ausnahmegesetzgebung und der Sturz des Kanzlers am 18. März ineinander spielten. Bebel vermerkt es wohl, und dennoch bemüht er sich, den Einschnitt zu überdecken. Er schlägt Töne an, die nun immer wieder anklingen und sich mit der altbekannten Melodie, der Gewißheit über den Gang der Dinge, vermischen sollten, Töne von einer ungewissen Zukunft. „Die Hauptsache ist", so der Kommentar, den er nach Amerika übermittelte, „daß bei uns die Dinge in Fluß sind, daß alle alten Autoritäten im Wanken sind und kein Mensch weiß, was die nächste Zukunft bringt."

Als Otto von Bismarck am 29. März die Berliner Bühne räumte und nach Friedrichsruh übersiedelte, ging Bebel in die Schweizer Osterferien, er wollte die Verlobung seiner Tochter feiern. Seine Wohnung in Dresden hatte er bereits gekündigt; er meinte, in seine Leipziger Wahlheimat, aus der er 1881 ausgewiesen worden war, zurückzukehren. Doch im Juni schon schrieb er, vertraulich und stolz, einem Freund in New York: „Nach Berlin soll die Zentrale der Partei kommen." Er selbst werde auch in die Hauptstadt ziehen. Wenig später verabschiedet er sich mit einem großen Volksfest von seinen sächsischen Wählern; das Landtagsmandat, das er neun Jahre lang innegehabt hat, legt er nun nieder. Seinen Umzug zeigt er per Zeitungsannonce an. Am 19. September 1890 hat er sein neues Domizil im gutbürgerlichen Berliner Westen, in der Schöneberger Großgörschenstraße, bereits bezogen. Bis ans Ende seiner Tage sollte er noch mehrere Male umziehen, aber Schöneberg nicht mehr verlassen.

Natalie Liebknecht, die sich, anders als seine eigene sehr behende, anpassungsbereite Frau, schrecklich zierte, in einen Umzug einzuwilligen, suchte er den Ortswechsel damit schmackhaft zu machen, daß man „im äußersten Westen" der Stadt angenehmer wohne als irgendwo in Leipzig. Gerade der Westen, „wo die gesamte Bourgeoisie, die Beamten und die Offizierswelt wohnt", sei in allem, was sie zu vermissen glaube, reichlich ausgestattet. „Die reichen und wohlhabenden Leute haben doch auch Bedürfnisse, und welche!"

Daß sämtliche Umzugskosten von der Partei vergütet würden, nannte er selbstverständlich und vergaß nicht hinzuzufügen, daß Liebknecht, der auch in den Jahren zuvor nicht schlecht verdient hatte, es in Berlin – er sollte Chefredakteur des neuen Zentralorgans werden – auf 10.000 Mark im Jahr bringe; es wären heute runde 15.000 Mark im Monat.

Die Partei war am Ende der Sozialisten-Gesetz-Ära wohlhabend geworden, einen Teil ihres Geldes hatte Bebel – welch ein Symbol beginnender Verflochtenheit mit der bürgerlichen Gesellschaft! – an der Börse angelegt. Aber auch er selbst erschien keineswegs als armer Mann auf der Berliner Szene. Finanzielle Sorgen hatte er vielleicht in den allerersten Anfängen als Drechslermeister gehabt, hernach nicht mehr. Seit er Mitte der achtziger Jahre aus seiner florierenden Firma ausgestiegen war und sich von seinem Kompagnon hatte abfinden lassen, besaß er Vermögen. Seine Hinweise auf die Annehmlichkeiten des Berliner Westens – sich in den Arbeitervierteln des Ostens niederzulassen, wäre ihm kaum in den Sinn gekommen – entsprangen einem bildungsbürgerlich-förmlichen Lebensstil. Noch im Herbst 1890 gab er das Hochzeitsgeschenk für seine Tochter eigens in Auftrag: Bestecke „erster Qualität" sollten angefertigt werden, die Gabel vierzinkig. War das die Art eines Revolutionärs oder eines Repräsentanten im Kaiserreich?

Jenes Jahr, in dem das Sozialisten-Gesetz fällt, Bismarck, 75jährig, die Hauptstadt des Reichs verläßt und Bebel, ein Vierteljahrhundert jünger, sich in Berlin niederläßt, markiert es einen Einschnitt? In der Geschichte des Reiches oder nur der Arbeiterbewegung? Ist es ein Zufall, daß die Sozialdemokratie gerade jetzt, da mit der Bismarckschen Verfolgung auch der Schein von kompromißloser Radikalität zu schwinden droht, ein neues Programm in Angriff nimmt? Ein Programm, das sich mit schönen praktischen Forderungen für das Hier und Jetzt nicht begnügen mag, sondern die verlorene Ausnahmestellung durch einen Blick ins Jenseits wieder einzufangen sucht?

Massen von Proletariern weisen Bebel von nun an kaiserliche Züge zu. Kaiser Bebel, Ersatzkaiser, Arbeiterkaiser – so klingt es fortan in der sozialdemokratischen Anhängerschaft, wenn über den ersten Mann geredet oder geschrieben wird. In der gegnerischen, auch der liberalen Presse blühen vom gleichen Augenblick an die

Spekulationen, daß Bebel leidend sei, krank, nervenkrank, sterbens-krank; „sein Zustand gilt als hoffnungslos", meldet der „Hamburger Generalanzeiger" am 1. Juni 1890. Zugleich werden Geschichten über seinen Wohlstand in Umlauf gesetzt; durch einen Schweizer Hauskauf und Erbschaften um die Jahrhundertwende erhalten sie immer wieder neue Nahrung.

Der Mythos Bebel ist 1890 geboren worden. Die Parteiblätter, in welchem Winkel des Reiches sie auch herauskommen, schildern in den neunziger Jahren eine Bebel-Versammlung so, wie sie sich 1890 in Hamburg abgespielt hat: Ist der Beginn auf zwanzig Uhr festge-setzt, füllt sich der meist mehrere tausend Personen fassende Saal viele Stunden vorher, die Tische fliegen hinaus, oft auch die Stühle, spätestens um neunzehn Uhr ist kein Durchkommen mehr, und die Polizei sperrt den Zutritt. Tausende bauen sich draußen auf, um wenigstens einen Blick zu erwischen, es werden auch Fenster ausge-hängt und Dachziegel abgedeckt. Bebel erscheint meist verspätet und direkt von der Bahn herbeieilend. Die Menge harrt seiner mit geduckten Häuptern und gesenkten Augen und in Totenstille, die sich in donnernde Hochrufe entlädt, hat Bebel die Tribüne erklom-men. Er spricht, nach der Begrüßung durch die lokale Größe, zwischen zwei und zweieinhalb Stunden. Über aktuelle Ereignisse und den Reichstag – in referierendem Stil und ohne besondere Schärfe. Und er spricht über den Zusammenbruch, über die soziali-stische Gesellschaft, die dereinst komme.

Die Erlösungsstunde hatte er auch schon früher beschworen, aber erst jetzt, nach 1890, prophezeite er sie, landauf, landab, massen-wirksam. Die Zuhörerschaft sei „wie hypnotisiert" gewesen, heißt es hier und da, und einmal wird erwähnt, Bebel hätte erzählen können, zwei mal zwei sei fünf und es wäre geglaubt worden. Nach der Rede wird diskutiert, selten, wie in Bremen 1893, mit Vertretern anderer Parteien. Bevor sich um Mitternacht – und oft danach – die Veranstaltung dem Ende zuneigt, werden die Häupter entblößt, es legt sich Ehrfurcht über den Saal, wenn Bebel hinausschreitet.

In seiner Freiburger Antrittsvorlesung hat Max Weber 1895 von dem grundehrlichen Haß gesprochen, den Millionen deutscher Pro-letarier und breite Schichten des Bürgertums gegen Bismarck heg-ten, gegen „diesen einzigen Mann", von dem Liebknecht im Leipzi-ger Hochverratsprozeß 1872 gesagt hatte, das System verkörpere

deutig wie die über das Reich. Sie schwanken zwischen Verweigern und Bewundern. Der Kanzler besorge die eigene, die sozialdemokratische Arbeit, so redete Bebel sich ein, gleich was er anstellte, ob er das Sozialisten-Gesetz verlängern oder die Sozialreform in Gang setzen ließ. Schon in einem ersten Briefbericht über Bismarck, Frühjahr 1867, mochte Bebel es ihm nicht verdenken, daß er den Liberalen keine Konzessionen machte, und fand, Bismarck müsse ein Esel sein, wenn er nachgebe; die Miquel, Lasker, Bennigsen, die Twesten, Unruh, Sybel „u. Konsorten" hätten ja im vorhinein erklärt, das „Werk" – die Verfassung – solle zustandekommen. Bismarck kenne seine Pappenheimer genau, und wenn man sich die in der Nähe anschaue, dann begreife man das Auftreten Bismarcks: „Da gilt's nur ein bißchen scharf auftreten, und die Gesellschaft kriecht zu Kreuze." Später, im Laufe der Jahre und Jahrzehnte, da Bebel und seine Partei, ob er's wollte oder nicht, ob er's merkte oder nicht, immer mehr Teil des Systems wurden, berief er sich gern und nicht nur in Briefen auf Bismarcks auswärtige Politik. Der Annexion Elsaß-Lothringens hatte Bebel sich einst widersetzt und damit unsterblichen Ruhm geerntet. Die Zeit war darüber hinweggegangen. Das preußische Soldatenkind hielt nichts von Pazifismus, und immer und nicht erst gegen Ende seines Lebens wollte er das deutsche Vaterland verteidigt sehen. So knüpfte sich, aller Verkündigungen zum Trotz, ein Band widersprüchlicher, aber unverkennbarer Identifikation gleichsam von selbst. Je weiter sich sein Leben dem Ende zuneigte, je schwieriger sich die Lage des Reiches gestaltete, desto enger wurde das Band.

Var es Zufall, daß er mit besonderer Hochachtung, auch in seinen Erinnerungen noch, vom alten Moltke sprach? Der Generalfeldmarschall war Mitglied des Reichstags und verhielt sich ausgesprochen anständig gegen die Sozialdemokraten. War es Zufall, daß er nicht nur auf den Feind aller Zivilisation, das Zarenreich, herabsah, sondern auch auf die französische Geldsack-Republik? Den Bund zwischen Paris und Petersburg hatte er beizeiten vorausgesagt. Aber was half es, als er Wirklichkeit geworden war und sich das Deutsche Reich zu behaupten hatte? Daß die Spannung der europäischen Hochrüstung sich eines Tages im Krieg entladen müsse, war eines jener Themen, das ihn nie los- und er in keiner Rede ausließ. Aber sie war nun einmal Tatsache, und sollte dann Deutschland nicht auch gerüstet sein, möglichst ein klein wenig mehr als seine beiden Kriegsgegner? Daß sich das Reich auch mit England noch anlegen könnte, merkte Bebel erst kurze Zeit vor seinem Tode und machte ihm Angst. Den Militäretat lehnte er ab. Aber daß die Soldaten ordentliche Monturen hatten, daran lag ihm viel. Als er 1907, gemeinsam mit anderen Mitgliedern des Reichstags, der Truppe einen Besuch abstattete, berichtete der sächsische Militärbevollmächtigte nach Dresden, wie wohl Bebel sich gefühlt habe. Er wollte, daß sich Deutschland in einem ihm aufgezwungenen Krieg – andere Möglichkeiten schloß er aus – behaupte, und doch blieb er dabei, daß Krieg und Kapitalismus zusammengehörten und sich das eine mit dem anderen erledige.

Bebel hat beizeiten erkennen lassen, wie sehr ihn – jenseits der Frage der inneren Ordnung – das Schicksal des Deutschen Reiches berührte. Aber er hat nicht erkennen lassen, daß er je daran dachte, Schlüsse für die Stellung der Sozialdemokratie im Reich zu ziehen. Zeigte in der Partei der eine oder andere Anwandlungen, sich ohne Zusammenbruchsvision der Wirklichkeit zu stellen, um diese zu verändern, wurde er höchst ungehalten. Es war seine – und nicht nur seine – sozialdemokratische Art, der Wirklichkeit zu entfliehen...

Friedrich Naumann, der am Ende des Ersten Weltkriegs noch die Demokratische Partei mitbegründen sollte, hat Bebel für ein Unglück der deutschen Politik gehalten und ihn „als Naturereignis" geliebt. So überliefert es Theodor Heuss, der Biograph, der Bebel selbst erlebt und über ihn geschrieben hat; das prachtvolle Organ mit dem kupfernen Ton war ihm unvergeßlich geblieben. Auch er war hin- und hergerissen zwischen Abwehr und Bewunderung. Auch er bedauerte, daß Naumann der Brückenschlag zwischen Bebels Sozialdemokratie und Bassermanns Nationalliberalen mißlungen war und hatte mißlingen müssen. Bei Bebels Tod bekannte Naumann, über seinem Schreibtisch habe er die Bilder von Bebel und Bismarck hängen gehabt. In seinem Nachruf erläuterte er, wie sehr die deutsche Reichsgründungszeit in beiden gelebt habe – „gegensätzlich und doch zusammengehörig".

Wann aber war die „Reichsgründungszeit" zu Ende? Bebel und Bismarck, einander sehr fern und doch nah, blieben Repräsentanten des Reichs, auch als 1890 der eine gegangen war. Bebels große Zeit begann 1890, aber sie war die Frucht seines Wirkens zuvor. Eine

Entwicklung machte er, jenseits der fünfzig, nicht mehr durch. Und versank nicht auch beider Werk in den Schlachten des Weltkriegs? Und sind nicht beide, Bismarck und Bebel, in jenem Zeitroman gegenwärtig, der in den neunziger Jahren entstand und dem Adel Preußens ein so unvergleichliches Denkmal setzte? Was aber wäre Theodor Fontanes „Stechlin" ohne einen „Ritt ins Bebelsche"?

Als der alte Dubslav von Stechlin auf dem Sterbebett liegt, malt er aus, wie Woldemar, sein junkerlicher Sohn, empfangen und wie dann in einem Album mit lauter Berühmtheiten geblättert wird: „Obenan natürlich der alte Wilhelm und Kaiser Friedrich und Bismarck und Moltke, und ganz gemütlich dazwischen Mazzini und Garibaldi, und Marx und Lassalle, die wenigstens tot sind, und daneben Bebel und Liebknecht. Und dann sagt Woldemar: ‚Sehen Sie da den Bebel. Mein politischer Gegner, aber ein Mann von Gesinnung und Intelligenz.'" Von der Anfälligkeit für „so'nen Schimmer von Sozialdemokratie" war auch schon früher die Rede gewesen und davon, daß sich richtige Prinzen, die neuerdings in die feinen Regimenter kämen, das leisten könnten, denn – „die verbebeln nicht leicht".

II. Aufbruch

1840 war Otto von Bismarck, 25 Jahre alt, damit beschäftigt, seine Güter zu sanieren. Die Kindheit hatte er in Pommern durchlebt, die Schule in Berlin ertragen, die Studienzeit in Göttingen genossen. Weil er glaubte, in öffentlichen Diensten zu verkümmern, hatte er sich nach Kniephof zurückgezogen. Groß geworden als ein junger Herr, als Junker, boten sich ihm die Welt und das Leben allein aus dieser Perspektive dar. Als August Bebel in den Kasematten von Deutz ein sehr trübes Licht der Welt erblickte, war Otto von Bismarck vom Überdruß dessen erfüllt, der alles hat und dennoch auf der Suche ist – nach mehr, nach anderem.

Im Sommer des Jahres 1840 bestieg Friedrich Wilhelm IV. den Thron und nahm vor dem Berliner Schloß die Erbhuldigung entgegen, auch die des jungen Bismarck. Einen kurzen lichten Augenblick lang schien eine neue Zeit angebrochen. Daß der wirtschaftliche Umbruch politischen Ausdruck finde, war die unbestimmte Hoffnung; daß das preußische Verfassungsversprechen von 1815 eingelöst werde, der bestimmte Wunsch. Beides trog. Der Romantiker auf dem Berliner Königsthron war mit seiner Zeit zerfallen. Umgeben von Aristokraten, frommen und frömmelnden, vertiefte er jene Kluft, die das Bürgertum von politischer Macht trennte. Marx und Engels haben das Jahr 1840 als das Jahr der oppositionellen Schilderhebung der deutschen Bourgeoisie betrachtet, aber niemand hätte damit schon die Aufkündigung des Wohlverhaltens bezeichnen wollen. Die Frage, ob und wie das Bürgertum die Geschicke mitbestimmen würde, stand auf der Tagesordnung. Erst sehr viel später und unter neuen Umständen sollte sich die Antwort herauskristallisieren.

Deutschland war 1840 ein gärendes Land. Die Franzosen beschwatzten, von einer orientalischen Pleite ablenkend, den Griff nach dem Rhein und beflügelten eine Nation, die sich gerade erst auf die Einheitssuche machte. Die „Wacht am Rhein" und Nikolaus Beckers „Sie sollen ihn nicht haben, den freien deutschen Rhein" bezeichneten jenen Gegensatz zwischen Einheit und Freiheit, der einer Epoche den Namen geben sollte. Im selben Jahr 1840, da diese Lieder geboren wurden, fand sich in Köln der Dombauverein zusammen: Ein christliches und nationales Symbol sollte Gestalt annehmen.

Im Schatten der Ruine, die der Dom vorläufig noch war, kam Bebel am 22. Februar 1840 zur Welt. Vater Johann Gottlob Bebel, gebürtig aus Ostrowo in der Provinz Posen und Sohn eines Böttchermeisters, war einer von Preußens Unteroffizieren, denen es kaum besser ging als den preußischen Proletariern Jahrzehnte später. Das Ergebnis eigener Ahnenforschung hat Bebel späterhin selbst mitgeteilt: Die Familie wurzelt im deutschen Südwesten, wo seit der Reformation Gelehrte, Ärzte und öffentliche Bedienstete Träger des Namens waren. In den Wirren des 16. Jahrhunderts zogen Teile der Sippe gen Osten, 1625 ist ein Bebel im Schlesischen bezeugt. Johann Gottlob, Jahrgang 1808, trat, zwanzigjährig, zusammen mit seinem Zwillingsbruder August Ferdinand in ein Infanterieregiment ein; in Zeiten der Not schien der preußische Waffendienst, dem ein bescheidener Staatsdienst folgen würde, einen Hauch von Sicherheit zu geben. Zwei Jahre später brach der polnische Aufstand los, das Regiment wurde aus Posen abgezogen und Teil der preußischen Bundesgarnison. Sein neuer Standort: die Festung Mainz.

In Mainz verdingte sich in jenen Jahren Wilhelmine Johanna Simon, Jahrgang 1804, als Dienstmädchen. Sie entstammte einer alteingesessenen, einst nicht unbemittelten Wetzlarer Kleinbürgerfamilie. Vater und Großvater, Bäcker und Bauern in einem, waren in den Strudel der niedergehenden Zwangsökonomie geraten und verarmt. Als sich Wilhelmine Johanna Simon und Johann Gottlob Bebel kennenlernten, schien in beider Familien, mütterlicherseits ausgeprägter noch als im Fall des Vaters, der Prozeß sozialer Deklassierung an sein vorläufiges Ende gekommen.

Aus Liebe zur Braut und weil es ihm am Rhein gefiel, quittierte Johann Gottlob Bebel den Dienst, als sein Regiment nach Posen zurückversetzt wurde, und trat in das 25. Infanterieregiment ein, das seine Garnison in Deutz bei Köln hatte. Diesem Zufall ist zuzuschreiben, daß Köln – die Deutzer Garnison gehörte zu jener der Festung Köln, und es gab nur eine Kirchengemeinde – Bebels Geburtsort wurde. In Bebels Leben hinterließ die Stadt keine erkennbaren Spuren.

Die Kasematten von Deutz (Kreis Köln),
wo Bebel am 22. Februar 1840 zur Welt kommt.

Wie sollte sie auch! Die Welt seiner Kindheit war die der Kasematten, in denen Hunger und Not, aber auch Spiel und Spaß regierten. In der einen Stube, die der Familie zustand, führte die rührige Mutter, zwecks Aufbesserung des kargen Lohns, eine Kantine. Daß Preußen sich großgehungert habe, lernte Bebel bei den Unteroffizieren, die hier verkehrten. Noch sieben Jahrzehnte später, als er seine Erinnerungen niederschrieb, sah er im Geiste die Mutter vor sich, „wie sie abends bei der mit Rübenöl gespeisten Lampe den Soldaten die steinernen Näpfe mit dampfenden Pellkartoffeln füllte, à Portion 6 Pfennig preußisch".

Zusammen mit seinen beiden Brüdern – 1841 wurde Carl Julius, im Jahr darauf Carl Ferdinand geboren – trieb sich Bebel in den Stuben herum, erlangte die Gunst der Mannschaften und – fand Vergnügen am Militärischen, dem er am Ende seines Lebens und unter anderen Vorzeichen noch einmal Geschmack abgewinnen sollte. Sein Rückblick steckt voller Ironie: „Sobald ich also die ersten Hosen und den ersten Rock anhatte, die selbstverständlich beide aus einem alten Militärmantel des Vaters gezimmert worden waren, stellte ich mich, ausgestattet mit der nötigen Bewaffnung, neben oder hinter die auf dem freien Platz vor der Kasematte übenden Mannschaften und ahmte ihre Bewegungen nach. Wie mir meine Mutter später öfter humorvoll erzählte, soll ich namentlich das Rechts- und Linksaufrücken meisterlich fertig bekommen haben, eine Übung, die den Mannschaften viel Schweiß verursachte und bei der ich ihnen manchmal von dem kommandierenden Offizier und Unteroffizier als Muster hingestellt worden sein soll."

Neben einem ausgeprägten Selbstgefühl war Bebel der Sinn für Ordnung und Disziplin in die Wiege gelegt worden; beides sollte er zeit seines Lebens auch von anderen verlangen. Es war keineswegs nur die Laune eines achtjährigen Knirpses, als er 1848 über die Wetzlarer Bürgerwehr spottete, der es in seinen Augen entschieden an militärischer Haltung mangelte. Er hat hernach unzählige März-feiern abgehalten. Doch täuscht die Routine ihrer jährlichen Wieder-kehr nicht darüber hinweg, daß ein eigenes Erlebnis ihm diese Revolution nicht geworden ist. Er war zu jung und mochte, erwach-sen geworden, weder ihre Halbheit noch ihre Ungeordnetheit und Spontaneität nachvollziehen.

Vater Bebel hatte alle Tugenden, die ein preußischer Unteroffizier haben sollte und die dem Sohn vermacht wurden: gewissenhaft, pünktlich, adrett. Doch etwas hatte er nicht: Er war nicht schicksals-ergeben und insofern nur bedingt gehorsam. Während der Rhein-krise hatte er gelobt, im Kriegsfalle seine erste Kugel einem preußi-schen Offizier zu widmen, und als er sterbenskrank darniederlag, von seiner Frau verlangt, die Söhne niemals einem Militärwaisen-haus zu übergeben; ein neunjähriger Dienst in der preußischen Armee hätte sich angeschlossen. 1843 hatte man ihm den langersehn-ten Posten eines Grenzaufsehers angeboten, und die Familie war, die kümmerliche Habe auf einem Karren befördernd, nach Herzogen-rath an der belgischen Grenze gezogen. Kaum angelangt, hieß es kehrtmachen – nun den todgeweihten Vater mit sich schleppend. Zurück in den Deutzer Kasematten, siechte er ein ganzes Jahr lang dem Ende entgegen, 1844 erlag er, keine 36 Jahre alt, dem Gelenk-rheumatismus und der Schwindsucht, den zwei Komplizen des Elends. Die Mutter, der eine Pension nicht zustand, wäre mit ihren drei Jungen aus der Kasemattenstube hinausgewiesen worden, hätte sich nicht der Zwillingsbruder des Verstorbenen ihrer angenommen und sie auf der Stelle geheiratet. August Ferdinand Bebel, Onkel und nunmehriger Stiefvater des Jungen, der seinen Namen trug, fungierte als Revieraufseher in der Provinzial-Korrektionsanstalt Brauweiler; aus militärischen Diensten war er wegen Verlusts der Kommandostimme entlassen worden.

Im Spätsommer 1844 also erneuter Umzug, diesmal innerhalb des Kölner Regierungsbezirks, und Eingewöhnung in das Anstaltsleben, soweit von Gewöhnung die Rede sein konnte. Der große vielgliedrige Bau, durch eine riesige Mauer und dicke Tore von der Außenwelt abgeschlossen, wurde Bebel eine Stätte frühen Grauens. Die Armut regierte auch hier, wo er Zeuge von Gefangenenmißhandlung wurde und Opfer väterlicher Züchtigung. „Was ich geworden bin, wurde ich trotz der Prügel", auch der altersweise Bebel mochte die Bitterkeit über das Erlebte noch nicht unterdrücken. Die maßlose Reizbarkeit des Stiefvaters steigerte sich, je weiter die Krankheit auch ihn mit sich riß; die Schwindsucht hatte vor den Anstaltstoren nicht haltgemacht. Als er im Oktober 1846 starb, fühlten sich Bebel und sein Bruder wie befreit; der jüngste war wenige Monate zuvor von ihnen gegangen. Die Mutter, zum zweiten Mal Witwe und wiederum ohne Anspruch auf Unterstützung, hatte keine Wahl. Sie mußte dorthin zurück, wo sie herkam und wenigstens Verwandte hatte – nach Wetzlar.

Ein „Philisternest" an der Lahn

Bebel war sechseinhalb Jahre alt, als die Habseligkeiten wieder einmal auf einen Wagen gepackt wurden. Es regnete und war kalt, Novemberwetter, als es hieß, aufs Schiff umladen. Von Köln ging die Reise rheinaufwärts nach Koblenz, wo die kleine, keines Trostes gewärtige Reisegesellschaft erneut auf einen Wagen stieg, um das Lahntal hinauf nach Wetzlar zu ziehen; der Fluß war noch nicht schiffbar. Fünf Tage hatte der Weg genommen, bis man in jenem so idyllisch gelegenen Städtchen an der Lahn angekommen war. Doch entbehrte es der Idylle, wenn man nicht wußte, woher ein Stück Brot nehmen. In der einstigen Freien Reichsstadt, 1815 zu Preußen geschlagen, stand es nicht zum Besten, seit das Reichskammergericht, unsterblich, weil hier Goethe einst gewirkt, 1806 aufgelöst worden war. Der Anschluß an Preußen hatte nichts wettgemacht, im Gegenteil, das 5.000 Seelen zählende Landstädtchen verarmte und machte Schulden; Wandel trat erst ein, als nach der Jahrhundertmitte die Industrie Einzug hielt. In seinen Erinnerungen spricht Bebel respektvoll und diplomatisch von seiner „zweiten Heimat", doch als er 1894 Mehring zehn Blatt handschriftlicher Notizen über Kindheit und frühe politische Arbeit schickte, hatte er das Städtchen frank und frei „ein Philisternest erster Größe" genannt. Eine Charakteristik, die seinem tatsächlichen Empfinden nahegekommen sein dürfte. Mit achtzehn Jahren hat Bebel Wetzlar den Rücken gekehrt, er besuchte es hin und wieder, zuletzt noch 1911, doch daß es ihm etwas bedeutete, hat er nicht erkennen lassen.

1898 stellte ihn das lokale Wahlkomitee für die Reichstagswahl auf, und Bebel hielt eine Rede im Wahlkreis, in Naunheim, also noch nicht einmal in der Stadt selbst. Weder im Bericht des rechts-bürgerlichen „Wetzlarer Anzeigers" über die „in vollkommener Ordnung" abgelaufene Versammlung noch bei Bekanntgabe der Kandidatur ward auch nur ein Wort darüber verloren, daß Bebel Schul- und Lehrzeit an der Lahn verbracht hatte. Er selbst erwähnte nur auf dem Parteitag der Hamburger SPD, daß er ja eigentlich Wetzlarer sei; an seinen auswärtigen Reichstagskandidaturen war Kritik laut geworden, denn Bebel war hansestädtischer Abgeordne-ter und sollte es bleiben. Er beruhigte den Parteitag mit dem Hinweis, daß keinerlei Gefahr bestehe. „Denn wenn wir 'mal Wetz-lar erobern, dann haben wir inzwischen drei Viertel von Deutsch-land gewonnen." 1898 verdoppelte er den sozialdemokratischen Stimmenanteil, von der Eroberung des Mandats blieb er weit ent-fernt.

Es waren entbehrungsreiche zwölf Jahre, die Bebel in Wetzlar verbracht hat. Im ersten Winter, 1846/47, als es überall an Getreide mangelte und die Preise nach oben schnellten, konnte nicht einmal die öffentliche Suppenanstalt mehr unterhalten werden – Armut, wohin man sah. Dem Königlich-Preußischen Regierungspräsidium in Koblenz meldete die Stadt, die Not sei groß und die Unterstüt-zung gering. Der Arme könne kaum die notwendigsten Bedürfnisse stillen. 1847 wird im Tagelohn eine Chaussee nach Garbenheim gebaut; der Landrat fordert die Stadt auf, Arme und Arbeitslose bei

Gemeindearbeiten einzusetzen. Das waren die Anfänge einer Arbeitsbeschaffung, die des guten Willens zum Trotz Abhilfe nicht schuf. Der allgemeine Arbeitsmangel war einfach zu groß – Folge fehlender Absatzmärkte, Folge auch von Kapitalknappheit, ausländischer Konkurrenz und Bevölkerungswachstum, mit dem der Landbau, seit langem in struktureller Krise steckend, nicht Schritt halten konnte. Hunderttausend Deutsche fliehen Jahr für Jahr vor dem Massenelend und wagen den Weg in die Neue Welt. Dabei sieht es in Wetzlar keineswegs schlimmer aus als andernorts.

Der Brockhaus stellt 1846 fest: „Pauperismus ist da vorhanden, wo sich eine zahlreiche Volksklasse durch die angestrengteste Arbeit höchstens das notdürftigste Auskommen verdienen kann." Und der Staatswissenschaftler Bruno Hildebrand hat, als er 1848 Engels' „Lage der arbeitenden Klasse in England" rezensierte, über die Provinz Oberhessen, in deren Grenzgebiet Wetzlar liegt, geurteilt: Sie sei ohne irgendeine besondere Eigenschaft, welche Ursache einer speziellen Verarmung sein könne. Bebel selbst hat sich der Bauernrevolten der vierziger Jahre erinnert und geschildert, wie das Landvolk endlich die immer noch und zusätzlich zu aller sonstigen Not auf ihm lastenden Feudallasten loszuwerden versuchte. Handwerksmeister waren laut Hildebrand „nichts anderes als eine besondere Art von Tagelöhnern, Proletarier, die allein von ihrem Verdienst eine Familie nicht ernähren konnten". Die Zahl der völlig Verarmten hat er auf ein Drittel der Bevölkerung beziffert. Daß die unproduktiv arbeitenden Handwerker so übel dran waren, in Wetzlar auch ein Resultat früher Gewerbefreiheit und damit einhergehender ‚Überfüllung' einzelner Handwerkszweige, hatte für Mutter Bebel schlimme Folgen. Sie fand in ihrer Wetzlarer Familie keinen nennenswerten Rückhalt, obwohl es sich doch so gut anhörte: Eine Schwester verheiratet mit einem Säckler-, eine zweite mit einem Müller-, eine dritte mit einem Bäckermeister, ein Bruder verdiente sein Brot als Fuhrmann. Jede kämpfte selbst um das Nötigste und mochte sich neue Last nicht aufbürden.

Wilhelmine Johanna Bebel muß sehr verzweifelt gewesen sein, als sie ihre Jungen, dem Schwur zum Trotz, für das Militärwaisenhaus in Potsdam anmeldete; für beide zusammen erhielt sie dreißig Silbergroschen oder einen Taler im Monat. Doch als es soweit war und die Überstellung heranrückte, wurde August, zwölf Jahre alt, für untauglich befunden, zu seinem eigenen großen Kummer. Auch Carl Julius, 1853 einberufen, blieb zu Hause, die Mutter, vom Tode bedroht, hatte der Mut verlassen. Neun Jahre Dienst mochte sie nicht mehr verantworten. Ein Taler reichte selbst bei kargster Wirtschaftsführung nicht zum Leben; in der Münzgesetzgebung nach 1871 wurden daraus drei Mark, einem heutigen Gegenwert von vielleicht sechzig Mark entsprechend. Mutter Bebel blieb nichts anderes übrig, als in das Riesenheer der Heimarbeiter einzutauchen.

Sie nähte für ihren Schwager, Säcklermeister Heintzenberger, weiße Militärhandschuhe aus Leder, das Paar für sechs Kreuzer oder zwei Groschen. Sie bewerkstelligte nur ein Paar am Tag, doch es währte nicht lange und sie schaffte nicht einmal mehr das. Die Schwindsucht hatte sich ihr nächstes Opfer ausgesucht, der nur an Entbehrung gewöhnte Körper konnte der über Jahre fortschleichenden Krankheit nichts entgegensetzen. August als dem Älteren oblag nun die Haushaltsführung, Kaffeekochen, Stube und Kammer säubern, samstags auch scheuern, Blechgeschirr putzen. Fertigkeiten, die ihm nach eigenem Bekunden zugute kamen, als er hinter Schloß und Riegel saß und sich selber zu helfen wußte. Mittag bekamen die Jungen bei einer ihrer Tanten, für die Mutter holten sie's bei wohlhabenderen Familien. Zwecks Aufbesserung der Kasse verdingte sich August als Kegeljunge, Nachmittag für Nachmittag, Abend für Abend, bis unsägliche Rückenschmerzen dieser Art von Geldverdienst ein Ende setzten. Im Herbst ging's jeweils zur Verwandtschaft, Kartoffeln ernten – „von früh sieben bis zum Dunkelwerden", wie Bebel sich nicht ohne Schaudern erinnerte. Der Lohn bestand in einem Sack Winterkartoffeln und einem allmorgendlichen Stück Pflaumenkuchen. Ein Lebensunterhalt war auch das nicht, und so vermerkt das Protokollbuch des Wetzlarer Armenkollegs unter dem Datum des 18. Februar 1851, für die Witwe Bebel sei um Unterstützung nachgesucht worden, vermutlich von den Verwandten. Die Bitte war nicht umsonst, sie bekam „5 Silbergroschen wöchentlich", bis sie am 2. Juni 1853, 49 Jahre alt, erlöst wurde. Bebel hat seiner Mutter ein liebevolles Andenken bewahrt, ihr verdankt er die abgeklärte Heiterkeit und die zupackende Energie.

August landete, wie einige Monate später auch sein Bruder, bei der Tante Göckus, der Frau des Müllers, die ihn in Haus und Hof kräftig 'rannahm, obwohl er der Verwandtschaft nicht zur Last fiel.

Denn unmittelbar nach dem Tod der Mutter waren die Söhne in den Johann-David-Winkler'schen Waisenfonds aufgenommen worden und bezogen bis ans Ende der Lehrzeit, August also vier Jahre lang, zwanzig Silbergroschen monatlich und Kleidung. Diesen segensreichen Fonds hatte ein Apotheker namens Winkler zwei Jahrzehnte vor der Aufnahme Bebels testamentarisch ins Leben gerufen und verfügt, daß er Waisen ohne Unterschied der Konfession zugute kommen solle und diese „zu ihrem zukünftigen Fortkommen wohl zu befähigen" seien; Bürgermeister, Staatsanwalt und beide Geistliche verwalteten den Fonds gemeinsam. In seinem Testament vermachte Bebel der Stadt Wetzlar 6.000 Mark – zweckgebunden für Armen- und Waisenunterstützung. Späte Dankbarkeit mag ihn geleitet haben, weder in seiner Lebensbeschreibung noch sonst war er je auf den Fonds und die Hilfe, die er aus ihm bezogen, zu sprechen gekommen.

Bebel ging, als er zur Tante in die Hospitalmühle übersiedelte, noch zur Schule, eine, wie er selbst urteilte, „ganz vortreffliche Volksschule", die er, vierzehnjährig, nur unfreiwillig verließ. Es lag hauptsächlich an der Schule, in deren Genuß er schon mit viereinhalb Jahren ausgerechnet in Brauweiler gekommen war, daß über Bebels Kindheit nicht nur Schatten lag. Er gehörte immer zu den besten Schülern, die liebsten Fächer waren ihm die Mathematik – ein Lehrer nahm sich seiner besonders an – sowie Geschichte und Geographie. Religion mochte er überhaupt nicht, zu Hause wurde er auch damit verschont; seine Mutter war freidenkend. Er lernte trotzdem. Im Können auch hier unter den Ersten, rechnete er es sich doch zur Ehre an, gelegentlich Antworten zu geben, die nicht ins Schema paßten. Und lose Streiche, derer er sich mit großer Hingabe befleißigte, trugen ihm einen entsprechenden Ruf, Karzerstrafen und schlechte Zensuren ein, denn benotet wurde nur das „sittliche Verhalten". Als der Sächsische Landtag 1890 über Schulgeldfreiheit debattierte, erzählte Bebel von seinen Wetzlarer Erfahrungen und daß die Gemeinde ihm wie auch einigen Mitschülern die Bücher unentgeltlich zur Verfügung gestellt habe. Er sei auch keineswegs unordentlich damit umgegangen, obwohl er damals ein „ziemlich wilder Junge" gewesen sei und viele Strafen davongetragen habe.

Ob es früher Drang nach Berühmtheit war oder was auch immer, sein Selbstgefühl hatte Pate gestanden, als er in den Eingang des

30

Doms, unter Zuhilfenahme von Nagel und Stein, seinen Namen mitsamt Geburtsort und Geburtstag eingravierte. Indes, die Fünf auf dem Zeugnis paßte ihm nicht, und so schwor er sich – zwölfjährig – Besserung. Im Jahr darauf brachte er es prompt auf eine Drei, beim nächsten und letzten Mal tatsächlich auf eine Eins. Bebel im Rückblick: „Wäre es damals auf die Stimmung der Klasse angekommen, ich hätte auch eine der beiden zur Verteilung gelangten Prämien erhalten. Als der Rektor den Namen des zweiten Ausgezeichneten nennen wollte, rief die ganze Klasse meinen Namen. Der Rektor aber meinte, ich hätte mich zwar gebessert, aber doch nicht in dem Maße, um mir eine Prämie zu geben. So trat ich prämienlos ins Leben." Der Zeitpunkt, den er längst gefürchtet, ist da. Bebel muß die Schule verlassen.

Sein größter Wunsch, sich einmal am Butterbrot tüchtig satt essen zu können, war immer noch nicht erfüllt, als er, ein vierzehnjähriges Kerlchen von schwacher Statur und starkem Willen, sagen mußte, was er werden wolle. Die Frage von Onkel Heintzenberger, seinem Vormund, hatte rhetorischen Charakter. Bebels Wunsch, das Bergfach zu studieren – angeregt durch den gerade in Schwung gekommenen Eisenerzabbau an der Lahn – war unerfüllbar, weil unbezahlbar.

Um die Lehrstellen der Schulabgänger kümmerte sich der unermüdliche Waisenfonds, der auch Verträge schloß. In einem Beratungsprotokoll vom 8. Mai 1854 ist vermerkt, daß Bebel habe Schreiner werden wollen, aber keinen Lehrmeister habe finden können und nun bereit sei, sich der Drechslerei zuzuwenden. Der Meister Ellenberger verlange für eine dreijährige Lehre inklusive Kost und Logis 80 Taler, eine Summe, die der Fonds auf 60 Taler drückte. Am 18. Mai 1854 begann Bebel seine Drechslerlehre bei einem Meister, der einen guten Ruf hatte und angesehen war. Auf die Frage, warum Ellenberger gerade ihn genommen habe, wußte Bebel eine plausible Antwort: Der Meister sei erfreut gewesen, daß er das religiöse Examen anläßlich der Konfirmation mit sehr gut bestanden habe! Überhaupt hatte es Ellenberger mit der Kirche. Bebel, vielleicht der strengst gehaltene Lehrling von ganz Wetzlar, der sonntags die Tränen nicht zurückhalten konnte, wenn er die Kameraden spazieren gehen sah, durfte das Haus am Sonntag vormittag zwar verlassen, aber nur zwecks Kirchbesuch. So erkundigte er sich denn nach Predigt und Lied, um etwaige Fragen beantworten zu können, dachte aber nicht daran, dem Gottesdienst beizuwohnen; die Zeit wußte er anders zu nutzen. Eines Sonntags abends ereilte ihn sein Schicksal, er antwortete falsch, was nicht aufgefallen wäre, hätten nicht des Meisters Töchter zu lachen begonnen. Bebel wurde der Ausgang gesperrt, er tröstete sich fortan mit Büchern. Schon wenn er Mitschülern geholfen hatte, lieh er sich, als Lohn gleichsam, Bücher aus. „Robinson Crusoe" und „Onkel Toms Hütte" hatten ihm frühe Leseerlebnisse vermittelt, denen er jetzt, ohne wählerisch sein zu können, weitere hinzufügte. Die paar Pfennige, die er damit verdiente, daß er allmorgendlich um fünf der Meisterin Wasser herbeischleppte, trug er in die Rathgebersche Buchhandlung und Leihbibliothek. „Hackländers Soldatenleben im Frieden", das seine Begeisterung fürs Militär ein wenig dämpfte, die historischen Romane Walter Scotts, Werke über griechische und römische Geschichte und natürlich die Geschichte Preußens – er verschlang alles. Daß er die brandenburgisch-preußische Geschichte am Schnürchen habe hersagen können, hat er auch später noch mit Stolz vermerkt. Der Lese- und Bildungshunger war nicht zu stillen, und das bei einer Arbeitszeit von morgens fünf bis abends sieben, sechs Tage die Woche. Selbst während der Mahlzeiten erschienen noch Kunden, die der Lehrling bedienen mußte. Vor Feier- und Markttagen ging's früh um vier los, Ende zwischen neun und zehn abends. Sonntags kamen die Bauern in die Stadt und tätigten Einkäufe, für Ellenberger der Hauptverkaufstag. Bebel stand im Laden, wartete auf Kundschaft oder darauf, dem Landvolk schmutzige Pfeifen säubern zu dürfen. Er vergaß es nie wieder. Als 35 Jahre später, am 14. Februar 1891, der Reichstag über Arbeitszeiten, besonders des Sonntags, debattierte, wußte Bebel genau, wovon er redete. Er schilderte, wie es ihm selbst ergangen war und was er am eigenen Leib erfahren hatte.

Er sehnte das Ende der Lehrzeit herbei. Das Ende einer Zeit voller Zwang, aber ohne Zuwendung. „Ich hatte Sehnsucht, die ganze Welt zu durchstürmen", umschrieb er rückblickend seine Stimmungslage. Aber er wäre nicht Bebel gewesen, hätte er nicht auch diese Zeit mit Bravour zu Ende gebracht; Bebel schickte sich drein und verfuhr jetzt wie später, wenn er hinter Gitter mußte, nach dem Motto, Unvermeidliches hinzunehmen und jedem Ding die beste

Seite abzugewinnen. Für sein Gesellenstück erhielt er die beste Note. Am letzten Lehrtag, dem 13. Mai 1857, starb der Meister an Schwindsucht.

Bebel, der frisch gebackene Geselle, mochte nicht Nein sagen und blieb, bis er der Meisterin, die er gut leiden konnte und hübsch fand, die Auflösung des Geschäfts besorgt hatte; in solchen Dingen war er ein sehr praktischer Mensch. Als er endlich frei war, stand er kurz vor Vollendung seines 18. Lebensjahres. Noch einmal zeigte sich der Waisenfonds, seinen Statuten gemäß, spendabel und bewilligte die komplette Wanderausrüstung: Rock, Hose, Weste, Kappe, 1 Paar Halbstiefel, 2 Paar Strümpfe, 2 Hemden, Halstuch, Sacktuck, 1 Felleisen, 1 Taler Reisegeld und 7,5 Silbergroschen fürs Wanderbuch, das Zeugnis und Ausweis zugleich war und immer aufs neue visiert wurde. Ohne diese Legitimation führte kein Wanderweg durch den Irrgarten der deutschen Kleinstaaterei. Von seiner Meisterin hatte er zusätzlich zum Lohn – 15 Silbergroschen die Woche – 1 Taler Reisegeld erhalten. So ausgestattet zog er am 1. Februar 1858 bei dichtem Schneetreiben zur Stadt hinaus. Sein Bruder, der die Tischlerei erlernte, begleitete ihn ein Stück des Wegs. Er weinte beim Abschied, der ein Abschied für immer sein sollte. Carl Julius Bebel starb im Sommer 1859 an Gelenkrheumatismus, und August war mit neunzehn Jahren der letzte aus der Familie.

„Mein Leipzig lob ich mir"

Einst, da das Zunftwesen noch in Blüte stand und Wachstum und Wettbewerb noch unbekannte Größen waren, mußte der Geselle Kenntnisse und Fertigkeiten auf fremden Märkten und bei fremden Meistern vervollkommnen. Wanderjahre absolviert zu haben, war Bedingung dafür, daß einer Meister wurde. Als die Zünfte sich in einem säkularen Prozeß überlebten, verselbständigte sich die Sitte des Wanderns, und der einstige Nebenzweck wurde zur Hauptsache: Der Geselle, der wandert, belastet nicht auch noch den lokalen Arbeitsmarkt. Sich gleich geblieben war der Reiz des ‚Auf die Walz Gehens', die Lockung, aus der Enge herauszukommen und die Welt kennenzulernen.

Das konnte um die Mitte des Jahrhunderts eine einsame Angelegenheit sein, besonders wenn einer weder trinkfest noch sangesfroh noch sonstwie vergnügungssüchtig war. Die Gemeinschaft der Zünfte war zerbrochen, Neues noch nicht an ihre Stelle getreten. Es war die Ruhe vor dem Sturm, die über der versinkenden Welt der Wanderburschen lag. Das Revolutionsfieber, das Europa anderthalb Jahre lang durchgeschüttelt hatte, war gewaltsam heruntergebracht worden. Die Ursachen wirkten fort, aber zugedeckt vom Mantel der Reaktion, deren preußische Speerspitze sich in diesen Jahren sammelte und neu ordnete. Der Machtkampf zwischen Preußen und Österreich schien wie auf Eis gelegt, seit Berlin es vorgezogen hatte, sich den Kaisermächten in Wien und Petersburg zu beugen, statt den Bund mit dem liberalen und demokratischen Patriotismus zu wagen. Doch der Wurm nagte im Gebälk des Deutschen Bundes, und niemand anders als Otto von Bismarck, Bundestagsgesandter seit 1851, suchte das morsche Haus zum Einsturz zu bringen. Wie im Äußeren blieben in diesem Jahrzehnt nach 1848 auch die inneren Verhältnisse in der Schwebe. Ob und wie das Bürgertum sich würde entfalten können, war immer noch offen. Eine Teilung der Einfluß-sphären zwischen Macht und Kapital, zwischen Adel und Bürgern deutete sich gerade erst an; Prinzregent Wilhelm, der sich 1861 selbst zum König krönen sollte, hatte schon 1858 in einer Ansprache an die neue Regierung anklingen lassen, daß er das Bürgertum zur Finanzierung der Reorganisation des Heeres brauche. Als Gegenleistung versprach er „ruhige politische Zustände und Geld", aber keine politischen Zugeständnisse.

Bebel zog in eine Welt hinaus, in der wieder ein Stein auf dem anderen zu liegen schien. Sitten und Gebräuche nahmen sich aus wie eh und je: Der wandernde Geselle wohnte beim Meister und nahm die Mahlzeiten an seinem Tisch; das Bettgestell war nicht selten in der Werkstatt aufgeschlagen.

Arbeit nahm Bebel zum erstenmal in Speyer, wohin er über Frankfurt und Heidelberg gezogen war. Der Lohn belief sich auf einen Gulden und sechs Kreuzer die Woche, also nicht einmal einen Taler. Als er eines Sonntags ein Viertel davon im Kartenspiel verlor, hätte es des Schwurs kaum bedurft. Daß er ans Spielen gekommen war, muß ein Versehen gewesen sein, Bebel setzte nicht auf Glück und Zufall und riskierte nur dann etwas, wenn er den Einsatz genau abschätzen konnte. War er einmal entschlossen, gebärdete er sich allerdings nach Art eines Draufgängers. Bebel war kein Spielertyp, und er hat in seinem Leben auch nie wieder gespielt, weder mit Karten noch mit Menschen, weder um Geld noch um Macht.

Im Frühjahr 1858 zieht er weiter, durch die Pfalz nach Karlsruhe und flußaufwärts nach Freiburg. Es gefällt ihm, und so entschließt er sich zu bleiben. Vielleicht gerade deshalb beschwert ihn das Gefühl des Alleinseins und der geistigen Langeweile. Er lechzt nach Anregung und ist dankbar für den Fingerzeig seines Meisters Grünling: Bebel, der Protestant, sucht und findet Aufnahme im katholischen Gesellenverein. Das Wanderbüchlein, das ihm ausgehändigt wird, als er im September 1858 den Breisgau wieder verläßt, und das der heilige Joseph, der Schutzpatron der Gesellenvereine, ziert, verschafft ihm auch andernorts Zutritt. Vor allem in Salzburg sollte er diese Möglichkeit nutzen.

Bebel hat später, als er weder von evangelischem noch sonst einem Christentum etwas wissen wollte, die schönen Erlebnisse in den katholischen Gesellenvereinen nicht verleugnet; noch in seinen Erinnerungen preist er ihre Toleranz. Und in einer „Festschrift zur Erinnerung an das Goldene Jubiläum des katholischen Gesellenvereins zu Freiburg i. Br.", erschienen 1902, heißt es: „Als man 1874 im Reichstage den Versuch machte, den Attentäter Kullmann, der früher einmal in der Liste eines Gesellenvereins gestanden hatte, auf das Konto der katholischen Vereine und des Zentrums zu setzen, da ist es Bebel gewesen, der, obwohl schon längst dem Geiste des Gesellenvereins entfremdet, den Vorwurf entschieden ablehnte, die Gesellenvereine als politisch harmlos nachwies und dem Wirken der Vereine Freiburg und Salzburg, die er aus Erfahrung kenne, das beste Zeugnis ausstellte." Auch der seinerzeitige Präses des Freiburger Vereins, der Pfarrer und Universitätsprofessor Alban Stolz, der im Kulturkampf eine Rolle spielte, hebt in seinen Memoiren hervor, gleichsam zur Untermauerung des Toleranzgebots, daß „selbst Bebel, der bekannte sozialistische Redner", in seinen jungen Jahren den Gesellenverein besucht habe.

Die katholischen Gesellenvereine, in jenem Jahr 1846 gegründet, da Bebel in Wetzlar ankam, und benannt nach ihrem ersten Präses Kolping, den Bebel in Freiburg kennenlernte, wollten Bildung und Geselligkeit unter den Mitgliedern pflegen und gewiß auch Anhänglichkeit an die Kirche wecken. Für Bebel zählte der Umgang mit

gleichaltrigen und gleichgesinnten, mit interessierten und bildungs-
beflissenen Handwerksburschen, die dem Alkoholgenuß abgeneigt
waren; vor allem konnte er hier seine längst entbrannte Neugier am
Weltgeschehen befriedigen, denn im Verein lagen Zeitungen aus.
Daß es nur katholische waren, fiel nicht weiter ins Gewicht. Schließlich nutzte Bebel im Freiburger Gesellenverein, wie später in Salzburg, die Gelegenheit, sich fortzubilden, und nahm auch Unterricht
im Französischen. In Salzburg, wo er nach einer Wanderung durch
den Schwarzwald und entlang am Bodensee, durch Schwaben,
Bayern – in München, das ihm zusagt, findet er keine Arbeit – und
die Oberpfalz – in Regensburg macht er Station, geht hier ins
Theater, findet aber, die Kollegen trinken zuviel – und wieder durch
Bayern und das Berchtesgadener Land im frühen Frühjahr 1859
angelangt war, zählte der Gesellenverein über 200 Mitglieder, darunter 33 Protestanten. Seinem Präses, dem Jesuiten Dr. Schöpf, mit
dem er sonntäglich auch privat verkehrt, hat Bebel in seinen Erinnerungen ein schönes Andenken bewahrt; er nennt ihn einen jungen,
bildschönen Mann mit liebenswürdigem, jovialem Wesen und freien
Anschauungen. Bebel fühlt sich wohl in der Nähe des Priester-
Professors, der ihm unverhohlene Sympathie entgegenbringt. Weih-
nachtsfeier, Wallfahrt, Ausflüge geben ihm das Gemeinschaftserleb-
nis, das er sucht. So ernst er ist, zum Einzelgänger taugt er nicht.
   Es war ein Kriegssommer, den Bebel in Salzburg verlebte. Des
Sonntags setzte er sich ins Café Thomaselli und verschlang aufgeregt
die Zeitungen. Der Krieg, den Frankreich und Österreich um Italien
führten, hatte sich seit Jahresbeginn abgezeichnet; vom preußischen
Bundestagsgesandten, inzwischen nach Petersburg versetzt, war der
Waffengang längst einkalkuliert worden. Bismarck wollte Wien die
Vorherrschaft in Deutschland entreißen und jetzt jedenfalls verhindern, daß Preußen in den Krieg hineingezogen würde – eine Linie,
die der deutschen Stimmungslage keineswegs entsprach. Zum
erstenmal seit der Revolution war die Öffentlichkeit, weniger pro-
österreichisch denn anti-französisch eingenommen, wieder in Wal-
lung geraten, und von der wurde auch der gut preußisch gesinnte
Drechslergeselle im fernen Salzburg erfaßt. Er mühte sich nach
Kräften, die Berliner Hinhaltepolitik zu verteidigen, doch hielt es ihn
nicht mehr, als Freiwilligenscharen nach Salzburg strömten. Die
Kriegsbegeisterung riß ihn fort, zumal auch er das napoleonische

Frankreich verwünschte. Warum und wieso hat er nie erklärt, übergeordnete Gesichtspunke, wie sie Marx und Engels in ihrem pro-österreichischen oder Lassalle in seinem entgegengesetzten Votum leiteten, waren ihm jefenfalls nicht geläufig. Den Versuch, ins Kriegsgeschehen einzugreifen, der scheiterte, weil man fremde Freiwillige nicht duldete, hat er später mit Abenteuerlust umschrieben.

Aber Bebel war kein Abenteurer, in seiner Jugend so wenig wie als Erwachsener. Es war wohl eher der Instinkt dessen, der Zeitläuften seinen Stempel aufdrücken möchte. Seine politische Leidenschaft war – nach eigenem Bekunden – in einem anderen kriegerischen Konflikt geweckt worden: Im Krimkrieg 1853/54 hatten Rußland und die Westmächte die Türkei, den kranken Mann am Bosporus, gleichermaßen zu beerben versucht; der Kanonendonner war bis ins Wetzlarer „Philisternest" gedrungen und hatte den damals dreizehnjährigen Schüler in Aufregung versetzt. Mit dem Korb, den ihm die Österreicher verpaßt hatten, mochte sich Bebel nicht abfinden. Er versuchte, sein Kriegsglück in heimischen, also preußischen Diensten zu finden; Preußen machte endlich mobil, als Napoleon bei Magenta und Solferino siegreich geblieben war. Doch bevor die sechs Taler Reisegeld anlangten, um die er den Vormund in Wetzlar ersucht hatte, war der Krieg aus.

Mitte März 1860 kehrte Bebel nach Wetzlar zurück. Von Salzburg aus war er in vierwöchigem Fußmarsch über München, das er zum dritten Mal durchquerte, Nürnberg und Frankfurt heimwärts gezogen. Die Prüfung der großen Walz hatte er in Ehren und in angemessener Zeit bestanden; es ziemte sich weder, nach zu kurzer Zeit zurückzukehren – das hätte mangelnde Behauptungskraft signalisiert – noch allzu lange herumzubummeln. War es Berufs-, war es Lebensschule gewesen? Seine handwerklichen Fähigkeiten hatte er vervollkommnet, gewiß. Daß er Neues dazugelernt hätte, hat Bebel nie behauptet, es war auch nicht sein erstes Interesse gewesen; die Drechslerei galt ihm nicht als Lebenselixier. Jedenfalls hat er unendlich viele Eindrücke aufgenommen, trotz allen Lebensernstes auch manchen Spaß gehabt. Mit zwanzig kannte er Süddeutschland; als er ein halbes Jahrhundert später diesen Teil der Erinnerungen niederschrieb, stellte er im Rückblick auf 1858 fest: „Zu jener Zeit stand der Schwarzwald noch in seiner ganzen Pracht und Herrlichkeit."

Mit zwanzig hatte er auch gelernt, seine Kräfte abzuschätzen. Er sah zum Umpusten aus, doch er war hart und wußte Strapazen zu überstehen; im Marschieren übertraf ihn keiner. Daß man nicht sah, welch zäher Bursche in dem zarten Körper steckte, war sein Vorteil. Zurück in Wetzlar, wurde er anläßlich der Militäraushebung für ein Jahr zurückgestellt. In den beiden darauffolgenden Jahren kam der gleiche Bescheid, dann ward er als untauglich entlassen.

Vor allem sonst hatte die Wanderschaft Neugierde und Entfaltungsdrang gesteigert. Ein beschauliches Werkstattleben? Ausgeschlossen. Selbstbescheidung in der Provinz? Unmöglich. Der Dienst, den er bei einem Meister in Butzbach genommen, währte noch keinen Monat, als drei Schulfreunde vorbeizogen. Wohin sie wollten? In die ‚Examinierstadt des Handwerks‘, die mehr Wanderburschen anzog als irgendeine Stadt sonst in Deutschland – Leipzig. Bebel hatte nicht die geringste Neigung, sich Sachsen zu besehen. Aber die Gelegenheit, wieder hinauszuziehen, konnte er sich die entgehenlassen? Er holte die Drei ein, noch bevor sie Thüringen erreicht hatten, und zusammen wanderten sie nun durch jene Stätten, die den Weg des deutschen Protestantismus markierten und die einmal den Weg der deutschen Arbeiterbewegung säumen sollten: Eisenach mit der Wartburg. Gotha. Erfurt. In Weimar hatten seine Begleiter wunde Füße, und Bebel ließ sich zur Bahnfahrt überreden. Der Widerwille, allein zu laufen, war stärker als die Absicht zu sparen – für den Fall, daß er in Leipzig keine Arbeit fände.

Am 7. Mai 1860, abends elf Uhr, kommt Bebel in Leipzig an und bezieht Quartier in der Herberge in der Großen Fleischergasse. Als er sich am anderen Morgen bei herrlichstem Sonnenschein die Stadt anschaut, gefällt sie ihm ungemein.

Theodor Fontane fand Leipzig „berauschend", als er es zwei Jahrzehnte zuvor besucht hatte. Von Bebel sind derlei Bekenntnisse nicht überliefert. Doch daß es Liebe auf den ersten Blick war, die ihn dauerhaft an Leipzig band, hätte er nicht bestritten. In Goethes „Mein Leipzig lob ich mir" hätte er jederzeit eingestimmt. In Auerbachs Keller hat er jedenfalls 1872 einmal getagt, am Abend jenes schicksalhaften Urteilsspruchs, der ihm 22 Monate Festung bescherte. Er wurde seßhaft hier, sofort, und keinen Augenblick mehr hat er an neue Wanderschaft gedacht. Nach Berlin, das er lange nicht mochte, zog er, weil die Umstände es verlangten. Wäre es nach ihm gegangen, er wäre sein Leben lang in Leipzig geblieben. Die wechselseitige Bindung überdauerte die räumliche Trennung. Bei seinem Tode schilderte die „Leipziger Volkszeitung", wie sein Auge aufgeleuchtet habe, wenn die Rede auf seine Leipziger Zeit gekommen sei. Nirgends sonst waren die Trauerfeiern so bewegend wie in Leipzig.

III. Erweckung

Bebel ist nicht gebildet und nicht verbildet, als er in der „Mitteldeutschen Volkszeitung", die er abonniert hat, eine Notiz besonderer Art findet; das in Leipzig erscheinende Blatt steht in demokratischer Tradition, es orientiert sich an der italienischen Einigungsbewegung. Für den 19. Februar 1861 wird die Gründung eines Bildungsvereins angezeigt. Bebel ist wie elektrisiert, natürlich würde er hingehen. Der Drang nach Erkenntnis und Entfaltung ist ungebrochen.

Während der zehn Monate, die er in Leipzig lebte, hatte er entdeckt, daß der Mensch sich nicht alles gefallen zu lassen braucht, und erfahren, daß er fähig ist, sich selbst zu wehren und andere mitzuziehen. Drechslermeister Hahn, bei dem er sofort Arbeit gefunden hatte, beschäftigte noch fünf weitere Gesellen und einen Lehrling. Sie alle drohten ihm mit Streik, wenn nicht Selbstbeköstigung gewährt werde; durch hartnäckiges Liegenbleiben im Bett erreichten sie sodann, daß die Arbeit, die bis abends sechs Uhr ging, früh um sechs statt um fünf begann; schließlich setzten sie Stückarbeit durch und am Ende das Wohnen außer Haus. Die zünftige Gemeinschaft bei Meister Hahn war zerbrochen. Der Brauch, daß der Geselle beim Meister ißt und wohnt, hatte Jahrhunderte überdauert, er gehörte in eine ständische Gesellschaft und eine statische Wirtschaft, in der der Handwerker nur für den unmittelbaren lokalen Bedarf produzierte. Nun wurde aus dem Handwerksgesellen der Lohnarbeiter, der seine Arbeitskraft verkaufte und in ein langsam zusammenwachsendes Arbeiterheer eintauchte. Der Handwerksmeister verwandelte sich, günstigenfalls, in einen Kleinunternehmer, oder er sank zum Lohnarbeiter herab.

Einem unternehmerischen Sinn bot die Drechslerei, ein Zuliefergewerbe für die Bauindustrie, größere Chancen als andere Gewerke. Der einundzwanzigjährige Bebel handelte, als er die Zunftschranken durchstieß, auf der Höhe der Zeit – ohne sich dessen bewußt zu sein. Groß geworden im ländlichen Süddeutschland und Deutsch-Österreich, hatte Bebel weder im Elternhaus, falls von einem solchen die Rede sein soll, noch in der Schule noch während der Lehr- und Wanderjahre etwas von jenen Ideen erfahren, die der Französischen Revolution entstammten und die fortgeschrittenere Geister aufs neue umtrieben: Freiheit, Gerechtigkeit, Brüderlichkeit. Ebenso war ihm das Streben nach deutscher Einheit, aufs neue entflammt, fremd geblieben. Auch wenn er nicht gebildet und nicht verbildet war, das Erbe der Zünfte trug er mit sich, und dazu gehörte die Vorstellung, daß die große Masse nicht gleichberechtigt an den öffentlichen Dingen teilhabe. Und da er mit beiden Beinen auf der Erde stand, sich nicht leicht beeindrucken oder gar mitreißen ließ, bedurfte es eigenen Anschauungsunterrichts, bis er fand, daß auch den Arbeitern das Wahlrecht zustehe.

Wo hätte er Erfahrungen schneller und gründlicher sammeln können als auf Leipzigs besonderem Pflaster? Bebel war, wie Mehring es einmal ausdrückte, „vor die rechte Schmiede" gekommen. Der Zufall hatte den unbedarften Wandergesellen 1860 in Deutschlands erste Messestadt geführt, die man auch den Marktplatz Europas nannte. Am Ende des Jahrzehnts stand der erfolgreiche Kleinunternehmer an der Spitze einer Arbeiterpartei. Dazwischen lag, wie er selbst gesagt haben würde, eine unerhörte geistige Mauserung. Erst als Bebel in die Verhältnisse Leipzigs und seiner sächsischen Umgebung, einer der ältesten europäischen Gewerbelandschaften, hineingewachsen war, hatte er seinen Standort gefunden.

Bildung. Besitz. Liberalismus

Friedrich List, der Begründer des Deutschen Zollvereins, nannte Leipzig, als er 1833 in die Stadt kam, die „Herzkammer des deutschen Binnen-Verkehrs, des Buchhandels und der deutschen Fabrikindustrie". 1835 brachten Leipziger Bürger an einem einzigen Tag das Aktienkapital zusammen, das für die erste deutsche Fernbahnstrecke benötigt wurde; sie sollte die sächsische Metropole und die sächsische Residenz, Leipzig und Dresden, verbinden und 1,5 Millionen Taler kosten. Kaum irgendwo in Deutschland war das Bürgertum so finanzkräftig wie in der einst slawischen Gründung und so früh so mächtig. Unter dem nachwirkenden Einfluß der französi-

Ferdinand Lassalle (Foto um 1860).

schen Juli-Revolution hatte es erst das feudal-absolutistische Stadtregiment niedergezwungen, um dann seinerseits die Polizei gegen den aufrührerischen Pöbel einzusetzen.

Das Erlebnis der Septemberunruhen von 1830 hatte einen Schneidergesellen geprägt, durch dessen Zeugnis die „drollige Revolutionsposse" in den Erfahrungsschatz der Arbeiterbewegung einging; aus den Werken des Wilhelm Weitling fertigte Bebel noch in vorgerücktem Alter Abschriften an. Weitling verließ die Stadt 1834 und schloß sich, mit sechs anderen Leipziger Gesellen und Gehilfen in Paris dem Bund der Geächteten an. Die städtischen Behörden notierten prompt die „in Frankreich vorgekommenen Verbindungen der Handwerksgesellen zur Erzwingung höherer Arbeitslöhne". Doch das Geschehen des Jahres 1830 hinterließ Spuren nicht nur in der Stadt, sondern auch im Land.

In den dreißiger Jahren wurde das Königreich Sachsen von einer Reformwelle durchzogen und modernisiert. Die Verfassung von 1831 verwandelte das Land in eine konstitutionelle Monarchie, in der das Großbürgertum den Ton angab. Die Sachsen hatten Leibeigenschaft nie gekannt, der Landwirtschaft auch stets nur drittrangige Bedeutung zugemessen. Sie hatten ihren Staat auf die Wirtschaft, nicht auf die Armee gestützt, Gewerbefleiß war eine ihrer hervorstechenden Eigenschaften, und sie waren stolz darauf, als Mutterland der Volksbildung zu gelten. Ob wirtschaftlicher Wohlstand ein liberales Klima erzeugt oder umgekehrt – gleichviel. Das sächsische Königreich war liberal, und in den Jahrzehnten des Vormärz erfreute es sich eines besonderen, materiellen wie kulturellen Aufschwungs. Leipzig rühmte sich als Hochburg des deutschen Liberalismus. Schließlich war die Stadt nicht nur ein Handelszentrum, sie war auch Sitz einer renommierten Universität und Deutschlands erster Buchhandelsplatz. Wo Bücher gedeihen, ist Liberalität nicht fern. Hier erschienen 1841 Feuerbachs „Wesen des Christentums", 1845 Engels' Erstling über die arbeitende Klasse in England – seine ersten Leser waren Leipzigs Buchdrucker – und 1867 der erste Band des „Kapital".

Heinrich Brockhaus, Inhaber des größten deutschen Druck- und Verlagshauses, war ein Musterexemplar des liberalen Großbürgers jener Jahre. Düster sah er voraus, daß sich der Riß zwischen Besitz und Proletariern vergrößern würde. 1841 vertraute Brockhaus, der auch im Rat der Stadt saß, seinem Tagebuch an: „Wehe dem Vaterland, wenn diese unglücklichen Proletarier einst zum Bewußtsein ihrer Kraft kommen." Im selben Jahr 1841 führte das bürgerliche „Leipziger Tageblatt" Klage darüber, daß die Spaltungen zwischen dem Besitz und seinen Rechten und der ihnen gegenüberstehenden besitzlosen Masse, deren Anzahl jährlich zunehme, „gefährlicher Natur sind". Diese Kluft ging mitten durch die bürgerliche Welt hindurch, sie schied nicht – noch nicht – die Bürger von den Proletariern. Sichtbar war sie, seit Robert Blum 1840 versucht hatte, das Gutenberg-Fest der Buchdrucker in eine Demonstration für die Demokratie zu verwandeln. Demokratie wurde, im Gegensatz zum Liberalismus der Besitzbürger, das Markenzeichen von Kleinbürgern, die oft genug Bildungsbürger waren und Bildung auch den Arbeitern vermitteln wollten.

Das Augenmerk des alteingesessenen und wohlhabenden Bürgertums, das seine traditionellen Handels- mit modernen Bank- und Produktionsgeschäften zu verbinden wußte und der Stadt eine sehr allmähliche industrielle Entwicklung bescherte, blieb auf die Messe gerichtet und den Fremdenstrom, den sie anlockte; von rauchenden Schloten wären die Besucher kaum erbaut gewesen. Standortnachteile – Kohle und Erz wurden aus der Zwickauer Gegend herbeigeschafft – taten ein übriges: Die Ablösung der Manufaktur und die Aufhebung der Zunftschranken verlief schrittweise, die neuen sozialen Gegensätze prallten nicht unvermittelt aufeinander. 1891 veröffentlichte ein gewisser Heiland einen Bericht über „Leipzig als Großstadt", darin sprach er – rückblickend – von der „einstigen Mischung des Bürger- und Arbeiterstandes", der erst das „Fabrikwesen" ein Ende gesetzt habe. Arbeiter waren Teil der bürgerlich-demokratischen Bewegung, ihr Kampf um die soziale Emanzipation wuchs aus dem Kampf um die politische Emanzipation der Bürger heraus. Das Selbstbewußtsein, das die Leipziger Buchdrucker und Zigarrenmacher erfüllte und sich früher und stärker ausprägte als irgendwo sonst in Deutschland, wog schwer, als das „Fabrikwesen" auch Leipzig eroberte. Beide, Buchdrucker wie Zigarrenmacher, die bei der Arbeit lasen oder sich vorlasen und mehr wußten als andere, galten als radikal; den „gefährlichen" Kollegen aus Bremen, wo das Tabaksgewerbe zu Hause war, versperrte selbst das liberale Leipzig die Stadttore.

In der Revolution von 1848/49 spiegelten sich in Leipzig fortgeschrittene deutsche Zustände. Tausende Arbeiter folgten dem mitreißenden Redner Blum, wie Bebel ein gebürtiger Kölner, der in Leipzig seine Wirkungsstätte fand. Bereits am 18. März tagte eine öffentliche Arbeiterversammlung, aus der der erste Arbeiterverein der Stadt hervortrat. Die Mitglieder waren dieselben Männer, die sich auch in Robert Blums Kunst- und Gewerbeverein betätigten. 1852 ging diese alte Heimstatt der Demokraten in jener Polytechnischen Gesellschaft auf, die im Februar 1861, zur Freude des jungen Bebel, den Gewerblichen Bildungsverein ins Leben rief, die Keimzelle der ersten deutschen Arbeiterpartei.

1848 galt die Zusammenarbeit mit der bürgerlichen Märzregierung in Dresden als gegeben; nach Einigkeit der Klassen untereinander zu streben, war eine ausgemachte Sache. Robert Blum, der diese Parole verkündet hatte, erntete donnernde Hochrufe, als er die Ordnung beschwor, die die Leipziger Arbeiter auf so herrliche Weise in ihren Versammlungen bewiesen hätten und die aufrechterhalten bleiben müsse. Unterdessen hatte Anfang September 48 der Buchdrucker Stephan Born in Berlin die Arbeiterverbrüderung aus der Taufe gehoben; schon der Name schloß Erinnerungen an die zünftigen Gesellenbruderschaften ein. Als Sitz wurde Leipzig bestimmt, dessen Arbeiterverein sich ebenso wie ein gerade ins Leben getretener Verband sächsischer Arbeitervereine der Neuschöpfung anschloß. Binnen kurzem brachte es die Arbeiterverbrüderung auf 20.000 Mitglieder in 230 Vereinen; was sie wollte, war maßvoll und praktischer Natur, vor allem allgemeines Stimmrecht und Produktiv-Assoziationen.

Die Revolution versandete im Herbst 48. Die Enttäuschung war groß, und die Radikalisierung derer, die es ernst gemeint hatten, schritt voran. In Leipzig tat sich ein Sozialistischer Klub auf, in dem sich die entschiedensten Vertreter der sächsischen Demokratie trafen; ein gewisser Weller führte das Wort, ein Buchdrucker, der 1869 auf dem Parteitag in Eisenach noch dabei sein sollte. Auf einer riesigen Volksversammlung vor den Toren der Stadt forderte der besonnene Stephan Born den Sturz der bürgerlichen März-Regierung, und das Zentralkomitee der Arbeiterverbrüderung rief zum bewaffneten Kampf. Die Totenfeier für Robert Blum, nach Wien geeilt, um eine Sympathieadresse zu überbringen, und standrechtlich erschossen, gestaltete sich zu einer großen Trauerfeier der Demokratie. Die Arbeiter schwenkten die Fahne der Verbrüderung, die verschlungene Hände zeigte und die Parole „Alles durch die Arbeit, alles für die Arbeit". Ihr letzter, schon nicht mehr legaler Kongreß, abgehalten zu Leipzig im Februar 1850, war nur noch ein Nachhutgefecht, über das sich das Dunkel der Reaktion senkte. Ihr Leben hatte die Demokratie auf den Barrikaden von Dresden ausgehaucht, im Mai 49; auch 250 Leipziger Freischärler, darunter ein Zigarrenarbeiter namens Fritzsche, waren in die sächsische Hauptstadt geeilt, sich in der Illusion wiegend, von der Frankfurter Reichsverfassung sei noch etwas zu retten.

Die Arbeiterverbrüderung hatte sich mit stolzen, nie zuvor gehörten Worten verabschiedet: „Die Arbeiter, früher eine getrennte Masse ohne allen Zusammenhalt, sind jetzt vereinigt im gemeinsamen Streben, sich selbst das zu erringen, was sie für ihre Existenz, für ihr Leben als Menschen, notwendig erachtet haben." Konnte das neue Zusammengehörigkeitsgefühl verschwinden, weil es den Regierungen gefiel, Verbote aller Art zu erlassen? Mußte es nicht fortwirken, weil die Industrie fortschritt und die rasch anwachsende Lohnarbeiterschaft ein eigenes Bewußtsein entwickelte? Die Zigarrenarbeiter sanken, infolge Mechanisierung, ins hausindustrielle Proletariat ab; die Buchdrucker blieben bedeutsam, ihre traditionelle Vormachtstellung aber mußten sie abgeben, an die Metallarbeiter, an die Textil- und die Bauarbeiter; gegen Ende des Jahrhunderts waren die Arbeiter der chemischen und der Elektroindustrie bereits auf dem Vormarsch. Von Tischlern, Schneidern, Schuhmachern sprach man immer weniger, jenen frühen Leidtragenden der Industrialisierung, die im Bund der Gerechten und im Bund der Kommunisten am stärksten vertreten gewesen waren.

Das Leipziger Tempo blieb auch in der Stickluft der fünfziger Jahre noch gedämpft. Erst im nachfolgenden Jahrzehnt ging die gewerbliche Wirtschaft in ganzer Breite zu industrieller Produktion über, und nun erst prägte das Fabrikproletariat das soziale Gesicht auch Leipzigs und seiner Umgebung. Erst jetzt, zwischen 1860 und 1870, wurden die umliegenden Dörfer zu Vororten, erst jetzt trat Leipzig, 107.000 Einwohner zählend, in den Kreis der deutschen Großstädte ein. Man nannte es nun das sächsische Liverpool. Als Bebel, zu Beginn des Jahrzehnts, die Leipziger Bühne betrat, zeichnete sich diese Entwicklung erst in Umrissen ab. Wohin der Weg führen würde, ahnte niemand, aber daß man an einer Zeitenwende stand, war ein verbreitetes Gefühl.

„Wer ist denn der, der so auftritt?"

Aus der überfüllten Volksversammlung am 19. Februar 1861 ging der Gewerbliche Bildungsverein hervor. Er wurde der Polytechnischen Gesellschaft angegliedert, deren Direktorium das Vorhaben angeregt und vorbereitet hatte. Die Statuten, an deren Ausarbeitung Gesellen wie Meister beteiligt gewesen waren, brauchten nur noch verabschiedet zu werden. Die Initiative von Bürgern für Arbeiter gründete in der demokratischen Kontinuität der Stadt; gewiß spielte auch philantropische Gesinnung hinein, die zu verachten späteren Dogmatikern vorbehalten blieb. Während der Reaktionsjahre war das Vereinsleben nicht vollends eingeschlafen, sondern unter dem Deckmantel von Sängerbünden und Männerquartetten weitergegangen. Gesellen, die sich vor 1860 musizierend hervorgetan, tauchten nun in der Arbeiterbildungsbewegung wieder auf. Wie sonst hätte sich so rasch eine so rege Tätigkeit entfalten können?

Im nachhinein empfand Bebel das Jahrzehnt zwischen Revolution und wieder erwachendem öffentlichen Leben wie eine Ewigkeit. Doch das war eine subjektive Sicht der Dinge, wie sie sich nur einer aneignen konnte, der vom Leben in den größeren Städten unberührt geblieben war. In Wetzlar, Freiburg, Regensburg, Salzburg nahm sich die Welt anders aus als in Hamburg, Berlin, Leipzig.

Daß erst Bildung dem Menschen Würde verleihe und gesellschaftlichen Aufstieg erlaube, war ein besonderer deutscher Glaube. Die ehrenwerten Bürger, die dem Mangel an Bildung abhelfen wollten, hingen ihm ebenso an wie der junge Drechslergeselle, dem nichts anderes in den Sinn kam, als erst zu lernen und dann mitzureden. Diese Ausschließlichkeit des Bildungsstrebens rührte aus vorindustrieller Zeit. Ob es noch in eine Welt paßte, die vom einzelnen Gesellen immer weniger, vom wachsenden Proletarierheer immer mehr charakterisiert wurde, glaubten Leipziger Arbeiter kaum noch. Ohne politischen und sozialen Wandel auch keine Bildung, lautete die neue Erfahrung, die sich bereits zu Beginn der sechziger Jahre eine kleine Minderheit zu eigen machte. Doch auch als eine allgemeine Erkenntnis daraus geworden war, blieb Bildung – verbunden mit dem Glauben an Aufklärung – ein Herzstück der Arbeiterbewegung. Im Hochverratsprozeß 1872 gab Wilhelm Liebknecht zu Protokoll: „Alle Greuel der Geschichte, insoweit sie nicht direkt von oben verübt werden, erklären sich aus dem niederen Bildungsgrad des Volkes, für den die herrschenden Klassen die Verantwortlichkeit tragen und der in Zeiten der Revolution sich furchtbar an ihnen rächt."

Die Gegensätze prallten an jenem 19. Februar mit voller Wucht aufeinander und ließen die Wogen hochschlagen. Zank und Streit standen Pate, als die Arbeiter politisch laufen lernten. Doch was den einen sogleich abgeschreckt hätte, animierte den Drechslergesellen Bebel, der am Tag darauf 21 Jahre alt wurde und den die Wortgefechte und Drohgebärden nicht im geringsten störten. Zeit seines Lebens fühlte er sich in seinem Element, wenn die Leidenschaften hochgingen, Kompromiß und Ausgleich waren seine Sache nicht, sein Leben lang blieb er der Antityp des Versöhnlers. Ob er der Mehrheit oder der Minderheit zugehörte, focht ihn nicht an, er entschied danach, was er für richtig hielt. Insofern mag es ein Glücksfall gewesen sein, daß in seiner ersten Versammlung Langeweile nicht aufkam und eine lautstarke Opposition auf sich aufmerksam machte, die nicht der Bildung den Garaus machen, aber den Verein als einen primär politischen verstanden wissen wollte. Bebel staunte über die redegewandten Kritiker, aber was sie vorbrachten, lehnte er ab und war's zufrieden, daß sie sich nicht durchsetzten. Repräsentant einer Generation, in die sich der Erfahrungsschatz von 1848 nicht eingegraben hatte, und beseelt von dem Wunsch nachzuholen, was er entbehrt, stürzte er sich in die Bildungsarbeit; das Angebot, bereichert durch Vorgänge Leipziger Professoren, umfaßte eine breite Palette. Schon jetzt ohne Interesse an schöngeistiger Bildung, traf er seine Wahl nach Nützlichkeitserwägungen und nahm Unterricht in Stenographie wie in Buchführung. Kurzschrift half Zeit sparen, und Buchführung war unentbehrlich, wollte er sich selbständig machen. Sein Leben als Lohnarbeiter hinzubringen, abhängig von anderen, mag ihm schon jetzt unmöglich erschienen sein.

Doch nicht nur sein Erkenntnis-, auch sein Drang nach Entfaltung fand im Verein ein Echo; auf dem ersten Stiftungsfest wurde er an die Spitze der Bibliotheks- und der Vergnügungsabteilung gestellt und in den 24köpfigen Ausschuß gewählt, der den Verein leitete und aus seiner Mitte den Vorsitzenden kürte – einen Architekten aus gutem Leipziger Bürgergeschlecht. Längst war der einsatzfreudige Mann aufgefallen. In seinen Erinnerungen berichtet Bebel stolz, man habe sich, als er das erste Mal das Wort nahm, angesehen und gefragt: „Wer ist denn der, der so auftritt?" Er wußte, was er wollte, und er wußte, was er tat, als die Opposition, die ein Viertel der fünfhundert Vereinsmitglieder hinter sich hatte, im Frühjahr 1862 ihn herüberzuziehen suchte. Er war nicht mehr gegen Politik, aber immer noch gegen ihren Vorrang. Der erste Platz sollte der Bildungsarbeit vorbehalten bleiben. Außerdem gehörte er zu jener Sorte Mensch, die sich niemals ziehen läßt, sondern die Züge nach eigenem Ermessen setzt.

Die Opponenten sahen sich die Sache ein Jahr lang an. Als sie auf der karfreitäglichen Generalversammlung 1862 wiederum nicht die Mehrheit eroberten, scherten sie aus. Zum Vorschein kam ein neuer Verein, der „Vorwärts", bei dessen Gründungsfeier Zigarrenmacher Fritzsche den Zweck damit umschrieb, daß der Arbeiter aufgeklärt werde – „über seine Stellung in der Natur und im Staate". Wie Friedrich Wilhelm Fritzsche, ein 48er, der schon während seiner Schweizer Wanderjahre mit frühsozialistischem Gedankengut in Berührung gekommen war, dachte Adolf Roßmäßler, der seinen Paulskirchen-Ausweis stets bei sich trug, als Legitimation gleichsam. Er hatte eine Professur an der Forstakademie innegehabt, bevor er in den fünfziger Jahren aus dem Staatsdienst entlassen wurde, seither widmete er sich der naturwissenschaftlichen Volksbildung. Der Dritte im Bunde war der hochbegabte Julius Vahlteich, ein Schuhmacher. Er war nur ein Jahr älter als Bebel, aber in Leipzig geboren und groß geworden in den demokratischen Kämpfen der Stadt. Er hatte die Ratsschule besucht und war durch die Schule des Deutschkatholizismus hindurchgegangen – eine Schule in unabhängigem Denken. Der Deutschkatholizismus war eine Mitte der vierziger Jahre entstandene nationalkirchliche Bewegung, die die Zeichen äußerer Frömmigkeit leugnete, auch die päpstliche Oberherrschaft, und als Glaubensgrundlage nur die Heilige Schrift anerkannte. 1848, auf ihrem Höhepunkt, zählte die Bewegung, die weit über Leipzig hinausreichte, 80.000 Mitglieder; 1861/62 erhielt sie noch einmal Zulauf – Protestanten aus der Oppositionsgruppe im Leipziger Bildungsverein. Auch Fritzsche und Roßmäßler waren Deutschkatholiken, Vahlteich sogar durch Taufe. Er hatte in den Revolutionstagen Robert Blum reden hören, 1849 zugesehen, wie der Freischärler-Zug nach Dresden abging, und während seiner Wanderjahre Weitling studiert. Das selbstbewußte Trio – Roßmäßler, Fritzsche, Vahlteich – setzte in der Bewegung der Arbeiter eine ungeahnte Dynamik frei.

Die beiden Vereine, der mit der Bildung und der mit der Politik, waren keineswegs reinlich geschieden. Bebel selbst verkehrte auch im „Vorwärts" und war stolz, am „Verbrechertisch" im Hotel de Saxe, dem Vereinslokal, sitzen zu dürfen; „Verbrecher" wurden jene 48er genannt, die viele Jahre eingesessen hatten. Bebel störte die Politisiererei nicht mehr, er fand selbst Spaß daran. Doch mochte er sich immer noch nicht die Wahlrechtsforderung zu eigen machen und sich auch nicht mit der jakobinischen Form offener Arbeiterversammlungen anfreunden, gegen die er auch auf der ersten überregionalen Zusammenkunft der Arbeiterbildungsvereine, Juni 63 in Frankfurt, wetterte. Seine Begründung: Sie folgten dem augenblicklichen Eindruck, den ein gewandter Redner erziele... Damals konnte er noch nicht wissen, wie sehr er selbst eines nicht zu fernen Tages große Versammlungen in seinen rednerischen Bann ziehen würde. Doch auch als er um seine eigene Tribunenkunst wußte und obwohl er den Formen direkter Demokratie manches abzugewinnen vermochte, blieb er ein Gegner von jedermann zugänglichen Zusammenkünften, auf denen aus dem Stand heraus Beschlüsse gefaßt würden. Bebel war selbst kontrolliert und wollte Angelegenheiten, an denen er teilhatte, kontrollieren, sich jedenfalls nicht auf unerschlossenes Gelände zubewegen, wie es der „Vorwärts" offenkundig tat.

Man lasse sich „durch nichts irreleiten" und sei „rechtschaffen" den vorgeschriebenen Weg gewandelt, heißt es im zweiten Jahresbericht von Bebels Bildungsverein, Februar 1863. Die Mitgliederzahl war seit der Spaltung leicht gesunken, doch das Vereinsleben hatte sich ausgeweitet, unentbehrliches äußeres Zeichen: die Vereinsfahne, die die Damen genäht und gestickt hatten. Der nach genauem Lehrplan ablaufende Unterricht in den Elementarien, die Vorträge, der Ausbau der Bibliothek, der Unterhalt der Räume und des Vereinslokals, in dem auch Zeitungen auslagen, dreißig an der Zahl, die geselligen Zusammenkünfte, das alles kostete Geld. Doch woher nehmen? Am 17. November 1863 ging ein Schreiben an den Rat der Stadt, in dem auf das „reiche Repertoire" der Bildungstätigkeit gepocht und ein Darlehen erbeten wurde; auch der unbemittelte Geselle solle Gelegenheit haben, die Lücken seiner Schulbildung auszufüllen, sich wie ein gebildeter Mensch betragen lernen und in den Stand gesetzt werden, seine Aufgabe als treues Kind seines Vaterlandes zu erfüllen. Einige Monate später konnte man sich für eine Subvention von 100 Talern bedanken, die 1865 auf 500 Taler erhöht wurde – „in Anbetracht der wohltätigen und gemeinnützigen Zwecke, die der Verein verfolgt".

Doch der Gewerbliche Bildungsverein war keine Insel der Seligen, an die die Stürme des täglichen Lebens nicht herangereicht hätten. Man besprach die Fragen, die die Arbeiter unmittelbar berührten, Gewerbefreiheit, Freizügigkeit, genossenschaftliche Produktionsformen, Unterstützungskassen, und kam wie von selbst auf den Zusammenhang mit der Frage des Wahlrechts. Bebel entzog sich nicht, aber er wollte sich nicht festlegen, war wohl auch jetzt schon von Rechthaberei nicht ganz frei. Zweimal stieß er mit Vahlteich zusammen, im eigenen Verein Anfang 62 und im Februar 1863, als der Dresdner Arbeiterbildungsverein Stiftungsfest feierte und Bebel seinen ersten Auftritt außerhalb Leipzigs hatte. Vahlteich, der das Wahlrecht forderte und nichts als das Wahlrecht, entgegnete er, daß größere politische Rechte größere politische Pflichten mit sich brächten und dazu die Arbeiter noch nicht befähigt seien. Er ließ die Bildung hochleben, obwohl er sich in die Leipziger Verhältnisse längst hineingelebt hatte und genau verfolgte, wohin die Reise ging. Im Sommer 1862 war er sogar von der Zuschauertribüne heruntergestiegen und hatte einige Monate lang in jenem Komitee mitgemischt, das – vom Verein „Vorwärts" eingesetzt – einen Allgemeinen Deutschen Arbeiterkongreß vorbereiten sollte. Er war wieder ausgeschieden, weil er vor einem solchen Kongreß „Klarheit über die wichtigsten Angelegenheiten des Arbeiterstandes" haben wollte. Nach noch nicht einmal drei Jahren Leipzig fehlte ihm die Erfahrung, um zu einem entschiedenen Arbeitervertreter zu werden, außerdem war er noch nicht so weit, selbst die Regie zu führen. Zum bloßen Mitmachen aber war er nun einmal nicht gemacht.

Die Idee eines Allgemeinen Deutschen Arbeiterkongresses stand am Ende einer Arbeiter-Delegation, die der Nationalverein zur Londoner Weltausstellung, Juli 62, in Marsch gesetzt hatte; der Nationalverein, 1859 nach italienischem Vorbild gegründet, hatte die liberalen Kräfte zusammenfassen wollen, zwecks Einigung der deutschen Nation. Die Arbeiter, die in London dabei gewesen waren, sollten auf dem geplanten Kongreß über ihre Erlebnisse berichten. Doch was sich so nüchtern anhörte, entpuppte sich als eine unerhört zündende Idee, nicht nur in Leipzig, auch in Berlin, in den Hansestädten, in Frankfurt, Mannheim und am Niederrhein; sie wurde Kristallisationskern in der Suche nach einer Organisation, die den neuen Bestrebungen gerecht würde. Ein Zentralkomitee Berliner Arbeiter, hervorgegangen aus mehreren öffentlichen Versammlungen und angeführt von einem Lackierer namens Eichler, der sich in London umgesehen hatte, nahm sich des Unternehmens an und setzte als Termin Mitte November fest.

Doch nicht in Berlin, wo der Verfassungskonflikt seinem Höhepunkt entgegenzustreben schien und Bismarck soeben auf die Bühne getreten war, sollte der Kongreß stattfinden, sondern in Leipzig. Wo auch wäre der Boden besser bereitet gewesen? Am 30. September waren die Arbeiter der Stadt aufgefordert worden, in offener Versammlung den Kongreß „sowie das Verhältnis des Arbeiterstandes zum Nationalverein zu besprechen". Zu den Unterzeichnern des Aufrufs gehörten die erste Garde des Vereins „Vorwärts", aber auch die Mitglieder des gerade gegründeten Fortbildungsvereins für Buchdrucker und – August Bebel, der an der Leipziger Besprechung mit Eichler noch teilgenommen und sich hernach von der Kongreßvorbereitung zurückgezogen hatte. Casimir Eichler weckte Argwohn und in Leipzig verdächtigte man ihn, ideell und materiell im Sold der Reaktion zu stehen; allzu kraß setzte der Lackierer auf den Staat, der den Produktiv-Assoziationen auf die Beine helfen würde. Die Spitze gegen die Liberalen, die mitten im Kampf um die preußische Verfassung standen, behagte nicht, auch da nicht, wo das Vertrauen in liberales Stehvermögen schon geschrumpft war. Einen Arbeiterkongreß zustande zu bringen, war eine Sache, mit dem Liberalismus zu brechen, immer noch eine andere.

Als Fritzsche und Vahlteich selbst nach Berlin reisten, um das Kongreßschiff flott zu machen, bemühten sie sich nach Kräften um Rückhalt in der Fortschrittspartei, einst einem preußischen Ableger des Nationalvereins; in ihrem Programm hatte sie Anklänge an ein allgemeines und gleiches Wahlrecht strikt vermieden. Im liberalen Bürgertum, aufgeschreckt von der Kongreßidee, spielte man auf Zeit. Doch die Leipziger Abgesandten mochten den Kongreß allenfalls auf den Januar 1863 verschieben. In einer großen Versammlung Berliner Arbeiter am 2. November redete der Fortschrittsmann Schulze-Delitzsch, Vater der deutschen Kredit- und Konsumvereinsbewegung, der die Selbsthilfe der Arbeiter durch genossenschaftliche Vereinigungen propagierte, gar nicht mehr drumherum und machte Stimmung für die unbefristete Verschiebung. Es müsse alles gründlich vorbereitet werden, also gelte es, Vereine zu gründen und Arbeiter zu bilden. Als „der König im sozialen Reich" – die Ergebenheitsbekundung aus der Berliner Versammlung war zum Spottnamen geworden – zu Jahresbeginn nach Leipzig kam, wiederholte er: Die Arbeiter seien zu schlecht gestellt, als daß sie sich um öffentliche Angelegenheiten kümmern könnten; auch in den Nationalverein sollten sie nicht eintreten dürfen. Tatsächlich wußte man sich die Arbeiter dadurch vom Leibe zu halten, daß der Verein nur Jahresbeiträge annahm und den naheliegenden Wunsch der Arbeiter nach monatlichem Obolus ablehnte. Der Zusammenhang von Schulzes Selbsthilfe- und Bildungspredigten – staatliche Sozialpolitik lehnte er als unwürdiges Almosen ab – entstammte der vorindustriellen Welt. Der Glaube an den individuellen Aufstieg eines Arbeiters, der nur zu wollen brauche, nahm sich in der heraufziehenden Proletarisierung schon fast komisch aus; Schulze meinte es persönlich gut mit den Arbeitern, nur hatte er den industriellen und sozialen Wandel nicht verstanden.

Julius Vahlteich wurde hellhörig. Mehr noch als Fritzsche, der sich zunehmend der gewerkschaftlichen Arbeit verschrieb, war er die treibende Kraft auf dem Weg zum Arbeiterkongreß. Über die Konsequenzen begann er nachzudenken, als er von seinem Berliner Ausflug nach Leipzig zurückgekehrt war. Konnte und sollte ein Arbeiterkongreß in liberaler Obhut überhaupt stattfinden? Sah es nicht so aus, als würde die Fortschrittspartei keineswegs mit letztem Ernst den Kampf um die preußische Verfassung durchstehen? Gedieh nicht das Kapital prächtig unter dem Schutzschild preußischer Bajonette? Die Enttäuschung über die liberale Absetzbewegung trieb Vahlteich voran, und er drehte nun den Spieß um und fragte, ob nicht vor einem Kongreß bestimmt werden müsse, was ein Arbeiter sei. Den Zwang, Begriffe und Personen – wer darf mitmachen, wer nicht? – vor allem sonst zu definieren, hatte sich die Arbeiterbewegung in die Wiege gelegt, noch bevor eine Partei aus ihr wurde.

„Was ist ein Arbeiter?" Vahlteichs Frage erwies sich als Sprengsatz in mehr als einer Hinsicht. Dem Liberalismus war signalisiert, daß man auch allein gehen könne, den Vereinen aber eine Vorlage gegeben, mit der die meisten nichts anzufangen wußten. Wer sich gerade erst der Arbeiterbildung verschrieben und allenfalls den Ruf nach Wanderunterstützung erhoben hatte, konnte einen proletarischen Alleinvertretungsanspruch unmöglich gutheißen. Um die Jahreswende 1862/63 waren Julius Vahlteich und seine Leipziger Freunde isoliert, und mehr noch. Adolf Roßmäßler, der überzeugte Vorkämpfer der Volksbildung und ausgewiesene Demokrat, mochte den eingeschlagenen Weg nicht weiter mitgehen. Er hatte sich noch zu der Einsicht durchgerungen, daß die Arbeiter ihre Angelegenheiten in die eigenen Hände nehmen müßten, aber zu untersuchen, was ein Arbeiter sei, und zu unterstellen, daß ein Meister nicht mittun dürfe, war zu viel für die treue Seele. Roßmäßler kehrte in den Gewerblichen Bildungsverein zurück und fand sich an Bebels Seite wieder.

Die Erleuchtungen des Ferdinand Lassalle

Die Lage war verfahren, und niemand im Komitee wußte, wie es weitergehen solle, als man auf einen gewissen Ferdinand Lassalle aufmerksam gemacht wurde und dessen „Arbeiterprogramm" wie eine Offenbarung empfand. Diesem Programm hatte Lassalles Rede vor den Berliner Borsig-Arbeitern, April 62, zugrunde gelegen. Wie Marx war Lassalle durch die Schule Hegels gegangen, doch anders als Marx hatte er sich den Glauben an die unendliche und ewige

Allmacht des Staates bewahrt und niemanden vom Kopf auf die Füße gestellt. Die Idee des Arbeiterstandes, die er schon im Titel seiner Borsig-Rede beschwor, nannte er das herrschende Prinzip der Gesellschaft. Gegen Besitz, den er selbst nicht verschmähte, hatte er nichts, aber alles gegen die aus Besitz abgeleiteten Privilegien. Sein Heilmittel: das allgemeine, gleiche Wahlrecht. Zum erstenmal hörten die Arbeiter, wie einer die Welt aus ihrer Sicht erklärte. Zum erstenmal hörten sie von ihrer eigenen all-menschlichen Mission. Briefe wurden gewechselt. Lassalle zierte sich, fand aber doch Gefallen an der Sache; schließlich waren seine Ratschläge an die Fortschrittspartei, das Parlament zu bestreiken und König und Kanzler zum Einlenken im Verfassungskonflikt zu zwingen, auf taube Ohren gestoßen. Er ließ wissen, eine offizielle Anfrage werde eine offizielle Antwort finden.

Am 11. Februar 1863 ersucht das Leipziger Komitee zur Einberufung eines Allgemeinen Deutschen Arbeiterkongresses den Doktor Ferdinand Lassalle, seine „Ansichten über die Arbeiterbewegung und über die Mittel, deren dieselbe sich zu bedienen hat, sowie besonders auch über den Wert der Assoziationen, für die ganze unbemittelte Volksklasse auszusprechen". Es liege ihnen viel daran, die Entwicklung der Arbeiterbewegung zu beschleunigen. Assoziationen und genossenschaftliche Zusammenschlüsse waren schon durch die Schriften der Frühsozialisten gegeistert und hatten die einschlägigen deutschen Diskussionen spätestens seit 1848 beherrscht. In welcher Form sie auch vorgestellt wurden, gerade der Assoziationsgedanke wirkte wie das Kind des Übergangs – vom Zeitalter der Zünfte ins Zeitalter der Gewerbefreiheit.

Das „Offene Antwortschreiben" schlug wie eine Bombe ein. Es spitzte die Arbeiterfrage ganz anders zu als die Berliner Rede vom Jahr zuvor. Von einer Versöhnung der Klassen war keine Rede mehr, dafür um so mehr von einem Gesetz, das Lassalle das Eherne Lohngesetz nannte; Thomas Robert Malthus hatte beobachtet, daß die Bevölkerung schneller wuchs als der Landbau und daraus abgeleitet, daß dies auf ewig so bleibe. An dieses Malthus'sche Gesetz knüpfte Adam Smith an, der verkündete, jede Lohnerhöhung vermehre die Zahl der Arbeiter und damit das Angebot an Arbeitskraft, über das nackte Existenzminimum würden die Arbeiter deshalb nie hinauskommen. Eben dies wollte Ferdinand Lassalle mit seinem

Ehernen Lohngesetz ausdrücken, das innerhalb der kapitalistischen Gesellschaft zu überwinden, er für unmöglich befand. Jede Art wirtschaftlicher Selbsthilfe, sei es die à la Schulze-Delitzsch, seien es die gewerkschaftlichen Versuche, erklärte er aufgrund seines Lohngesetzes für nutzlos. Lassalle empfahl stattdessen Produktiv-Assoziationen, die den Arbeiterstand zu seinem eigenen Unternehmer machen würden und die in Schwung zu bringen, es der staatlichen Hilfe bedürfe. Um diese in Gang zu bringen, müsse das allgemeine, gleiche Wahlrecht her. Daß das Programm zum Zeitpunkt seiner Verkündung überholt war – um 1860 herum hatte ein wirtschaftlicher, auch landwirtschaftlicher Aufschwung eingesetzt–, beeinträchtigte seine Wirkung keineswegs. Zu erkennen, was ist, gehörte auch in ihren Anfängen nicht zu den starken Seiten der Arbeiterbewegung.

Unter der Wucht der Worte zerrannen die Träume vom Kongreß und vom bürgerlich-proletarischen Bund. Lassalles Antwortschreiben frappierte, weil es dem liberalen Bürgertum und seiner Fortschrittspartei eine so unglaublich scharfe Abfuhr erteilt und Genugtuung über widerfahrene Schmach bereitet hatte. Es beeindruckte, weil einzelne durchaus herkömmliche Elemente auf logisch anmutende und originelle Weise verbunden wurden. Es regte die Phantasie an, weil die Arbeiter lernten, wofür sie zu sein hatten und weil die Forderungen griffig und leicht aufzunehmen waren. Als Rodbertus, der den Arbeitern keineswegs feindlich gesonnene Nationalökonom, Lassalle brieflich darauf hinwies, daß die Produktiv-Assoziationen das Wesen des Kapitalismus nicht aufheben, daß sie von Wirtschaftskrisen keinesfalls unberührt bleiben und die Schwierigkeiten der Preisgestaltung kaum überwindbar sein würden, antwortete Ferdinand Lassalle ungerührt: Er habe die Assoziationen nur deshalb in sein Programm aufgenommen, weil „die Arbeiter etwas ganz Bestimmtes, Greifbares" vorgeschlagen haben müßten. Gebe es etwas Besseres, lasse er die Sache fallen. Davon ahnten die ratlosen Arbeiter nichts. Sie hatten ein Programm gesucht und gefunden. Wie es im einzelnen aussah, war nicht so wichtig.

Lassalle hat sein Schreiben am 1. März abgeschickt. Am 17. stimmt das Komitee darüber ab, sechs sind für, vier gegen die Annahme. Am 24. steigt eine Volksversammlung, das Komitee legt sein Mandat zur Einberufung eines Allgemeinen Deutschen Arbeiterkongresses nieder; es entstammte einer früheren Kundgebung. Die Begeisterung ist groß und die Zustimmung zu Lassalle überwältigend. Endlich sollte etwas geschehen! Es wird ein neues Komitee gewählt, personell mit dem alten identisch, das nun einen Arbeiterverein ins Leben rufen soll. Denn wie hatte es im Antwortschreiben geheißen? „Der Arbeiterstand muß sich als selbständige politische Partei konstituieren. "

Durch den liberalen Blätterwald rauscht ein Sturm der Entrüstung, der sich noch steigert, als Ferdinand Lassalle am 16. April höchstselbst in Leipzig erscheint und Sachsen, das Mutterland der Reformation, beschwört, von ihm möge auch jetzt der neue belebende Hauch ausgehen. Im Pantheon erläutert er vor den Arbeitern, seien es 2.000, seien es 4.000, sein Antwortschreiben; ein distanziertaufmerksamer Zuhörer ist August Bebel, der sogar Exemplare des Antwortschreibens im Bildungsverein verteilt hat. Er wollte weiterhin nicht mitmachen und verweigerte sich, als man ihn für den neuen Verein zu gewinnen suchte. Der Ernst und die Entschiedenheit des Vorgangs aber konnten dem ernsten und durchaus zu Entschiedenheit neigenden jungen Mann nicht verborgen bleiben; zwei Jahre Bildungsverein und drei Jahre Leipzig hatten ihre Wirkung nicht verfehlt. Lassalle fand er nicht sonderlich sympathisch, wer wollte es ihm verdenken? Oben auf der Tribüne stehend, die mit dicken Folianten bestückt war, nahm der eitle Mann, so Bebel in der Rückschau, eine herausfordernde Haltung ein; zeitweilig klemmte er die Finger in die Westenlöcher. Eine Pose, die für Bebel undenkbar sein würde. Lassalle erhielt viel Beifall, aber keine Begeisterungsstürme, dazu war die Rede, gedruckt unter dem Titel „Zur Arbeiterfrage", viel zu trocken und gelehrt.

Zwischen diesem Auftritt und der Gründung des Allgemeinen Deutschen Arbeitervereins am 23. Mai – eingeladen waren alle mit dem Antwortschreiben einverstandenen Arbeiter – lag das verzweifelte Werben um weitere Städte. Lassalle selbst bemühte sich nach Frankfurt, wo es hoch herging; die Arbeiter aus der Stadt und ihrem Umland, dem Maingau mit dem Lederzentrum Offenbach, konnten nicht zusammenfinden. Lassalle vollbrachte mit List und Tücke und Philibustern einen knappen Sieg. Gläubige Gefolgschaft fand er in Hamburg und überall dort, wo die sozialen Gegensätze scharf und unvermittelt hervorbrachen und die traditionellen Bewußtseinsinhalte rasch, fast plötzlich zerfielen – wie im calvinistischen Wuppertal, das für lange Jahre die Hochburg der Lassalleaner wurde. Wo der äußere Erfolg Zeichen göttlicher Erwählung war, hatten es demokratische Tugenden zusätzlich schwer.

Begründet wurde der ADAV schließlich von zwölf Delegierten, die elf Städte und 400 Mitglieder vertraten. Es war ein kleines Häuflein sehr rühriger und opferwilliger Arbeiter, das sich in Leipzig verschwor; an ihrer Spitze stand, diktatorenähnlich, Dr. Ferdinand Lassalle. Auch seinen Sitz nahm der neue Verein in Leipzig, wo sonst, doch fand er in der Stadt nur ein bescheidenes, im sächsischen Land fast gar kein Echo; die anti-bürgerliche Saat konnte hier noch nicht aufgehen.

Bebels Gewerblicher Bildungsverein wahrte Stellung und Ansehen, trotz des fortbestehenden Vereins „Vorwärts" und trotz des neuen ADAV. Doch die äußere Ruhe trog, innerhalb des Vereins gärte es, und für Bebel war die Ruhe der Bildungsarbeit ebenso dahin wie für die liberalen Gönner der Arbeiter, die einen Kongreß zwar hatten verhindern wollen, aber nicht um den Preis eines parteiähnlichen Arbeitervereins. Was blieb anderes übrig, als die Zeichen der Zeit zu erkennen und selbst einen Kongreß einzuberufen? Eile schien geboten, als Termin wurde der 7. und 8. Juni festgesetzt.

Das Echo war groß. Vor allem süddeutsche, nicht in Arbeiterhand befindliche Vereine hatten sich vom Leipziger Vorgehen überrumpelt gefühlt und mögen über die neue Initiative erleichtert gewesen sein. Den Aufruf zur Frankfurter Anti-ADAV-Gründung hatte Leopold Sonnemann schon am 19. Mai, zwei Tage nach Lassalles Auftritt am Main und noch vor dem offiziellen Leipziger Akt, herausgehen lassen. In Leipzig wählte eine neuerliche Arbeiterversammlung Roßmäßler zum Delegierten, der Bildungsverein entsandte August Bebel. Leopold Sonnemann, der legendäre Gründer der legendären „Frankfurter Zeitung", war eine seltene Ausgabe deutschen Bürgersinns: Bankier und Börsianer, Journalist und Zeitungsbesitzer, Demokrat vom Scheitel bis zur Sohle, einer, der den Arbeitern aufrichtig helfen wollte und ihre Bewegung auch dann nicht verleugnete, als er nicht weiter mit ihnen gehen mochte. Er war ein gemachter Geschäftsmann, als am Ende des Reaktionsjahrzehnts sein politisches Interesse erwachte und er den Nationalverein unterstützte. Als ihm, dem Anti-Preußen aus der Freien Reichsstadt, die preußische Politik und die preußische Orientierung des Nationalvereins suspekt wurden, wandte er sich rasch wieder ab. Er präsidierte dem Frankfurter Schützenverein und half 1862 das Erste Deutsche Bundesschießen organisieren – in seiner Zeitung als „ein Fest der Verbrüderung der ganzen Nation" gefeiert. Sonnemann stand für einen Kapitalismus, der von feudalen Hemmnissen befreit und in einem bürgerlich-demokratischen Gemeinwesen verankert sein sollte. Die Wohlfahrt der Arbeiter lag ihm am Herzen. Er konnte sie sich nur im Zusammenwirken von Kapital und Arbeit, Bürgern und Arbeitern vorstellen. Lassalle und die Leipziger Aktion erbosten ihn.

48 Städte waren in Frankfurt durch 110 Delegierte vertreten, sie stammten aus 54 Vereinen, großen und traditionsreichen wie dem aus Berlin oder dem „Vorwärts" aus Bremen, der seit 1848 ohne jede Verbotsunterbrechung bestand und dessen Führung in bürgerlicher Hand lag. Man einigte sich, in Ermangelung eines gemeinsamen positiven Zieles, auf den kleinsten gemeinsamen Nenner und pflichtete der Entschließung des Adolf Roßmäßler bei: Dieser erste Vereinstag halte es für seine Pflicht, in der Verfolgung des Strebens nach Hebung des Arbeiterstandes einig unter sich zu sein, und „einig mit allen nach des deutschen Vaterlandes Freiheit und Größe Strebenden". Doch die Anklänge an 1848 halfen über die Nöte des Jahres 1863 nicht mehr hinweg, zuviel hatte sich geändert, und daß Politik in den Vereinen nichts zu suchen habe, wollte kaum noch einer wahrhaben. Jener Abschnitt des Statutenentwurfs, der Politik und Religion als Gegenstand der Verhandlungen ausschloß, wurde gestrichen, ersatzlos, und der Leipziger Delegierte Bebel verlangte, daß in den Vereinen volkswirtschaftliche und politische Zeitungen angeschafft würden. Man diskutierte Unterstützungskassen, Konsumläden und dergleichen Selbsthilfemodelle mehr und geriet an die Grenze dessen, was ein Bildungsverein noch leisten konnte. So verschwand sie denn aus dem Namen, die Bildung, die ein wichtiges Mittel zu eigenem Fortkommen und gesellschaftlicher Geltung blieb. Bebel führte eine Liste jener Themen auf, über die er wissenschaftliche Vorträge gehalten wissen wollte: Geschichte, Geographie, Naturwissenschaften und namentlich den Bau des menschlichen Körpers; das Interesse gerade an jenem Gebiet war nicht

vorübergehender Natur, noch in hohem Alter fertigte er Exzerpte aus einschlägiger Literatur an.

Der organisatorische Rahmen, den sich der Verband der Arbeitervereine Deutschlands schneiderte, war locker, der Verschiedenartigkeit seiner Mitglieder entsprechend; in Frankfurt waren Männer dabei, die, wie Eugen Richter, sich im Linksliberalismus wiederfinden oder zum Zentrum gehen oder nationalliberal werden sollten. Man wählte einen zwölfköpfigen Ständigen Ausschuß, der aus seiner Mitte den Vorsitzenden – Sonnemann – kürte und dafür sorgte, daß der erste nicht der letzte Vereinstag blieb. Das zweite Treffen kam im Oktober 1864 in Leipzig zustande, nach einer Finanzspritze des Nationalvereins.

Bebel hatte den Kongreß vorbereitet, er präsidierte ihm auch. Vom Lärm der Lassalleaner, den Fritzsche anstiftete, ließ er sich nicht im geringsten beeindrucken, er blieb Herr der Lage. Seine Wahl in den Ständigen Ausschuß der Arbeitervereine war nur noch Formsache, an dem einsatzfreudigen, zupackenden Drechslergesellen kam niemand mehr vorbei. Niemand aber konnte auch die allgemeine Unzufriedenheit übersehen, die sich in den Vereinen und über die Führung breit machte. Die Unterschiede zwischen Stadt und Land, Sachsen und Süddeutschen, Arbeitern und Bürgern waren zu groß, als daß ein klarer Kurs hätte eingeschlagen werden können. Und gleichzeitig mußte man sich der lassalleanischen Konkurrenz erwehren.

Daß auch die Arbeitervereine das Wahlrecht fordern würden, konnte nur noch eine Frage der Zeit sein. Daß auch sie sich als proletarische Klassenvertretung sähen, nicht viel länger dauern. Daß schon jetzt, in der ersten Zeit ihres Daseins, beide, zum Verwechseln ähnlich klingenden ADAV und VDAV angetreten waren, das Beste für die Arbeiter herauszuholen, hätten sie selbst nicht bestritten. Begriffliche und persönliche Rechthaberei und ein sich rasch entfaltender Organisationspatriotismus belasteten nicht nur die Beziehungen zwischen Bürgern und Arbeitern, sondern auch die der Arbeiter untereinander. Erschwerend für das Verhältnis zwischen Lassalleanern und Arbeitervereinen kam hinzu, daß die Grenze zwischen Klein- und Großdeutschen fast exakt an der Trennlinie zwischen vornehmlich in Preußen beheimateten Lassalleanern und den sächsisch-süddeutschen Vereinen entlang lief, die Frage nach der deutschen Einigung aber alle anderen Fragen in den Hintergrund drängte. Lassalle selbst war ein überzeugter Anhänger der klein-deutsch-preußischen Lösung gewesen. Er war auf den Staat fixiert, er war mit Machtinstinkten gesegnet und „ehrgeizig in großem Stil", wie Bismarck in der Debatte des Sozialisten-Gesetzes urteilte. So einer konnte nicht anders, als sich an das zu halten, was er vorfand, nämlich Preußen, und alle Mittel, in deren Wahl er nicht zimperlich war, einzusetzen, um dieses Preußen in seinem Sinne zu modellieren. Lassalle glaubte daran, daß Menschen die Geschichte machen. Er machte selbst Geschichte, als er die Fackel unter die Arbeiter warf und ihnen mit organisatorischem wie gedanklichem Rüstzeug ein bisher ungekanntes Selbstgefühl verlieh. Er hatte es „gewagt mit Sinnen", wie Ulrich von Hutten einst gesungen. Las-salle war einer, der es liebte, mit Menschen und Mächten zu spielen – wie Bismarck, mit dem er sich verstand.

Bebel hat Lassalle den Respekt nie versagt, doch klang es immer süß-sauer, nie ganz aufrichtig, wenn von diesem hochbegabten, charismatischen Exzentriker die Rede war. Für den Lebenswandel des Ferdinand Lassalle, dessen Schicksal eine reiche Dame aus fein-stem Adelsgeschlecht geworden war und um deretwillen er sich ein halbes Leben lang in Prozeßhändel verstrickte, konnte Bebel Ver-ständnis nicht haben. Daß die Gräfin ihrem erfolgreichen Verteidiger eine stattliche Lebensrente aussetzte, mochte noch hingehen; schließ-lich legte es Bebel selbst darauf an, zu Wohlstand zu kommen. Doch daß er seine Lebenslust, sein Vergnügen an aristokratischem Umgang und aufwendigem Ambiente so offen zur Schau trug – nein. Als Lassalle 1864 an den Folgen eines Duells, das einer Liebes-affäre entsprungen war, starb, mag Bebel mindestens soviel Anstoß genommen wie Mitleid empfunden haben. Es konnte der Kontrast zwischen diesem geistsprühenden Bündel von Tatendrang und Wil-lenskraft und dem gradlinigen, wohl organisierten, schlichten Bebel nicht größer sein. Daß Lassalle einst mit Bismarck angebändelt hatte, hielt er diesem vor, als die Partei unterdrückt wurde. Doch ließ er keinen Zweifel daran, daß für ihn selbst ein solches Spiel undenkbar war.

In der Arbeiterbewegung lebte Lassalle, der die Phantasie beflü-gelte, weiter. Daß er in tonangebenden Zirkeln als ein unzuverlässi-ger Geselle galt, dazu haben Marx und Engels ihr Teil beigetragen.

Die beiden Buchgelehrten in London konnten ihn nicht ausstehen. Lassalle war kein Theoretiker, kein origineller Denker. Die Elemente dessen, was er als sein Programm verkündete, nahm er, wo er sie fand. Auch bei Marx, als dessen Schüler er sich sah. Nur stellte er mit dem Gelehrten an, was er allein für richtig hielt. Anzuerkennen, daß der unbotmäßige Schüler eine richtige Arbeiterpartei auf die Beine gestellt hatte, fiel Marx überaus schwer. In London wurde man niemals müde, Lassalle alle Schlechtigkeiten, alle Abirrungen vom Wege der Lehre anzulasten; die Randglossen zum Gothaer Programm, die Engels mit dem Ruf nach Ausschluß der Lassalleaner anreicherte, waren nicht nur rationaler Natur.

Ferdinand Lassalle war, noch keine vierzig Jahre alt, so melodramatisch zu Tode gekommen, wie er gelebt hatte. Seine Schöpfung, der Allgemeine Deutsche Arbeiterverein, der so ganz und gar auf ihn zugeschnitten und dessen autokratisches Kleid den Nachfolgern zu groß war, erwies sich gleichwohl als lebensfähig. Einige der Besten der frühen deutschen Arbeiterbewegung – Bracke, Yorck, Geib, Hasenclever – gingen aus dem ADAV hervor, der ersten proletarischen Partei in Deutschland. Bebel schuf sich, seinem Lebensgesetz folgend, eine eigene Organisation, nachdem er binnen weniger Jahre in der Stadt Leipzig und im Land Sachsen einen Lernprozeß durchgemacht und, in der Mitte der sechziger Jahre, eine neue Sicht der sozialen Entwicklung gewonnen hatte. Damit war zugleich sein Interesse an der Gestaltung der Verhältnisse erweckt.

Die Existenz des lassalleanischen Vereins und das Programm seines Gründers wirkten beschleunigend auf Bebels Bewußtseinsbildung. Er war selbst unbefangen genug, es zuzugestehen, im Leipziger Hochverratsprozeß mit besonderem Nachdruck. Aber er hat auch nie vergessen, welches Gewicht die sächsische Wahlheimat für diese Erweckung hatte. Als er 1903 den Dresdner Parteitag eröffnete, muß ihn der Ort zu der sehr heiteren Begrüßung inspiriert haben. Sie geriet ihm zu einer Hommage an das Volk der Sachsen und seine Geschichte. Man möge das Sachsenvolk beurteilen, wie man wolle, „das eine muß man ihm zugeben, es marschiert bereits seit Jahrhunderten in kultureller Beziehung an der Spitze Deutschlands".

IV. Gewißheit

In den letzten Tagen des August 1865 erschien auf der sächsischen Bühne ein Mann, der revolutionäres Blut in den Adern hatte und von schier überschäumendem Temperament war: Wilhelm Liebknecht. „Man muß begeistert sein, um große Dinge zu vollbringen" – das geflügelte Wort Saint-Simons war die Maxime des Wilhelm Liebknecht, der die Werke des französischen Frühsozialisten in jungen Gymnasiastenjahren studiert hatte. Aus Berlin und Preußen ausgewiesen, nachdem er sich weder von den Gehilfen Bismarcks noch den Erben Lassalles hatte korrumpieren lassen mögen, wendete er sich nach Leipzig und bereute es nie. Schon einen Monat nach der Ankunft meldete er an Engels: „Außerhalb Preußens gibt es nur einen deutschen Staat, wo der Boden für die Arbeiterklasse gut ist, und das ist Sachsen." Später notierte er, angenehme Jugenderinnerungen, die Regsamkeit unter den dortigen Arbeitern, die freisinnige Gemeindeverwaltung und das stark entwickelte öffentliche Leben in ganz Sachsen hätten ihn angezogen.

Als ihn ein Redakteur der „Mitteldeutschen Volkszeitung" noch im August mit Bebel bekanntmachte, war ihm der Ruf des Unbeugsamen schon vorausgeeilt. Dennoch staunte der um vierzehn Jahre jüngere Drechsler nicht übel ob soviel Entschiedenheit und Angriffslust selbst gegen den Liberalismus. Dem noch unbedarften Bebel mußte der erfahrene Liebknecht wie ein Abgesandter aus fernen Welten vorkommen. Hatte der doch schon vor seinem unfreiwilligen Abgang aus Berlin die proletarische Selbständigkeit gefordert – gegenüber der Regierung, aber auch gegenüber dem liberalen Fortschritt – und den Buchdruckergehilfen zugerufen: „Marschieren Sie geradeaus in dem stolzen Bewußtsein, daß die Arbeiterklasse die Hüterin in der heiligen Flamme der Freiheit, daß sie die wahre Fortschrittspartei ist; marschieren Sie vorwärts, weder nach rechts blickend noch nach links, und der Sieg ist Ihnen gewiß." Es klang an, was der Bebelschen Sozialdemokratie dereinst Lebenselixier sein sollte – die Prophetie des Sieges und die Abneigung gegen Bündnisse aller Art.

Wilhelm Liebknecht, Jahrgang 1826, entstammte einer Gießener Beamten- und Gelehrtenfamilie, die sich der Blutsverwandtschaft mit dem größten Rebellen der Neuzeit, mit Martin Luther rühmte. In Gießen, der Stätte radikaler Burschenschaften, war er aufgewachsen mit dem Bild des Pfarrers Weidig vor Augen, der ein Onkel war. Weidig hatte den „Hessischen Landboten" überarbeitet, war dafür eingesperrt worden und elendig im Gefängnis zugrunde gegangen. Georg Büchners „Friede den Hütten, Krieg den Palästen" hatte sich beizeiten in die Seele des Schülers Liebknecht eingegraben. Mit zwanzig sah er sich als Kommunisten und wußte, daß aus der ersehnten akademischen Laufbahn nichts werden würde. Was blieb für einen freiheitsdürstenden Studenten des Vormärz? Amerika. Doch ehe er den Fuß aufs Schiff gesetzt, macht er kehrt, um in der Schweiz zu unterrichten, sich im Februar 48 ins Pariser Revolutionsgetümmel zu stürzen und im September in Baden aufzutauchen. „Mit dreizehn Mann und einer Büchse eroberten wir binnen drei Tagen ein Viertel des Großherzogtums", erinnerte er sich, stolz und erhaben, noch Jahrzehnte später. Daß er im Gefängnis landete und nur durch den Mai-Aufstand 49 dem Standgericht entwischte, verdunkelte nicht den Traum dieses „Soldaten der Revolution", wie sich Liebknecht im Leipziger Hochverratsprozeß 1872 vorstellte, des „Marschall Vorwärts", wie Bebel ihn in seinem Nachruf nannte. Wilhelm, der Kartätschenprinz, der den badischen Aufstand erstickt hatte, der spätere König und Kaiser, blieb für ihn auf immer und ewig „der Henker von Rastatt", mit dem nie und nimmer und unter keinen Umständen gemeinsame Sache zu machen sei; auch im Haß kannte Liebknecht, der Märtyrer, keine Grenzen, und daß er sich zeit seines Lebens als Kind der vierziger Jahre gebärdete, fand nicht nur Mehring. Er zog nach London weiter und ließ sich in den Bannkreis des Karl Marx ziehen. Liebknecht sein Lehrling? Hat er zwölf Jahre lang, unter äußerlich verheerenden Umständen, bei Marx gelernt, um sein Wissen dereinst an Bebel weiterzugeben und diesen zu indoktrinieren?

Wilhelm Liebknecht hatte viele Talente, aber das des Theoretikers ging ihm vollständig ab. Die Welt teilte er in Gut und Böse, in Weiß und Schwarz. Sie in Regeln, gar in Gesetzmäßigkeiten zu gießen, kam diesem Hitzkopf nicht in den Sinn. Gewiß hatte er mancherlei Marxistisches aufgeschnappt, aber ein Weltbild fügte sich daraus nicht zusammen. Gelegentliche Versuche, Texte des Meisters zu popularisieren, hatten diesen zur Verzweiflung getrieben, und Marx und Engels ließen ihrem Spott übers „Wilhelmchen" denn auch jahrelangen Lauf. Als Liebknecht es im Februar 68 an der Zeit fand, im „Demokratischen Wochenblatt", das er redigierte, eine Rezension des „Kapital" zu drucken, und nach London schrieb, daß er selbst keine Zeit habe, wunderten sich die beiden Gelehrten im Dienste der Weltrevolution nicht. Engels, der die Besprechung schießlich übernahm, folgerte, Liebknecht habe „noch nicht 15 Seiten des Buchs gelesen", und Marx pflichtete ihm bei. Hingegen erfüllte es Liebknecht mit Freude, als Wanderredner durchs Erzgebirge zu ziehen. Kaum daß er mit Bebel bekannt geworden war, hatte er eine umfängliche Agitationstätigkeit entfaltet und war den Vereinen wie gerufen gekommen. Im Leipziger Arbeiterbildungsverein wurde er der fleißigste Lehrer, unterrichtete Englisch und Französisch und hielt Vorträge zur europäischen Geschichte.

Streikerfahrungen

Bebel war, als er Liebknecht kennenlernte und sich von seiner Bildung wie von seinem Auftreten beeindrucken ließ, längst selbst auf dem Weg zum radikal empfindenden Arbeiterführer. Sozialist wäre er auch ohne Liebknecht geworden, hat er später behauptet und Unwillen bekundet, wenn man ihn „als den quasi von Liebknecht ‚Verführten'" hinstellte. So hatte es der Staatsanwalt im Hochverratsprozeß gehalten und damit Bebels Zorn noch erregt, als dieser mehr als zwei Jahre später aus der Festungshaft entlassen wurde; in einer nachträglichen Erklärung zum Prozeß – Bebel ließ nie etwas auf sich beruhen – wies er „die Ansicht des Herrn Staatsanwalts als eine irrige" zurück. Bebel ging seinen eigenen Weg, er war auch viel zu stur, sich beeinflussen zu lassen und anderes aufzunehmen, als er selbst aufzunehmen gewillt war.

Die Lassalleaner, mit denen er in anhaltend harter Fehde lag, hatten ihn bewogen, die Lehren des Namenspatrons zu studieren, getreu dem Motto, daß man kennen müsse, was man bekämpft.

Über der Lektüre war ihm manches Licht aufgegangen, nicht daß er zu einem verspäteten Anhänger geworden wäre, aber er fand Erfahrungen aus der täglichen Praxis in theoretischer Formulierung wieder – was die Eigenständigkeit der Arbeiter anlangte und die Eigensucht der Bürger. Bebel nutzte seinen Nachruf auf Wilhelm Liebknecht, um über die Einflüsse dieser Jahre Rechenschaft zu geben: „In dem Kampfe mit den Lassalleanern wurden wir genötigt, uns immer mehr mit der vorhandenen sozialistischen Literatur zu beschäftigen, und das waren damals die Lassalleschen Broschüren. Dadurch gerieten wir aber in einen Mauserungsprozeß, der uns immer mehr von dem Boden abbrachte, auf dem wir bisher gestanden hatten." 1864 schon hatte er einen Anlauf genommen, die „Kritik der politischen Ökonomie" zu studieren, doch die Kost war zu schwer gewesen, anders als die leichter verdauliche „Inauguraladresse", deren Botschaft er ein Jahr später in sich aufnahm: „Die erste Pflicht der Arbeiterklasse ist die Eroberung der politischen Macht, Endzweck aber die Vernichtung aller Klassenherrschaft und die ökonomische Emanzipation der Arbeiterklasse."

Bebel hatte Liebknecht kennengelernt, als sein Glaube an bürgerliche Gönnerschaft sich zu verflüchtigen begann und er aus eigener Anschauung – 1865 war ein Jahr der Streiks – erkannte, daß soziale Besserung ohne politische Gleichberechtigung nicht zu haben sei. Die Ursache des Bebelschen Sinneswandels und die Wirkung des Liebknechtschen Auftretens wußten auch die Zeitgenossen schon nicht auseinanderzuhalten. Im sächsischen Innenministerium notierte man peinlich genau, daß Liebknecht nach Leipzig gekommen sei und „nach und nach Lassallesche und resp. sozialdemokratische Grundsätze und Lehren" im Arbeiterbildungsverein eingebürgert habe. Bald darauf sei es Liebknecht gelungen, „den aus Köln gebürtigen und in Leipzig domizilierenden Drechsler Bebel für sich und seine Richtung zu gewinnen, auch es durchzusetzen, daß dieser mit einem nicht gewöhnlichen Grad von Bildung, Geistes- und Rednergabe ausgestattete Mann" zum Vorsitzenden dieses Vereins gewählt worden sei.

Bebel war im Sommer 65 auch offiziell an die Vereinsspitze gelangt; zuvor hatten sich sein Gewerblicher Bildungsverein und der Verein „Vorwärts", einstige Keimzelle von Lassalles Neuschöpfung, zusammengeschlossen. Die Arbeiterbildung blieb Bebel Herzenssa-

August Bebel in den sechziger Jahren. Eine der frühesten überlieferten Aufnahmen.

che, immer noch steckte er einen Großteil seiner immensen Arbeitskraft in den Verein und hielt darauf, daß am Unterrichts- und
Vortragsprogramm nicht gerüttelt wurde und die Bibliothek wuchs.
Sein Schriftwechsel aus dieser Zeit ist Zeugnis eines hartnäckigen
Organisators, dem die kleinste Kleinigkeit nicht zu klein war. Und
doch war es nicht mehr die ursprüngliche, vor-politische Arbeiterbildung, der er jetzt huldigte. Im Tätigkeitsbericht für 1865 befand
der Autor, mutmaßlich Bebel, daß die Wirksamkeit des Arbeiterbildungsvereins verallgemeinert worden sei; als Zweck des Vereins galt
nun, „die geistige und materielle Lage des Arbeiterstandes zu fördern", worunter ausdrücklich auch „die Erlangung der dem Arbeiterstand gebührenden politischen und sozialen Rechte" verstanden
wurde. Drei Jahre später, in seiner Festrede anläßlich des 7. Stiftungsfestes des Arbeiterbildungsvereins, sprach er von Bildung nur
noch als politischer Bildung, die er mit geistiger Förderung der
Klasse und des Klassenbewußtseins gleichsetzte.

Bebels Entwicklung zwischen 1863, da er gegen Lassalle opponierte, und 1865, da er sich der Internationalen Arbeiter-Assoziation
zuzuwenden begann, war ohne Bruch verlaufen und ohne inneren
Kampf, aber selbst ein so gerader Typ wie Bebel geht nicht nur den
einen geraden Weg. Unter dem Datum des 30. Dezember 1865 noch
richtete er – namens des Arbeiterbildungsvereins und gemeinsam
mit der Polytechnischen Gesellschaft und dem Kaufmännischen
Verein – die „ergebenste Bitte an den Rat der Stadt, ein passendes
Gebäude zur Verfügung zu stellen". Weltberühmt sei die Stadt
Leipzig durch den Gemeinsinn, den sie von jeher unter der Leitung
ihrer aufgeklärten, hochherzigen Behörden betätigt habe. Man hoffe
daher, daß der Rat nicht abgeneigt sei, „auch den Industriellen, den
Handel- und Gewerbetreibenden und den strebsamen Arbeitern
überhaupt, welche zusammen den besten Kern der Bevölkerung
dieser Stadt bilden, eine Stätte zu gründen zu gemeinsamer Beratung, Belehrung und Anregung". Noch förderte die Stadt den
Arbeiterbildungsverein mit 500 Talern jährlich. Es ging einige Zeit
einiges nebeneinander her. Der Wunsch nach sozialer Harmonie und
der nach proletarischer Eigenmacht; die Unbefangenheit im
Umgang mit bürgerlichen Würdenträgern und die Mobilisierung
der Arbeiter gegen die Bürger; der Ehrerweis an die Bildung und die
Ahnung, daß sie nichts, jedenfalls nicht viel bewirke. Im Jahre 1865

wandelte Bebel auf dem Grat zwischen Anlehnung an ein demokratisches Bürgertum und Verankerung in der sich herausbildenden Arbeiterklasse, der Gerechtigkeit widerfahren zu lassen, sein ursprüngliches Streben war.

Er ging daran, die sächsischen Arbeitervereine – 29 an der Zahl mit zusammen 4.529 Mitgliedern – zusammenzuschließen, inoffiziell erst, weil die Regierung ihren Segen verweigerte. Die Lebensfähigkeit dieses Gauverbandes zu hemmen, schaffte sie jedoch nicht. Im Juli – Liebknecht war noch gar nicht in Sicht – gründete er einen „Verein zur Förderung und Unterstützung der geistigen und materiellen Interessen der Arbeitervereine" und tat unter diesem Deckmantel, was zu tun er für richtig befand. Für Bebel war selbstverständlich, es bedurfte keiner Überlegung und keiner Doktrin, daß die landesweit fortschreitende Proletarisierung organisatorisch beantwortet werden müsse. Am 26. August suchte er „gehorsamst" und im Namen „des gehorsamst unterzeichneten Vorstands" und unter „ergebenem Hinweis" auf frühere Eingaben noch einmal um Genehmigung nach. Doch dachte er nicht daran, sich Bedingungen stellen zu lassen, schon gar nicht die, daß der Verband nur geistige Bildung betreibe und sich mit politischen, sozialdemokratischen oder öffentlichen Dingen nicht befasse. Ein solches „Danaergeschenk" wies er zu Jahresbeginn 66 schroff zurück; über die „Zeitfragen schweigen zu müssen", galt ihm als unerhörte Zumutung.

Die sächsische Verbandsgründung fiel mit den Streiks des Jahres 65 zeitlich zusammen. Ein Zufall? Zu erfahren, wie vergeblich – trotz florierender Wirtschaft – die Bewegung der Leipziger Buchdruckergehilfen war, wie starrsinnig das Gebaren gerade jener Unternehmer, die ein liberales Firmenschild vor sich her trugen, wie brutal das Vorgehen der auf Druck von Verleger Brockhaus gerufenen Polizei, sollte Bebel zum Schlüsselerlebnis werden. Am 27. März 1865 hatten in Leipzig 545 von 800 Schriftsetzergehilfen zu streiken begonnen – für die Anhebung der Löhne und die Verkürzung der Arbeitszeit. Leopold Sonnemann, Druckereibesitzer und Freund der Arbeiter, schaltete sich ein und forderte Bebel auf – zu vermitteln. Was der sich nicht zweimal sagen ließ. Auf der Stelle begab er sich zu den Arbeitern, denen er beibrachte, daß ihre Forderungen zu weit gingen, und zu den Unternehmern, die keinerlei Neigung zum Kompromiß erkennen ließen. Bebels sachliches Bemühen schlug fehl. Doch damit war die Sache nicht abgetan.

Die Buchdrucker, deren Streik nur der erste in einer Kette von Arbeitsniederlegungen war, erhielten aus allen Ecken Deutschlands Unterstützung; immerhin streikten sie zehn Wochen lang, ohne auf eine eigene Kasse zurückgreifen zu können. Das Erlebnis der Solidarität wirkte fort und beschleunigte die Bildung von Gewerkschaften, im Gegenzug auch die von Unternehmerverbänden. Die Fronten klärten sich, und Bebel stand vor der Frage, wie Wandel schaffen, wenn sich der Weg beidseitigen Nehmens und Gebens als Sackgasse erweise. Mußten nicht erst einmal die diversen Gesetze und Verordnungen umgekrempelt werden, die das soziale Leben immer noch erstickten, mußte nicht wenigstens die Koalitionsfreiheit gewährleistet sein? Wie anders sollte das bewerkstelligt werden, wenn nicht über die Parlamente, in die hineinzukommen, eine Frage des Wahlrechts war? Wer hätte ahnen können, daß er noch vor Ablauf des Jahrzehnts auch diese Position weit hinter sich gelassen haben und in der Tendenz zu Vereinheitlichung und Modernisierung – das Koalitionsverbot fiel erst stillschweigend, dann offiziell – einen Trick von Preußenregierung und Bourgeoisie sehen würde? Und daß er in der Kluft zwischen Nationalreichtum und Massenelend, die sich ihm 1865 zum erstenmal offenbarte und von der er meinte, sie wachse unaufhaltsam, die Fragwürdigkeit politischer Freiheit begründet sehen würde?

Nicht nur Bebel hat den Stuttgarter Vereinstag vom September 1865 als entschiedenen Ruck nach links empfunden. Mit dem einmütigen Bekenntnis, daß die Arbeiter für das allgemeine, gleiche und direkte Wahlrecht einzutreten hätten, rückten die Bildungsvereine von ehedem den Lassalleanern ein Stück näher, jedenfalls in der Sache. Vor dem Hintergrund der neuen sozialen Erfahrung war die Wahlrechtsforderung Allgemeingut geworden. Und „daß die liberale Energie da aufhört, wo der Coupon anfängt", fand nicht nur das „Deutsche Wochenblatt", das Organ der Demokraten aus dem Südwesten. Ohnehin hatte der Skandal des Kölner Abgeordnetenfestes zwischen den preußischen Fortschrittsliberalen und den außerpreußischen Arbeitern eine Wand aufgetürmt. Daß Bismarck das für Juli angesetzte Treffen der Mehrheit im preußischen Abgeordnetenhaus verboten hatte, paßte ins Bild. Daß aber von 250 Eingeladenen nur 160 zusagten und ganze 80 erschienen, die sich dann auch noch still und leise verdrückten, ließ nichts Gutes ahnen. Ein so kluger Beobachter wie der Demokrat und Arbeiterfreund Friedrich Albert Lange, dem noch der Momoirenschreiber Bebel ein respektvolles Denkmal gesetzt hat, urteilte brieflich über das Kölner Trauerspiel: In den Händeln dieser Menschen könne man „keine andere Partei mehr ergreifen als gegen alle, und zwar unveränderlich, und gegen diejenigen, welche momentan flöten, erst recht". Aber Friedrich Albert Lange war ein Melancholiker, und sein Schluß – „unsere Zeit ist noch nicht gekommen" – konnte nicht der Bebels sein, der aus anderem Holz geschnitzt war und nicht erst überlegte, ob es zu früh oder zu spät sei für den Alleingang der Arbeiter. Der Beobachter mag so fragen, nicht der Akteur, nicht der Mann der Versammlungssäle, deren Echo Bebel brauchte wie das tägliche Brot. Wenn auch nach außen noch nicht sichtbar, nach dem dritten Vereinstag in Stuttgart kam an Bebel niemand mehr vorbei, der im Namen der Arbeiter Politik machen wollte.

Die Korrespondenz führte er nun im Stil dessen, der das Maß setzt. Die Briefe, mit denen er den Ständigen Ausschuß der Arbeitervereine in Schwung hielt, kamen unduldsamen Anweisungen gleich; in Stuttgart war ein gewisser Staudinger, Schneidermeister aus Nürnberg, Vorsitzender geworden. Er zeigte sich der Aufgabe nicht annähernd gewachsen, und wer weiß, was aus dem Unternehmen geworden wäre, hätte nicht das fünfundzwanzigjährige Energiebündel in Leipzig die Sache in die Hand genommen. Daß diese Sache „von oben herab" gesteuert würde, hielt Bebel für dringend notwendig, nüchtern sah er voraus, daß andernfalls „die ganze Bewegung" einschlafe. Zutiefst unzufrieden, um der Sache willen, aber gewiß auch, weil er selbst an die Spitze wollte, warf er der Verbandsführung unentschuldbare „Lauheit" vor. Es ist schwer vorstellbar, wie er alles geschafft hat: die schriftlichen Arbeiten – außer Briefen verfaßte er Berichte, Anträge, Resolutionen – und die Agitationstätigkeit in Sachsen, die Veranstaltungen sonstwo in Deutschland und die Organisation im Leipziger Bildungsverein; Schließlich mußte er leben. Sonnemann fuhr er am 23. Juni 1865 an, er könne über seine Zeit nicht verfügen, wie er wolle, er müsse sich seinen Lebensunterhalt selbst verdienen. Lustvolle Klagen über die Arbeitslast sollten aus seinem Briefwechsel nicht mehr verschwinden. Die Inanspruchnahme rund um die Uhr hielt ihn gleichsam zusammen, nach Mußestunden hat er nicht verlangt.

Allgemeines Elend und persönlicher Wohlstand

„Vor Arbeit nicht aus noch ein wissen" oder „Vor Arbeit nicht wissen, wo ihm der Kopf steht", wie die Standardformulierungen lauteten, beflügelte ihn ungemein. Über die Ziele, denen er sich verschreiben, und die Wege, die er einschlagen würde, hatte er 1865/1866 noch keine völlige Klarheit, aber daß der Politik sein Leben gehörte, hatte sich abgezeichnet, seit er sich in die Arbeit des Bildungsvereins gestürzt, und wurde nun zur Gewißheit. Politisches Wirken verschaffte ihm persönliche Befriedigung, den Rahmen konnte der strebsame, bildungsdurstige, aufstiegsorientierte Geselle im Deutschland der sechziger Jahre nur in der Bewegung der Arbeiter finden. Daß der gemachte Kleinunternehmer, der für einen bürgerlich-ordentlichen Lebensstil bekannt war, seinen Arbeitern treu blieb und sich nicht, wie mancher andere Handwerksmeister, ins nationalliberale Lager locken ließ, hatte mit beidem zu tun, mit seinem Gerechtigkeitssinn und seiner extremen Gradlinigkeit, die einherging mit dem Unwillen, sich anzupassen. Und vielleicht auch damit, daß er das Opponieren im Blut hatte? Man habe ihm beizeiten bedeutet, so Bebel selbst, daß sein Geschäft florieren und er geachtetes Mitglied des Leipziger Stadtrats sein würde, schlösse er sich den Bürgerlichen an. Danach habe sein Sinn nicht gestrebt, lautete sein knapper Kommentar. Nein, Stadtrat zu Leipzig, das hätte ihm nicht genügt, in mehr als einer Hinsicht nicht.

Von den Plänen seines Gesellen, sich selbständig zu machen, hatte Meister Hahn beizeiten Wind bekommen und ihm zum Jahresende 63 den Stuhl vor die Tür gesetzt. Bebel warf's nicht um, Augenblicke der Verzweiflung oder des Nicht-weiter-Wissens waren ihm ohnehin fremd. Kurzentschlossen macht er sich auf den Weg nach Wetzlar, verscherbelt die Ackerstücke, die er von Mutter und Bruder ererbt, kehrt mit Hilfe eines „Königlich Preußischen Reisepasses für das Ausland" nach Leipzig zurück, mietet einen primitiven Raum an und schlägt Bett wie Drehbank auf. Nun konnte im Jahre 1864 auch in Sachsen nicht jeder, dem es einfiel, ein Gewerbe anmelden;

Voraussetzung war die sächsische Staatsbürgerschaft, die zu erwerben wiederum Geld kostete. So drechselt Bebel einstweilen unter dem Namen seines Freundes Hanicke, die Not eines Kleinmeisters lernt er dabei gründlich kennen. Er zieht zwei Schlüsse: erstens, daß die allgemeine Verelendung fortschreite und zweitens, daß er persönlich durch moderne Geschäftspraktiken aus dem Elend herauskomme. Bebel spezialisiert sich auf Zulieferteile für die Bauwirtschaft – Tür- und Fenstergriffe aus Büffelhorn – und liefert seine Ware auf Kredit oder für einen Preis, der nur unwesentlich über den Selbstkosten liegt. Schulden schrecken ihn nicht, da er abschätzen kann, wann sie gedeckt sein würden, und er gewiß auch eine Reserve verborgen hat. Es gilt, was Mehring anläßlich Bebels siebzigsten Geburtstages notierte: „Wir wissen nicht, ob Genosse Bebel jemals zehn Mark Schulden gehabt hat, aber wir fürchten, daß, wenn er sie gehabt haben sollte, ihm dadurch die Ruhe seiner Nächte wesentlich beeinträchtigt worden wäre."

Der Erfolg läßt nicht auf sich warten. Mit einem Lehrling hat er angefangen, ein paar Monate später schon stellt er einen Gehilfen ein. Den jahrhundertealten Weg vom Lehrling zum Meister, zum erfolgreichen Meister, geht er zu einer Zeit noch einmal, da er nicht mehr die Regel ist. Durch sehr viel Härte, gegen sich und andere, durch Willenskraft und Wagemut und durch Geschäftssinn vermeidet er, in jenes Proletariat abzusinken, dessen Sprecher zu werden, er sich anschickt; im Geschäftlichen hat er, was ihm im Politischen fehlt – Anpassungsfähigkeit.

Als sein Name in aller Munde ist und anfängt, Schrecken zu verbreiten, und die lokalen Aufträge ausbleiben, hat er vorgesorgt – mit einem Kundenkreis außerhalb der Stadt, den er ausbaut. „In demselben Maße, wie es mir nun gelingt, meine Existenz von ausländischen Orten abhängig zu machen", schreibt er 1868 an Johann Philipp Becker in Genf, „kann ich um so rücksichtsloser in der Heimat auftreten." Man habe versucht, ihn zu schädigen, meldet er 1870 einem Bekannten in Amerika, hinzusetzend, daß die Schläge glücklich pariert seien. In seiner Korrespondenz mischt er, wie in seinem Tagesablauf, Geschäft und Politik, gänzlich unvermittelt: „Sind meine Bedingungen annehmbar gefunden worden?" fragt er Becker, der am Hungertuch nagt und den er doch für sich einspannt; Genf hält er wegen dortiger „Luxusbauten" für ein besonders gutes

Pflaster. Schlimmstenfalls sei er geneigt, die Zahlung auf drei Monate mit zwei Prozent Skonto zu strecken. Im Satz zuvor hatte er Angelegenheiten der Internationale, deren deutscher Sektion der alte Haudegen vorstand, erörtert. Bebel wendet sich an politische Weggefährten aber auch, wenn er nur geschäftliche Anliegen vorzubringen hat. Max Hirsch in Magdeburg, wo man „doch nicht hinterm Mond zu Hause" sei und weil es gelte, den Anfang zu machen, wies er Mitte 67 energisch – unter Beifügung von Mustern und Preisen – auf seine „gute Arbeit" hin: Die Griffe sähen elegant aus, brauchten nicht geputzt zu werden und ließen sich anders als Metall selbst bei der strengsten Kälte stets angenehm anfassen. Es war derselbe Hirsch, dem er drei Monate später im Kampf um die Führung der Arbeitervereine das Nachsehen gab. Wie Becker, der schon auf dem Hambacher Fest aufgetreten war, und andere einstige Revolutionäre vor sich hin zu darben und auf Unterstützung zu warten oder wie Liebknecht dem Augenblick hingegeben von der Hand in den Mund zu leben, heute Spartaner und morgen Epikureer – für Bebel unvorstellbar. Er zählte die Pfennige und mehrte sie, in der privaten wie in der Parteikasse.

Einst war der Erwerb des Meisterrechts einhergegangen mit der Eheschließung. Ob es Traditionsbewußtsein war oder in der Logik seines geordneten Daseins lag, daß Bebel nach dem Erwerb der Selbständigkeit an Heirat dachte und daran, das private Leben rundum zu regeln, bevor das politische ihn verschlucken würde – gleichviel. Julie Otto, gebürtige Leipzigerin, Arbeiterin in einem Putzwarengeschäft, war 1863 in Begleitung ihres Bruders auf jenem Stiftungsfest erschienen, dem Bebel mit seiner Anti-Wahlrechtsrede die besondere Note verliehen hatte. Julies Vater war ein sächsisches Proletarierschicksal beschieden gewesen; der Sohn eines sogenannten Einwohners, der kein Bürgerrecht besaß, aus Wildeman bei Zwickau war auf der sozialen Stufenleiter immer weiter nach unten gerutscht und zuletzt als Erdarbeiter beim Eisenbahnbau gelandet, auf der Leipzig-Magdeburger Strecke. Er war tot, als Bebel seine Tochter kennenlernte, eines von sechs Kindern und drei Jahre jünger als Bebel. Die Verlobung fand im Herbst 1864 statt, vor der Hochzeit mußte jene Naturalisation zuwege gebracht werden, die über kurz oder lang auch fürs

Im Hof dieses Hauses in der Leipziger Peterstraße
richtet Bebel seine erste Werkstatt ein.

Geschäft zwingend wurde. Bürger des Königreichs Sachsen zu werden, hieß zugleich, das Bürgerrecht der Stadt Leipzig zu erlangen.

Unter dem Datum des 23. 11. 1865 richtete Bebel „das ergebenste Gesuch" an den „hochgeehrten Stadtrat", ihm das Bürgerrecht zu verleihen und das Staatsuntertanenrecht im Königreich für ihn auswirken zu wollen. Die beigelegten Dokumente führte er sorgfältig auf – Urkunden über Geburt, Taufe, Konfirmation, Gesellenprüfung, Befreiung von der aktiven Militärpflicht und Überweisung an die Ersatzreserve; die Urkunde über die Entlassung aus der preußischen Staatszugehörigkeit reichte er nach. Er verwies auf sein bisheriges bürgerliches und sittliches Wohlverhalten, den ihm zur Seite stehenden guten Leumund und seine Unbescholtenheit. Die neuere Zeit betreffend, lägen das Führungsattest und die Legitimationspapiere „bei dem geehrten Polizeiamt hiesiger Stadt". Ausführlich ging er auf seine Dispositionsfähigkeit ein, ob seine „Vermögensverhältnisse" korrekt darlegend, ist zu bezweifeln. Denn die Wetzlarer Erbschaft, die er anführte, hatte er bereits ins offiziell noch nicht eröffnete Geschäft gesteckt, kleinere Gewinne, die womöglich schon angefallen waren, mußte er dafür verschweigen. Die Kunde von einem bescheidenen Wohlstand verbreitete sich jedenfalls rasch. Im Frühjahr 1871 – durch sein Nein zur Annexion war er eine nationale Größe geworden und das Interesse an seiner Person geweckt – schickte er einem Zeitungsherausgeber, dessen Name nicht überliefert ist, ein Manuskript und bat in dem erhaltenen Begleitschreiben, die Stellen „über meine materiellen Verhältnisse gefälligst berücksichtigen zu wollen. Ich wünsche dies deshalb, weil gerade über diesen Punkt viele Irrtümer verbreitet sind und gar viele, meine Kräfte weit übersteigende Anforderungen von seiten Fremder an mich gestellt werden." Es war die erste Anweisung dieser Art; gegen Ende seines Lebens, als er sehr wohlhabend geworden war, sollten sie wesentlich krasser ausfallen.

Seinem Gesuch, ihm die sächsische Staatszugehörigkeit zu verleihen, wurde prompt stattgegeben, die Urkunde ihm zugeschickt. Das Bürgerrecht der Stadt Leipzig erhielt er am 13. März 1866 im Alten Rathaus, in einer feierlichen Zeremonie. Der Hochzeit stand nichts mehr im Wege. Die Feier stieg am 9. April 1866 im Lesezimmer des Arbeiterbildungsvereins.

Die Ehe wurde glücklich, und sie blieb es über viereinhalb Jahrzehnte hin. Bebel hat seiner Frau in für seine Verhältnisse warmherzigen Worten gedacht: „Eine liebevollere, hingebendere, allezeit opferbereitere Frau hätte ich nicht finden können. Leistete ich, was ich geleistet habe, so war dieses in erster Linie nur durch ihre unermüdliche Pflege und Hilfsbereitschaft möglich." Die Zahl ihrer Torten und Kuchen war legendär, berühmt war sie aber auch für ihren sächsischen Dialekt, den sie sich auch in Berlin bewahrte, für Mutterwitz und Menschenkenntnis, überhaupt für ihr Wesen, das die Freunde als gütig und einfach empfanden. Aber sie war nicht nur die sich unterordnende Ehefrau, sie nahm Anteil an den Dingen, sie wußte Bescheid, sie regelte, wenn Bebel hinter Gittern saß, Geschäfts- und Parteidinge an seiner Statt. Ihr war die gleiche innere Sicherheit eigen wie ihm.

An Natalie Liebknecht schrieb sie im September 1887, mitten in den schweren Jahren des Sozialisten-Gesetzes, vom Glück der Gesundheit und bekannte: „Was dann noch beizu abfällt, das nehmen wir als Extrageschenk, nicht wahr? So ist's wenigstens meine Resignation, da wir nunmehr alle Versuche, unsere Männer zurückzuhalten, aufgeben müssen; sie gehen ihrer Wege und halten Schritt mit dem Gang der Verhältnisse, und müssen wir ihrer Klugheit und Erfahrung vertrauen, nur zu tun, was sie müssen und sich suchen, der Gefahr möglichst fernzuhalten; all unsere Ermahnungen und Reden sind vergebens, und tun sie doch was sie wollen. Daß Ihnen Herr Liebknecht so wenig anvertraut, finde ich auch nicht in der Ordnung, das habe ich ihm selbst gesagt, als er mir mein vielleicht zuviel Wissen in Parteiangelegenheiten zum Vorwurf machte. Das ist eine falsche Ansicht Herrn Liebknechts, daß damit die Frauen beunruhigt würden, das kann doch nur bei denen sein, die absolut nichts davon wissen wollen und kein Verständnis für die Sache sich aneignen. Wenn man aber die Hälfte seines Lebens an dieser Tätigkeit direkt oder indirekt teilgenommen hat, verdient man auch das volle Vertrauen der Männer, und damit ist das schreckhafte ihrer Tätigkeit von vornherein ausgeschlossen, und schließlich ist das Leben, wenn es auch mitunter sehr aufregend ist, doch auch interessant und abwechselnd, und die Verehrung für unsere Männer fällt ja auch auf uns." Engels hat Julie Bebel einmal zu „einer echten und rechten deutschen Proletarierfrau" stilisiert. Was auch immer man sich darunter vorzustellen hat, auch Julie Bebel pflegte, mit wachsendem Wohlstand um so ausgeprägter, einen bürgerlich-repräsentativen Lebensstil.

Großdeutschland, Kleindeutschland. Oder sonst noch was?

An jenem 9. April, als Bebel Hochzeit feierte und seine privaten Dinge auf die Reihe brachte, ward dem Deutschen Bundestag ein preußischer Antrag übermittelt. Ein deutsches Parlament sollte her, eines, das nach allgemeinem und direktem Wahlrecht zusammengesetzt sein würde. Die Aufregung war allgemein. Steckte nicht derselbe Bismarck dahinter, der seit drei Jahren gegen die eigene Verfassung regierte? Derselbe Junker, der den Parlamentarismus nach allen Regeln der Kunst bekämpft hatte, wollte nun freie Volksvertreter auf die Bühne rufen? Wilhelm Liebknecht war außer sich, sein Preußenhaß trieb die tollsten Blüten. Ein Parlament von Bismarcks Gnaden? Niemals! Liebknechts Artikel aus den Monaten vor und nach dem preußisch-österreichischen Waffengang sind Legion, seine Kraftausdrücke zieren jede Schrift über den deutschen Machtkampf von 1866. Die Stoßrichtung: Das deutsche Volk – Volkskrieg, Volksbewaffnung beschwor er immer wieder – würde sich einer preußischen Spitze niemals unterwerfen. „Mit Preußen gegen Deutschland!" oder „Mit Deutschland gegen Preußen!", so hatte Wilhelm Liebknecht schon im November 1865 seine Sicht der Dinge skizziert. Den niemals ausgeträumten Traum von 1848 malte er in so farbenfrohen Tönen aus wie nie zuvor. Es war der Traum von Einheit und Freiheit, der ihn aufs neue berauschte und alles Wirkliche vergessen ließ.

Und Bebel? Die Feuertaufe von 1848 hatte er nicht durchlebt, außerdem war er ein preußisches Soldatenkind und in seinen Jünglingsjahren von preußischen Sympathien erfüllt gewesen. Hätte er nicht überhaupt, in all seiner Genauigkeit, ein guter Preuß' sein können? Wer weiß, wie er 1866 die Welt betrachtet hätte, wäre er in Berlin gelandet. Der Wanderweg hatte nach Leipzig geführt, wo er in jene traditionsreiche demokratische und fortgeschrittene soziale Bewegung hineinwuchs, die Teil der partikularen sächsischen Geschichte war. Bebel wollte Gerechtigkeit, für sich und seinesgleichen und die, die viel weiter unten standen, und darum Bewegung bringen in die noch stumme Masse des vierten Standes. Er wollte das Elend organisieren, um es dereinst zu überwinden. Liebknecht schrieb und schimpfte, Bebel ordnete und organisierte – Volks- und Arbeitervereine, Spar-, Konsum- und Kreditvereine, auch andere Genossenschaften. Liebknecht wollte Proletarier und Kleinbürger in den Dienst großdeutscher Begeisterung stellen, Bebel die allgemeine Aufregung nutzen, um in der Organisationsfrage voranzukommen. Bebel, der Sachse, der kleindeutsch nicht sein konnte und großdeutsch nicht sein mochte, fand sich, nachdem die Waffen gesprochen hatten, mit den geschaffenen Tatsachen ab, Liebknecht nicht. Billigen aber mochte auch Bebel die neuen Gegebenheiten nicht, und für den preußischen Ministerpräsidenten, der mit Menschen und Mächten spielte und ein so kostbares Gut wie das Wahlrecht beliebig hin- und herschob, empfand auch er, der Antityp des Spielers, Abscheu. Und da er zu viel mehr Entschiedenheit neigte als Liebknecht, der sich zwar furchtbar aufregen, aber seine Meinungen, je nach Stimmungslage, auch rasch wechseln konnte, offenbarte Bebel 1866 zum ersten Mal jene Haltung des Alles oder Nichts, die ein Markenzeichen seiner und seiner Partei Politik werden sollte. Die Entschiedenheit rührte auch daher, daß er anderes noch im Sinn hatte als die Frage nach der deutschen Einheit und der Form, die sie annehmen sollte.

Noch stand er Seite an Seite mit den antipreußischen Demokraten aus dem deutschen Südwesten. Noch rüttelte er, sonstigen lassalleanischen Positionen zum Trotz, nicht am Bund zwischen Arbeitern und kleinen Bürgern, zumal wenn diese sich so selbstbewußt zeigten wie in Baden und in Württemberg, wo Klassenscheidung und Proletarisierung kaum zu erkennen waren. Noch wurde die Kluft zwischen dem sächsischen Arbeiterführer, der er im Laufe allgemeiner Mobilisierung gegen die preußische Gangart geworden war, und den wortgewaltigen Bürgersleuten, die sich um das „Deutsche Wochenblatt" des Ludwig Eckardt scharten, von dem Wunsch überlagert, Preußen den Weg innerdeutscher Eroberung abzuschneiden.

Das Königreich Sachsen, über dem immer noch der verblichene Glanz der Reformation lag, war Preußens natürlicher Feind. 1815 hatte es die Hälfte seines Territoriums eingebüßt und staatliche

Eigenständigkeit dank kaiserlich-wienerischem Einspruch bewahrt. 1849 waren ausgerechnet preußische Truppen in Dresden eingerückt und hatten den Aufstand niedergeschlagen. Die Stimmung am Dresdner Hof, dessen Bundespolitik sich stets an Österreich orientiert hatte, wie im Volk war alles andere als preußenfreundlich. Aber Sachsen, das Land der Mitte, war auch ein wirtschaftsmächtiges Gemeinwesen, mit glänzenden Staatsfinanzen und guten Privatgeschäften. Wo Handel und Wandel gedeihen, da ist Rücksicht angezeigt, Rücksicht auf einen nicht nur politisch mächtigen Nachbarn. Ein Blick auf die Karte lehrte die tonangebenden Wirtschaftskreise, worauf es ankam; noch im April 1866 wurde die Forderung nach Anschluß laut. Ein Begehren, das sich die Stadt Leipzig zu eigen machte und weithin als unerhörter Vorgang empfunden wurde.

Eine fünftausendköpfige Volksversammlung, zu deren Einberufern auch der Arbeiterbildungsverein gehörte, ließ am 8. Mai lautstarken Protest hören. Bebel, der das, was er tat, niemals halb tat, fand die geplante Resolution schwächlich und lau und setzte eine eigene dagegen, die prompt einstimmige Annahme fand. Sie war scharf, antipreußisch und antiliberal, stellte auf die „Interessen des deutschen Volkes" ab und drückte die Erwartung aus, daß sich im Falle des Bruderkrieges, der deutsches Gebiet dem Ausland in die Hände spielen werde, „das deutsche Volk wie ein Mann" erhebe. Wenig später, Pfingsten zu Frankfurt, wetterte Bebel vor dreitausend Demokraten gegen das liberale Ansinnen, Klein- und Mittelstaaten à la Sachsen möchten sich neutral halten. Der „Mann aus dem Arbeiterstand", als der er sich präsentierte, hielt Preußen das Sündenregister eines ganzen Jahrhunderts vor – eine einzige Kette von Unterdrückung und Friedensbruch. In der unvermeidlichen Resolution – beschriebenes Papier wurde ein treuer Wegbegleiter der Linken – malte man sich „eine konstituierende, mit der nötigen Macht ausgestattete Volksvertretung" aus, die „über die Verfassung Gesamtdeutschlands entscheiden" werde.

Ein Ausschuß trat auf den Plan, der namens einer Deutschen Volkspartei – Vorberatungen hatten im Herbst 65 in Darmstadt stattgefunden – die alten Wendungen in ein neues Programm goß. Mit Ausnahme des Benjamins Bebel waren seine Mitglieder sämtlich vom Glorienschein der 48er Revolution umgeben, sogar der aus Amerika heimgekehrte Gustav Struve, Führer des badischen Aufstandes, war mit von der Partie. Ein letztes Mal berauschte man sich am Gedanken eines föderativen Deutschland – ohne preußische, ohne österreichische Spitze. Ein letztes Mal der Ruf nach Frieden; es brauchten nur die schleswig-holsteinischen Herzogtümer selbständig zu werden, schon sei die Kriegsgefahr beseitigt. Genau das wollte die Fortschrittspartei nicht, und so war mit dieser Forderung das letzte dünne Band zerschnitten. Eine Delegiertenversammlung der neuen Volkspartei kam nicht mehr zustande, am 7. Juni marschierten preußische Truppen in das seit zwei Jahren österreichisch verwaltete Holstein ein. Drei Tage später propagiert Bismarck einen Deutschen Bund, in dem für Österreich kein Platz mehr vorgesehen ist. Man schreibt denselben 10. Juni, an dem in Mannheim der Ständige Ausschuß der Arbeitervereine zusammentritt. Endlich hat Bebel es dahin gebracht.

Die Sitzung wäre, um des inneren Zusammenhalts willen, längst fällig gewesen. Nun galt es, vor allem Einigkeit mit den Volksparteilern zu demonstrieren; ihr Credo kleidete Ludwig Pfau, der 1848 den „Eulenspiegel" ins Leben gerufen hatte, in die Worte: „Ohne die Auflösung Preußens in seine Stämme ist die Bildung eines einigen und freien Deutschland eine absolute Unmöglichkeit. Ceterum censeo Borussiam esse delendam." Daß der Hohenzollernstaat auseinandergenommen gehöre, dieses antipreußische Einvernehmen war rasch hergestellt; aber Bebel wäre nicht der Mann der Arbeiter gewesen, hätte er's dabei bewenden lassen. Man setzte also hinzu, daß die Volkspartei „die allmähliche Ausgleichung der Klassengegensätze" in ihr Programm aufnehmen solle. Das klang nach Versöhnung, und war es doch nicht. Zum erstenmal wurden in einem von Bebel mindestens mitverantworteten Text Klassengegensätze beim Namen genannt. Die moralische und materielle Hebung des Arbeiterstandes, so hieß es weiter, sei ein gemeinsames Interesse aller Klassen und eine unentbehrliche Stütze der bürgerlichen Freiheit. In diesem Mannheimer Beschluß sollte Bebel sechs Jahre später, im Hochverratsprozeß, seinen Bruch mit dem Liberalismus sehen. Eine Übertreibung? Hat er der Volkspartei, diesem winzigen antipreußischen Ableger des Nationalvereins und machtpolitisch unbedeutenden Anhängsel des Liberalismus, nicht zuviel Ehre angetan? Immerhin waren die Brücken zum Nationalverein bereits abgebrochen.

Noch am 24. Juli 1865, zu einem Zeitpunkt, da er sich lassalleanische Gedanken zu eigen gemacht hatte und daran gegangen war, die sächsischen Arbeitervereine zusammenzufassen, hatte Bebels Bildungsverein an den Nationalverein einen Bettelbrief gerichtet. Grund: Es werde Geld für die Bekämpfung der Lassalleaner benötigt, „die nur auf die Gelegenheit harrten, die Fahne des Kommunismus mit allen ihren Schrecken zu entfalten". Man verstand es, sich ins rechte Licht zu rücken und die eigene Wirksamkeit „für die nationale Einheit und soziale Freiheit" zu rühmen. Die Eingabe war nicht von Bebel unterzeichnet, und 1904, also vier Jahrzehnte später, behauptete ein Zeitgenosse namens Ullrich in der „Leipziger Volkszeitung", es sei eine Fälschung gewesen. Richtig oder nicht, Bebel bedankte sich am 28. August 1865 eigenhändig für 200 Taler, die der Nationalverein herausgerückt hatte.

Bald darauf erschien Eckardt in Leipzig, um mit Bebel und Liebknecht in Kontakt zu treten und einen antipreußischen Bund zu schmieden. Die Folge: Liebknecht wurde Korrespondent des „Deutschen Wochenblatts", und dieses nannte Bebel unwidersprochen einen Demokraten, der mit dem Nationalverein gebrochen habe. Als nach der Leipziger Volksversammlung vom 8. Mai 66 der Geschäftsführer des Nationalvereins wissen wollte, ob er – Bebel – die antipreußische Resolution verfaßt habe, ärgerte der sich keineswegs. Bebel, der Mann klarer Verhältnisse, wußte, daß das Ende des wechselseitigen, von vielerlei Hin und Her begleiteten Abnabelungsprozesses gekommen war. In der Erinnerung der „Leipziger Volkszeitung" hieß es, der Nationalverein habe die 200 Taler zurückgefordert, Bebel aber längst zuvor die Abrechnung eingesandt. So stand nur die Handvoll Demokraten aus Deutschlands Südwesten mit Bebel und seinen sächsischen Arbeitervereinen noch im Bund, als der deutsche Bruderkrieg die politische Geographie in Deutschland neu gewichtete. Wie weit trug das Bindeglied des Preußenhasses?

Die Klassengegensätze, von denen in Mannheim die Rede war, galten all den Eckardts und Pfaus, auch dem Darmstädter Naturforscher Ludwig Büchner, der sich zu ihnen gesellt hatte, als eine unbekannte Größe. Ehrenwerte Leute waren sie alle miteinander, die sie sich für das deutsche Volk aufopfern wollten und dabei Bebel und Liebknecht wie deren stattliche Gefolgschaft ins Schlepptau zu nehmen gedachten. Am 1. Juli – der Krieg mit Österreich war im

Gange – kamen sie mit diesem Aufruf heraus: „Das deutsche Volk allein kann noch das deutsche Vaterland retten." Und selbst am 21. Juli, als in Nikolsburg der Vorfriede geschlossen war, forderte man noch die „Volksbewaffnung". Es waren aufrechte, aber auch sehr einsame Männer, die hier am Werke waren und das Unmögliche versuchten. Nicht nur daß ihnen die soziale Dimension der Industrialisierung verschlossen blieb, sie selbst entbehrten einer sozialen Basis. Das Häufchen Volksparteiler aus Württemberg, Baden und dem Südhessischen repräsentierte keine Macht und keine bürgerliche Demokratie, von der die proletarische sich erst hätte trennen müssen. Auf dem Weg, den Bebel und die sächsischen Arbeiter eingeschlagen hatten, konnten die Einzelkämpfer aus dem Südwesten nur zeitweilige Begleiter sein. Als die deutsche Frage entschieden war, lief ihre Zeit ab; nicht wenige Volksparteiler ließen sich von der nationalen Hochflut mitreißen, andere glitten ins Sektendasein ab, wieder andere schlossen sich den Arbeitervereinen an, und Sonnemann blieb Sonnemann.

Auch Bebel und Liebknecht gaben nicht andeutungsweise zu erkennen, wie sie das preußische Bollwerk abzutragen gedachten; Liebknecht kokettierte hin und wieder mit dem Habsburgerreich, getrieben durch Preußenhaß, Bebel ließ sich nicht einmal dazu hinreißen. Beider deutsche Sprüche waren nicht weniger illusionär als die der Eckardts und Pfaus. Aber jedenfalls Bebel ging es zuerst und vor allem um die Arbeiterdinge, um die eigene soziale Basis, die fast täglich breiter wurde. Indes, die reinliche Grenzlinie, in der Geschichtsschreibung stets gefragt, existiert im wirklichen Leben nicht. Und die Abneigung gegen Preußen und alles Preußische prägte die Arbeiterpolitik auch Bebels.

Die Geschwindigkeit des sommerlichen Waffengangs überraschte allgemein. Ausgerechnet jenes preußische Infanteriegewehr, das mitsamt der Heeresvorlage immer noch der verfassungsmäßigen Grundlage entbehrte, hatte am 3. Juli die Schlacht von Königgrätz entscheiden helfen und die Deutschen der Einheit ein Stück näher gebracht. Daß sich die süddeutschen Staaten Bismarcks Nordbund, den nunmehr ein Reichstag zierte, dereinst anschließen würden, wer zweifelte daran – außer Bebel? In seiner parlamentarischen Jungfernrede, die er, 27jährig, im Stil eines erfahrenen und unanfechtbaren Volksvertreters hielt, machte er Bismarck gerade die fehlende Einheit mit Süddeutschland zum Vorwurf. Am 24. September 1867, ein halbes Jahr später, in der ersten Session des Norddeutschen Reichstags, polemisierte er dagegen, daß sich der Reichstag in seiner Adresse an das Oberhaupt des Bundes, den König von Preußen, als Vertretung der ganzen deutschen Nation bezeichne. Achtzehn Millionen Deutsche seien preisgegeben worden, zehn Millionen Deutsch-Österreicher, acht Millionen Süddeutsche, dazu die Luxemburger und die Nordschleswiger, deren Land man vielleicht noch an Dänemark abtreten müsse. Das sei keine nationale Politik, wetterte Bebel, dem die Genugtuung widerfuhr, daß ihm Bismarck entgegnete. Ob es ihm nun ernst war mit der Anwaltschaft für die eine deutsche Nation oder ob die Lust an prinzipieller Opposition im Spiel war, die Schärfe seiner Anklage machte seinen Namen sofort bekannt, bei Freund und Feind. Er ließ sich rein gar nichts gefallen und reagierte auf jede Unterstellung oder falsche Behauptung, von welcher Berühmtheit sie auch kommen und wie nichtig sie auch sein mochte. Nachsicht und Konzilianz waren kein Teil seines Wesens.

Gewiß hatte man sich auf allen Seiten des deutschen Liberalismus die Einheit stets nur in Freiheit gedacht und ohne jenen Zwang, wie ihn jetzt, besonders augenfällig, Preußen gegen die Freie Stadt Frankfurt anwendete. Aber nichts ist so erfolgreich wie der Erfolg, der verwirrt und verblendet und die Frage seiner Verfassungsmäßigkeit verblassen läßt. Und war etwa kein Erfolg, was der preußische Junker fertiggebracht hatte? Es mußte einer entweder verbohrt sein oder standhaft oder unbeweglich oder alles zusammen, um sich dem allgemeinen Freudentaumel zu entziehen. Bebel hatte zudem die Neigung, daß er – einmal dagegen – immer dagegen war, einerlei worum es sich handelte, einerlei auch ob manches von dem, was er verlangt, Wirklichkeit wurde; das Wahlrecht war ihm wichtig geworden, die Vereinheitlichung und Entrümpelung der vielen Vorschriften ihm stets wichtig gewesen. Hätte er also Hoffnung setzen müssen auf die Gründung des Norddeutschen Bundes und zugestehen, daß ein gangbarer Weg eingeschlagen war? Der sich dazu bereitgefunden hätte, wäre niemals Bebel gewesen. Denn Bebel dachte und empfand nicht in Schritten, in Kompromissen, in Etappen.

Gegen die Verfassung des Norddeutschen Bundes stimmten die Reste der Fortschrittspartei, die Polen, die Dänen, einige unversöhnliche Hannoveraner, der sächsische Partikularist Schraps und – Bebel. Das Verfassungswerk ließ die innerpreußischen Machtstrukturen unangetastet und vieles zu wünschen übrig, die Ministerverantwortlichkeit, die parlamentarische Kontrolle über das Militär und, für Bebel und seinesgleichen besonders wichtig, die Diätenregelung. Aber ob ein nach allgemeinem, gleichem und direktem Wahlrecht zusammengesetzter Reichstag nicht auch Möglichkeiten eröffnete, wer wollte das von vornherein ausschließen?

In der Abgeklärtheit seiner Memoiren hat Bebel über Bismarck und Reichstagsgrößen wie Bennigsen, Miquel, Forckenbeck, Lasker souverän geurteilt. In den Briefen der Zeit las sich das anders. Am 11. September 1867, noch bevor die erste Session – voraufgegangen war die Konstituierung im Frühjahr – begonnen hatte, machte er seinem Herzen Luft und verhehlte nicht, daß er zwar mitmache und doch nach „dem ganz anderen" strebe. Er schrieb an Sonnemann: „Ich kann Ihnen sagen, es ist keine Kleinigkeit, dort Tag für Tag hören zu müssen, wie die einstmaligen Angebeteten des deutschen Volkes, die Maulhelden des Nationalvereins und der Fortschrittspartei, Tag für Tag, Stunde für Stunde dem vaterlandsverräterischen Treiben Weihrauch streuen und Lobhymnen singen. Mich hat manchmal ein Ekel gepackt, daß ich den Leuten, mit Respekt zu sagen, ins Gesicht hätte spucken können. Hoffentlich kommt noch der Tag, wo wir vergelten können, was man am Volke und an Deutschland gesündigt, dann soll die wohlverdiente Strafe die am härtesten treffen, die heute so ehr- und gewissenlos Freiheit und Vaterland im Stich lassen. Ich hoffe, Frankfurt, das man so sehr mißhandelt und getreten, sowie die übrigen annektierten Länder, sie werden nicht das kleinste Kontingent stellen, um das gerechte Rächeramt zu vollziehen."

Die Wahl der sächsischen Weber

Bebel hatte keinen Augenblick gezögert, an den Reichstagswahlen teilzunehmen und sich insoweit auf den Boden der Tatsachen zu stellen. Am 5. März war er nach Berlin gereist – an der Eröffnung des Konstituierenden Reichstags hatte er nicht teilgenommen – und am 8. an seine Frau berichtet, er und sein Kollege, Rechtsanwalt

Schraps, säßen auf der äußersten Linken. Weiter nach links zu rücken, hindere sie die Wand, die sie nicht mit dem Kopfe einrennen wollten. Das war nicht nur dahingeschrieben. Gegen geschaffene Tatsachen anzurennen, zu rebellieren, kam ihm jetzt nicht und später nicht in den Sinn. Mit Flüchen à la Liebknecht hielt er sich nicht auf; daß nur der Gesinnungslose sich mit dem Unglück aussöhne, wäre ihm nicht in die Feder geflossen. Er klagte auch nicht über „das" Volk, das keineswegs wie ein Mann aufgestanden war; das Volk blieb, nicht nur in der Vorstellung Bebels, eine abstrakte und darum feste Größe. Tat es nicht, wie es sollte, tröstete er sich mit fehlender Aufklärung oder mangelnder Organisation.

Den äußeren Rahmen des Reichstags respektiert er wie kaum einer, in Kleidung und Auftreten, in strikter Wahrung von Regeln und Gebräuchen. Er redet oft und wirksam, bisweilen auch witzig. Er stellt Anträge über Anträge. Zugleich flüchtet er vor der inneren Dynamik des Parlamentarismus und der Gefahr, sich einbinden zu lassen, in die Beschwörung des Tages der Rache, aus dem schon in diesem ersten Jahr der Reichstagszugehörigkeit der Tag des Zusammenbruchs wird. Am 9. Oktober 1867 schließt er einen Brief an Becker, der ansonsten von praktischen Dingen gehandelt hat, mit dem Bemerken: „Ich fürchte oder hoffe, wie Sie wollen, das alte Staatsgebäude Europas wird über kurz oder lang mit einem gewaltigen Ruck zusammenbrechen. Lange kann es in der bisherigen Weise nicht so fortgehen... Wir wollen aufpassen, daß aus dem Chaos, was dann folgt, etwas Tüchtiges sich herausbildet."

Bebel agierte, seit er auf die nationale Bühne getreten war und im Begriff stand, eine nationale Größe zu werden, innerhalb und außerhalb des Systems. Er war Repräsentant und Revolutionär in einem, er blieb beides, bis ans Ende seines Lebens. „Das Faktum einfach akzeptieren, ohne es zu billigen", hatte Engels nach dem Krieg an Marx geschrieben, der ihm beipflichtete. Der Satz wurde zu einer Art Zauberformel, die sich Bebel zu eigen gemacht hätte, wäre sie ihm sogleich bekannt gewesen. In London war man geneigt, in der jeweiligen Wendung der Weltgeschichte den jeweiligen Vorteil für die eigene Sache zu erkennen. Daß in der Wirklichkeit die Scheidung in Akzeptieren und Billigen schwerlich zu beachten war und die äußere Anerkennung eine innere Identifikation zur Folge hatte, konnten die beiden Buchgelehrten nicht wissen. Bebel wollte es nicht wissen.

Ein Mann unmittelbaren zweckhaften Handelns war Bebel in seinem Privatleben und innerhalb seiner eigenen Organisation, außerhalb derselben gingen ihm Wille und Fähigkeit ab, sich auf eine neue Lage einzustellen. Der Praktiker und der Prophet, der Kärrner und der Künder, auch das war Bebel, bevor er mit der Lehre des Karl Marx bekannt wurde. Neue Tatsachen nahm er hin, ohne sie zu verarbeiten und ohne sich von der Bahn, die er einmal eingeschlagen, abbringen zu lassen. Nachdem der deutsche Machtkampf zwischen Preußen und Österreich entschieden war, knüpfte er dort wieder an, wo er vordem aufgehört hatte. Es war, als hätten ihn die Ereignisse jenseits des Kreises seiner Arbeiter nicht wirklich berührt.

Am 19. August 1866 hatte Bebel zu Chemnitz die Sächsische Volkspartei ins Leben gerufen. Eine demokratisch-partikularistische Stimmung war um so lebendiger geblieben, als das Königreich Sachsen, das – wie immer im Kriegsfall – auf der falschen Seite gestanden hatte und von preußischem Militär besetzt war, dem Norddeutschen Bund beitreten mußte, seine Eigenständigkeit aber bewahrte und, wenn auch mit Einschränkungen, Herr seiner inneren Angelegenheiten blieb. Im Chemnitzer Programm kamen alte Bestrebungen der Volkspartei zu neuen Ehren; die Lage der arbeitenden Klasse sollte verbessert, der Gegensatz zwischen Kapital und Arbeit ausgeglichen werden, im übrigen standen entschieden demokratische Forderungen im Mittelpunkt. Doch Bebels sächsische Neuschöpfung hatte vor allem in den Vereinen des Erzgebirges, nannten sie sich nun Volks- oder Arbeitervereine, eine breite soziale Verankerung gefunden und nur entfernte Ähnlichkeit mit der Volkspartei südwestdeutschen Zuschnitts. Bebel kokettierte sogar damit, daß die Partei fast ausschließlich auf die Arbeiterkreise, „jene Mittellosen", beschränkt sei und deshalb so wenig Mittel habe. Aber im Grunde seines Herzens war er zufrieden, anders hätte er die auch insoweit unbelastete Partei nicht auf einen so geraden Weg ziehen können.

Im Rückblick hat er als taktischen Schachzug hingestellt, daß ein sozialistisches Bekenntnis in Chemnitz noch nicht abgelegt worden sei. Tatsächlich war er 1866 selbst noch nicht so weit. Er verstand

sich noch nicht als Vertreter der – ohnehin sich erst herausbildenden – Arbeiterklasse allein; seine Korrespondenzen und Wahlkampf-
reden, soweit sie die zeitgenössische Presse überliefert hat, sind
beredtes Zeugnis. Noch bedurfte er jener Erfahrungen, die ihm erst
die Weber des Unteren Erzgebirges bescheren sollten. Wie dieses
Elend – hervorstechende Merkmale: Hunger und Hungertyphus –
enden werde, wisse der Himmel, berichtete Bebel genau ein Jahr,
nachdem er den Wahlkreis Glauchau-Meerane übernommen hatte,
an Sonnemann. Diesen Weberstädten schrieb eine frühe „Geschichte
der Arbeiterbewegung in Chemnitz und dem Erzgebirge" zu, daß
sie „für die Aufnahme der sozialistischen Lehren den günstigsten
Boden abgaben". Die Geschichte stammte aus der Feder jenes Ernst
Heilmann, der in Weimarer Zeiten SPD-Fraktionschef im Preußischen Abgeordnetenhaus war und den man Preußens ungekrönten
König nannte (und der auf besonders sadistische Art von den Nazis
zu Tode gebracht wurde); vor dem Ersten Weltkrieg war er Chefredakteur der „Chemnitzer Volksstimme".

Der Beschluß von Bebels Sächsischer Volkspartei, an den Wahlen
zum Norddeutschen Reichstag teilzunehmen, war Formsache;
schließlich hatte die Wahl den Anlaß zur Parteigründung abgegeben.
Keine Formsache aber war, Weihnachten 1866, der Entscheid über
die Kandidaturen in den Wahlkreisen. Ihrer knappen Mittel wegen
wollte die Partei nur in einigen wenigen, erfolgversprechenden
Gegenden antreten. So kandidierte Bebel nicht in Leipzig, sondern
im Unteren Erzgebirge, dem Herz der sächsischen Textilindustrie,
die noch Mitte des Jahrhunderts in Blüte gestanden und Verbindungen bis nach Übersee gehalten hatte. Ihr wichtigster Zweig war die
Weberei, nicht die Textilveredelung, auch nicht die Spinnerei. Die
Webstühle prägten das Gebiet, Webstühle, die bis weit in die sechziger Jahre hinein von Hand betrieben wurden. In Meerane tauchte
erst 1862 ein mechanischer Webstuhl auf, in Glauchau, der Fürstlich
und Gräflich Schönburgischen Herrschaft, zwei Jahre später. Und
erst in den Gründerjahren nach 1871 überstieg ihre Zahl die Tausend.

Die Weber waren, als Bebel in ihr Elend eintauchte, einem
Manufaktur-Kapitalismus unterworfen, die Meister von einst herab-
gesunken zu hausindustriellen Lohnarbeitern, die die Weberei in
ihrer Wohnung besorgten. Nur durch die Wohlfeilheit der Arbeits-

kräfte und weil verfeinerte Gewebe handwerkliches Können verlangten, konnten sich die Unternehmer auch ohne teure Maschinen
behaupten. Die Weber hatten, infolge Einseitigkeit der Produktion,
keine Wahl, als sich immer härterem Druck zu beugen. Der Lohn
sank, die Arbeitszeit stieg, die Ernährung war miserabel, die Wohnung finster, es verdingten sich die Frauen, auch die Kinder.
Arbeits- und damit Brotlosigkeit häuften sich dennoch. Der gesamte
Weberstand sei zu einem „allgemeinen Bettelhaufen" geworden,
meldete im Dezember 1867 die Glauchauer Weberinnung an das
sächsische Innenministerium, das schon vier Jahre zuvor eine Akte –
„den durch die amerikanische Baumwollkrisis hervorgerufenen
Notstand unter der Arbeiterbevölkerung" betreffend – angelegt und
festgestellt hatte, daß aus einem Fonds des Finanzministeriums einzelnen Gemeinden Mittel bereitgestellt worden seien. Eine Wirkung
war nirgends zu beobachten. Zu Beginn der sechziger Jahre waren in
Bebels Wahlkreis sechzig Prozent der Bevölkerung von der Weberei
abhängig. Sie erweckten den Eindruck einer einförmigen elenden
Masse.

Die Hungerrevolten der schlesischen Weber von 1844 waren dem
gleichen Elend entsprungen, wie es nun ins Sächsische Erzgebirge
eingezogen war; in der Gegend um Peterswaldau und Langenbielau
hatte Lassalles Arbeiterverein eher Fuß gefaßt als in der Provinz-
hauptstadt Breslau. Noch 1875 zählte die inzwischen vereinigte
Arbeiterpartei in den schlesischen Weberdistrikten mehr Mitglieder
als in Görlitz oder Breslau. Doch anders als in Schlesien waren die
Weber Sachsens durch die demokratische Tradition des Landes
hindurchgegangen. Die Erinnerung an 1848, als Weber das Walden-
burger Schloß gestürmt und niedergebrannt und sich in der Arbeiterverbrüderung zusammengefunden hatten, war lebendig geblieben, der Wille, sich zu organisieren, nicht erloschen. In einer Zeit, da
Oben und Unten kaum mehr auseinanderzuhalten waren und alle
Weber gleichermaßen ausgebeutet wurden, übernahm ihre einstige
Innung die Funktion eines Arbeiter- und Gesellenvereins. Mitte der
sechziger Jahre wurde sie zum Sammelbecken politisch rühriger
Weber, die Bebel tatkräftig zur Seite standen. Die Innung blieb nicht
der einzige Organisationskern der Weber; nach dem Frankfurter
Vereinstag 1863 waren in Glauchau und Meerane eine Reihe von
Arbeiter- und Volksvereinen aufgelebt, ihre Vorläufer reichten in die

fünfziger Jahre zurück. Von den 29 Vereinen, die 1864 in Sachsen gezählt wurden, waren rund um Glauchau-Meerane elf angesiedelt, die zu immer neuen Gründungen beflügelten, auch von Genossenschaften. Die größte Bedeutung erlangte die Spinn- und Websgenossenschaft des Julius Motteler zu Crimmitschau, das im ähnlich strukturierten Wahlkreis von Schraps lag. Der gelernte Tuchmacher Motteler, nur zwei Jahre älter als Bebel, stand in einem Fabrikkontor in Lohn, als er 1867 wegen Wahlagitation auf die Straße gesetzt wurde und daraufhin die Genossenschaft gründete; sie florierte, bis ihr nach dem deutsch-französischen Krieg die Bankkredite gekündigt wurden und Motteler alle seine Ersparnisse opferte, um die Gläubiger zu befriedigen.

Auch Wilhelm Liebknecht war in einem Weber-Wahlkreis aufgestellt worden. Er hatte nur das Pech gehabt, vor Jahresfrist 1866 die preußische Amnestie auch auf sich bezogen zu haben. Er war nach Berlin gereist, um einen Vortrag zu halten, und prompt in der Stadtvogtei gelandet, aus der er erst kurz vor dem Wahltag wieder zum Vorschein kam. An Wahlkampf war nicht zu denken gewesen. Bei der Parlamentswahl im August 1867 – im Frühjahr war über den Konstituierenden Reichstag abgestimmt worden – machte er das Versäumnis wett und eroberte in Stollberg-Lößnitz-Schneeberg den dritten Weber-Wahlkreis für die Sächsische Volkspartei; die Lassalleaner hatten hier nirgends eine Chance. Liebknecht hat mit der ihm eigenen Einfühlsamkeit dem Menschenschlag des Erzgebirges ein unsterbliches Denkmal gesetzt. Auf den Strumpfwirker Christian Hadlich war er im Leipziger Arbeiterbildungsverein aufmerksam geworden, in ihm sah er genau den Typus verkörpert, den er nun so oft im Erzgebirge, dieser ersten Hochburg der deutschen Arbeiterbewegung, finden sollte: „Aus dem braunen, lebendigen Auge Verstand und Herzensgüte hervorleuchtend, der Körper schwach – die Folge der Entartung durch verschiedene Generationen des Hungers und der Entbehrung–, im Antlitz der Ausdruck schmerzvollen Sinnens, tiefen Nachdenkens und des bohrenden Bewußtseins menschlichen Elends, empfunden am eigenen Leib und gefühlt an den leidenden Mitmenschen..." So sah jene Welt der Weber aus, die Bebel prägten und denen er ein Sinnbild der Hoffnung wurde.

Im ersten Urnengang am 12. Februar 1867 war er knapp gescheitert, aus der Stichwahl zwei Wochen später aber als klarer Sieger hervorgegangen. Zwischenzeitlich hatte er seinen 27. Geburtstag gefeiert. Während des Wahlkampfes war den Nationalliberalen, die den Glauchauer Bürgermeister aufgestellt hatten, nichts Besseres eingefallen, als von Bebel abzuraten, weil er ein so unbekannter Mann sei. Die Freisinnigen, wie sich die linksliberalen Überbleibsel hier nannten, waren sich nicht zu fein gewesen, in Leipzig Erkundigungen einzuziehen über den unheimlichen Gegner, um den sich alles drehte. Die Sache ward in einer Bebelschen Versammlung ruchbar, und nach vielen Aufforderungen gab ein Zuhörer das Ergebnis der Recherchen bekannt: Herr Bebel sei „nicht nur ein streng rechtlicher, mit besonderen Geistesgaben, scharf politischem Blick ausgerüsteter Mann, sondern der auch würdig und vollkommen genug wäre, eine Kandidatur anzunehmen und seine Partei vertreten zu können". Der Eindruck konnte größer nicht sein, und die schärfere Gangart vor der Stichwahl ihn nicht verwischen. Ein Inserat der Freisinnigen, für die sich ein Stadtrat bewarb, lautete: „Wer Revolution und Republik will, der wähle Herrn August Bebel in Leipzig, wer Ordnung und Freiheit will, der wähle Herrn Carl Wilhelm Stauß in Glauchau." Der bekam die Mehrheit in der Stadt, einer Art Winkelresidenz; in dem völlig von der Weberei beherrschten Meerane verbuchte Bebel vier Fünftel der Stimmen für sich. Auch in den Weberdistrikten rundum – nicht in den Bauerndörfern – trug er einen klaren Sieg davon, der ihm insgesamt nicht zu nehmen war; Erinnerungen an „Bebels erste Wahl vor fünfzig Jahren", die die Wiener „Arbeiter-Zeitung" 1917 publizierte, sind diese Einblicke zu verdanken.

Von Stund' an und bis er 1877 doppelt gewählt wurde und die Wahl in Dresden-Altstadt annahm, mit dem Einverständnis seiner Weber, die sich zutrauten, ihren Wahlkreis auch ohne Bebel zu halten, hielt er regelmäßig, so ihn nicht die Haft daran hinderte, Versammlungen in Glauchau und Meerane ab und berichtete über die Reichstagsarbeit. Die Polizei brachte die Bebelschen Ausführungen getreulich auf Papier, vergaß auch nicht, die sonstigen Umstände festzuhalten, zum Beispiel welcher Weber eröffnete und welcher Weber leitete und daß am 25. November 1867 zwischen 250 und 300 Personen im Gasthof zu Thurm, einem Ort nahe Glauchau, erschienen waren. Der polizeilichen Wiedergabe der Rede ist zu entnehmen, daß Bebel ohne besondere Polemik und in nüchternem

Stil vom Reichstag erzählte. Er klagte, wie schnell Beschlüsse gefaßt würden und daß man Gesetze mache, von denen die Abgeordneten nichts wüßten. Und er resumierte, daß immer wieder die arbeitende Klasse, durch die Steuer auf Salz vor allem, das Militärbudget zu zahlen habe – „wo selbstverständlich diejenigen Leute, welche bloß Kartoffeln und Brot zu verzehren hätten, mehr Salz brauchten als die Reichen". Ob der mitschreibende Ordnungswächter des Königreichs Sachsen selbst Gefallen an des Herrn Reichstagsabgeordneten „preußenfeindlichem Haß" fand oder nicht, er schien dem Punkt besondere Bedeutung beizumessen. Den Haß habe Bebel „ganz besonders" auf den Bundeskanzler, den Grafen von Bismarck, ausgeschüttet, dem er einige Pillen zu verschlucken gegeben habe und der davon ausgegangen sei, Sachsen zu verschlucken und zu annektieren. Schließlich habe Bebel von der großen Ehre gesprochen, daß man in den Restaurationen des Reichstags seine Reden erwähne und daß er bei einer solchen Gelegenheit neben dem Prinzen von Preußen gesessen habe und von diesem bewundert worden sei. Bebel bezog seine Wirkung – nächst der Artikulation der Webernöte – auch aus Ausflügen in die große fremde Welt.

Im Zollparlament, das im Frühjahr 1868 die Session des Norddeutschen Reichstags unterbrach und dessen Abgeordnete mit denen der süddeutschen Landtage vereinigte, wetterte er gegen die „exorbitante Erhöhung" der Tabaksteuer; Tabak war fast das einzige Genußmittel der armen Leute, und außerdem lebten in Sachsen elftausend Familien von der Tabakproduktion. Er prangerte die Wucht der indirekten Steuern überhaupt an, vor allem jener auf Kaffee und eben Salz: „Meine Herren! Die wenigsten von Ihnen haben einen Begriff, mit welchen geringen Mitteln ein Arbeiter in der jetzigen Krise auskommen muß, wo trockenes Brot, ein Gebräu, das man Kaffee nennt, aber nicht den Namen verdient, und trockene Kartoffeln das einzige sind, was er tagtäglich als Nahrungsmittel zu sich nimmt. Ich kann Ihnen aus eigener Erfahrung versichern, daß dies keine Übertreibung ist. Es sind Hunderttausende, die sich auf diese Weise ernähren, und viele Tausende haben nicht einmal das." Es war die Erfahrung, die ihm die erzgebirgischen Weber vermittelt hatten. Das Ärgernis der indirekten Steuern ließ ihn nicht mehr los, auch wenn so lebensnahe Schilderungen später nicht mehr zu hören sein sollten. Und fortan propagierte er seine Idee, wie die Regierung anders denn auf dem Wege dieser indirekten Steuern zu Geld kommen könne. Er fand, daß der Militäretat durchaus eine „Verminderung von ein paar hunderttausend Talern" vertrage, und nannte ein Jahr später, in der Haushaltsdebatte 1869, die Militärausgaben – der Nordbund verfügte über ein Budget von 76 Millionen Mark, davon gingen 74 Millionen in die Rüstung – Ausgaben für unproduktive Zwecke. Späterhin dachte er über das deutsche Militärwesen weniger strikt.

Die Begegnung mit den Webern formte Bebel zu einem Politiker der Klasse. Ihre Handarbeit sollte rasch von der Maschine überholt und ihr Stand dem Untergang geweiht sein. Doch im Elend und in der Aufgeschlossenheit der erzgebirgischen Weber hatte die deutsche Arbeiterbewegung ihre festen Wurzeln geschlagen, Wurzeln, die sich ausdehnen und im städtischen Fabrikproletariat einen neuen Stamm hervorbringen sollten; in den folgenden Reichstagswahlen wurde dieser Wandel sichtbar. Vier Jahrzehnte nach Bebels erster und sogleich erfolgreicher Reichstagskandidatur in Glauchau-Meerane bereiste ein proletarischer Neigungen unverdächtiger Zeuge die Gegend – Friedrich Naumann, der aus Sachsen stammte. Seine Beobachtungen notierte er 1908 in der „Hilfe": „Wenn Bebel in den Jahren 1867 oder 1868 in seinen Wahlkreis kam, da standen die Menschen um ihn und sahen ihn mit einem Hunger nach Erfüllung ihrer Hoffnungen an, der sich tief in die Erinnerung derer eingegraben hat, die das erstmals erlebt haben. Es gibt noch Leute, die davon erzählen, und man mag stehen wie man will, ohne Ergriffenheit kann man nicht davon sich berichten lassen."

Programme und Prinzipien

Die Arbeiter litten unter Verdienstausfall und Teuerung, die der 66er Krieg mit sich gebracht hatte, und ihre Vereine waren in einem trostlosen Zustand, als Bebel erkannte, daß „Feuer gemacht" werden müsse. An einer Sitzung des Ständigen Ausschusses, Ende März 67 in Kassel, konnte er nicht teilnehmen, der Reichstag ging vor. Aber was tat das schon. Das leck geschlagene Schiff der Arbeitervereine konnte auch brieflich wieder flott gemacht werden. „Es gilt jetzt, mit Energie unsere Sache in die Hand zu nehmen, wenn anders aus unserer Organisation was werden soll", fuhr er Max Hirsch an, den er gleichzeitig aufforderte, seine – Bebels – „Ansichten den Herrn Kollegen mitzuteilen". Dazu gehörte erstens ein eigenes Organ, das ab 1. Juni vierzehntägig erschien, aus lauter Flugblättern bestand, den Namen „Arbeiterhalle" bekam und von Eichelsdörfer in Mannheim redigiert wurde; eifrigster Mitarbeiter: Bebel. Dazu gehörte zweitens ein Vereinstag im Herbst 1867. Die Weichen stellte er nach allen Regeln der Kunst. Er setzte durch, daß der Tagungsort in Sachsen oder Thüringen gesucht würde, also da, wo sein Anhang nicht nur groß, sondern auch folgsam war; in Thüringen hatte er im Sommer eine rührige Agitationstätigkeit entfaltet. Im Vorfeld des Kongresses ließ er eine Tagesordnung absegnen, die ein breites Themenspektrum beinhaltete – vom Militärwesen über die Schule bis zur Kinderarbeit. Die beiden Wahlkämpfe hatten ein allgemeines politisches Interesse geweckt, die Vereine waren von der Reichstagsarbeit nicht mehr loszulösen. Bebel war es darum zu tun, daß unter dem Vorwand, die Vereine „sollten sich nur um soziale Fragen und nicht um politische kümmern", nicht etwa die Annäherung an Preußen geprobt wurde.

Der vierte Vereinstag, der am 6. und 7. Oktober 1867 zu Gera stattfindet, endet mit Bebels vollständigem Triumph. Die neue Organisation ist ihm wie auf den Leib geschnitten: Der Präsident wird direkt vom Vereinstag gewählt und erhält eine Aufwandsentschädigung, der Verein, dem er angehört, wählt aus seiner Mitte die sechs Vorstandsmitglieder, eine sechzehnköpfige Kontrollkommission verteilt sich über das Land, Vereine und Individuen können Mitglied werden, Beiträge müssen sie alle zahlen. In der Wahl setzt Bebel sich klar gegen den preußen- und bürgerfreundlichen Hirsch durch, Leipzig wird damit der sogenannte Vorort und der Verband der deutschen Arbeitervereine Wachs in den Händen seines ersten Präsidenten. Mit Verlauf und Ergebnis sei er zufrieden, schrieb er an Becker, doch lasse, infolge der materiellen Sorgen und der zu leistenden Opfer, die Bewegung manches zu wünschen übrig. Das war – zwei Tage nach Gera – jener Rahmen, in dem er seine erste Zusammenbruchsprognose verkündete.

Bebels Arbeitslast – abgesehen von seinem Mandat im Norddeutschen Reichstag und im Zollparlament behielt er auch den Vorsitz im Leipziger Arbeiterbildungsverein bei – stieg ins Übermenschliche, schließlich hatte er auch seine Drechslerei in Schwung zu halten. Hin und wieder entschuldigte er sich dafür, daß das Geschäft seine Anwesenheit erfordere; es aufs Spiel zu setzen, seine eigene Unabhängigkeit zu gefährden, wäre ihm weiterhin nicht eingefallen. Wer andere organisieren kann, vermag in aller Regel auch sich selbst und sein eigenes Leben zu organisieren. Über seine Korrespondenz, die von seitenlangen, eng beschriebenen Brief-Berichten bis zu befehlsartigen Mitteilungen reichte, führte er genau Buch; die Zahl der Ein- und Ausgänge wurde zum Erfolgsmaßstab. Der Gewohnheit des häufigen und langen Briefeschreibens blieb er treu, umgehend zu antworten, weil andernfalls der Überblick verlorengehe, machte er sich zur Lebensregel. Eine persönliche Note, Rechenschaft über Stimmungen oder Gefühle, Bekenntnischarakter gar, enthielt keiner seiner Briefe, jetzt nicht und später auch nicht.

Wer Macht ausüben will, braucht ein eigenes Medium, das die „Arbeiterhalle" nicht war. Darin war sich Bebel mit Liebknecht, dem geborenen Zeitungsmann, einig. Gesagt, getan. Zu Jahresbeginn 1868 hoben sie das „Demokratische Wochenblatt" aus der Taufe, Liebknecht redigierte, Bebel expedierte und füllte die Rubrik mit den Angelegenheiten der Arbeitervereine, das Herzstück des Blattes. Die „Arbeiterhalle" wurde überflüssig und noch im selben Jahr eingestellt. Das neue Wochenblatt firmierte als Organ der Arbeitervereine und der Deutschen Volkspartei; auch Gera hatte noch nichts daran geändert, daß Vereine und Partei, sächsische und süddeutsche Wirklichkeit nebeneinander bestanden. Daß die Gewichte sich rapide verschoben, durch die fortschreitende Industrialisierung und die neue organisatorische Schubkraft der Arbeitervereine, dafür wurden nicht nur in Gera Zeichen gesetzt.

Als im Frühjahr 68 die süddeutschen Staaten zum Zollparlament wählten, zerstritten sich die Volksparteiler erst einmal ob der Teilnahme. Das Häuflein, das mitmachen wollte, hielt am 16. März eine Kundgebung in Darmstadt ab, mit August Bebel als Hauptredner. Es sollte das letzte Mal sein, daß ein solcher Auftritt zustandekam und die antipreußische Gemeinsamkeit stärker wog als alles andere. Den Bismarckschen Einheitskurs umkehren zu wollen, kam ihm weiterhin nicht in den Sinn; „corriger la fortune", wie Liebknecht schwor, beschäftigte ihn nicht. Dennoch oder gerade deshalb schritt er mit atemberaubender Zielstrebigkeit voran, getragen von einem rasch wachsenden Proletariat. Hing damit zusammen, daß sich die Zusammenbruchsorakel häuften? Dem vierten Stand, den Bebel vertrat, mochte Bismarck einen Platz in seinem Reich nicht einräumen, und Bebel war nicht der Mann, der auch nur versucht hätte, den Platz zu erbetteln oder zu erstreiten – vom Boden der Gegebenheiten aus. Seiner Neigung, in Utopie und Prophetie zu flüchten, gab er mit wachsender Verantwortung immer mehr nach. Und nicht nur, wenn die große Perspektive gefragt war. Als der Berliner Zigarrenarbeiterstreik im Frühjahr 68 kläglich zusammenbrach, weil Zuzug kam, der die Fabrikordnung unterschrieb und Streikende zur Nachahmung bewog, als gleichzeitig die Produktionsgenossenschaft wackelte und Bebel fand, daß viele Arbeiter „zu sehr auf ihren eigenen Vorteil" sähen, hatte er Ursache und Entschuldigung rasch zur Hand: „...bei unseren verfaulten demoralisierten Zuständen..."

Sein Empfinden hatte sich radikalisiert, denn was war der Zusammenbruchswahn anderes als eine innere emotionale Radikalisierung und ein Eingeständnis, Wandel nicht selbst bewirken zu wollen? Es lag in der Logik der Dinge, daß Bebel nach Gera und nachdem er die Organisation in die Hand bekommen hatte, darauf lossteuerte, den Vereinen programmatische Eindeutigkeit zu verpassen. Unklarheit, Vieldeutigkeit litt er nicht länger, und es fügte sich ins Bild, daß im Vorfeld des Nürnberger Vereinstages 1868 schon Ansätze jenes gebieterischen Tones erkennbar wurden, für den er später berühmt wurde; in seiner Geschichte der Vereinstage hat Erich Eyck darauf hingewiesen.

Gebieterischer Ton und Rigidität in der Sache gehörten bei Bebel nun zusammen. Zweieinhalb Monate vor dem Kongreß, für den 6. und 7. September in Nürnbergs historischen Rathaussaal einberufen, schrieb er an Friedrich Albert Lange, den er als Redner zu gewinnen trachtete: Sie hätten die Programmfrage auf die Tagesordnung gesetzt, denn es sei hohe Zeit, „daß die deutschen Arbeitervereine sich erklären, welche Stellung sie künftig politisch und sozial einnehmen wollen. Wir wissen, daß es zu harten Kämpfen, möglicher-, ja wahrscheinlicherweise zu einer Spaltung kommen wird. Wir halten das aber für kein Unglück." Zehn überzeugungstreue sichere Vereine seien ihnen lieber als dreißig schwankende oder solche, die sich zu Schleppenträgern der Bourgeoisie hergäben. Daß diese sich

„feindlich" verhalte, entsprach ausdrücklich seinen Wünschen. Jene liberal-bürgerlichen Elemente, die es gut mit den Arbeitern meinten und den Weg nach Nürnberg noch gefunden hatten, stieß er denn auch gründlich ab. Er wollte, daß die Proletarier – ob sie's tatsächlich waren oder nur der Gesinnung nach, spielte keine Rolle – unter sich blieben und „nach festen Grundsätzen und bestimmender Richtung" wirkten. So meldete er es am 23. Juli an den Generalrat der IAA, jener in London gegründeten Internationale, die später die Erste genannt werden sollte.

Als Bebel anfing, diese forsche Sprache zu führen, wußte er, worauf er hinaus wollte. Der Internationale war er zur Person um die Jahreswende 66/67 beigetreten, im Mai 67 hatte er, dem unfähigen Staudinger gegenüber, Kontaktaufnahme seitens der Arbeitervereine gefordert, in den Tagen von Gera war er mit Becker in Kontakt getreten. Einem bunt zusammengewürfelten Haufen von Kommunisten, Anarchisten, Gewerkschaftern, Sozialreformern hatte Marx 1864 mit der Inauguraladresse Einheit und Charakter verliehen. Doch auch wenn sich das „Demokratische Wochenblatt" mit einem Auszug aus dem Vorwort zum „Kapital" vorgestellt und „dieses epochemachende Werk", das „zum erstenmal den sozialen Bestrebungen der Arbeiterklasse eine unerschütterliche wissenschaftliche Grundlage" gebe, den deutschen Arbeitern ans Herz gelegt hatte, auch wenn in zwei Nummern im März Engels' Besprechung erschienen war und Marx und Engels auch sonst häufig Erwähnung fanden, Bebel besaß noch keine nähere Vorstellung von ihren Lehren. Das Durcheinander, das das „Wochenblatt" vor dem Vereinstag anzettelte, zeugte wahrlich nicht von Durchblick. Es gab einen wirren Artikel von Becker „Was wir wollen und sollen" als Programm der Internationale aus und korrigierte den Irrtum erst vier Wochen später, unmittelbar vor Tagungsbeginn, als es jene vom Leipziger Vorort aufgesetzten drei Sätze veröffentlichte, die die Inauguraladresse zusammenfaßten und die der Fünfte Vereinstag der Deutschen Arbeitervereine annehmen sollte – als „ein sozialdemokratisches Programm", wie Bebel formulierte. Ihm kam es auf Einzelheiten nicht an, auch nicht auf geschliffene Auseinandersetzung oder theoretische Klarheit. Bebel wollte mittels Programm eine Schranke errichten zwischen seiner Bewegung und der übrigen Gesellschaft.

Er hatte alles bedacht, auch eine mögliche Niederlage. In diesem Falle würde er selbst den Verband sprengen und die sächsischen Vereine mit sich ziehen, die, so Bebel an Lange, allerorts „wie Pilze aus der Erde" schossen und deren zweite Speerspitze mittlerweile der Dresdner Arbeiterbildungsverein geworden war. Zum Vorsitzenden hatte er jenen Julius Vahlteich gewählt, der einst die Leipziger Arbeiter in die Arme Lassalles geführt, bei Gründung des ADAV dessen erster Sekretär geworden war und diesen Posten noch zu Lebzeiten des Meisters aus Protest gegen dessen diktatorische Allüren niedergelegt hatte. Seine Dresdner Wahl war während des Geraer Vereinstages vonstatten gegangen, dem Vahlteich telegraphisch anzeigte, daß „die sozialistische Richtung" gesiegt habe. Zum erstenmal hatte der Begriff interne Verwendung gefunden. Und es wunderte sich niemand, daß der offizielle Antrag, der Vereinstag möge sich das Programm der Internationale zu eigen machen, aus Dresden kam. Nur fünf Jahre waren vergangen, seit der Schuhmacher Vahlteich und der Drechsler Bebel die Klingen gekreuzt hatten, von wegen der Selbständigkeit der Arbeiter und ihres politischen Anspruchs. Jetzt zogen beide an einem Strang, in der Entschiedenheit, letzte bürgerliche Bindungen zu kappen, standen sie sich in nichts nach. Julius Vahlteich hatte es in die sächsische Hauptstadt verschlagen, als er hier Unterschlupf in einer Kalkbrennerei fand. Bebel erläuterte seinem Briefpartner Siegfried Meyer in Amerika: In seiner Existenz mehrfach bedroht zu werden, sei die notwendige Folge für jeden, der – nicht mit auskömmlichen Mitteln versehen – von der Bourgeoisie abhängig sei. Er hätte hinzufügen können, daß er selbst die Ausnahme von der Regel bilde.

Daß Bebel in die Minderheit geraten könne, war wenig wahrscheinlich, und er selbst dürfte nicht ernsthaft damit gerechnet haben. Mit Hilfe des „Wochenblatts" hatte er die Sachsen mobil gemacht, denn dem Zufall traute er niemals. So ließ er sich, gegen einen Lehrer Rögner aus Nürnberg, zum Tagungspräsidenten wählen und sodann, unter ständigen Zurufen „Keine Kompromisse", die Tagesordnung mitsamt dem Punkt „Programm" absegnen. Bevor es soweit war, stimmte er den Vereinstag mit einem Bericht über den insgesamt erfreulichen Stand der Organisation ein und überließ nun Robert Schweichel das Feld. Der alte 48er, der nach Leipzig übergesiedelt war und in Liebknechts „Wochenblatt"-Redaktion mitarbeitete, führte in das Programm ein: Es müsse endlich eine Fahne aufgepflanzt werden „in dem Klassenkampfe der Gegenwart, um die sich die ganze Arbeiterpartei scharen kann". Er machte eine Verbeugung vor Karl Marx, wetterte gegen den parlamentarisch aufgeputzten Absolutismus der Gegenwart und verhöhnte die, „welche zwischen die Ketten und die wundgedrückten Glieder des Arbeiters die Watte der Almosen, der Suppenanstalten, Hospitäler, Armenhäuser, Krankenkassen und Debattiervereine schieben".

Liebknecht, der sich wie Bebel als Sozialdemokrat vorstellte, wurde noch deutlicher: „Weil die soziale und politische Frage untrennbar sind, erheischt das Interesse der Arbeiter, daß sie sich von ihren sozialen Gegnern auch politisch trennen." Die Konsequenz bekam der unermüdliche Sonnemann gegen Ende der Nürnberger Tage zu spüren, als er durchaus zukunftsweisende Vorschläge zur Altersversorgung entwickelte. Bebels Getreue – Liebknecht, Vahlteich, der Schweizer Greulich – wehrten ab; eine Kasse würde die Arbeiter nur an den Staat binden. Und das genau wollte man um jeden Preis verhindern. Das Nürnberger Programm besagte, daß für die Abschaffung aller Klassenherrschaft gekämpft werde und zwar durch die arbeitenden Klassen selbst, Lohnarbeit, „die ökonomische Abhängigkeit des Mannes der Arbeit von dem Monopolisten der Arbeitswerkzeuge", die Grundlage von Knechtschaft und Elend sei und die politische Freiheit unentbehrliche Vorbedingung zur ökonomischen Befreiung der arbeitenden Klassen. Der Vorsitzende des Oldenburger Arbeiterbildungsvereins, ein Bankier, warnte die Arbeiter vergebens, sich vom „dämonischen Zauber der Phrase" bestricken zu lassen. Die berühmten drei Sätze und die Willensbekundung, sich „an die Bestrebungen der Internationalen Arbeiterassoziation" anzuschließen, billigte der Vereinstag mit 69 gegen 46 Stimmen oder 61 gegen 32 Vereine, von denen einige den totgeborenen Arbeiterbund gründeten. Nein, über die fortbestehende lassalleanische Konkurrenz hinaus erwuchs Bebels organisatorisch und programmatisch zurechtgeschneidertem Verband keine neue Herausforderung. Wer nicht mitmachen wollte, blieb für sich oder schloß sich dem Liberalismus an, der Verlust wurde binnen kurzem durch Zustrom neuer Vereine mehr als wettgemacht.

Die Leipziger Stadtväter fanden, nun sei auch der Arbeiterbildungsverein ein politischer Verein geworden und zogen die Unterstützung, im Vorjahr bereits von 500 auf 200 Taler herabgestuft, in Zweifel. Es schien ihnen leid zu tun, und es blieb einstweilen bei der Drohung. Vorsitzender Bebel wies höflich, aber bestimmt darauf hin, daß nicht die Politik als solche, vielmehr deren Richtung störe, denn die Bildung werde weiterhin betrieben, sogar noch „erweitert und gesteigert". Am 25. Februar 1869 quittierte er – dabei den „wärmsten Dank" aussprechend – ein letztes Mal 200 Taler. Nach der Eisenacher Parteigründung im August war endgültig Schluß, auch jetzt nicht zur ungeteilten Freude der Verantwortlichen in der Stadt. Aber Scharfmacher hatten die Oberhand gewonnen. Am 10. Januar 1870 ward Bebel vorgeladen und ihm die Entscheidung mitgeteilt; für Schriftliches hatte man keinen Mut.

Bebel weinte den städtischen Talern keine Träne nach. Die Bildungstätigkeit blieb, wie in den Jahresberichten mit hübscher Regelmäßigkeit hervorgehoben, lebendig wie eh' und je, nur daß Vorträge zu historisch-politischen Themen – der fleißigste Redner war immer noch Liebknecht – in den Mittelpunkt gerückt waren und daß der Bildungsverein Ableger bekommen hatte; der Konsumverein, die Kreditanstalt, die Sparkasse, die Begräbniskasse machten sich nach und nach selbständig. Die Arbeiter fingen an, sich ihre eigene Welt zu bauen. War es da nicht folgerichtig, auch finanziell unabhängig zu sein? Die Scheidung von Leipzig hatte Symbolkraft. War doch alles hier zuerst passiert... Bis in den Sommer 68 hinein hatte Bebel dem „hochgeehrten Stadtrat" noch formvollendete Einladungen übermittelt, zum Stiftungsfest, zum Sommerfest, jenen Gelegenheiten, bei denen eine Geselligkeit eigener Art entwickelt wurde, mit Musikstücken, mit Tanz und Spiel wie Topfschlagen und Ringelstechen für die Damen und Kinderunterhaltung. Nach Nürnberg war Schluß mit den Aufmerksamkeiten. Gefeiert wurde auch in Zukunft, aber allein.

Der Nürnberger Beschluß, Gewerkschaften zu gründen, hatte in der Luft gelegen. Der konjunkturelle Aufschwung, der nur 1866, kriegsbedingt, abgeflacht war, hielt an und wurde, so auch 1868 wieder, von Streiks begleitet. Der gewerkschaftlichen Organisation sollte sich der Vorort Leipzig annehmen, man hätte auch sagen können, Bebel zur Person, der sich der Sache mit großer Hingabe und noch größerem Talent sofort widmete. Der Boden war bereitet, immer neue Berufsgruppen drängten auf Zusammenschluß und provozierten die Frage, ob einem Wildwuchs Tor und Tür geöffnet werden solle oder nicht; das „Demokratische Wochenblatt" wurde ein Spiegelbild der gewerkschaftlichen Geburtswehen. Am 26. November 1868, knapp zwei Monate nach dem Vereinstag, bekräftigte eine Delegiertenkonferenz aller Leipziger Gewerke den Willen zur Gründung von Gewerkschaften. Den Vorsitz führte Bebel, der zuvor sogenannte Musterstatuten entworfen hatte. Einheitlichkeit und Disziplin sollten gewährleistet sein, und die Gewerkschaften nicht etwa auf die Idee kommen, sich in politische Dinge einzumischen. In diesem Punkt blieb Bebel wachsam. Das bis ins kleinste ausgearbeitete Statut erwies sich als nützlich, es traten Internationale Gewerksgenossenschaften ins Leben – „international", um die Verbundenheit mit den der IAA zugewandten Arbeitervereinen deutlich zu machen. Maurer und Steinhauer, Kürschner und Kappenmacher, Notenstecher und Notendrucker, Holzarbeiter und, von besonderer Bedeutung, Bergleute, die sich im Kampf um die Knappschaftskassen zusammenfanden: Das Streben nach gewerkschaftlicher Organisation war allgemein. Ihr aller Vorreiter wurde Mottelers Internationale Gewerksgenossenschaft der Manufaktur-, Fabrik- und Handarbeiter beiderlei Geschlechts. Die Arbeiterbewegung hatte eine zweite Säule errichtet, eine dritte sollte bald dazukommen; unter Führung von Bebels engem Leipziger Gefährten, Moritz German, wurden 1869 die sächsischen Arbeiter-Konsumgenossenschaften, 57 an der Zahl, in einen einzigen Verband überführt. In Eisenach sollten sie bereits durch Delegierte vertreten sein.

Bebel hatte in die Genossenschafts- und noch mehr in die Gewerkschaftsbewegung sehr viel Zeit und Kraft gesteckt. Daß Einheit und Disziplin, die er ihnen einpflanzen half, ein Beitrag zu Modernität und Effektivität der deutschen Wirtschaft sein würde, konnte er nicht ahnen, aber es hätte ihn auch nicht gestört, wär' ihm die Ahnung gekommen. Es sollte nicht mehr lange dauern, bis er stolz auf die Erfolge der deutschen Wirtschaft wurde und Wert legte auf die Feststellung, daß die Arbeiter einen großen Anteil daran hätten. Davon unberührt blieb jener Glaube, der ihm schon 1868 zur fixen Idee geworden war und der davon handelte, daß das ganze System über kurz oder lang zusammenbrechen werde.

Im Frühjahr 1869, gerade wurden wieder neue gewerkschaftliche

Zusammenschlüsse registriert, sprach Bebel im Norddeutschen Reichstag zur Gewerbeordnung, besser: er nahm sie zum Anlaß, einmal seinen „prinzipiellen Standpunkt" hervorzukehren; von Prinzipien und Prinzipiellem sollte er fortan immer häufiger sprechen. Er sprach am 18. März vom Klassengegensatz in der Wirtschaft und davon, daß nicht die Agitation, sondern die Tatsachen die Ausbreitung der sozialdemokratischen Ideen herbeiführten. Er sprach von England, dem angeblichen konstitutionellen Musterstaat, in dem beides, Nationalreichtum und Massenelend ins Unendliche wüchsen und sich die Klassengegensätze zuspitzten. Und er sprach von dem Unterfangen der preußischen Regierung, die Arbeiter durch „Palliativmittelchen" ködern zu wollen, er nannte es nutzlos und prophezeite den Abgeordneten: „Die Revolution ist das einzige, was kommen muß und kommen wird, wenn die Verhältnisse sich in der jetzigen Form weiterentwickeln." Einen Monat später, in der Haushaltsdebatte am 24. April, sprach er den folgenschweren Satz: „Ich bin, meine Herren, das wissen Sie alle, ein entschiedener Gegner dieses Systems, ich bekämpfe es mit allen mir zu Gebote stehenden Mitteln und kann nicht anders ein Heil für das Volk selbst erblicken, als bis dieses System in Grund und Boden zerschlagen und zertrümmert ist." Wozu dann die vielen Anträge, die er, zu Liebknechts Ärger, zur Gewerbeordnung stellte? Wozu die Wahrung aller Regeln dieses Systems? Wozu Parlamentsarbeit? Wozu Gewerkschaften? Sollten nicht gerade sie den Lebenden ihr Los erleichtern helfen? Löhne anheben, Arbeitszeit verkürzen?

Parteigründung zu Eisenach oder Sich selbst genug

Wiederum einen Monat später, am 15. Mai 1869, rückte Bebel eine Mitteilung ins „Wochenblatt", derzufolge er auf „eine andere Organisation" des Verbandes der Arbeitervereine lossteuerte, auf eine Organisation, die fester sein würde als ein Bund lokaler Vereine, auf eine richtige Partei also. Es sollte der dritte und vorerst letzte Schritt auf dem kurzen und geraden Weg sein, der nicht nur in die verselbständigte, sondern auch eine sich selbst genügende Arbeiterbewegung führte. Von Gera und Nürnberg wies die Richtung nach Eisenach. Organisation und Programm zu verschmelzen, war das

Ziel, das Bebel verfolgte, hartnäckig wie immer und beflügelt durch eine lassalleanische Abspaltung. Schließlich bestritt der Allgemeine Deutsche Arbeiterverein seinem Verband und ihm zur Person immer noch die Vertretung von Arbeiterinteressen.

Seit Ferdinand Lassalles tödlichem Duell krankte der ADAV an seiner inneren Struktur, die ihm sein Gründer verpaßt und die zu bewahren, er testamentarisch verfügt hatte. Die Nachfolger wechselten und überboten sich an Unfähigkeit, bis im Jahre 1867 ein gewisser Johann Baptist von Schweitzer an die Spitze trat und eigene diktatorische Gelüste befriedigte; zuvor hatte er sich auf eigene oder eigener Gönner Rechnung ein Organ maßgeschneidert, den „Sozialdemokrat". Diesen Schweitzer, der romanisches Blut in den Adern hatte, einer heruntergekommenen Frankfurter Adelsfamilie entstammte und sich als intellektueller Glücksritter entpuppte, haßte Bebel derart, daß er ihm noch in seinen Erinnerungen, über vier Jahrzehnte später, sechzig schäumende Seiten widmete. Es ging die Kunde, Schweitzer habe die Kasse des Frankfurter Schützenfestes verschwinden lassen und sich an hellichtem Tage minderjährigen Jungen genähert; aus der guten Gesellschaft war er jedenfalls ausgestoßen, als Lassalle, der anders als Bebel eine Schwäche für unkonventionelle Verhaltensformen und exzentrische Typen hatte, sein Talent erkannte und ihn in den ADAV einführte. Es ist schwer, von Schweitzers Skrupellosigkeit und Korrumpierbarkeit – er pflegte die Einnahmen den Bedürfnissen anzupassen – abzusehen und nur sein politisches Werk zu werten. Für Schweitzer, den studierten Juristen, der mit allen Geistesgaben gesegnet und einer glänzenden Feder begabt war, stand stets die Erreichbarkeit eines Ziels im Vordergrund. Politik galt ihm als jene Kunst des Möglichen, mit der Bebel zeit seines Lebens nichts anzufangen wußte. Auch er, der die Arbeiter schon früh und entschieden als Klasse begriff, hatte die revolutionäre Volkserhebung als den ursprünglichen Weg zur Einheit betrachtet, aber eingesehen, daß sein Wille und sein Wunsch nicht maßgebend waren. So wurde er, das lassalleanische Erbe auf die Spitze treibend, ein Jünger Bismarcks, und da ihm charakterliche Standfestigkeit abging, auch dessen gelegentliches Werkzeug.

Schweitzer, der in der August-Wahl 1867 in Elberfeld-Barmen das ersehnte Reichstagsmandat erlangt hatte, hielt sich für den einzigen Arbeiterführer und seinen ADAV für die einzige Arbeiter-

Johann Baptist von Schweitzer.

organistion. Bebel ließ er 1866 als „Kreatur" des abgesetzten Königs von Hannover titulieren und Liebknecht als österreichischen Agenten, beide zusammen als „bourgeois-aristokratische Zungendrescher" und „politische Halbmenschen". Auch in umgekehrter Richtung wurde kräftig ausgeteilt, aber ganz so grob ging man in Leipzig denn doch nicht zu Werke; vor allem war hier der Wille zur Einigung – ohne Schweitzer – lebendig. In Nachwahlen zu Jahresbeginn 69 unterstützten Bebel und Liebknecht zwei Lassalleaner durch Geldsammlungen, Hasenclever in Duisburg, der das Reichstagsmandat eroberte, und Yorck in Celle, der knapp unterlag. Verständigungswille herrschte auch an der Basis des ADAV, schon an der Gründung der Sächsischen Volkspartei hatten unter Fritzsches Führung etliche Mitglieder teilgenommen, sich aber sofort von Schweitzer zurückpfeifen lassen. Andere waren so verhetzt, daß sie bis in die Tage von Eisenach immer wieder Tätlichkeiten anzettelten. Höhepunkt war ein Handgemenge im März 69, als Lassalleaner aus Chemnitz den sächsischen Arbeitertag sprengten. Die Polizei war hilflos, erst der Feuerwehr gelang es zu „schlichten", indem sie die Versammlungsstätte unter Wasser setzte. Der Hickhack machte vor den Gewerkschaften nicht halt. Schweitzer hatte entgegen Lassalles Votum, der sie aufgrund des Ehernen Lohngesetzes für nutzlos halten mußte, Gewerkschaften gegründet, streng zentralistisch und begleitet von innerem Hader; gerade hier entwickelte sich ein Einigungsdruck eigener Art.

Eine Stimmung des „Jetzt reicht's" machte sich breit, und wie immer ergriffen Leipzigs Arbeiter die Initiative. In einer Versammlung am 14. Februar 1869 forderten sie Liebknecht und Schweitzer rundweg auf, sich zu stellen. Liebknecht war entzückt, Schweitzer entsetzt. Nach mancherlei Hin und Her erging an Liebknecht und an Bebel die Einladung, auf der bevorstehenden Generalversammlung des ADAV in Elberfeld-Barmen zu erscheinen; das Wuppertal war lassalleanische Hochburg geblieben. Eine Sache ganz nach Bebels Geschmack! Immer schon hatte er die offene Feldschlacht gemocht, jedenfalls im Kreise der Arbeiter. Auch als zwei Abgesandte Schweitzers in Sachsen umherzogen, um Anhänger abspenstig zu machen, trat er ihnen wo irgend möglich entgegen. In Leipzig drehte er eine ganze Versammlung in seinem Sinne um. Auch in der Höhle des Löwen – Schweitzer war wieder einmal in einer mit Schimmeln bespannten Equipage vorgefahren – nahm er kein Blatt vor den Mund. Er beschuldigte den Präsidenten des ADAV, systematisch die deutschen Arbeiter zu spalten und im Interesse des preußischen Junkertums zu arbeiten. Daß Liebknecht und er mit heiler Haut aus dem Saal kamen, hatten sie einer Handvoll Delegierter zu verdanken, die ihnen Schutzgeleit gaben. Dennoch, ihr couragierter Auftritt verfehlte nicht den Eindruck, die Zustimmung für Schweitzer, der kein Wort erwiderte, bröckelte, seine diktatorischen Vollmachten wurden beschnitten und er damit zu einem Coup provoziert, wie man ihn sich in Leipzig nicht wirkungsvoller hätte ausdenken können.

Unter dem Datum des 18. Juni, zweieinhalb Monate nach der Generalversammlung, teilte Schweitzer im „Sozialdemokrat" mit, daß die lassalleanische Einheit – und damit die ursprüngliche Diktatorialverfassung – wieder hergestellt sei; vor Zeiten hatte sich die Gräfin Hatzfeld, die Lassalle seine Hilfe in Scheidungsangelegenheiten nicht nur mit viel Geld zu Lebzeiten, sondern auch mit buchstabentreuer Befolgung seines Testaments nach dem Tode vergalt, vom ADAV abgespalten und eine eigene, vornehmlich in Chemnitz beheimatete Sekte aufgemacht. Schweitzer und die Gräfin also taten sich zusammen und entfachten damit den offenen Aufruhr gerade unter den intelligenten und rührigen Mitgliedern des ADAV. Die treibende Kraft: Wilhelm Bracke aus dem Braunschweigischen, 1842 geboren, bürgerlichem Geschäftshause entstammend, über die Turner- zur Arbeiterbewegung gestoßen. Er lud Bebel und Liebknecht nach Magdeburg ein, die keinen Augenblick zögerten. Schon am 22., vier Tage nach Schweitzers „Staatsstreich", kam das Treffen mit den oppositionellen Lassalleanern zustande. Bebel hatte gerade eine größere Agitationsreise durch zwölf thüringische Städte hinter sich; sie war am 13. Juni mit einer großen Konferenz in Eisenach zu Ende gegangen und zu einer Einheitsbekundung geworden. In Magdeburg entwarf Bracke einen Aufruf an die Mitglieder des ADAV – gegen Willkür, für Demokratie und für die Einigung der gesamten sozialdemokratischen Arbeiter Deutschlands: „Angesichts der immer mächtiger sich ausbreitenden Wogen der Bewegung, angesichts der Vorzeichen, welche in allen Kulturstaaten der Welt auf eine baldige mächtige Umgestaltung der politischen und sozialen Verhältnisse hindeuten, ist ein Verschleppen dieser Einigung Verrat."

Weitere vier Tage später, am 26. Juni, erschien der Aufruf im

„Demokratischen Wochenblatt", zusammen mit einer Erklärung des Vororts der Arbeitervereine. Drei Wochen später wußte jeder, der es wissen wollte, daß es bei schönen Worten nicht bleiben würde. Am 17. Juli wandte sich das „Wochenblatt", das immer umfänglicher wurde, direkt „An die deutschen Sozialdemokraten". Die Frondeure um Bracke und die Leipziger hatten sich in der Zwischenzeit auf Ort, Zeit und Tagesordnung eines Kongresses geeinigt. Er sollte vom 7. bis 9. August in Eisenach stattfinden. In der wenigen verbleibenden Zeit legte Bebel sein organisatorisches Meisterstück ab, und wenn er jetzt an einen Parteigänger in Weimar schrieb, er wisse nicht mehr, wo ihm der Kopf stehe, hatte er gewiß nicht übertrieben. Aber wieder und erst recht steckte er in seinem Element. Noch Jahrzehnte später legte Bebel größten Wert darauf, daß Eisenach in Leipzig geplant, beraten und beschlossen worden sei. Wieder dachte er an alles. Er berief einen 6. Vereinstag ein, der den Verband im Anschluß an die Parteigründung auflösen würde, er ging zur Polizei und vergewisserte sich, daß sie den Kongreß nötigenfalls schütze; schließlich herrschte in Sachsen-Weimar Versammlungsfreiheit. Schweitzer, der im Gefängnis saß, aber mit ausgesuchter Höflichkeit behandelt wurde, hatte einen Trupp rabiater, teilweise in den Besitz von Mandaten gelangter Anhänger in Marsch gesetzt, der den Kongreß sprengen sollte und dazu auch alle Anstalten machte. Bebel zog die Notbremse, er ließ die Treppen besetzen, den bereits eröffneten Kongreß wieder schließen, neue Legitimationskarten austeilen und wieder eröffnen. Der Kongreß konnte ordnungsgemäß abrollen.

Die Zahl der Delegierten – 263 – war stattlich, ein knappes Viertel – 63 – kam aus Sachsen, dem roten Königreich, wie es nun hier und da schon genannt ward, und zwar vornehmlich aus Leipzig, Dresden und dem Unteren Erzgebirge. Unter ihnen: Heinrich Schilling, der 1848/49 dabei gewesen war und schon der Arbeiterverbrüderung angehört hatte. Jetzt verdankte er sein Mandat dem Leipziger Arbeiterbildungsverein. „Ich begrüße den Tag des heutigen Kongresses als den schönsten meines ganzen Lebens", rief er aus, überwältigt vom Ereignis der Gründung der Sozialdemokratischen Arbeiterpartei.

Um den Namen der Partei, die noch nirgendwo ihresgleichen hatte, war Zank losgebrochen. Bebel stieß sich an den „Arbeitern",

*Hotel zum Mohren in Eisenach. Hier wird im August 1869
die Sozialdemokratische Arbeiterpartei (SDAP) gegründet.*

weil sich auch andere Gruppen angesprochen fühlen sollten. Das war nicht etwa ein Anflug neuer Offenheit oder alter Verbundenheit mit der Volkspartei. Auch Nicht-Arbeiter – er selbst war auch keiner mehr! – mußten sich in seinem Verständnis ohne Wenn und Aber auf jenes proletarische Klasseninteresse verpflichten, das einen Sonnemann nun endgültig abstieß. In seiner Schrift „Unsere Ziele", vier Monate nach Eisenach erstellt, legte er dar, daß Kleinproduzenten verschwinden würden und sich die Gesellschaft – zwangsläufig – in zwei Klassen polarisiere, Unternehmer und Arbeiter; zur Arbeiterklasse zählten nicht nur die Lohnarbeiter, sondern auch Handwerker und Kleinbauern und das „schriftstellernde Proletariat", Volksschullehrer und niedere Beamte einschließend. Bebel wollte die Arbeiter nicht allein im Parteinamen vertreten sehen, weil er in ihrer Klasse bereits viele andere Elemente sich sammeln sah. Wie sagte er doch in Eisenach: „Durch Aufstellung eines präzisen Programms verhindern wir auch, daß sich nicht zu uns gehörige Elemente einschleichen..." Die Mehrheit in Eisenach, zumal die einstigen Lassalleaner, waren noch ganz auf die Lohnarbeiter fixiert und bestanden auf der „Arbeiterpartei". Bebel gab seinen Widerstand rasch auf, wie immer, wenn ihm eine Sache nicht wirklich wichtig war oder er das Prinzip nicht berührt fand.

Ein Jahr später, auf dem Stuttgarter Parteitag, bekräftigte er, daß den Liberalen und ihren Hirsch-Dunckerschen Gewerkschaften gegenüber „nur mit prinzipiellen Gründen" gekämpft werden dürfe, und prophezeite, die soziale Analyse von Eisenach politisch wendend, „daß die Fortschrittspartei uns, der Sozialdemokratie, die Rekruten liefern wird, die wir zu wackeren Soldaten im Kampfe gegen die Fortschrittspartei und den von ihr gestützten Staat heranbilden werden". Daß die Arbeiter sich vom Liberalismus abnabelten und auf eigene Füße stellten, war eine Sache gewesen, daß sie, als der Verselbständigungsprozeß an sein Ende kam, allein bleiben und sich selbst genug sein wollten, daß sie keine Bündnisse suchten und nicht einmal Forderungen danach stellten, war eine andere wesentlich von August Bebel betriebene Sache. Das Programm von Eisenach wiederholte im übrigen die Grundsätze von Nürnberg, mit einem Unterschied: es wurden „nächste Forderungen" angefügt, nach direkter Gesetzgebung,

Volkswehr, Normalarbeitstag, Abschaffung aller Vereinsgesetze, aller indirekten Steuern und, siehe da, Staatskredit für freie Produktionsgenossenschaften.

Das organisatorische Kleid, das Bebel der Partei angepaßt hatte, war sehr demokratisch eingefärbt; ohne die diktatorischen Verirrungen des ADAV hätte es eine andere Tönung erhalten. Es gebe keinen Führer mehr, erklärte Bebel rundweg, die unbestrittene Nummer Eins auch der neuen Partei. Sobald eine Partei bestimmte Personen als Autorität anerkenne, verlasse sie den Boden der Demokratie, und deswegen, rief er aus, „wollen wir statt einer Person fünf Personen an die Spitze stellen". Konnte es sein, daß ihm fünf lieber waren als eine, wenn er nicht selbst diese eine Person sein konnte? Daß er und auch sonst kein Leipziger Anspruch auf die offizielle Führung erhob, gebot ihm, angesichts des jetzigen und etwaigen späteren lassalleanischen Zuzugs, eine taktisch kluge Zurückhaltung. Und war's nicht überhaupt zweitrangig, wer „unter ihm" welchen Titel trug? Daß er, der die Bühne des Reichstags so meisterhaft zu nutzen verstand, weiterhin Dreh- und Angelpunkt des Geschehens bleiben würde, wer zweifelte daran? Er selbst gewiß am wenigsten. Außerdem verblieben Redaktion und Expedition des „Volksstaats", wie das Parteiorgan nun hieß, in Leipzig. Vorort wurde Braunschweig. In dem fünfköpfigen Parteiausschuß war Bracke der starke Mann, doch hätte er Bebel nie die Führungsrolle streitig gemacht. Er hielt ihn auf dem laufenden, wenn's nicht anders ging, brieflich. Nicht immer fielen die Mitteilungen so knapp aus wie am 3. November 1869: „Lieber Bebel. In aller Eile nur ein paar Reihen: Geld ist nicht da, Du kannst also auch nichts bekommen." Auch Bebel schickte fleißig Briefe nach Braunschweig, teilte Rüffel aus und gab Anweisungen. „Mit der Art, wie die Parteiagitation getrieben wird, bin ich gar nicht zufrieden", begann er am 10. Oktober einen Brief an Bracke. Von den Finanzen abgesehen, entwickelte sich die junge Partei prächtig. Im Juni 1870, auf dem ersten Parteitag, registrierte sie 10.600 Mitglieder in 120 Orten, der „Volksstaat" zählte 2.800 Abonnenten mit steigender Tendenz, und mit dem „Bürger- und Bauernfreund" in Crimmitschau war ein neues Parteiblatt hinzugekommen, weitere sollten folgen. In Julius Motteler, der nun die Genossenschaftsdruckerei in Leipzig übernahm, hatte die Partei einen kampfeslustigen Agitator und kühl planenden Organisator gewonnen, den die größer werdende Bewegung dringend brauchte. Bebel und Motteler waren in vielerlei Hinsicht seelenverwandt und kamen bestens miteinander aus. Zu Beginn des Jahres 1870 berichtete Bebel an Sorge in den Vereinigten Staaten, daß im großen und ganzen alle Ursache sei, „mit dem Gang der Bewegung zufrieden zu sein".

Eisenach war ein Einschnitt. Und Bebel hat es selbst so gesehen. Als er 1894 Mehring die gewünschten Notizen zu seiner Person sandte, erläuterte er: „Ich habe dieselben mit dem Eisenacher Kongreß 1869 abgebrochen, weil ich annehme, daß von da ab mein Tun und Treiben Ihnen voll bekannt ist."

Gleichheit, Gleichheit über alles

Seine erste selbständige Schrift „Unsere Ziele" hatte Bebel verfaßt, als das Wechselspiel zwischen staatlicher Verfolgung und persönlicher Radikalisierung seinen Anfang nahm. Der Anlaß seiner ersten Gefängnishaft war banal gewesen. Irgendwann im Herbst 68 hatte Liebknecht in einer Leipziger Versammlung eine „Adresse an die Demokraten Spaniens" begründet, und Bebel, der präsidierte, sie verlesen und zur Abstimmung gebracht; daß die spanischen Wirren – die Königin hatte die Flucht ergriffen – binnen kurzem einen Kriegsgrund hergeben könnten, ahnte niemand. Jedenfalls wurden Bebel und Liebknecht wegen Verbreitung staatsgefährlicher Lehren verurteilt – zu drei Wochen Gefängnis, die sie am Ende des Instanzenweges, erst über ein Jahr später, in Leipzig verbüßten. Es sollte nicht das letzte Weihnachtsfest sein, das Bebels 1869 geborene Tochter Frieda ohne ihren Vater verlebte. Die Zwangspause nutzte Bebel zu einer Arbeit, die ihm die Hektik des Tages nicht gestattete und die die Aufseher zuließen: zur Schriftstellerei. Daß er sich einmal gründlich erklärte, schien dringend angezeigt.

Bald nach Eisenach hatte in Basel der Internationale Arbeiterkongreß getagt und verkündet, daß Grund und Boden in Gemeineigentum zu verwandeln seien; von Liebknecht, dem deutschen Delegierten, war Widerspruch nicht erfolgt. Wieder zu Hause, wo große Aufregung über den Beschluß herrschte, meinte er, niemand sei daran gebunden. Die Verwirrung war komplett, man wußte nicht, was galt, von Schweitzer wurden die Eisenacher der Halbheit bezichtigt, von der süddeutschen Volkspartei, aber auch den Arbeitervereinen im Württembergischen – man besaß seine eigene kleine Scholle – des Enteignungsstrebens. Der Zufall wollte es, daß eine von langer Hand vorbereitete Agitationsreise Bebel auch ins Zentrum des Widerspruchs führte. Im November 1869 trat er in Stuttgart und in anderen württembergischen Städten auf. Bebel war über den Baseler Beschluß nicht glücklich gewesen, er fand, es mangele am nötigen Bewußtsein, hatte inhaltlich jedoch nichts einzuwenden. Daß entschieden vertreten werden müsse, was einmal beschlossen sei, stand für ihn auf einem andern Blatt und außerhalb jeder Diskussion. Sein in der Form verbindlicher, in der Sache harter und entschiedener Auftritt in Stuttgart und andernorts tat seine Wirkung; die württembergischen Arbeitervereine, die ihren Beitritt zur Eisenacher Partei immer noch hinausgezögert hatten, ließen sich überzeugen, bekundeten Zuspruch und traten der Partei drei Monate später, im Februar 1870, bei.

Bebel hatte sich nicht zu verstellen brauchen. Er wies darauf hin und war auch selbst überzeugt, daß man an die Ausführung des Beschlusses erst dann gehen könne, wenn die öffentliche Meinung gewonnen sei. Den Parteitag 1870, der in Stuttgart stattfand, suchte er dadurch auf Linie zu bringen, daß er selbst das Referat zur Grund- und Bodenfrage hielt. Seine Erklärung: In der Zeit der Aktion sei es zu spät zu theoretischen Diskussionen, „der Plan des Zukunftsstaates" müsse vorher fertig sein. Und je eher eine Frage wie die des Grund und Bodens vorgebracht werde, desto eher verbreite sich Klarheit, in diesem Fall in der ländlichen Bevölkerung. Schließlich sei auch den industriellen Arbeitern die Erörterung ihrer Klassenlage erst durch die Wissenschaft aufgedrängt worden. Seinem Vorschlag gemäß beschloß der Parteitag: Die ökonomische Entwicklung werde es zu einer gesellschaftlichen Notwendigkeit machen, „das Ackerland in gemeinschaftliches Eigentum zu verwandeln und den Boden von Staats wegen an Ackerbaugenossenschaften zu verpachten". Die Begründung lag auf der Eisenacher Linie, die sie noch schärfer zeichnete: Von der Unvermeidlichkeit des Großbetriebs war die Rede und der Verdrängung kleiner wie mittlerer Eigentümer, von wachsendem Elend und wachsender Abhängigkeit der Mehrzahl der Ackerbaubevölkerung zugunsten einer kleinen Minorität.

In der Volkspartei hatte man sich nicht durchweg von Bebel

gewinnen lassen mögen. Vor allen anderen war Bebels Rede vom 23. November 1869 in der Stuttgarter Liederhalle einem Julius Freese gegen den Strich gegangen. In der „Demokratischen Correspondenz", die er redigierte, ward eine derartige Polemik entfacht, daß sich Bebel zu antworten genötigt sah; Freese vertrat ein natürliches Recht auf Privateigentum, in dem er die Menschenwürde begründet sah; folgerichtig erkühnte er sich, die bürgerliche Gesellschaft als Ordnung höchster individueller Freiheit hinzustellen. Bebels Antwort erschien, in Fortsetzungen, im Februar und März im „Volksstaat" und im November 1870 als Separatdruck, Titel: „Unsere Ziele". Vierzehn Auflagen zu Lebzeiten zeugten von dem Echo; etappenweise, 1872 zuerst, suchte er, den Klassencharakter des Staates herauszuarbeiten. Im Hochverratsprozeß spielte die Schrift eine herausgehobene Rolle, die Verteidigung beantragte, sie in Gänze zu verlesen, „da in dieser Schrift die gesamten sozialen Anschauungen des Herrn Bebel entwickelt sind". Der Kern dieser Anschauungen: „Die Sozialdemokratie betrachtet also die politische Freiheit nicht als Zweck, sondern als Mittel zum Zweck; als Zweck betrachtet die Sozialdemokratie die Herstellung der ökonomischen Gleichheit, also die Errichtung eines auf voller Freiheit und Gleichheit basierenden Staats- und Gesellschaftswesens. Die Freiheit hört da auf, . . . wo sie durch ihre Übergriffe die Gleichheit verletzt."

Was sich längst angedeutet hatte, stand nun schwarz auf weiß gedruckt: Individuelle Freiheit allein galt ihm nichts, politische Freiheit, die er mit bürgerlicher Freiheit oft gleichsetzte, infolgedessen auch nichts. Für sie zu kämpfen, Schritt für Schritt, hätte Unmögliches von ihm verlangt. Welchen Weg wies er in die Gesellschaft der Gleichen? Wies er überhaupt einen Weg?

Daß die politische Freiheit die Vorbedingung, das Mittel, für die ökonomische Befreiung, den Zweck, sei, war in Nürnberg und in Eisenach zu Papier gebracht und in Stuttgart 1870 von Bebel wiederholt worden, diesmal unter Berufung auf die Streiks, die die Lehre von einer Harmonie zwischen Kapital und Arbeit vernichtet hätten. Bei dieser Wortspielerei um Mittel und Zweck blieb es auch in der Zukunft. Über den Weg ward nicht nachgedacht, jedenfalls von Bebel nicht. Und warum sollte er auch, wenn er doch vom Zusammenbruch, politischem und ökonomischem, kündete? Glaubte er, nicht handeln zu müssen, weil er einem absoluten Ziel verpflichtet war und meinte, sich auf den Staat nicht einlassen zu dürfen? Oder hatte er dieses Ziel und ließ sich auf den Staat nicht ein, weil er nicht handeln mochte? Wer wollte sagen, was Ursache und was Folge war? Oder welche Ursache und welche Folge die Mißachtung der Freiheit hatte? Der Volksstaat sollte her, das Gemeinwesen ohne Privilegien, in dem „mehr Genuß, wenig Arbeit" regierten, das ganz andere, das Paradies, das Bebel in der Schrift über die „Ziele" in Umrissen skizzierte und das er knappe zehn Jahre später unter dem Titel „Die Frau und der Sozialismus" ausmalen sollte. Eine Verbindung ist auch sonst herzustellen: Bereits in seinem Erstling ging Bebel auf die Lage der Arbeiterin ein und schwor: Diese Frage werde in der sozialistischen Gesellschaft „ganz von selbst entschieden".

Schon 1869 führte er die Revolution ins Feld, ohne die es nicht abgehen werde. Sie sei nicht künstlich zu machen, gewiß nicht, und wie gewaltsam sie sein würde, hänge vom Widerstand ab, jedenfalls werde die Frage mit Sprengen von Rosenwasser auf keinen Fall zu lösen sein. Der Glaube an Revolution, die kommen werde, fing an, ihn zu beflügeln. Siegfried Meyer gegenüber kleidete er zu Jahresbeginn 1870 seine neue Gewißheit in die Worte: „Wir werden von allen gegnerischen Parteien als die wirklich revolutionäre Sozialdemokratie angesehen." Die Bourgeoisie begreife vollständig, „daß nur die Bajonette eines starken Königtums imstande sind, sie gegen die revolutionären Gelüste des Volkes zu stützen". Die preußische Regierung könne sich angesichts der Klassengegensätze nur halten, wenn sie das übrige Deutschland „wenigstens indirekt" ihrem Einfluß unterwerfe und den Militärstaat hergestellt habe; dazu brauche sie ihrerseits die Bourgeoisie, für die sie materielle Köder aushänge. Und er freute sich über „die schroff reaktionäre Haltung", welche glücklicherweise die preußische Regierung beobachte, sie verhüte, daß die Arbeiter ihr mehr auf den Leim gingen als es bis jetzt der Fall sei.

Reichstag und Zollparlament „in ihrer ganzen Nichtigkeit zu zeigen und als Komödienspiel zu entlarven" und „sich negierend zu verhalten", trug der Stuttgarter Parteitag den sozialdemokratischen Abgeordneten ausdrücklich auf – anläßlich der bevorstehenden Wahl, von der niemand ahnte, daß sie einem Krieg zum Opfer fallen würde. Beantwortet war damit die Frage nach dem Sinn parlamentarischer Arbeit. Nicht beantwortet war die Frage, ob sich ein Abgeordneter auf Dauer der Identifikation mit dem Parlament entziehen kann, wenn er denn mitarbeitet.

Bebel ließ es weiterhin nicht an gebührendem Respekt gegenüber der Institution Reichstag fehlen. Er achtete die Regeln und suchte Rahmen wie Rechte auszuschöpfen, auch wenn die Reden radikaler und die Revolutionen nun auch schon mal von der Reichstagstribüne herunter beschworen wurden. Liebknecht hatte keine Lust zum „Parlamenteln" und darum leicht reden, daß es kompromittiere und korrumpiere. Aber Bebel hatte Lust und eine große Begabung dazu, und noch in seinem Nachruf auf Liebknecht im „Wahren Jakob" spottete er über dessen antiparlamentarische Redensarten. Derer hat er sich nie bedient, aber mehr als einmal wiederholt, daß das Parlament nur dazu da sei, entlarvt zu werden. Bebel wollte und konnte nur beides, drinnen und draußen, innerhalb und außerhalb des Systems agieren. Darin war seit Mitte der sechziger Jahre kein Wandel eingetreten. Seine Haltung hatte sich lediglich verhärtet.

In seiner Schrift über die „Ziele" pries er das „Kapital" des Karl Marx an und nannte auch die „Kritik der politischen Ökonomie", den „Achtzehnten Brumaire" und Engels' „Lage der arbeitenden Klasse in England". Daß er, gemessen an Lassalle, dessen Schriften er ausdrücklich und lobend erwähnte, „eine radikalere Lösung" für nötig hielt, hing mit ersten Londoner Einflüssen zusammen. Keines der Werke hatte er bisher studieren können, und der Briefwechsel war noch kaum in Gang gekommen, aber er konnte gar nicht umhin, durch Zeitungsartikel und Diskussionen einzelne Elemente in sich aufzunehmen. So jonglierte er in den „Zielen" noch nicht mit den Grundkategorien des Historischen Materialismus, mit der Produktionsweise, den Produktionskräften und -verhältnissen, und den Klassengegensatz sah er noch allein durch die Eigentumsfrage bestimmt. Aber daß die Geschichte durch die materielle Produktion und nur durch sie bestimmt sei, war seine feste Überzeugung geworden. Die Lehren des Karl Marx, so bruchstückhaft sie zu ihm drangen, waren nicht die Ursache dafür, daß sich sein Denken und Empfinden so zuspitzten und er so früh die Scheidelinie zwischen seiner und allen Parteien sonst zog. Die Lehren des Karl Marx, so wie er sie sich zurechtlegte, bestärkten und rechtfertigten ihn. Er mag sie wie eine Weihe seines irdischen Tuns empfunden haben.

V. Bekenntnis

Nicht auszudenken, was aus der jungen Partei geworden wäre, hätte Preußen nach der Schlacht von Sedan und nach der Gefangennahme Bonapartes Frieden geschlossen – wie es einst in königlich-preußischer Absicht gelegen. Spaltung, zumindest Verirrung wären nicht abzuwenden gewesen. Braunschweig und Leipzig, Parteiführung und Parteiorgan befehdeten sich nach Kräften. Bracke und seine Gefährten knüpften, Lassalles Traum noch einmal träumend, Hoffnungen an den Krieg; daß mit der äußeren die innere Einigung einhergehe, war ihr bestimmter Wunsch. Bebel und Liebknecht meinten, es besser zu wissen, noch bevor das erste Pulver trocken war. Sie erwarteten nichts von diesem Krieg, jedenfalls nichts Gutes.

Für Bebel, der beim Friseur saß, als er die zurechtgestutzte Emser Depesche zu Gesicht bekam, und sofort schloß, daß sie Krieg bedeute, lag die Sache klar. Der Waffengang gegen Frankreich setzte den Krieg von 66 fort, die treibende Kraft war Bismarck, im übrigen gingen einmal mehr die Machthaber gegeneinander los – auf Kosten der Volksmassen, die hüben wie drüben den Krieg ablehnten; die sächsische Landesversammlung der Sozialdemokratischen Arbeiterpartei, die in Chemnitz tagte, als der Krieg schon seine Schatten warf, protestierte gegen das dynastische Interesse, um das allein es gehe. Am 21. Juli, zwei Tage nach der französischen Kriegserklärung, gab Bebel dem Reichstag, der über die erste Anleihe befand, zu Protokoll: „Als prinzipielle Gegner jedes dynastischen Krieges, als Sozialrepublikaner und Mitglieder der Internationalen Arbeiterassoziation, die ohne Unterschied der Nationalität alle Unterdrücker bekämpft, alle Unterdrückten zu einem großen Bruderbund zu vereinigen sucht, können wir uns weder direkt noch indirekt für den gegenwärtigen Krieg erklären und enthalten uns daher der Abstimmung, indem wir die zuversichtliche Hoffnung aussprechen, daß die Völker Europas, durch die jetzigen unheilvollen Ereignisse belehrt, alles aufbieten werden, um sich ihr Selbstbestimmungsrecht zu erobern und die heutige Säbel- und Klassenherrschaft als die Ursache aller staatlichen und gesellschaftlichen Übel zu beseitigen."

Anders Bracke. Er fand, die deutsche Nation sei angegriffen und der Verteidigungsfall eingetreten, die Hochstimmung solle nicht über die Partei hinweggehen. Reine Negation in so wichtigen Dingen sei der Tod. Am 30. Juli erschien, notgedrungen, der „Volksstaat" mit dem Aufruf des Braunschweiger Ausschusses, der Bebel in helle Wut versetzt haben dürfte. Wollte man doch nichts anderes, als bei der Geburt dieses „ganz Deutschland umfassenden Staates" bestimmend mitwirken, damit nicht der dynastische Staat, sondern „der sozialdemokratische Volksstaat ins Dasein tritt". Briefliche Fetzen flogen hin und her, und Liebknecht, dem sich – anders als Bebel – der „patriotische Dusel" auf die Seele legte, dachte einmal mehr an Auswanderung, an Amerika.

Als Bebel am 1. September auch darüber an Bracke schrieb, konnte er nicht ahnen, daß tags darauf der innerparteiliche Zwist begraben und die innerdeutsche Front begradigt sein würde. Der Krieg nahm einen anderen Verlauf, als jene ihn benötigt hätten, die die Sozialdemokratie auf einem nationalreformerischen Weg zu sehen wünschten. Bebel und die Negation schienen gerechtfertigt. Daß Preußen einen Angriffskrieg führte, hatte er vorausgesehen; daß gerade eine Republik, die ungeahnte Kräfte mobil machte, nicht geschont wurde, bestätigte ihn in seinen Erwartungen. Er wäre verlegen geworden, hätte Bismarck tatsächlich anders gespielt. Genugtuung ließ er noch im Lebensrückblick erkennen: „Wir sahen das Tun und Treiben der Machthaber als selbstverständlich an."

Ein heroisches Nein

Am 5. September ruft der Braunschweiger Parteiausschuß zu Kundgebungen auf – gegen eine Annexion Elsaß-Lothringens und für einen ehrenvollen Frieden. Das Manifest, das in einem Hochruf auf die Republik endet, wird am folgenden Tag verschickt und am 11. September im „Volksstaat" veröffentlicht. Nach drei weiteren Tagen melden Bebel und Liebknecht an gleicher Stelle, die gesamte Führung sei verhaftet worden; Vogel von Falckenstein, Generalgou-

verneur der Küstenlande, hatte sofort zugegriffen, als zwei Nationalliberale Anzeige erstatteten. Man ließ die fünf Ausschußmitglieder in
Ketten fesseln und nach Lötzen nahe der russischen Grenze schlep-
pen. Die Leipziger Mahnung, Briefe und Geld bis auf weiteres an
August Geib zu senden, kostete den Hamburger ebenfalls die Freiheit.

Eingesperrt wurde auch Johann Jacoby, der unbeugsame Demokrat in Königsberg, der es sich nicht hatte nehmen lassen, die
Eroberung fremden Landes anzuprangern. Er firmierte nicht, noch
nicht, unter sozialdemokratischem Schild, so provozierte wenigstens
seine Verhaftung eine Handvoll Proteste. Auch in Sachsen war die
Luft nicht mehr rein, Volksversammlungen wurden verboten,
Bebels höflich-harte Beschwerden gegen derlei Ungesetzlichkeiten
verpufften. Immerhin, er und Liebknecht waren frei. Daß beide
noch nicht hinter Schloß und Riegel saßen, hatten sie sächsischer
Behauptungskraft zu danken. Berlin drängte, daraus machte man in
Dresden keinen Hehl. In seiner 1894 verfaßten Einleitung zur Neu-
auflage des „Hochverratsprozesses" hat Wilhelm Liebknecht enthüllt, daß „Dresdens bestunterrichtete Seite" ihn und Bebel gewarnt
hätten. Noch konnten sich die Sachsen mit dem Norddeutschen
Reichstag herausreden, dessen Mandat, der außerordentlichen
Umstände halber, bis Jahresende verlängert worden war. Man stelle
sich vor, auch Bebel und Liebknecht wären schon jetzt ins Gefängnis
gewandert . . .

Und wenn es die einzige Leistung ihres Lebens gewesen wäre –
sich gegen die Annexion erhoben zu haben, hätte ihnen allein
unsterbliche Ehre gemacht. Das Urteil Golo Manns hat Bestand.
Schon zu Lebzeiten gründete Bebels außerdeutscher Ruhm in eben
jenem Akt der Verweigerung. Noch an seinem 70. Geburtstag 1910
grüßten die französischen Sozialisten, namentlich Jean Jaurès und
Paul Lafargue, „vor allem den Mann, der seinen mutigen Protest
gegen die Annexion von Elsaß-Lothringen mit der Freiheit bezahlt"
hat. Bebels Reichstagsrede vom 26. November 1870 ist ein Doku-
ment der Standfestigkeit und Überzeugungstreue, des Scharfsinns
und rhetorischen Geschicks. Brachte er es doch fertig, sich in dieser
Stunde, begleitet von Gelächter und Gejohle, von Schimpfkanona-
den und Ansätzen zu Tätlichkeit, auf den preußischen König zu
berufen, der einen Krieg gegen den Kaiser und die Armee Frank-

118

reichs angekündigt habe, nicht aber gegen das Volk. Bebel war nicht einzuschüchtern, weder von parlamentarischem Tumult noch von heimischer Hetzjagd. Seit der Stimmenthaltung im Sommer – die lassalleanischen Abgeordneten hatten für die Anleihe gestimmt – galten er und sein Gefährte als Landesverräter und moralische Ungeheuer, die außerhalb der Verhandlungen gemieden wurden wie „ein Auswurf der Menschheit" (Liebknecht) und denen daheim „patriotische" Studenten und lassalleanische Arbeiter auflauerten. Bebel hatte eine Hofwohnung, die abends versperrt war, so mußte Liebknecht dran glauben, ihm wurden, als er und seine Wache Versammlung am anderen Ende der Stadt hielten, die Fensterscheiben eingeschlagen.

Zu Kriegsbeginn hatte Bebel überlegt, ob nicht dieses zweite Blutvergießen in so kurzer Zeit endlich doch der Masse die Augen öffne. Möge sie, so schrieb er einem Frankfurter Bekannten, begreifen, „wo die Störer ihrer Ruhe und ihres Friedens sitzen". Er beklagte Kriegsfanatismus und daß der Teufel los sei. Melancholische Anflüge? Ja, aber er schüttelte sie rasch wieder von sich und kehrte zu seinem nicht erschütterbaren Glauben an das Volk zurück. „Indem man siegte, hat man geglaubt, uns zu schlagen und mit uns natürlich das Volk", erklärte er, als am 6. November der Norddeutsche Reichstag über den Verfassungsentwurf für das neue Reich debattierte. Ein Jahr später, genau am 16. Dezember 1871 in einer Wählerversammlung in Glauchau, die die Polizei aktenmäßig festhielt, ärgerte er sich zwar über die Gleichgültigkeit des Volkes und darüber, daß es „Glänzendes" schauen wolle und übersehe, „was dahinter steckt". Aber das Volk „auf die Länge" irrezuführen, hielt er für ausgeschlossen. Denn die zeitweilige Irreführung, ausdrücklich auch die der Mehrheit des Proletariats, hatte Gründe – „in den politischen und sozialen, das heißt wesentlich in den gesellschaftlichen Zuständen". Und Bebel schlußfolgerte, „daß demzufolge eine Besserung unserer politischen Verhältnisse absolut nicht zu erreichen ist". Hätte er sich dem Zug der Nation widersetzen können ohne diesen Glauben an das Volk? Ohne diese Totalverweigerung aller gegenwärtigen Zustände?

Bebel und Liebknecht, so hatte Bracke an Geib geklatscht, als der Sieg von Sedan noch in weiter Ferne lag, würden die Herzen des Volkes der Partei entfremden. Tatsächlich wären die süddeutschen

Fürsten von ihren Thronen gefegt worden, hätten sie den französischen Feldzug nicht zu ihrem eigenen gemacht. Der Krieg von 1866 hatte ein überschaubares Ziel gehabt, und auch der Kampf um Italien 1859 war unter Kontrolle gehalten und beizeiten abgebrochen worden, das deutsch-französische Gemetzel von 1870/71 aber entbehrte, nachdem Kleindeutschland hergestellt war, des faßbaren Ziels und entwickelte sein eigenes Gesetz. Die Spirale der Hysterie fing an sich zu drehen.

Liebknecht sann noch 1894 im „Hochverratsprozeß" über die „Elementarkraft entfesselter Geister" und den „vollendetsten Mechanismus der Mordkunst" nach und fragte, wo der Einzelwille und die Einzelkraft blieben. Derlei Anwandlungen kannte Bebel nicht. Der Krieg – der Taumel, den er auslöste, der Schrecken, den er verbreitete – focht ihn nicht an. Mit schneidender Schärfe preßte er auch das Ereignis Krieg in sein Schema des Zusammenbruchs. Dabei schien selbst Engels verblüfft, als er Marx gestand: „Es ist den Herren offenbar gelungen, in Deutschland einen vollständigen Nationalkrieg hervorzurufen." Beide hatten bei Kriegsbeginn Verhaltensmaßregeln aufgestellt und gefordert, daß sich die Partei „der nationalen Bewegung" anschließe, „soweit und solange sie sich auf Verteidigung Deutschlands beschränkt". Die deutsche Einheit werde, so rechneten sie, der deutschen Arbeiterbewegung förderlich sein. Aber Bebel ließ sich nicht beirren. Noch hielt er die Sache mit der Verteidigung für Schwindel.

Bebels zierliche Erscheinung und seine Eigenschaften – „solide, sogar philiströs, am allerwenigsten kokett, hauptsächlich bescheiden" – brachten schon Zeitgenossen mit seinen „Drohungen und Betrachtungen, welche furchtsame Ohren erzittern machen", in Vergleich. Er, der nicht einmal eine Zigarre anzünde, sollte Paläste anzünden? Im Abstand der Jahrzehnte hatte Bebel Abstand auch zu sich selbst gewonnen und präsentierte dieses frühe Charakterbild der „Berliner Börsen-Zeitung" in seinen Erinnerungen, den Anlaß dabei nicht verschweigend. Ob er, am Ende seines Lebens, selbst über seinen Kommune-Schwur gelächelt hat?

Am 25. Mai 1871 hatte Bebel – nunmehr einziger Oppositioneller im neugewählten Deutschen Reichstag, da sämtliche Eisenacher und Lassalleaner der Hetze oder der Haft zum Opfer gefallen waren – inmitten einer keineswegs aufregenden, durchaus sachlichen Anti-

Annexions-Rede zwei Sätze losgelassen, die überaus plastisch Zusammenbruchs- und Zukunftsvisionen einfingen: „Meine Herren, mögen die Bestrebungen der Kommune in Ihren Augen auch noch so verwerfliche oder – wie gestern hier im Hause privatim geäußert wurde – verrückte sein, seien Sie fest überzeugt, das ganze europäische Proletariat und alles, was noch ein Gefühl für Freiheit und Unabhängigkeit in der Brust trägt, sieht auf Paris. Meine Herren, und wenn auch im Augenblick Paris unterdrückt ist, dann erinnere ich Sie daran, daß der Kampf in Paris nur ein kleines Vorpostengefecht ist, daß die Hauptsache in Europa uns noch bevorsteht und daß, ehe wenige Jahrzehnte vergehen, der Schlachtenruf des Pariser Proletariats ‚Krieg den Palästen, Friede den Hütten, Tod der Not und dem Müßiggange!' der Schlachtruf des gesamten europäischen Proletariats werden wird." Sieben Jahre später, als das Sozialisten-Gesetz beraten wurde, nahm Bismarck auf eben diesen „Lichtstrahl" Bezug. Daß ihm tatsächlich der Schrecken in die Glieder gefahren wäre, kann ausgeschlossen werden, immerhin hatte er sieben Jahre gebraucht, um die Angelegenheit eines Wortes für wert zu erachten. Doch daß sich der Schlachtruf trefflich ausnutzen ließ, wußte Bismarck nur zu gut. Was war Bebel die Kommune, deren Proklamation er, weil im Gefängnis sitzend, gar nicht mitbekommen hatte? Was bedeutete ihm dieses kurzlebige, nur zwei Monate überdauernde, aus der Abwehr gegen eine Lostrennung Elsaß-Lothringens genährte Experiment, in dem so unterschiedliche Strömungen, demokratisch-föderalistische ebenso wie jakobinische und verschwörerische, am Werke waren?

Auf dem Dresdner Parteitag, August 1871, wiederholte Bebel seine Reichstagserklärung fast wörtlich. „Der Bürgerkrieg in Frankreich", jene Adresse, die Karl Marx namens des Generalrats der IAA aufgesetzt hatte und die sich gerade in Deutschland eines guten Absatzes – 1872 waren es 11.000 Exemplare – erfreute, bewog ihn zu keinerlei Ergänzung. Das Ereignis der Kommune, das Karl Marx dazu diente, seiner Lehre eine revolutionäre Tradition einzupflanzen, hatte Bebel kalt gelassen. Der Donnerschlag aus dem Reichstag war denn auch weniger ein Bekenntnis zur Kommune gewesen als eine neue Variante seiner Zusammenbruchsvision. Bebel kam auf die Kommune nicht zurück, bis er

1876 zu Leipzig in eine öffentliche Disputation eintrat, sein Gegenüber war ein nationalliberaler Kaufmann namens Sparig.

Bebel hielt eine Verteidigungsrede. Korrekt schilderte er die Entstehung der Kommune, betonte ihre Legitimation durch die Mehrheit der Bevölkerung, legte Wert auf die Feststellung, daß Arbeitgeber, deren verlassene Fabriken und Werkstätten beschlagnahmt worden seien, hätten entschädigt werden sollen, und er nahm die Kommune gegen die Unterstellung, Schandtaten begangen zu haben, in Schutz. Fünf Jahre waren ins Land gegangen, Jahre, in denen sich Denken und Empfindungen, eh' nicht auf Unwägbarkeiten gerichtet, weiter verhärtet hatten, Jahre der Haft und Jahre, in denen er durch Lektüre und Briefwechsel mit Marx und mehr noch mit Engels in Kontakt getreten war. Daß „alles, was in Paris geschah", sich binnen weniger Jahrzehnte in ganz Europa wiederholen werde, verkündete er auch jetzt, doch dieses Mal lieferte er die Begründung mit. Den Zuhörern, so sie Bebel kannten, war sie nicht unbekannt, mit der Kommune hatte sie nichts zu tun. Er sprach von der Konzentration des Kapitals und der Vernichtung der kleinen Unternehmer, kurzum von der Verschärfung der Klassengegensätze, hervorgerufen durch jede neue Maschine und jede neue Fabrik, einhergehend mit der wachsenden Erkenntnis weiter Kreise, die wiederum Bahn und Telegraphendraht verursachten. Und er deutete an, was dereinst kommen werde: Eine sozialistisch, das heißt gesellschaftlich organisierte Produktionsweise, „wo einer für alle und alle für einen einstehen". Die Dimension eines spontanen Aufstandes, einer unvermittelten, auch verzweifelten Gegenwehr – der Schlüssel zum Verständnis der Kommune – war und blieb Bebel verborgen. An seinen wenigen Urteilen über die Kommune läßt sich seine Entwicklung verfolgen; erst 1878, zwei Jahre nach der Disputation mit Sparig – sollte er soweit sein, daß er sich über das Volk von Paris erhob und nur noch Kritik übrig hatte.

So dramatisch wie in seiner Kommune-Rede trumpfte Bebel nicht wieder auf. Aber das Thema blieb, sein Thema: der Zusammenbruch und was daraus würde. Seit dem 3. März 1871 – sein Wahlaufruf war maßvoll ausgefallen und entbehrte der großen Perspektive – hielt er allein die sozialdemokratische Parlamentsfahne hoch. Er nahm oft (und gern) das Wort und erntete dafür höchstes Lob. Schon wenige Wochen nachdem der Deutsche Reichstag in Gang gekommen war, am 4. Mai, schrieb Engels an Liebknecht: „Bebels Reden und Artikel gefallen uns hier sehr. Seine Rede in der Grundrechtsdebatte war ausgezeichnet, und die Freiheit, mit der der Arbeiter die verschiedenen Pfaffen, Junker und Bourgeois darin von oben herab verhöhnte, war wirklich bei weitem das Beste, das im ganzen Berliner Spucknapf noch vorgekommen." Vor der Konferenz seiner IAA im September würdigte auch Marx das Auftreten Bebels und Liebknechts. Er schwelgte in der Vorstellung, daß die ganze Welt sie höre, wenn sie die Parlamentstribüne bestiegen. Aber schienen nicht die Reden, die Bebel dem Deutschen Reichstag und, mittels eigener und gegnerischer Presse, einer breiten Öffentlichkeit darbot, aus zweierlei Feder zu stammen? Lag vielleicht gerade darin das Geheimnis ihrer Wirksamkeit verborgen?

Mehr noch als vor dem Forum der Partei kehrte Bebel im Reichstag beides heraus, den glänzenden Parlamentarier und den glühenden Propheten. Er betrachtete Freiheit und Einheit von der Warte „eines guten Konstitutionellen, eines Monarchisch-Konstitutionellen", der – ganz Reformist – Ministerverantwortlichkeit forderte, uneingeschränktes Budgetrecht mit jährlichem Militärhaushalt, Grundrechte und natürlich Diäten. Doch wär' er der gewesen, der er war, hätt' er's dabei belassen? Ob ihn ein schlechtes Gewissen beschlich, ein Gefühl der Ohnmacht überkam, er sich schämte oder was auch immer dahinter steckte, daß er sich nicht bescheiden und nicht einwirken mochte auf das, was war, er schickte jeder Forderung das Urteil ihrer Sinnlosigkeit hinterdrein. Am 3. April 1871 verkündete er im Reichstag, es habe nicht viel Zweck, über Grundrechte zu diskutieren, „solange man nicht entschlossen ist, nötigenfalls die Grundrechte um jeden Preis, auch mit Gewalt durchzuführen". Wie bündnisfähig erschien ein Abgeordneter, der Grundrechte verfassungsmäßig garantiert sehen wollte, sich in gleichem Atemzug zur „europäischen revolutionären Partei" bekannte und den „endlichen Sieg" der Arbeiterklasse beschwor? Bebel in der Verfassungsdebatte am 3. April: „Wir hoffen, daß ehe das neunzehnte Jahrhundert zu Ende gegangen ist, die Zeit herbeigekommen sein wird, wo wir auf die eine oder andere Weise nicht nur die Grundrechte, sondern alle unsere Forderungen verwirklichen können."

Er geißelte wieder und wieder die indirekten Steuern, vor allem die auf Salz. Er wetterte gegen Kinder- und Sonntagsarbeit. Er vertrat, im Stile eines Anwalts, die Interessen der Armen und Ärmsten und nahm sich selbst die Wirkung, wenn er, wie in der Reichstagsdebatte am 8. November 1871, von der „tabula rasa" sprach und davon, daß alles sowieso nichts nütze und weder die Salzsteuer abgeschafft noch die Militärlasten gesenkt würden und die deutschen Verfassungen, die des Reichs ausdrücklich einschließend, „nicht das Stück Papier wert sind, auf dem sie geschrieben". Die Verfassung des Deutschen Reichs analysierte er als „Scheinkonstitutionalismus". In seiner Schrift über „Die parlamentarische Tätigkeit", die er 1874 während der Festungshaft fabrizierte, begründete er sein Urteil damit, daß Konstitutionalismus auf „gegenseitigem Kompromiß" beruhe, daß aber heute die Volksvertretung das Volk mehr fürchte als die Regierung. Ein eigenwilliges und wenig durchdachtes Diktum, aber wußte er mit Verfassungen, ihrer Theorie und ihrer Wirklichkeit, im Ernst etwas anzufangen? Hatte er nicht im Grunde seines Herzens einen anderen Maßstab? Trug er nicht das Ideal einer konfliktlosen Gesellschaft in sich?

Unmittelbar nachdem die Reichsverfassung – die durch Verträge mit den süddeutschen Staaten ergänzte Konstitution des Norddeutschen Bundes – auf den Weg gebracht worden war, kam der „Volksstaat" mit „Verfassungspunktationen" heraus, die in 52 detaillierten Artikeln anzeigten, wie sich die Sozialdemokratische Arbeiterpartei die Sache vorstellte. Eine aus Wahlen hervorgegangene Volksvertretung sollte, ohne durch andere staatliche Institutionen beschränkt zu sein, über alle grundlegenden Fragen der gesellschaftlichen Entwicklung befinden; die Vollzugsorgane würden ihr untergeordnet sein, zwischen ihren Zusammenkünften ein ständiger Ausschuß an ihrer Stelle wirken. War es Zufall, daß diesen plebiszitären Vorstellungen, die eine Volkswehr an Stelle des Stehenden

Heeres einschlossen, ein Bezug zur Verfassungsgeschichte des Westens fehlte; das Prinzip der Gewaltenteilung nicht auftauchte; historische Erfahrungen, wie aus direkter Volksherrschaft das absolute Regiment einer einzelnen Person oder mehrerer Personen herauswächst, ausgeblendet wurden?

Die „Punktationen" von 1871 fanden in der Partei weder Echo noch Widerruf. Man konzentrierte sich auf die systemimmanente Mitarbeit und die gleichzeitige Bekundung, daß sie nichts nutze. Was aus der Verfassung zu machen sei und welcher Druckmittel es bedürfe, ward nicht erörtert, aber daß man spätestens seit 1874 auch in den Kommissionen des Reichstags vertreten war, kunstvoll gerechtfertigt. Es gehe darum, ließ sich der „Volksstaat" am 4. März 74 vernehmen, „Einblick in den Gang der Behandlung" von Gesetzen zu bekommen, dem „Feinde Schritt für Schritt zu folgen" und schlimmste Auswüchse zu verhindern. Den Gesetzen im ganzen würde die Zustimmung verweigert werden.

Als Bebel und Liebknecht im Hochverratsprozeß ausgefragt wurden, wie sie es mit Gesetzlichkeit und Gewalt hielten, jenen Formeln, von denen so viel in ihren Schriften die Rede war, brauchten sich beide nicht zu verstellen. Wie auf einem Reißbrett zeichneten sie ihren Plan: Ausgangspunkt war das Parlament, dessen Mehrheit „mit geistigen Mitteln", mit Organisation, Aufklärung, Agitation gewonnen zu haben, bereits vorausgesetzt wurde. Schließlich hatte Bebel schon in seiner Versammlung in Glauchau, Dezember 71, ausgeführt, daß die Sozialdemokratie die liberale Partei beerbe und diese das auch wisse; der Verrat an den Prinzipien habe noch keiner Partei genützt, „und diese Partei geht so gewiß zugrunde, als wie die Sonne am Himmel steht". Gegen „den alten Bau" Gewalt anzuwenden, so Bebel im Prozeß, halte er „dann für ein Recht des Volkes, wenn die Regierung sich einem Majoritätsbeschluß des Volkes auf Einführung der Republik mit Gewalt widersetzen sollte". Das Wort von den „Eventualitäten", den „Möglichkeiten" fand Eingang in seine Sprache. Und Verantwortung hatten fortan nur die anderen. Die Revolution, die „gründliche Umgestaltung der öffentlichen Zustände und Verhältnisse", könne sich gewaltsam vollziehen, müsse es aber nicht, die Verantwortung liege bei den Gegnern der Revolution, erklärte er Gericht und Publikum. Eine Formel, an der die Parteitheoretiker von Engels bis Kautsky unentwegt herumfeilen

Hochverratsprozeß: August Bebel, Wilhelm Liebknecht und Adolf Hepner vor dem Leipziger Schwurgericht. Zeitgenössische Darstellung März 1872.

sollten. Bebel machte von ihr unveränderten Gebrauch, fast bis ans Ende seiner Tage.

Im Abstand von zwei Jahren Festungshaft, Sommer 1874, ist Bebel, körperlich ausgeruht und geistig abgesichert, auf den Gegenstand des Hochverratsprozesses – Gesetzlichkeit und Gewalt – zurückgekommen. Ein Vergleich mit seiner Erstlingsschrift „Unsere Ziele" zeigt, daß er seine Einsichten in den notwendigen, von ihm nicht zu beeinflussenden Gang der Dinge erweitert und vertieft hatte, doch im Kern derselbe geblieben war. Ein Blick auf seine Kommune-Disputation 1876 lehrt, daß er derselbe bleiben würde. Wenn im Zuge naturwissenschaftlicher Entdeckungen Arbeitskräfte durch Maschinen ersetzt würden, so schrieb er 1874 unter dem frischen Eindruck seiner Haftlektüre, darunter Darwins „Entstehung der Arten" und Marx' „Kapital", sei der Großbetrieb unumgänglich. „Wenige Große treten an die Stelle der vielen Kleinen; der Klassengegensatz nimmt zu... Die Interessen aber bestimmen die Anschauungen und Meinungen der Menschen, und so ist es ganz natürlich, daß mit der Revolutionierung der Besitzverhältnisse eine Revolutionierung der Ansichten Hand in Hand geht... Dieser Prozeß ist naturgemäß. Niemand hat die Macht, ihn zu verhindern." Die unterdrückte Klasse, so die Schlußfolgerung, kommt „ganz von selbst" zum Sozialismus.

Und was ist Sozialismus? Bebel: Sozialismus ist eine „Staats- und Gesellschaftsform, in welcher an Stelle des Privateigentums das Gemeineigentum, an Stelle der Privatproduktion die gesellschaftliche Produktion, an Stelle des Klassengegensatzes und der Interessenfeindschaft die Harmonie der Gesellschaft und die Interessensolidarität gesetzt wird". Und immer wieder, gleichsam als wolle er sich rechtfertigen, der Zusatz, daß die Bewegung nicht das Produkt der Tätigkeit dieser oder jener Person sei, und der Hinweis, daß man eben auch keine Pläne schmieden könne, wie dies oder das werden solle. Denn „das war und ist einfach unmöglich; wir haben gehandelt, wie die Umstände uns vorgeschrieben" – überzeugt, „daß die in der Natur der Verhältnisse begründete Bewegung ganz naturgemäß die richten Wege zu ihrer Entwicklung finden werde". Wer so denkt und fühlt, wie Bebel in diesem Prozeßrückblick 1874 kundgetan hat, wagt sich an eine tagespolitische Praxis, sei es innerhalb oder außerhalb des Parlaments, nicht heran und nicht einmal an eine Auseinandersetzung mit dem, was ist. Fragen nach seinem Darwinismus und seinem Marxismus sind für die einzig wichtige Frage ohne Belang: Hat der Arbeiterführer Bebel auf das Kaiserreich einzuwirken gesucht und mit welchem Ergebnis?

Bebels Ruf hatte sich seit der Reichsgründung und seinem Nein zu Annexion und Verfassung bis in alle Ecken des Reiches verbreitet. Er wuchs in gleichem Maße, wie der nationale Rausch verflog. Einen Nimbus hat immer schon gewonnen, wer sich mutig, beherzt, womöglich pathetisch dem Zug der Zeit entgegenstellt. Und gerade Bebels Verweise auf die Zwangsläufigkeiten und die paradiesischen Zustände, die heraufzögen, entbehrten nicht des Pathos. Wo immer er auftauchte, 1871, 1872, bis er hinter den Mauern der Feste Hubertusburg verschwand und dieser Akt der Verfolgung seinen Ruhm nur noch mehrte, die Säle waren überfüllt. Für den 14. Juni 1871 hatte er in Leipzig eine Volksversammlung angekündigt, mit dem auch für damalige Verhältnisse nicht besonders aufregenden Thema: „Die hohen Kommunalsteuern und die städtische Verwaltung."

5.000 Menschen kamen ins Pantheon, doppelt so viele fanden keinen Einlaß. Es wurde eine Versammlung, wie die Stadt „sie noch nicht gesehen hat", die „Leipziger Volkszeitung" erinnerte noch Jahrzehnte später an das Ereignis. Zeitgenössischen Pressemeldungen, so dem „Meeraner Tageblatt", ist zu entnehmen, daß die Menge still und geduckten Hauptes Bebel erwartete und die zweistündige Rede in „musterhafter Ruhe", die nur von Beifallsbekundungen unterbrochen worden sei, verfolgt habe; im Dezember 71 hielt Bebel nicht nur in Glauchau, sondern, wie immer, wenn er den Wahlkreis besuchte, auch in Meerane eine Versammlung ab. Der Polizeibericht über den Glauchauer Auftritt nennt auch schon jenes Losungswort der Versammelten, das aus späteren Jahrzehnten häufiger überliefert ist: „Bebel ist da", er enthält eine 33seitige, von zwei auswärtigen Lehrern und dem Ratskopisten angefertigte Mitschrift der Rede. Unter mancherlei Bravo-Rufen hob Bebel ganz auf die staatliche Verfolgung ab. Polizei und Gerichte würden die sozialdemokratischen Ideen verbreiten helfen, und die Massen auf diese Weise einsehen lernen, daß an diesen Ideen „etwas Wahres" sei. Bebel spielte darauf an, daß er selbst den Winter 70/71 über „eingesponnen" war, und entschuldigte sich, daß er nicht eher habe vor seinen Wählern erscheinen können. Die Heldenpose mochte er nicht, und die hintergründige Form der Selbstdarstellung war wirksam genug, schließlich wußte jeder im Saal Bescheid.

Bebel war wie Liebknecht am 17. Dezember 1870 in seiner Werkstatt verhaftet worden – Sachsen hatte den Schlag hinauszögern, aber nicht verhindern können – und in einer erbärmlich kalten, von allerlei Ungeziefer bevölkerten Zelle des Bezirksgerichtsgefängnisses verschwunden. Vorausgegangen waren gezielte Veröffentlichungen aus Briefen, die der Braunschweiger Ausschuß fein säuberlich aufbewahrt hatte; aus diesem und anderem bekannten Material wurde erst im Laufe der Wintermonate die Anklage auf Landesverrat herausgefiltert. Am 3. März 1871 gaben die erzgebirgischen Weber die Antwort, als sie den einsitzenden Bebel zu ihrem Abgeordneten auch für den Deutschen Reichstag bestimmten; Bebels notgedrungen schriftlicher Wahlaufruf war milde ausgefallen, er hatte es auch nicht versäumt, die Tapferkeit der deutschen Soldaten zu rühmen. Sein Gegenkandidat war der „Selbsthilfe"-Papst Schulze-Delitzsch gewesen, der sich als fair genug erwies, selbst keine Versammlungen abzuhalten.

Es stand nun die Eröffnung des Reichstages bevor, und der Abgeordnete Bebel saß in Untersuchungshaft. Um einer parlamentarischen Erörterung zuvorzukommen, verfügte die Dresdner Regierung am 28. März 1871, Bebel freizulassen und auch Liebknecht, der kein Mandat erlangt hatte. Tags darauf trafen sich beide auf dem Weg ins Freie. Fünf Tage später, am 3. April, war Bebel in Berlin und hielt seine Rede zur Reichsverfassung.

Die Mitglieder des Braunschweiger Ausschusses konnten am 30. März die Gefängnistore hinter sich schließen, Geib war auf Druck des Hamburger Senats längst vorher auf freien Fuß gesetzt worden. Die Anklage auf Hoch- und Landesverrat gegen Bracke und seine Gefährten wurde fallengelassen, übrig blieb der Vorwurf eines simplen „Vergehens gegen die öffentliche Ordnung"; die Strafe galt mit der Untersuchungshaft als abgegolten. Daraufhin verklagten die Braunschweiger Vogel von Falckenstein, der sie hatte abführren und einsperren lassen, auf Entschädigung und bekamen, am Ende eines langen Instanzenweges, Recht. Der General mußte zahlen. Nun war das Belastungsmaterial in Braunschweig, wo der Prozeß vorüber war, als Bebel noch immer keine Anklage kannte, das gleiche wie in Leipzig. Was also war zu befürchten? Oder wurde der Reichstagsabgeordnete Bebel mit einer anderen Elle gemessen?

Vom Segen einer Haft

Am Ende des Prozesses, der vom 11. bis 27. März 1872 über die öffentliche Bühne eines Leipziger Schwurgerichts ging, standen zwei Jahre Festungshaft für Bebel wie für Liebknecht. Adolf Hepner, der mitangeklagte Redakteur des „Volksstaat", wurde freigesprochen. Ein Jahr hatte es gedauert, bis die sächsische Regierung weichgeklopft und die Anklage, die nun auf Vorbereitung zum Hochverrat lautete, erstellt war; das Material bestand tatsächlich aus öffentlich bekannten oder zugänglichen Reden und Schriften. Die Angeklagten verstanden es meisterhaft, den Prozeß ihrerseits zu einem Tribunal zu machen – über die Klassenjustiz. Mit Hilfe der Anhänger innerhalb und außerhalb des Saales, die zu größter Besonnenheit aufzufordern, sie vorab nicht versäumt hatten, und weil sie selbstsicher und mit offenem Visier auftraten, dem Bild von Hochverrätern hohnsprechend, bescherte das Verfahren der Sozialdemokratie einen ungeahnten Auftrieb. Das Ereignis machte sogar jenseits der deutschen Grenzen Furore, in Frankreich erschien ein Prozeßprotokoll unter dem Titel „La démocratie en Allemagne". In Deutschland trat Johann Jacoby unter Berufung auf das skandalöse Urteil der Sozialdemokratie bei, und sogar im liberalen Lager ward allgemeine Empörung laut.

Noch am Tage des Richterspruchs wandten sich Bebel und Liebknecht „An die Parteigenossen", die sie über den „Volksstaat" aufforderten, tapfer zur Sache zu stehen und namentlich für die Verbreitung des Blattes zu sorgen. Aus der Würdigung des Urteils sprach der missionarische Drang derer, die sich gerade in der Verfolgung gerechtfertigt wissen und sicher sind, daß die Drangsal sie nicht zerschmettert, sondern stärkt. In einer zweiten Erklärung, die gleichfalls im „Volksstaat" verbreitet wurde, hieß es: „Uns persönlich ist das Resultat gleichgültig. Dieser Prozeß hat so unendlich viel für die Verbreitung unserer Prinzipien gewirkt, daß wir gern die paar Jahre Gefängnis hinnehmen... Die Sozialdemokratie steht über dem Bereich eines Schwurgerichtes. Unsere Partei wird leben,

wachsen und siegen." Ihre dezentrale, elastische Organisation überstand die Verurteilung Bebels und Liebknechts, der andere, wenn
auch weniger spektakuläre Fälle folgten, ohne jeden Schaden.

Als Bebel am 8. Juli 1872 an der Station Dahlem den Zug verließ,
um per Wagen nach Hubertusburg zu fahren, jenes östlich von
Leipzig gelegene Schloß, in dessen Mauern der Siebenjährige Krieg
zu Ende gebracht worden war, das nun als Pflegeanstalt diente und
dessen Seitenflügel man für die Festungsgefangenen hergerichtet
hatte, postierten sich die Schaffner vor ihren Wagen und salutierten.
Der Lokführer schwenkte seine Mütze, die Passagiere hingen in den
Fenstern. Auch das war das Deutsche Reich: Seinem einzigen scharf
oppositionellen Abgeordneten entzieht es die Freiheit und läßt doch
zu, daß seine Diener ihm die Ehre erweisen. Bevor er in Leipzig mit
großem Bahnhof verabschiedet worden war, hatte er seinen Wählern
in Glauchau-Meerane noch rasch versichert, daß Festung und
Gefängnis nicht die Mittel seien, ihm bessere Begriffe über die faulen
Gesellschaftszustände beizubringen, und sich erneut als Kandidat
angeboten. Denn am 6. Juli war Bebel wegen Majestätsbeleidigung
zu neun Monaten Gefängnis verurteilt und ihm sein Reichstagsmandat aberkannt worden, nicht aber seine Wählbarkeit.

Im 17. sächsischen Wahlkreis wurde also vor Zusammentritt des
Reichstags die Nachwahl fällig, die am 20. Januar 1873 stattfand. Es
muß ihn und die Partei, deren führende Männer aus allen Ecken
Deutschlands herbeigeeilt waren, um an Bebels Statt Wahlkampf zu
machen, mit Stolz und eben mit jener sprichwörtlichen Siegeszuver-
sicht erfüllt haben, als nicht nur die Wiederwahl feststand, sondern
auch die Höhe des Sieges; Bebel hatte 4.000 Stimmen mehr erhalten
als 1871, 10.740 Zettel waren für den wie beim Mal zuvor einsitzenden Kandidaten abgegeben worden. Sein Gegenkandidat, ein
Bezirksgerichtsdirektor, der es auf ganze 4.240 Stimmen brachte,
bekam es fertig, der Sozialdemokratie öffentlich zu danken, daß sie
den Wahlkampf in so anständiger Weise geführt habe. Bebels
anschließendes Urlaubsgesuch, gerichtet „an das hohe Königliche
Ministerium der Justiz" zu Dresden und begründet mit der Session
des Reichstags, an der er teilnehmen wolle, wurde abgelehnt. Bebel
war's nicht leid, Urlaub hätte die Haft nur verlängert.

Bebel war schon vor Haftantritt geweissagt worden, daß ihm die
„Zwangskur", von der er in seinen eigenen Briefen sprach, guttun

werde. Er würde endlich Zeit zum Studieren haben und sich körperlich erholen; selbst der Hausarzt der Familie Bebel hatte Frau Julie in diesem Sinne getröstet. Unmittelbar nach Prozeßende war er, durch Aufregung und Arbeit geschwächt, zusammengebrochen und wochenlang ans Bett gefesselt gewesen. Kaum hatte er sich in seiner Zelle eingerichtet und war zur Ruhe gekommen, klappte er erneut und nun ernstlich zusammen. Die Tuberkulose heilte aus, bevor sie zum Ausbruch kommen konnte – durch absolute Ruhe, frische Luft und reichliche (Gasthaus-) Verpflegung. Hin und wieder, wenn die Familie auf Besuch kam, sprach er auch einem guten Tropfen zu, den Freunde und Anhänger schickten. In seinen vielen Briefen, die nie vorher und nie nachher so leicht und locker formuliert waren wie in diesen 31 Haftmonaten zwischen 1872 und 1875, gab er rundum zu, daß er sich nicht zu beklagen habe und er sich wohl fühle.

Auch im nachhinein machte er keine Abstriche. Als er nach Ende der Festungshaft, deren letzte Monate er auf dem Königstein, der einstigen Fluchtburg sächsischer Könige, abgesessen hatte, und vor Antritt der neun Monate Gefängnis in Zwickau einen sechswöchigen Urlaub genoß, schrieb er in alle Himmelsrichtungen, daß ihm während der gesamten Dauer der Haft eine „anständige Behandlung" zuteil geworden sei. Oft und unvermittelt setzte er hinzu, daß ihn die öffentlichen Zustände ekelten und „jedes Übel erst seinen Höhepunkt erreichen muß, ehe eine Wendung zum Bessern eintreten kann".

Bebel hat sich in Hubertusburg Grundkenntnisse im Französischen angeeignet – Unterricht erteilte ihm allmorgendlich Zellennachbar Liebknecht, mit dem bei der Gelegenheit die politischen Dinge erörtert werden konnten – und die übrige Zeit zu fleißiger und durchaus verschiedenartiger Lektüre genutzt. Die Gegner würden schon merken, daß die Waffen gut geschliffen seien, schrieb er einem Frankfurter Bekannten. Die Bücher bestellte er bei dem Leipziger Buchhändler Schlingmann, der die Rechnung an Frau Bebel reichte. Ob die stattliche Liste bewältigt wurde und wie er die Lektüre aufnahm, etwa von Lassalles „System der erworbenen Rechte" oder Macchiavellis „Fürst", hat Bebel nie mitgeteilt, Leseeindrücke gab er so wenig preis wie Erfahrungen persönlicher Natur. Von Marx und Darwin machte er sich soviel zu eigen, wie in sein fertiges Weltbild hineinpaßte. Die Spuren in seinen Schriften

Schloß Hubertusburg (oben) und Landesgefängnis Zwickau. Hier verbringt Bebel einen großen Teil seiner Haft.

sind unverkennbar. Bezeugt ist nur, daß er die Geschichte des deutschen Bauernkrieges von Zimmermann studiert und bearbeitet hat.

Es sollte nicht das letzte Mal sein, daß er ein fremdes Buch in eigene Worte faßte und unter seinem Namen veröffentlichte. Die Geschichte „Der deutsche Bauernkrieg mit Berücksichtigung der hauptsächlichsten sozialen Bewegungen des Mittelalters" schrieb er im Zwickauer Landesgefängnis nieder, wo die Behandlung ebenfalls in Ordnung war. In der Einleitung huldigte er, wie er es in dem kurz zuvor aufgesetzten Nachwort zum Hochverratsprozeß auch getan hatte, einer simplen materialistischen Geschichtsauffassung: „Abgesehen von einzelnen über Klassenvorurteile und Klasseninteressen sich erhebenden Personen, die als Idealisten für die Unterdrückten eintreten", würden nur die materiellen, also die Standes- und Klasseninteressen, den politischen und religiösen Parteicharakter bestimmen.

Es fügte sich, daß Bebel in den Jahren der Haft noch unnachsichtiger gegen den Liberalismus wurde, als er es ohnehin war. Er gewöhnte sich an, im Liberalismus den schlimmsten Feind zu sehen und seine bittersten Gefühle an den führenden Liberalen auszulassen. Sein Traktat über „Die parlamentarische Tätigkeit des Deutschen Reichstages und der Landtage und die Sozialdemokratie von 1871 bis 1874", ein Beitrag zum Wahlkampf 1874, geriet ihm zu einer Kampfschrift gegen Bourgeoisie und die „liberalen Schönschwätzer". Diese umfängliche, heute ungenießbare Materialsammlung, die im November 1873 anonym herauskam, entpuppte sich als großer Renner, schon nach einem Monat kam eine zweite Auflage von 5.000 Exemplaren heraus. Bebel gesteht zu, daß die bürgerliche Demokratie zwar die politische Gleichberechtigung erstrebe, „soweit diese innerhalb der bürgerlichen Gesellschaft überhaupt herbeigeführt werden kann", aber die bürgerliche Demokratie erschöpfte sich für ihn in Einzelgängern wie Sonnemann und Jacoby. Und auch sie nannte er Gegner – „in sozialer Beziehung". Ansonsten fand er es einerlei, „ob sich einer Fortschrittsmann, Nationalliberaler, Reichsparteiler, Ultramontaner, Freikonservativer oder auch offen einen Konservativen nennt". Sie alle ortete er als „Feinde der Arbeiterklasse", als „prinzipielle Anhänger des bestehenden Staats- und Gesellschaftssystems", die nur in dem Grade auseinandergingen, wie sie ihre Herrschaft befestigen und „das Volk ausbeuten wollen".

Von da war es nur ein kleiner logischer Schritt, bis er in einer Fortsetzung der „parlamentarischen Tätigkeit" – für die Reichstagswahl 1877 – der einen Partei des Kapitalismus die eine Partei der Opposition, die Sozialdemokratie, gegenüberstellte. Seine Wahrnehmungen waren in der Zwischenzeit sehr selektiv geworden. Gerade auf seinen Geschäftsreisen, die er nach Entlassung aus der Haft am 1. April 1875, Bismarcks sechzigstem Geburtstag, in großem Stil durchführte, sah er nur noch, was er sehen wollte – die allgemeine Verelendung; seine eigenen Geschäfte litten darunter nicht.

Die Schrift über „Die parlamentarische Tätigkeit" der Jahre 1874 bis 1876, hauptsächlich zur Bloßstellung des Militarismus gedacht, brachte ihm den unermüdlichen Staatsanwalt Tessendorf auf den Hals, der ihn im Juni 77 anklagte. Grund: Beleidigung des Reichskanzlers und Verletzung des Paragraphen 131 StGB, der die wissentliche Verbreitung erdichteter oder entstellter Tatsachen unter Strafe stellte. In der ersten Runde wurde Bebel zu insgesamt einem Jahr Gefängnis verurteilt, in der zweiten vor dem Berliner Kammergericht – Bebel verteidigte sich selbst – sprach ihn ein wissender Richter von der Verletzung des Paragraphen 131 frei, für Beleidigung Bismarcks bekam er sechs Monate aufgebrummt.

Wie privat ist Religion?

Die Religion hielt Bebel seit langem für eine der wichtigsten Stützen der Gesellschaft und des Autoritätsglaubens. Konsequent wie er war, betrieb er seit dem 5. Mai 1872 seinen und seiner Frau Austritt aus der Evangelisch-Lutherischen Kirche. Das Verfahren zog sich über zwei Jahre hin. Erst am 11. Juni 1874, kurz bevor er in Zwickau einrückte, konnte er vor dem Bezirksgericht erscheinen und per Unterschrift den Austritt bezeugen. Liebknecht ließ sich bis 1878 Zeit, noch im Jahr der Reichsgründung hatte er Sohn Karl über dem Becken der Thomaskirche taufen lassen; als Paten verzeichnet das Register, neben anderen, Karl Marx und Friedrich Engels.

In Hubertusburg nahm er die Polemik eines Kaplans Hohoff zum willkommenen Anlaß, sich in diversen „Volksstaat"-Artikeln – später erschienen sie wie üblich als eigenständige Schrift – über „Christentum und Sozialismus" zu verbreiten. Der gutwillige Kaplan hatte beides für vereinbar erklärt und sich daran gestoßen, daß Bebel der christlichen Religion nur im Klassenstaat einen Platz einräumen wollte und sie, wie auch in sonstiger Aufklärungsliteratur üblich, als Instrument zur Niederhaltung der Massen auffaßte. Den wiederum verstörte die Toleranz des Kaplans, die nicht in sein Bild paßte; wer selbst nicht tolerant ist, weiß sie auch bei anderen nicht zu schätzen. Bebel beharrte stets auf dem letzten Wort, und sein Talent, gutwillige Zeitgenossen zurückzustoßen, hatte er früher schon bewiesen. Fast gleichzeitig setzte er ein Nachwort, sogenannte „Glossen", zu der Schrift zweier Franzosen auf, die er im Laufe des Haftjahres 1873 übersetzt hatte: „Die wahre Gestalt des Christentums."

Das Christentum, gleich ob in katholischer oder protestantischer Ausgabe, bezeichnete er als fortschritts- und kulturfeindlich, als seinem Wesen nach reaktionär und deshalb unvereinbar mit dem Sozialismus. Dem katholischen Volk, das sich seine politische Heimat im Zentrum und nicht in der Sozialdemokratie zu suchen begann, würden schon noch die Augen aufgehen, eine mächtige Umgestaltung der sozialen Verhältnisse, beruhend auf der Gleichheit aller und unterstützt durch die moderne Wissenschaft, auch der Herrschaft des Christentums ein Ende machen. „Und es gibt nur eine Macht, die diese Umgestaltung vollziehen kann, das ist der Sozialismus." Brauchte er sich da noch über das Zentrum und den Zulauf, den es in den katholischen Unterschichten fand, Gedanken zu machen? Oder über die Loyalität, die die Katholiken ihrer Kirche im Kulturkampf bewahrten?

Bismarcks Angriff auf institutionelle und geistliche Errungenschaften, derer sich der Katholizismus seit Mitte des Jahrhunderts rühmte, hatte Bebel von Beginn an nicht beeindruckt. Daß Ausnahmegesetze heute die Jesuiten und morgen die Sozialisten treffen könnten, ahnte er schon auf seiner Wählerversammlung in Glauchau, und er fand beizeiten, daß der Reichskanzler das ganze nur vom Zaun gebrochen habe, weil ihm die Jesuiten nicht zu Diensten seien. Die massive Unterstützung, die die Liberalen, bürgerliche Freiheit gegen Kulturkampf tauschend, Bismarck angedeihen ließen, tat ein übriges, daß der sozialistische Abgeordnete Bebel sich an der

Seite des Ultramontanismus wiederfand. Den Vorwurf eines Bundes wies er empört zurück; dies sei eine infame Verleumdung. Tatsächlich verteidigte er kein katholisches Entfaltungsrecht, schon gar nicht berief er sich auf ein Toleranzgebot. Und wollte er nicht selbst Macht und Einfluß der Amtskirchen gebrochen wissen?

Auch in der Frage des Kulturkampfes blieb sich Bebel treu: Seine Politik war nicht auf schrittweises Vorgehen angelegt. So ging er weder mit der Regierung noch mit dem Liberalismus, auch dann nicht, wenn der Fortschritt, wie in der Ehegesetzgebung, eindeutig zu bestimmen war. Ebensowenig schloß er mit dem Zentrum einen Handel, um dessen Zustimmung in einer nächsten Runde sozialer Gesetzgebung zu erlangen. Wozu auch? War nicht Religion Privatsache, eben eine Sache, die sich von selbst erledigen würde? Seine Anti-Kulturkampf-Rede, die er am 17. Juni 1872 dem Reichstag darbot, endete in der bekannten Parole: „Wenn die Sozialdemokratie einstens siegt, ist es mit dem Liberalismus und dem Ultramontanismus gleichzeitig aus."

Die anti-christliche Haltung, wie er sie in seinen beiden Schriften in Hubertusburg ausgemalt hatte, nannte der „Volksstaat" den „Standpunkt der Sozialdemokratie". Es war ein allgmeiner Standpunkt, der für den einzelnen Sozialdemokraten nichts hergab und auch nichts hergeben sollte. Anträge, daß jedes Mitglied verpflichtet sei, aus der Kirche auszutreten und dafür zu werben, kehrten auf Parteitagen und Versammlungen regelmäßig wieder. Aber ebenso regelmäßig legte Bebel sich ins Zeug und verhinderte ihre Annahme. Er argumentierte mit der ökonomischen Abhängigkeit der meisten Parteimitglieder, die allein deshalb zum Kirchenaustritt nicht gezwungen werden dürften. Im übrigen schätzte er es nicht, wenn aus politischen Analysen praktische Folgerungen gezogen wurden. So konnte er, trotz der Rolle, die er dem Christentum im gegenwärtigen System zuwies, erklären, daß Religion Privatsache sei und es bleiben solle. Vielleicht spielte auch seine Überzeugung hinein, daß die Partei nicht für alles da sei. Den schwedischen Parteiführer Hjalmar Branting, der die alkoholische Enthaltsamkeit zur allgemeinen sozialdemokratischen Regel machen wollte, wies er schroff darauf hin, daß jeder Parteigenosse sich der Abstinenzbewegung anschließen könne, daß „die Partei als solche" aber andere Aufgaben zu erfüllen habe.

Auch in seiner umfänglichen Gefängnispost blieb Bebel seinem sachlich-berichtenden Stil treu. Dabei machte es kaum einen Unterschied, ob er an Parteigenossen, nahe- und fernstehende, schrieb oder an seine Frau; kleine Geschichten erfand er hin und wieder für sein Töchterchen, dem er auch schon mal zwei Neugroschen für die Leipziger Kleinmesse oder Naschzeug beilegte. Eine Mitteilung lag ihm am Herzen, er schrieb sie in viele Briefe hinein: Daß sich seine materiellen Verhältnisse jedenfalls nicht verschlechtert hätten und mehr Arbeit vorhanden sei, als bewältigt werden könne, beruhige ihn sehr.

Die Visionen des Untergangs malte er in immer kräftigeren Farben aus, aber das Geschäft florierte, auch als der Chef hinter Gittern saß. Effektive Fabrikation, moderne Geschäftsmethoden und der Boom der Gründerjahre machten's möglich. Seinen Sinn für Neuerungen suchte er keineswegs zu verbergen; auf dem deutschen Webertag, den er im Mai 71 in Glauchau organisiert hatte, malte er die neue elsässisch-lothringische Konkurrenz in grellen Farben und sagte den mit dem Kopf schüttelnden sächsischen Fabrikanten eine revolutionierende Wirkung auf die heimische Produktion voraus. In Geschäften ging er mit der Zeit und faßte nicht etwa ihr Ende ins Auge. Als er seinen Einzug in Hubertusburg hielt, hatte er seinen Betrieb einem Werkführer, sechs Gehilfen und zwei Lehrlingen überlassen und seiner famosen Frau, die ihn leitete. Anfallende Korrespondenz erledigte er in seiner Zelle. Nun brach 1874 der erste Gründerkrach herein, die Auswirkungen bekam man auch an den Drehbänken der Firma Bebel zu spüren. Der Chef erkannte sofort, daß die immer noch von Hand gefertigten Tür- und Fenstergriffe der maschinellen Konkurrenz nicht länger standhalten würden. Bebel behauptete nachträglich, an Aufgabe gedacht zu haben und daran, in eine jener Stellungen einzutreten, die die Partei mittlerweile zu vergeben hatte. Es waren Gedankenspielereien, nicht ernsthafte Überlegungen. Der geschäftliche Erfolg, die materielle, die existentielle Unabhängigkeit bedeuteten ihm viel. Schließlich war er nicht der Typ, der angesichts unerwarteter Schwierigkeiten aufgegeben oder den Kopf in den Sand gesteckt hätte. Daß fortzuführen sei, was man einmal angefangen habe, bekundete er in seinen Briefen mehr als einmal. Schon im Frühjahr 1874, während seines Hafturlaubs, schreibt er einem Parteifreund, daß er „eine totale Revolutionierung" vornehmen müsse.

In der Abgeschiedenheit seiner Zelle, gleichsam im Wechselspiel mit sozialistischer Lektüre, knüpfte er an ein früheres Erfolgsrezept an; er sann auf neue – ferne – Absatzmärkte und entfaltete eine rege Korrespondenztätigkeit. Engels sollte in England fündig werden, Sorge in Amerika. Wie er jenseits des Meeres mit seinen Türgriffen landen könne, hatte er genau geplant; die Griffe sollten als Frachtgut im Dampfschiff transportiert werden, Segelschiffe fand er viel zu langsam. Vorausgeplant hatte er auch, daß das Geschäft bis zum Frühjahr 75 „in Zug" komme, dann sei er, nach dringend notwendigen Verbesserungen und Erweiterungen, „vollkommen leistungs- und lieferungsfähig". Doch Sorge wie besonders kraß auch Engels teilten ihm mit, daß seine Muster „absolut" nicht zu brauchen seien. Bebel hatte keine Muße und vielleicht auch keine Lust, neue Muster zu entwerfen, und so schaltete er sofort um. Zielstrebige, ordnungsbeflissene Charaktere wie August Bebel wissen sich zu helfen; das Glück des Tüchtigen ist ihnen in aller Regel hold. Er suchte und fand einen Associé. Der Kaufmann Ferdinand Ißleib aus Berka an der Werra war Mitglied der Partei, insoweit mit hinreichendem Verständnis für den bisherigen Alleininhaber ausgestattet, aber er verfügte auch über die nötigen kommerziellen Kenntnisse und die materiellen Mittel. Bebel selbst hatte, als er aus der Haft kam, von Sonnemann ein Darlehen erbeten und bekommen, die 600 Taler wurden mit 5 Prozent verzinst und ab 1876 ratenweise getilgt. Als die Sache ruchbar wurde und es in der Partei rumorte, verteidigte Bebel sein Verhalten, zahlte aber die restliche Summe sofort zurück.

Die neuen Partner Bebel & Ißleib gingen ohne Verzug an die Modernisierung des Betriebs heran, und das hieß, sie stellten ihn auf Dampf um. Im Herbst 1876 bezog man eine kleine Fabrik, die Griffe waren nun nicht mehr aus Büffelhorn, sondern aus Bronze, mit der Zeit und abflauender Krise wurden sie ein schlagender Erfolg. Die Arbeit teilten sie sich. Bebel übernahm die Handlungsreisen, auf denen er seinen Parteiobliegenheiten nachging und sich sein Bild vom niedergehenden Kapitalismus zurechtmachte.

Als sich am 1. April 1875 die Gefängnistore hinter Bebel schlossen, überreichten ihm die Zwickauer Parteifreunde ein feines Kaffeeservice. Andere standen nicht nach, und das Feiern hätte, zumal in seinem eigenen Wahlkreis, der ihn auch 1874 wieder in den Reichstag geschickt hatte, kein Ende genommen, wäre er nicht eingeschritten. Ein Typ zum Feiern war er nicht, und es waren wichtigere Dinge zu tun. Auf der Tagesordnung stand die Einigung zwischen den feindlichen Brüdern, Eisenachern und Lassalleanern.

Die Frage war so alt wie die Existenz des ADAV und des Verbands der Arbeitervereine, des Vorläufers der Sozialdemokratischen Arbeiterpartei. Doch immer wieder, jahrelang, war sie zugedeckt worden vom häßlichen Gezänk derer, die an der Macht, an der Gestaltung der Wirklichkeit, nicht Teil hatten und ihre Energie um so lustvoller nach innen und ins Ideale richteten. Engels hatte am 20. Juni 1873 nach Hubertusburg geschrieben und Bebel seine antilassalleanische Lesart des unerquicklichen Streits gegeben: Die Bewegung des Proletariats mache notwendig verschiedene Entwicklungsstufen durch; „auf jeder Stufe bleibt ein Teil der Leute hängen und geht nicht weiter mit; allein schon daraus erklärt sich, weshalb die ‚Solidarität des Proletariats‘ in der Wirklichkeit überall in verschiedenen Parteigruppierungen sich verwirklicht, die sich auf Tod und Leben befehden, wie die christlichen Sekten im Römischen Reich unter den schlimmsten Verfolgungen". Schließlich habe schon Hegel gesagt: Eine Partei bewähre sich dadurch als die siegende, daß sie sich spaltet und die Spaltung verträgt. Bebel widersprach nicht. Er wäre auch der letzte gewesen, dem der Hickhack mit „den Lumpen" auf der Seele gelegen hätte. Sonnemann erinnerte er beizeiten an die jahrelangen Versöhnungsversuche und daran, daß sie nur Fußtritte bekommen hätten und sich an ihre eigene Würde erinnern müßten.

Was mag in ihm vorgegangen sein, als er, mitten im Oktober 1874, in der Einsamkeit seiner Zwickauer Zelle einen Brief von Liebknecht in Händen hielt und erfuhr, daß der ADAV in Auflösung sei und die Sache laufe? So ganz aus den Wolken kann er nicht gefallen sein, denn im Frühjahr und Sommer war er lange genug draußen gewesen, außerdem hatte er auch drinnen Kontakt genug, um die Stimmung einzufangen. Und die Stimmung hatte sich seit Jahresbeginn 1874 gedreht, auf beiden Seiten.

Das erste Hindernis hatte Bismarck beiseite geräumt. Der Zankapfel, der der deutschen Arbeiterbewegung in die Wiege gelegt worden war, ob Klein- oder Großdeutschland, ob durch Einheit zur Freiheit oder durch Freiheit zur Einheit fortzuschreiten sei, war in der Reichsgründung verloren gegangen. Die Macht der Tatsachen war stark, kein Eisenacher mehr kam auf die Idee, die Einheit in Frage zu stellen; kein Lassalleaner wog sich länger in dem Glauben, die Freiheit folge auf dem Fuße. Das zweite Hindernis, die Person Schweitzer, hatte man ebenfalls überwunden. Seine Zeit war abgelaufen, als Bismarck ihn nicht mehr brauchte und er auch kein Reichstagsmandat mehr erlangt hatte. Im Frühjahr 1871 hatte er seinen Abschied vom ADAV und von der Politik genommen, um sich als Stückeschreiber zu verdingen.

In der Reichstagswahl 1874 – voraufgegangen waren Jahre der industriellen und der proletarischen Expansion, in denen auch die Gewerkschaften sich ausgedehnt hatten – vergrößerte die Arbeiterbewegung ihre Stimmenzahl von 102.000 auf nun 352.000 oder 6,8 Prozent; der Einzug in die Rathäuser – den Anfang hatten 1872 Crimmitschau und 1873 Glauchau gemacht – unterstrich, wie sie sich innerhalb des Systems ausdehnte. Lassalleaner wie Eisenacher, die sich zum erstenmal im Wahlkampf nicht befehdet hatten, erwiesen sich 1874 als etwa gleich stark, beide hatten sie weiterhin ihre eigenen regionalen Bastionen. Alle sechs Abgeordneten, die für die Eisenacher angetreten waren, hatten sächsische Wahlkreise, die drei Lassalleaner kamen aus Preußen. Das Gefühl der Gemeinsamkeit wurde um so stärker, als in Berlin Staatsanwalt Tessendorf sein Unwesen trieb und zwischen beiden Flügeln keinen Unterschied mehr machte. Im Juni wurde der ADAV in Preußen verboten, der Sitz daraufhin von Berlin nach Bremen verlegt. So sprach Bebel-Freund Motteler für alle, als er 1874 im „Volksstaat" erklärte: Die Sozialisten seien nicht Gegner des Reichs, weil es ein Reich und weil es ein nationales Ganzes sei, sondern weil es in seiner dermaligen Beschaffenheit den Zweck seines Daseins nicht erfüllen könne.

Im Herbst 1874 kommt es zu einer Reihe von Kontakten, Liebknecht ist Feuer und Flamme und die treibende Kraft der Vereinigung auf Eisenacher Seite. Am 15. Dezember treffen sich in Berlin die Reichstagsabgeordneten beider Seiten, außer Bebel und Most, die eingesperrt sind. Am Abend steigt im Handwerkerverein eine Arbeiterversammlung. Eduard Bernstein ist dabei gewesen: „Schon vor ihrem Beginn hatten alle Tische aus dem Saal entfernt werden müssen, um Platz für die ohne Unterbrechung andrängenden Teilnehmer zu gewinnen. Dann, als mit Mühe ein Büro gebildet war, in das auch ich gewählt wurde, ertönte allseitig der Ruf: ‚Auch die Stühle hinaus!' Und über die Köpfe der dicht gedrängt stehenden, von unablässig nachrückenden Menschen bedrängten Menge wanderten die Stühle Zug um Zug zum Saal hinaus, ein Anblick vom Büro aus, den wohl keiner der Anwesenden vergessen hat. Überwältigend war auch der Stimmungsausdruck der Versammelten. Jeder der anwesenden Abgeordneten, der das Wort nahm, ob Lassalleaner, ob Eisenacher, wurde von den Massen mit Jubel begrüßt, und Versuche einiger Personen, Einwände gegen die vollständige Vereinigung geltend zu machen, wurden stürmisch zurückgewiesen. Am Schluß ward eine sich rückhaltlos für die Vereinigung aussprechende Resolution einstimmig angenommen und das Büro beauftragt, von ihr die noch inhaftierten Abgeordneten August Bebel und Johann Most mit dem herzlichsten Gruß der Versammlung Mitteilung zu machen." Was war diesen Berliner und was war den 5.000 Hamburger Arbeitern, die in den ersten Januartagen 1875 dem Leichenwagen Yorcks folgten, der programmatische Text, mit dem die Einigung besiegelt werden sollte?

„Jeder Schritt wirklicher Bewegung ist wichtiger als ein Dutzend Programme", hatte Karl Marx am 5. Mai 1875 vermerkt, und zwar in jenem Brief an Bracke, dem er die „Randglossen zum Programm der deutschen Arbeiterpartei" beifügte. War nicht all das, was dem Einigungsparteitag vorausging, „wirkliche Bewegung"? Geriet sie nicht über den Randglossen und dem Wirbel, den diese in den neunziger Jahren auslösten, in den Hintergrund? Strafte Marx sich nicht selber Lügen? Die Verhandlungskommissionen trafen sich am 14. und 15. Februar 1875 in Gotha und berieten, anders als Bebel in seinen Erinnerungen wahr haben wollte, nur über einen einzigen Programmentwurf, der aus Liebknechts Feder stammte und mit geringfügigen, nicht mehr nachvollziehbaren Änderungen gebilligt und im März publiziert wurde. War also das angeblich so lassalleanische Programm das Werk Wilhelm Liebknechts? Schon Bernstein, einer der neun Eisenacher Unterhändler, suchte mit der Legende aufzuräumen, als hätten sich zwei festgefügte Blöcke gegenübergestanden. Vielmehr waren Lassallesche Gedanken Allgemeingut geworden, gerade Bebel hatte es immer wieder betont. Und noch war man nicht dahin gekommen, an das Programm der Partei Reinheitsmaßstäbe anzulegen.

Liebknecht war erfüllt von dem Verlangen nach Einheit und nahm die Theorie erfrischend unwichtig. Geib hatte er einst geschrieben: „Wenn Yorck meint, unsere Leute seien nicht genügend theoretisch aufgeklärt worden, so sei ihm einfach entgegnet: Was dem Arbeiter klar sein muß, ist 1) daß die Arbeit die Quelle des Werts ist, 2) daß das Kapital die Arbeit ausbeutet, 3) daß die Lohnarbeit durch die Assoziation ersetzt werden muß und endlich 4) daß diese Ersetzung nur möglich im sozialdemokratischen Staat, der folglich erkämpft werden muß." Wer ein wissenschaftlich-theoretisches Bedürfnis habe, nun ja, dem stehe das „Kapital", die Langesche Schrift, Bastiat-Schulze etc. zur Verfügung. Diese bunte Mischung, die er zur Lektüre empfahl, hat immer wieder als ein Beweis für den „Eklektizismus" der Sozialdemokratie herhalten müssen. Als ob ausgerechnet eine Partei dazu da sei, die Welt, wie sie ist und wie sie sein soll, in ein logisches Gedankengebäude zu gießen... Liebknechts Partner auf der anderen Seite, ein gewisser Tölcke, der sich in früheren Jahren als ein besonderer Rüpel hervorgetan hatte, aber nun ebenfalls die Einigung betrieb, faßte die Sache noch einfacher an. Unmittelbar vor dem Parteitag, der vom 22. bis 27. Mai dauern sollte, schrieb er: Man würde, „wenn die Einigung davon abhinge, jedes Programm annehmen, das nicht gegen die Parteiprinzipien verstieße, und wäre es nur ein weißes Blatt Papier mit einer geballten Faust darauf".

Bebel hatte in einem seiner ersten Briefe an Engels, Mai 1873 aus Hubertusburg, gewarnt, durch rücksichtsloses – anti-lassalleanisches – Vorgehen die Gefühle der Massen zu verletzen. Seine pragmatische Zurechtweisung verband er mit einer eigenen, so nie zuvor geäußerten Distanzierung von Lassalle; ob die Gefängnislektüre des „Kapital" ihn zu neuen Einsichten gebracht, ob er den Londonern schlicht gefallen wollte oder ihn der „Lassalle-Kultus" störte, verschwieg er. In der Wahl seiner Worte war er jedenfalls nicht wählerisch, er schrieb, daß der Kult „ausgerottet" und „die falschen Ansichten" bekämpft werden müßten. So mag Liebknecht gewußt haben, warum er Bebel über den Fortgang der Einigungsprozedur nicht auf dem laufenden hielt. Im März 75, wenige Tage vor seiner Entlassung in die Freiheit, erreichte ihn noch ein Brief von Engels; es wurden die gleichen Einwände gegen den Entwurf ins Feld geführt, die Marx dem Programm ebenfalls angedeihen ließ. Bebel wußte also, worum es ging: verworrene, rein demokratische Forderungen; das eherne Lohngesetz, das durch die Lehre von der Akkumulation des Kapitals längst widerlegt sei; die Staatshilfe, die als einzige soziale Forderung übrig geblieben sei; die Gewerksgenossenschaften, die überhaupt fehlten; die Internationalität der Arbeiterbewegung, die verleugnet werde; schließlich die Sache mit der einen reaktionären Masse, die alle anderen Klassen gegenüber der Arbeiterklasse bildeten.

Das unselige Wort von „der einen reaktionären Masse", das Lassalle selbst nie in die Feder gekommen war, hatte sein Nachfolger Becker aus einem hinterlassenen Text des Meisters herausstilisiert. Seither hatte es sich verselbständigt, und innerhalb der Arbeiterbewegung, bei Lassalleanern ebenso wie bei Eisenachern, war mehr und mehr das Gefühl aufgekommen, tatsächlich gegen diese eine Masse anzukämpfen. Und gefiel man sich nicht auch darin? Liebknecht und seine Eisenacher gaben in anderen Punkten nicht und in diesem erst recht nicht nach, denn sie waren gleicher Auffassung. Und Bebel? In seiner Erfolgsschrift über „Die parlamentarische Tätigkeit" hatte er von der „einen reaktionären Partei" gesprochen und sie der Sozialdemokratischen Partei gegenübergestellt. Und strotzten nicht alle seine sonstigen Einlassungen in den siebziger Jahren von diesem einen Bild zweier Klassen, deren Gegensatz sich immer weiter zuspitze? Was besagte es anderes, als daß man es mit der einen reaktionären Masse zu tun habe?

Karl Marx schickte seine Randglossen an Bracke, der seinerseits mit dem Programmentwurf unzufrieden war und sie, der Londoner Bitte gemäß, an Liebknecht weiterleitete. Doch dieser undogmatische, der „wirklichen Bewegung" verhaftete Gefühlsmensch dachte nicht daran, eine Kritik zu verbreiten, die ‚sein' Programm und damit ‚sein' Einigungswerk in Frage stellte. Auch wenn er geahnt hätte, wie wichtig der Marx'sche Kommentar für den Marxismus werden würde, Wilhelm Liebknecht hätte nicht anders gehandelt. Statt sie wie gewünscht Bebel, Geib, Auer zur Kenntnis zu bringen, ließ er die Glossen in seiner Tasche verschwinden, aus der sie, zwangsweise, erst 1891 wieder zum Vorschein kamen. Nicht nur die Umstände hatten sich neuerlich verändert, es führte mittlerweile ein Mann das ideologische Szepter, dem für Eigenmächtigkeiten à la Liebknecht jeder Sinn abging und der im Zusammenspiel mit Bebel und Engels unanfechtbar geworden war – Karl Kautsky.

Was aber machte Bebel, dem zwischen Haftentlassung und Parteitag um so weniger Zeit zur Einmischung blieb, als er sich zuerst dem Geschäft zu widmen hatte? Den Lassalle-Kultus wollte er bekämpfen, und die Londoner Einwände kannte er aus Engels' Brief. Und doch zögerte er nicht einen Augenblick, sich auf den Boden der Einigung zu stellen. Lassalle-Kult und Lassallesches Gedankengut waren erstens zweierlei, und dann war er – im Kreis seiner eigenen Bewegung – ein erd-, ein parteiverbundener Mann, der, anders als in späteren Jahren, beweglich genug war, sich umzustellen. Einen eigenen Programmentwurf, den er zu guter Letzt noch im Gefängnis aufgesetzt hatte, vernichtete er sofort, als er erkannte, welchen Unsinn man in der Abgeschiedenheit verzapfte. Entscheidend war für Bebel, auch wenn er keine Rechenschaft darüber gab, daß ‚seine‘ Konstellation nach der Gothaer Einigung gültig blieb. Seine Sicht des Verhältnisses zwischen Partei und Staat, zwischen Bewegung und Gesellschaft beinhaltete die prinzipielle Gegnerschaft und das Verlangen nach Radikalkur. „Einem System wie dem gegenwärtigen darf kein roter Heller bewilligt werden", hatte er schon in seiner ersten Schrift über „Die parlamentarische Tätigkeit" verlangt, ein Diktum, das fortzugelten hatte und bis auf weiteres auch nicht in Frage gestellt wurde. Als auf dem Dresdner Parteitag 1871 der einstige Lassalleaner Theodor Yorck, Holzarbeiter und Gewerkschafter der ersten Stunde, auf so einprägsame Weise den Normalarbeitstag forderte, fügte er fast entschuldigend hinzu: Mit dem großen Ziel, „welches die Arbeiterpartei als solches sich gesteckt hat, nämlich die Radikalkur vorzunehmen", habe dieses Verlangen nichts zu tun. Von nun an häuften sich Redensarten und Ausflüchte dieser Art. Bebel selbst, der nun wieder das Reichstagsforum nutzen konnte, setzte das Maß.

Er ließ Engels, der immer wieder die baldige Spaltung herbeisehnte, ein halbes Jahr warten, bevor er ihn einer Antwort auf seinen März-Brief würdigte. Er berichtete, vielleicht um in London Gutwetter zu machen, von einer entsetzlichen Borniertheit auf der lassalleanischen Seite und behauptete wider besseres Wissen, daß mehr nicht zu erreichen gewesen sei. In der Sache nahm er nichts zurück, er erklärte das ganze zu einer Erziehungsfrage. Hätte er statt der Erziehung die Zeit beschworen, er wäre hellsichtig gewesen. Denn die Überreste aus der Frühzeit der Industrialisierung, aus der Epoche des Übergangs zwischen Handwerk und Fabrik – die Formeln von der Assoziation, von der Staatshilfe, vom Wert der Arbeit – verschwanden wie von selbst aus der sozialdemokratischen Programmatik. Der Streit von Gotha war ein papierener Streit, und die Kritik von Marx und Engels berührte die eigentliche Frage nicht, die Frage, wie die Sozialdemokratie ihre Stellung im Deutschen Reich sah, wie sie es – und ob überhaupt – verändern wollte. Die Bebel durchaus zusagende Zweiteilung des Gothaer Programms – erst allgemeine hehre Grundsätze, dann einzelne halbherzige Forderungen – ließ Gutes nicht ahnen.

In seinem Brief an Engels verwies Bebel sehr stolz darauf, daß man „mit dem Gang der Partei sehr zufrieden sein" könne. Die Beiträge gingen „pünktlich und regelmäßig" ein, und die Partei sei finanziell gestellt wie nie zuvor; in Gotha zählte sie 25.659 Mitglieder. Tatsächlich zahlte sie inzwischen Diäten an ihre Abgeordneten, der Staat sollte erst 1906 einen ersten Obolus entrichten. Die neue, einige Partei aber konnte nicht nur Abgeordnete entlohnen, sie setzte auch Gehälter für ihre führenden Leute fest, 65 Taler für den Vorsitzenden, 15 für den Stellvertreter, je 50 für die beiden Schriftführer, 35 für den Kassierer. Lag nicht in der neuen, beweglichen und dezentralen Organisation der Partei, in die lassalleanische Elemente nicht einflossen, die eigentliche Bedeutung von Gotha? Vorsitzender wurde ein ehemaliger Lassalleaner, Wilhelm Hasenclever, der Vorstand, aus vereinsgesetzlichen Gründen in Zentrales Wahlkomitee umbenannt, residierte in Hamburg, die Kontroll-Kommission nahm ihren Sitz in Leipzig, mit Bebel an der Spitze. Wichtiger noch: Beide Blätter, der „Volksstaat" wie der „Neue Sozialdemokrat", gingen in Parteibesitz über, sie wurden im Jahr nach Gotha zusammengelegt. Ein einziges Zentralorgan – „Vorwärts" mit Namen – war um so wichtiger geworden, als lokale Blätter wie Pilze aus der Erde schossen. 1877 verfügte die Partei über 41 Zeitungen, zusätzlich zu den vierzehn der Gewerkschaften. Der „Vorwärts", dessen

Chefredakteure Liebknecht und Hasenclever wurden, erschien in Leipzig, aber auch Berlin hatte schon zur Debatte gestanden. Die nationale und die Leipziger Partei gingen nun getrennte Wege. Ihre Geschichte mußte fortan auf verschiedenen Blättern geschrieben werden. Die Realitäten des Reiches hatten die Arbeiterbewegung eingeholt – jedenfalls auf organisatorischem Gebiet.

Welsche Unordnung

Als Bebel nach der Jahrhundertwende, in jenem traurig-berühmten Zusammenstoß mit Jean Jaurès, über die französische Geldsack-Republik spottete und für die schrittweise Sicherung der Demokratie, wie zum Beispiel die Trennung von Staat und Kirche, kein Verständnis aufbrachte, handelte es sich nicht um eine Eingebung des Augenblicks. Schon am 1. Juli 1877 hatte der „Vorwärts" einen Artikel losgelassen und darin die französische Linke unter Beschuß genommen. Der Grund: Sie hatten mit den gemäßigten Republikanern ein Wahlbündnis geschlossen, um die Republik zu retten. Unter der Überschrift „Nieder mit der Republik" befand es das Zentralorgan für gleichgültig, ob die Monarchie oder die Bourgeoisrepublik herrsche. Niemand anders als Bebel selbst, der sich nur sechs Jahre zuvor unsterblichen Ruhm mit seinem Nein zur Annexion Elsaß-Lothringens erworben hatte, befleißigte sich seit der Mitte der siebziger Jahre eines drastischen anti-französischen Tons. Er lag damit auf der Londoner Linie. Marx und Engels hatten die französische Niederlage 1870 herbeigewünscht, weil sie der deutschen „Zentralisation der state power" nützlich sei und damit der „Zentralisation der deutschen Arbeiterklasse". Das theoretische wie organisatorische Übergewicht der deutschen über die französische Arbeiterklasse, so Marx schon 1870 in einem Brief an Engels, bedeute zugleich „das Übergewicht unserer Theorie über die Proudhons".

Daß „wir mit unseren Erfolgen zufrieden sein" könnten und die Dinge in Frankreich „wesentlich anders" stünden, „wenn die französischen Sozialisten ebenso systematisch das nahezu dreißig Jahre in ihren Händen liegende Stimmrecht ausgebeutet hätten wie die deutschen während zehn Jahren", stellte Bebel im März 1878 fest – in

148

einem Pamphlet gegen Proudhon. Ein gewisser Mülberger, deutscher Prophet des französischen Frühsozialisten, hatte ihn zu der Schrift provoziert, die er „Der Sozialismus und das Landvolk" nannte. Eine „kleinbürgerlich-sozialistische" Schriftstellerei à la Proudhon erklärte er für Deutschland überwunden, und so räumte er, in schneidend-scharfem Ton und ohne sich auf das vier Jahrzehnte zuvor erschienene „Elend der Philosophie" von Marx zu beziehen, mit den proudhonistischen Werten auf: Freiheit und Individualismus. Im Namen der Freiheit hätten bisher alle Unterdrücker und Ausbeuter geredet und gehandelt... Aber Bebel brachte noch anderes auf, etwas, das an seinen Lebensnerv rührte. Im Namen des Individuums hatte Proudhon-Mülberger vorausgesagt, daß sozialistische Forderungen wie die nach Gemeinbesitz an Grund und Boden die Bauern in die Arme der Konservativen trieben, und damit Bebels entschiedenen Widerspruch herausgefordert. Der Bauer, so Bebel, hasse nicht den Staat an sich, sondern nur den Kapitalistenstaat, und das aus den gleichen Gründen wie der Zunftmeister und der Kleingewerbetreibende, die lediglich intelligenter seien und sich „der sozialen Bewegung" schon angeschlossen hätten. Sie alle, Kleinhandwerker wie Bauern, gehörten einer vergangenen, im Absterben begriffenen Gesellschaftsperiode an, „und daher sind sie konservativ, während der Proletarier als Produkt der modernen Zeit, ein Kind der industriellen Revolution, auch revolutionär gesinnt ist". Den Bauern, der ihn nur am Rande interessierte, und die Kleingewerbetreibenden, deren Niedergang ein Herzstück seines Weltbildes geworden war, auch dahin zu bringen, reduzierte sich für Bebel zu einer Frage genügender Mittel und agitatorischer Kräfte.

In den beiden Jahren vor dem Sozialisten-Gesetz festigte Bebel seine Überzeugungen. Er wußte nun genau, was war und werden würde und brachte es auf Papier, in immer neuen Variationen und immer neuen Polemiken gegen Parteigänger, die eine andere Vorstellung vom sozialistischen Weg hatten als er selbst. So bekam auch Carl August Schramm, ein auf praktisches Fortkommen sinnender Theoretiker, die Schärfe seiner Feder zu spüren, als er der Übernahme von Monopolen durch den Staat das Wort redete und sich Bismarck näherte, der Anstalten machte, dem Reich das Tabakmonopol zu sichern. Auch der Schrammsche Hinweis, die Sozialisten hätten's leichter, fänden sie, dereinst im Besitz der Mehrheit, einen weitverzweigten Staatsbetrieb schon vor, stimmte Bebel nicht milde, jedenfalls jetzt nicht. In der „Zukunft" des Philanthropen und Sozialisten-Gönners Höchberg, in der die Kontroversen dieser Jahre ausgefochten wurden, verkündete er unter der Überschrift „Der Gewerbebetrieb durch den Staat und die Kommune": Die Besitzverhältnisse seien unmaßgeblich, Ausbeutung und Unterdrückung, ob staatlich oder privat, die gleichen und entscheidend nur die Großbetriebe, in denen Entstehung und Entwicklung des Sozialismus ihren Grund hätten. Und überhaupt, was brauchte man Vorkehrungen! In einem gegebenen Moment, „über dessen wahrscheinlichen oder möglichen Eintritt bei der Ferne und Unberechenbarkeit der Zeit und der Zeitverhältnisse zu streiten selbstverständlich ein Unding ist", lasse sich die sozialistische Bewirtschaftung „sehr rasch und einfach" in allen bereits vorhandenen Großbetrieben, ob staatlich oder privat, „durch eine einzige große Expropriation" durchführen; sämtliche betreffenden Arbeitsgebiete würden „einfach" der sozialistisch-genossenschaftlichen Bewirtschaftung aller dabei Beteiligten übergeben.

Der Hinweis war ihm wichtig, denn er betonte, daß im Sozialismus der Staat keine regierende, nur eine beaufsichtigende Tätigkeit ausübe. Bebels Widerspruch entbehrte nicht der inneren Logik. Merkwürdig nur, daß er sich keine zwölf Monate später in genau entgegengesetzter Weise äußerte. Anläßlich der Zwickauer Bergwerkskatastrophe – 89 Menschen kamen ums Leben, weil die Betreiber zu gewinnsüchtig waren, um eine sechsstündige Unterbrechung zwecks Reparatur in Kauf zu nehmen – forderte Bebel, die Gruben zugunsten des Staates zu expropriieren. Er beschwor die Vorteile für die Arbeiter und vergaß auch nicht, die Vorteile von großen Staatsbetrieben für die dereinstige sozialistische Umwandlung herauszustreichen. Auf Schramm berief er sich nicht, sondern gab die Forderungen als seine ureigenen aus. Er gestand auch keinen Sinneswandel ein. War es vielleicht so, daß er prinzipiell zuerst einmal „dagegen" war?

Die Reichstagswahlen von 1877 bescherten der Sozialdemokratie ein Stimmenplus von 40 Prozent und machte sie mit 9,1 Prozent zur viertstärksten Partei im Reich. In Breslau und in Dresden, wo Bebel die Stichwahl gewann, aber auch in den großen Städten des Nordens, in Hamburg, Bremen, Magdeburg, Braunschweig lag der

Zuwachs weit über dem Durchschnitt, in Berlin, das nun eine runde Million Einwohner zählte, betrug er gegen 1874 180 Prozent. In Sachsen und in Hamburg war sie mit jeweils fast vierzig Prozent zur stärksten Partei aufgestiegen. Daß die Zahl ihrer Reichstagsabgeordneten von neun auf nur zwölf heraufgegangen war, hatte mit der absurden Wahlkreiseinteilung zu tun, die mit wachsender Industrialisierung und damit einhergehender Verstädterung immer absurder wurde.

Nach der Wahl brachten sowohl das Zentrum als auch die Sozialdemokraten einen sozialpolitischen Gesetzentwurf ein. Hätte daraus *einer* werden können, schließlich waren religiöse Fragen nicht im Spiel? In den Forderungen nach dem Normalarbeitstag, nach Arbeiterschutz und -recht war man nicht weit voneinander entfernt. Aber war da nicht noch die Sache mit dem Kleingewerbe, das Bebel und die Sozialistische Arbeiterpartei dem Untergang geweiht hatten, das aber das Zentrum gerade schützen wollte? Und wer hätte den ersten Schritt tun sollen? Bebel? In seiner Reichstagsrede am 18. April 1877 erweckte er den Eindruck, als wolle er sich mit Teilzielen einmal zufrieden geben und die Hürden beiseite räumen. Der sozialdemokratische Antrag habe, so erklärte er, mit den prinzipiellen Forderungen „in bezug auf eine künftige Organisation und Umwandlung der Gesellschaft ganz und gar nichts zu tun". Aber dann tat er eine ganze lange Rede doch nichts anderes, als den „ganz naturgemäßen" Entwicklungsprozeß vorzuführen und die „jedem Auge erkennbaren gesellschaftlichen Zustände" auszumalen und die vielen besonderen Forderungen mit der einen allgemeinen totzuschlagen, mit der Forderung nach genossenschaftlicher Organisation der Arbeit; der Besitz sollte in der Hand der Gesellschaft konzentriert sein. Was sollten Zentrum oder der sozialen Frage aufgeschlossene bürgerliche Abgeordnete mit einem solchen Begehren anfangen? Bebel berauschte sich am Bild der Zukunft, unterdessen er sich von der Gegenwart, unmerklich, in ihren Bann ziehen ließ. Oder war es purer Zufall, daß er sich in seinem anti-französischen Hochmut der späten siebziger Jahre mit der Stimmung im Reich traf? Nie zuvor hatte er sich so ausführlich, schon gar nicht so herablassend über die Kommune geäußert, wie er es nun, 1878, tat. Das Buch von Lissagaray war erschienen, und Bebel beeilte sich, es zu rezensieren. Welchen Maßstab würde er anlegen?

Bebels Urteil lautete: Die Kommune sei weit mehr an ihrer eigenen Programmlosigkeit gescheitert als an der Übermacht ihrer Feinde; die Schwäche des französischen Sozialismus, sein Mangel an klaren Zielen und die Spaltung in den eigenen Reihen seien nirgends so zum Vorschein gekommen wie in der Kommune. Der Name habe nur als Schibboleth herhalten müssen, damit sich Jakobiner, Proudhonisten, kleinbürgerliche Sozialisten aller alten Schulen und der neuen Richtung hätten vereinigen können. Bebel machte einen Vergleich auf, um erst zu zeigen, daß sich die Sozialisten in starker Minorität befanden, und dann zu unterstellen, daß deutsche Sozialisten eine solche Unüberlegtheit nicht begehen würden. Ohnehin fand er das Naturell der Franzosen, die „mehr durch rasche Tat als durch langsame, gründliche und umsichtige Arbeit" zum Ziel zu gelangen suchten, viel zu „feurig". Zum Beweis steuerte er Zahlen bei. Im Paris des Jahres 1871 hätten die Sozialisten genau so viele Stimmen bekommen, nämlich 35.000, wie im Berlin des Jahres 1877, und das bei einer fast doppelt so hohen Einwohnerzahl in der französischen Hauptstadt und einer Partei, die nicht so organisiert und nicht sozialistisch durchgebildet gewesen sei wie es heute in Deutschland der Fall. Schlußfolgerung: In der deutschen Reichshauptstadt, so der Schluß, sei der Sozialismus heute stärker als derjenige in Paris, aber eine wirkliche sozialistische Verwaltung auch in Berlin heute nicht möglich.

Bebel lag daran, die Kommune zu entheroisieren. In seinem nur wenig später erscheinenden Artikel gegen die Staatsmonopole bezog er sich auf die guten, frommen Bürger, die die Pariser Kommune – welch eine Verwechslung – für kommunistisch hielten. Sein Diktum: „Ein wirklich kommunistischer Betrieb ist auf ausbeuterischem Boden einfach unmöglich." Und was holte er nicht alles herbei, um zu beweisen, daß der deutsche Sozialismus dem französischen voraus und sein Weg der prinzipiellen Schulung und des Stimmenzuwachses der einzig richtige und mögliche sei und unweigerlich zum Ziel führe. Er bemühte nicht nur die sozialistische Presse, den schroffen Klassengegensatz, die großindustrielle Entwicklung in Deutschland, nein, er hielt es für angemessen, auch das deutsche Eisenbahnwesen und die deutsche Schulbildung ins Feld zu führen! Bebels deutsch-französischer Vergleich fiel um so krasser aus, als er den Nachbarn und ihrer revolutionären Tradition nicht eine einzige vorteilhafte Seite abgewinnen mochte.

Zur selben Zeit, da Bebel diese diversen Bekenntnisse ablegte, machte die deutsche Partei auf ihre Weise von sich reden. In Berlin waren im Frühjahr 1878 nacheinander ein Drucker und ein Redakteur parteieigener Unternehmen auf elende Weise zugrunde gegangen. Die Empörung in der Partei und ihrer Anhängerschaft, nicht zuletzt darüber, daß die staatliche Verfolgung auch im Todeskampf nicht aussetzte, war groß. Und wie machte sie sich Luft? In Leichenzügen, die von Mal zu Mal länger und gewaltiger wurden. Als am 28. April 1878 der Redakteur der „Freien Presse", Paul Dentler, zu Grabe getragen war, orakelte die nationalliberale „Magdeburgische Zeitung": „Wer spicht noch von Arbeiterbataillonen Berlins angesichts dieses Leichenaufgebots? Das sind Regimenter, Divisionen, Brigaden, ja mehr, das sind ganze Armeekorps, ohne jedwede Übertreibung gesagt, das sind ganze Armeekorps, welche ihrem sicherlich um die Sache hochverdienten Toten die letzte Ehre erweisen." In der Symbolik ihrer Leichenfeiern, die sich bis in die Zeit nach dem Zweiten Weltkrieg fortsetzte, ist alles enthalten, was Bebels deutsche Sozialdemokratie ausmachte und das Gegenteil dessen war, was Bebel an den Franzosen mißfiel: Ordentlichkeit und Disziplin, Geduld und Gehorsam, Leidensfähigkeit. Wär's anders gewesen, hätte der erste Mann über viele Jahrzehnte hin Bebel geheißen?

Eduard Bernstein wäre der Mann der Therapie gewiß nicht gewesen, immerhin die richtige Diagnose hat er gestellt, als er am 10. November 1883, ausgerechnet an Engels, der gerade in diesem Punkt der falsche Ansprechpartner war, von der „souveränen Verachtung" schrieb, mit der „die Herren auf die Franzosen herabschauen". Bernstein gab zu, daß es sehr erbaulich in Paris nicht aussehe, aber wer, so seine Frage, habe denn das Verdienst, daß es in Deutschland nicht noch viel zerfahrener zugehe? „Bei den Franzosen gärt es wenigstens, Ideen treiben einander, während unsere Deutschen sich etwas darauf zugute halten, daß sie Philister sind."

Dieses schriftstellerisch so produktive Frühjahr 1878 hatte Bebel wieder im Gefängnis zugebracht. Er verbüßte die sechs Monate, die er sich wegen Beleidigung des Reichskanzlers eingehandelt hatte. Eingesperrt worden war er vor Weihnachten 1877 in Plötzensee;

seine Hoffnung, noch vor Jahresfrist nach Leipzig verlegt zu werden, erfüllte sich nicht. Seine Tochter war nun acht Jahre alt, und mußte das vierte Weihnachtsfest ohne Vater verleben. Erst im Januar fand man in Leipzig eine freie Zelle, und Bebel konnte umziehen. Die Behandlung gab wiederum keinen Grund zur Klage. Daß man ihm das „Kapital" diesmal wegnahm, wird er verkraftet haben. Jedenfalls konnte er sich die „Vossische Zeitung" halten, und er bekam Krankenkost, weil der Arzt es so wollte.

Utopia

Bebel hat in seinem Leben viele Bekenntnisse abgelegt, aber nur ein Bekenntnis: „Die Frau und der Sozialismus". Immer wieder hat er es umgearbeitet und erweitert, auch beschwert. Doch so wie der Autor sich letztlich immer gleich geblieben ist, war sein Buch unwandelbar. Denn das Herzstück handelte von Utopia, von Bebels zukünftiger Gesellschaft, der er jeden utopischen Charakter absprach, weil ihre Heraufkunft wissenschaftlich erwiesen sei. Den Wandel aller Auflagen überstand es nahezu unverändert. Wer auch wollte ernsthaft behaupten, der Charakter des Buches habe sich geändert, als sein Autor 1890 daran ging, Weisheiten aus Engels' „Ursprung der Familie" in den historischen Teil einzuarbeiten? Oder als er zwischen der 9. Auflage 1891 und der 50. im Jahre 1909 marxistisch klingende Sätze einbaute? Anläßlich der 50. Auflage 1909 würdigte das „Berliner Tageblatt" Bebels literarisches Jubiläum: „Es war bahnbrechend als ein Buch über den Sozialismus und das nicht etwa deshalb, weil es noch keine Bücher über den Sozialismus gegeben hätte, sondern aus dem Grunde, weil es das erste Buch war, das ein ziemlich vollständiges und anschauliches Bild von dem Zukunftsstaate gab, zu dem wir nach der Theorie von Karl Marx mit der Notwendigkeit eines Naturgesetzes gelangen werden. Das Gemälde der sozialistischen Zukunft, das Bebel entwarf, das war es vor allem, was dem Buch seine Anziehungskraft gab. ‚Bahnbrechend' – gewiß, denn tausendmal mehr als das ‚Kapital' von Marx haben die blühenden Schilderungen dieses Buches von Bebel für den Sozialismus gewirkt, für ihn geworben."

In seinem Erstling „Unsere Ziele" hatte Bebel das Thema für sich entdeckt. Während der Haft in Hubertusburg vertiefte er es, angeregt durch die Lektüre der französischen Frühsozialisten, besonders der Schriften des Charles Fourier. In seinem Anhang zur „Wahren Gestalt des Christentums", das Bebel übersetzt und herausgegeben hatte, studierte er die Stellung der Frau und skizzierte bereits, wie ihre Befreiung in der sozialistischen Gesellschaft „mit Notwendigkeit" wahr werde. In Gotha konnte er sich mit der Programmforderung nach dem Frauenwahlrecht nicht durchsetzen, aber immerhin wurde verlangt, daß „alle Staatsangehörigen" wählen. Das Thema ließ ihn nicht los. Ende 1876, im Reichstagswahlkampf, hielt Bebel in Leipzig eine Volksversammlung ab, einziges Thema: „Die Stellung der Frau im heutigen Staat und zum Sozialismus." Der größte Saal der Stadt faßte nicht die herbeiströmende Menge, in der – zum ersten Mal so zahlreich – die Frauen nicht zu übersehen waren. Als er wiederum ein Jahr später, Ende 1877, hinter Gitter mußte, stellte er fertig, was nun jahrelang ihn beschäftigt hatte – das Manuskript zu dem Werk „Die Frau und der Sozialismus". Es sollte im Herbst 1878 erscheinen. Doch bevor es soweit war, entzog das Sozialisten-Gesetz einschlägigen Schritten den offiziellen Boden. Die „Frau", von der zweiten Auflage 1883 bis zum Ende des Verbots „Die Frau in Vergangenheit, Gegenwart und Zukunft" geheißen, wanderte mit Hilfe des neuen Parteiverlegers J. H. W. Dietz in den Untergrund. Das Interesse wuchs. Die Verbreitung gedieh, jedes Exemplar, so Bebel einmal stolz im Reichstag, erreiche fünfzig bis sechzig Leser. Der Vertrieb zeigte Bebel auf der Höhe seines Geschäftssinnes. Welche Korrespondenz hat er mit Schlüter in Zürich geführt, der während des Sozialisten-Gesetzes die Volksbuchhandlung leitete! Jede Bestellung, gleich woher sie kam, wurde von ihm kontrolliert, jeder Pfennig für jedes Exemplar, gleich wo es hinging, von ihm angemahnt. Neben seinem Geschäft wurde die „Frau" für Bebel die zweite Quelle späteren Wohlstands; zu seinen Lebzeiten wurde sie 53mal aufgelegt und in fünfzehn Sprachen übersetzt.

Woher das Echo? Hildegard Wegscheider, eine zur Sozialdemokratie stoßende Frauenrechtlerin, die in Berlin noch nach dem Zweiten Weltkrieg eine Rolle spielte, hat in biographischen Notizen geschildert, wie sie, die höhere Tochter, 1887/88 die „Frau" auf ihrer Mutter Nachttisch fand und verbarg, daß auch sie darin las. „Es schlug wie ein Donner ein. Wir hatten schon Stuart Mill gelesen und seine liberale Gleichberechtigung der Geschlechter als Forderung der Gerechtigkeit anerkannt. Aber hier war es etwas anderes. Man hat mit Recht gesagt, wenn Marx das Geist gewordene Klassendenken war, Bebel das Fleisch und Blut gewordene Klassenleben darstellte. Die Wirkung war ungeheuer. Die ganze Form der Bildung und Gewöhnung, die man den Mädchen unserer Kreise angedeihen ließ, verflüchtigte sich zu nichts; dazu hörte man noch, Bebel hätte das Buch im Gefängnis geschrieben. Das war freilich nicht wahr, aber es gab doch seinen Worten den Ernst des Evangeliums eines Märtyrers." In so vielen Erinnerungen man auch blättert, überall ist die Rede davon, daß das Buch verschlungen und wie eine Offenbarung empfunden wurde. Adelheid Popp, die Wiener Sozialistin, bei Bebels Tod: „Wie strahlten und leuchteten die Augen der Proletarierinnen, die Bebel gesehen, die ihn sprechen gehört! Sie liebten ihn alle, die sein Buch über die Frau gelesen." Marx bot nur schwer verdauliche Kost, Bebels „Frau" aber reizte die Phantasie, hier war nichts zu verstehen, auch nichts mißzuverstehen, hier war nur etwas zu empfinden, etwas das werden und das nichts mit dem heutigen Dasein zu tun haben würde – die Befreiung der Frau, die mit der des Arbeiters einhergehe. Daß an Tabuzonen gerührt wurde und der Autor seine eigene Faszination am Sexualleben nur schlecht verhüllte, erhöhte den Reiz der Lektüre ebenso wie die Gewißheit, die sie vermittelte.

Die „Frau" aber war nicht nur denen ein Lichtstrahl, die im Schatten lebten. Die „Frau" war nicht nur sozialistische Bibel, sie war nicht nur das himmlische Gemälde eines irdischen Propheten. Immerhin handelte es sich um den ersten Mann der deutschen Arbeiterbewegung, einen leibhaftigen Reichstagsabgeordneten und tüchtigen Organisator, der sich in der „Frau" eine Begleiterin über vier Jahrzehnte schuf und der zwischen der Arbeit des Politikers und des Propheten niemals trennte. Zeit seines Lebens vermengte er beides miteinander. Konnte es sein, daß er sich an den Himmel klammerte, um einen Schritt auf Erden nicht tun zu müssen? Noch 1909, als er vor Vollendung seines 70. Lebensjahres stand und seine Partei sich anschickte, die stärkste Fraktion im Reichstag zu werden und nicht mehr völlig ohne Einfluß war, schrieb er in das Vorwort zur 50. Auflage der „Frau" hinein: „Wir leben bereits mitten in der sozialen Revolution, aber die meisten merken es nicht. Die törichten Jungfrauen sind noch nicht ausgestorben." Wie also sah das Bild aus, das er seinen Lesern vorführte, das er in Reden und kleinen Schriften oft genug entwarf, aber in der Totale eben nur hier ausmalte – im Zeichen der Frau und des Sozialismus?

In Bebels Utopia gehen, sobald die Kapitalisten expropriiert sind, alle Arbeitsfähigen einer Arbeit nach, einer mäßigen, täglichen zwei- bis dreistündigen, angenehmen, abwechslungsreichen, ergiebigen Arbeit, die zentralistisch organisiert ist und die gewählte Ordner überwachen.

Die Statistik zeigt an, was gebraucht wird und wie die Arbeit eingeteilt wird. Die große Zahl der Arbeitsgebiete trägt den Wünschen Rechnung. Notfalls führt die Verwaltung einen Ausgleich herbei.

Da alle füreinander arbeiten, haben alle das Interesse, daß rasch und gut geliefert wird. Dadurch wächst die Produktivität mächtig an, sie hat eine immer größere Vereinfachung des Arbeitsprozesses zur Folge und ermöglicht die Befriedigung immer höherer Bedürfnisse.

Was aus Menschen unter günstigen Entwicklungsbedingungen werden kann, sehen wir an Leonardo da Vinci. Jeder wird einen Teil des Tages physisch arbeiten müssen, aber in der übrigen Zeit nach Geschmack Studien oder Künsten nachgehen oder geselligen Umgang pflegen. Alle heutigen Leistungen werden auf diese Weise übertroffen.

Es wird eine Ära, wie sie die Welt noch nie erlebt hat. Die Gegensätze zwischen Gebildeten und Ungebildeten verschwinden wie die zwischen gelernter und ungelernter Arbeit, zwischen Land und Stadt.

Verbrechen gibt es nicht mehr. Die Diebe sind verschwunden, weil das Privateigentum verschwunden ist und jeder leicht und bequem alles Nötige erwerben kann. Keiner kann sich mehr am anderen bereichern. Denn auch Mord aus Haß oder Rache ist das Ergebnis nur der heutigen Zustände der Gesellschaft.

Das häusliche Leben beschränkt sich auf das Notwendige, dem Geselligkeitsbedürfnis wird das weiteste Feld eröffnet.

Es gibt Anstalten zur Pflege Kranker und Siecher, und es gibt große Versammlungslokalitäten, Spiel-, Speise- und Lesesäle, Konzert- und Theaterlokale, Museen, Spiel- und Turnplätze, Parks und Promenaden, alles bestens ausgestattet.

Wohlgemerkt, an diesem Utopia hielt Bebel fest, es war Bestandteil seines Verständnisses von Politik, aber eben nicht der einzige,
sonst hätte er kein Politiker sein können und erst recht kein großer
Organisator. Wie dieses Utopia auf sein irdisches Tun und Lassen
einwirkte und wie er dieses immer wieder daran ausrichtete, macht
seine Geschichte aus und die seiner Partei.

In seinen Urteilen, die er im Hier und Heute fällte, erwies sich
Bebel als ein ganzer Mann. Der Zetkin schrieb er schon 1892 den
Fehler „der meisten Frauen" zu. Er fand nämlich, daß auch sie zu
wenig Sinn für Tatsachen habe und Bandwürmer schreibe. Über die
Zetkin wie die Luxemburg urteilte er 1910, daß es doch mit den
Frauen eine merkwürdige Sache sei. Kämen Liebhabereien, Leidenschaften oder Eitelkeiten ins Spiel, dann sei auch die Klügste außer
Rand und Band und werde feindselig bis zur Sinnlosigkeit... Und
was er im selben Jahr 1910 Luise Zietz, der ersten Frau im Parteivorstand, schrieb, hätte er einem männlichen Kollegen auch dann nicht
geschrieben, wenn er sich sehr geärgert hätte. Er berief sich auf
Ebert, auf den er sich sonst nie berief; in ihrem Beisein habe er
dargelegt, wie sie ihm auf dem Büro Szenen bereite, die alles Maß
überträfen. Bebel fügte hinzu: „Ich habe den Eindruck, daß Ihre
Nerven hochgradig überreizt sind, Sie täten am besten, Ferien zu
nehmen und sechs bis acht Wochen in ein Erholungsheim zu gehen,
wo man Ihnen jede Beschäftigung mit Politik verbietet."

VI. Verfolgung

Die erste Attentatsmeldung hatte Bebel im Gefängnis erreicht, die zweite, als er am 2. Juni 1878, einem Sonntag, vom Spaziergang nach Hause zurückkehrte. Mit dem Namen Hödel, dem Attentäter des 11. Mai, hatte er noch etwas anfangen können; Bebel erinnerte sich, daß er ein ebenso kurzes wie unrühmliches Gastspiel in der Partei gegeben hatte und von dieser hinausgesetzt worden war. Mit einem Dr. Nobiling, wie jener zweite Attentäter heißen sollte, der den greisen Kaiser schwer verwundet hatte, wußte er nichts anzufangen. Doch die Erleichterung, daß man ihnen den nicht würde „an die Rockschöße hängen" können, wich raschem Entsetzen. Das Wolffsche Telegraphenbüro hatte eine Fälschung fabriziert und gemeldet, der Attentäter sei Sozialdemokrat. Eine Hysterie, vielleicht die erste dieser Art, ging durchs Land, Folge moderner Nachrichtentechnik und menschlicher Lust am Hetzen und Verhetzt-Werden. Arbeiter, so sie im Verdacht standen, Sozialdemokrat zu sein, flogen aufs Pflaster, Mietern ward gekündigt, Kneipen sperrten Theke und, wichtiger noch, Versammlungssaal. Denunziationen wegen Majestätsbeleidigung fanden ein richterliches Echo. Das liberale Hamburg untersagte den bereits einberufenen Gewerkschaftskongreß, und selbst die Stadt Gotha, die sich ihres toleranten Versammlungsrechts rühmte und in deren Mauern die letzten drei Kongresse der Partei stattgefunden hatten, schritt zum Verbot des 78er Parteitages. August Bebel konnte froh sein, daß ihn eine Geschäftsreise in Gegenden führte, in denen er nie zuvor gewesen war und er unter falschem Namen wenigstens Quartier fand. Aber was half's? Nicht nur daß er Zeuge wurde, wie Gäste ihrem Haß gegen die Partei der Sozialdemokraten und die Person des Bebel freien Lauf ließen; er machte so schlechte Geschäfte, weil er die Firma denn doch einmal nennen mußte, daß nach sechs Wochen kaum die kläglichen Reisespesen hereingekommen waren.

Otto von Bismarck waren die Schüsse wie eine Gottesfügung erschienen. Im Frühjahr 1878 hätte kaum einer Wetten auf seine politische Zukunft angenommen; der Bund zwischen Kanzler und liberaler Reichstagsmehrheit war seit der wirtschaftlichen Talfahrt 1873/74 brüchig geworden, zunächst kaum merklich, dann jedermann sichtbar. Die Verantwortung trug Bismarck, der parlamentarische Verantwortlichkeit ablehnte, aber auf eine parlamentarische Mehrheit denn doch angewiesen war, nicht allein. Die von unterschiedlichen Interessen bestimmte Nationalliberale Partei fand es durchaus vorteilhaft, Verantwortung abwälzen und Erwartung umlenken zu können. Während die Handelsbourgeoisie und die Produzenten von Fertigwaren exportorientiert blieben, war die rheinisch-westfälische Eisenindustrie weit über den Inlandsbedarf hinaus gewachsen und sah ihre Absatzchancen durch englische Konkurrenz zusätzlich gefährdet. In ihren Ruf nach Schutzzöllen stimmten die ostelbischen Junker ein, die ihr Getreide im Ausland nicht mehr los wurden und sich im Inland gegen die amerikanisch-russische Billigware – Folge der Umwälzung im Verkehrswesen – kaum mehr zu behaupten wußten. Aber Schutzzölle, die nebenbei die staatlichen Kassen füllten, waren wider den Geist des Liberalismus, der in einem Interessenbund mit den Agrariern weitere demokratische Abstriche würde machen müssen. Als Bismarck am 22. Februar 1878 dem Reichstag sein Plädoyer für das staatliche Tabakmonopol und die größere finanzielle Unabhängigkeit des Reiches vortrug, handelte er sich noch eine Abfuhr ein. Doch Zölle und Monopole standen nun einmal auf der Tagesordnung des Reiches, und niemand, der auf seiner Bühne agierte, konnte sich ihr entziehen, auch die Sozialdemokraten nicht, die auf ihrem Parteitag 1876 bekundet hatten, diesem „innerhalb der besitzenden Klassen ausgebrochenen Kampf" fremd gegenüberzustehen.

Bebel hatte in der Frage des Tabakmonopols eine entschiedene Sprache geführt. In der Frage der Zölle, die im Sommer 79 verhandelt wurde, lagen die Dinge nicht so klar. Zu viele handfeste Interessen, auch solche des Wahlkreises, kamen ins Spiel. Und Bebel, der Mann des Prinzips, stand nicht an, die Frage zu einer praktischen zu erklären. Engels, der sich über unterschiedliche Einlassungen der sozialdemokratischen Abgeordneten gar nicht genug erregen konnte und forderte, „nichts zu bewilligen, was die Macht der Regierung gegenüber dem Volk verstärkt", mußte sich ausgerechnet von Bebel sagen lassen: „Wir werden, solange wir parlamentarisch mittun, uns in der reinen Negation nicht halten können; die Masse verlangt, daß auch für das Heute gesorgt werde, unbeschadet dessen, was morgen kommt."

Die Partei hatte sich unter den Bedingungen des Sozialisten-Gesetzes noch kaum zurechtgefunden, als Bebel die Frage der Zölle fast sachlich, wenn auch nicht sachkundig anging: Wenn sie für die Industrie „notwendig" seien... Sechs Jahre später sah die Sache anders aus. In der „Neuen Zeit" ließ er sich über die Getreidezölle aus, die – weil das Brot der Armen verteuernd – von Anfang an auf geschlossene sozialdemokratische Ablehnung gestoßen waren, und nahm sie zum Anlaß allgemeiner Zollbetrachtungen: Der Patient, die bürgerliche Welt, werde mißhandelt und gehe nur um so rascher seinem Ende entgegen. Im selben Jahr 1885 nahm er auch sonst Gelegenheit, die Fahne des Prinzips und der Negation hochzuhalten; in dem Krach um Sozialreform und Dampfersubvention zwang er die Partei mit eiserner Hand auf Kurs und ließ sich auch von Engels nicht beirren, der dieses Mal die Sache weniger stur anfaßte. Wer wann auf welcher Seite stand, wann Bebel mehr und wann weniger prinzipiell zu Werke ging, ist am Maßstab der Logik nicht zu messen. Daß er 1879 einmal das Heute strapazierte, war eher ein Spiel um Worte oder eine Laune, die ihm der Augenblick eingegeben, denn eine Reaktion auf die Wirklichkeit. Unter Berufung auf das Heute hätte er schließlich ganz anderen Dingen zustimmen können, als es in der Frage der Industriezölle einmal nicht so genau zu nehmen.

Ein Gesetz nach Maß

Daß im Sommer 1879 die Schutzzölle den Reichstag passierten, hätte ein Jahr zuvor niemand vorausgesagt, auch der Kanzler selbst nicht, der sich in dieser Angelegenheit lange bedeckt hielt. Er hatte immer noch auf einen Ausweg aus der verfahrenen Parlamentslage gewartet, als ihm zu Friedrichsruh die Nachricht vom Hödelschen Attentat überbracht wurde und er sich, kopflos und hastig, ans Werk machte. Eine vernichtende Abstimmungsniederlage war die Quittung. Mit 251 gegen 87 Stimmen brachte der Reichstag noch im Mai den ersten Entwurf eines Sozialisten-Gesetzes vom Tisch, und Bismarck war vollends isoliert. Wer weiß, was geschehen wäre, hätten nicht die Schüsse des Doktor Nobiling die schönen Gelöbnisse der Abgeordneten binnen kurzem zu Staub werden und Bismarck triumphieren lassen. Obwohl einer gefügigen Mehrheit diesmal gewiß, löste er den Reichstag erst einmal auf. Seine Wahlkampfparole: „Für ein Sozialisten-Gesetz und für eine Reichsfinanzreform". Die Abkehr vom bisherigen Freihandel war programmiert, die Fügsamkeit der Nationalliberalen signalisiert.

Im Dezember 1871, vor seinen Webern in Glauchau-Meerane, hatten Bebel im Angesicht des Kulturkampfes düstere Ahnungen beschlichen: Es könne „ebensogut" ein Gesetz für die Sozialdemokraten und „Gott weiß für welche Gesellschaftsklassen" gemacht werden. Wenn man sich erst auf den Weg der Ausnahmegesetze begebe, „dann sind wir im reaktionären Fahrwasser drin". Als es nun soweit sein sollte, war er nicht wirklich überrascht, schon gar nicht bestürzt, und schickte sich ins Unvermeidliche. Seine Wahlkampfparole: „Gegen alle Ausnahmegesetze, keinerlei neue Steuern". Die Wähler Leipzigs mahnte das sozialdemokratische Wahlkomitee per Flugblatt: „Wer da glaubt, daß wir im Reichstage keine Ja-Sager, keine Steuerbewilliger, sondern feste, charaktervolle Männer haben müssen, der gebe am 30. Juli unserem Kandidaten Drechsler August Bebel hier seine Stimme." Die Bewerbung in Leipzig war eine Zählkandidatur – mit 600 Stimmen mehr als beim Mal zuvor – ebenso wie die in Aachen, Köln, Königsberg, Straßburg und manchen anderen Orten; auf der Insel Rügen erhielt er 1878 eine einzige Stimme, drei Jahre später sollten es immerhin schon dreizehn sein. Das große Fragezeichen stand hinter der Kandidatur in seinem gerade erst eroberten Wahlkreis, Dresden-Altstadt, den er, aller Hetze zum Trotz, in der Stichwahl am 9. August behauptete. Auch sonst fiel das Ergebnis mit einem nur geringen Minus gegenüber 1877 nicht so katastrophal aus, wie innerhalb der Partei befürchtet und außerhalb erwartet; in Berlin hatte sich der Stimmenanteil nahezu verdoppelt, auch andere große Städte verzeichneten kräftigen Zuwachs. Von den neun (statt bisher zwölf) sozialdemokratischen Abgeordneten, die 7,6 Prozent aller Wähler vertraten, saßen fast immer ein oder zwei hinter Gittern.

Der neue Reichstag fackelt nicht lange und nimmt sich sogleich des „Gesetzes gegen die gemeingefährlichen Bestrebungen der

Sozialdemokratie" an, das die Regierung dieses Mal gründlich vorbereitet hat. Noch zeigt sich das Zentrum als gebranntes Kind, noch votieren seine Abgeordneten gegen das neue Ausnahmegesetz. Doch haben sie zuvor eine Verschärfung der einschlägigen Strafgesetze gefordert, für die Sozialdemokraten ein schlimmeres, weil zeitlich nicht befristetes Übel. In der ersten Lesung am 16. September legt Bebel ein rhetorisches Meisterstück ab und prophezeit, „daß unsere zehn- bis fünfzehnjährige Agitation auch nicht entfernt einen solchen Haß gegen den heutigen Staat und die diesen Staat unterstützenden Gesellschaftskreise, die dieses Gesetz gutheißen werden, erzeugt hat, als durch dieses Gesetz erweckt werden wird!".

Dieses Sozialisten-Gesetz, mit 221 Stimmen des neuen konservativ-nationalliberalen Bundes – bei 149 Nein – am 19. Oktober verabschiedet, am 20. verkündet, am 21. in Kraft getreten, zwang die Arbeiterbewegung, Partei wie Gewerkschaft, in einen Zustand, den illegal zu nennen, sich seit der Nazi-Zeit verbietet. Ab sofort waren alle Organisationen, kleine und große, politische und weniger politische, sowie Druckschriften und Geldsammlungen verboten, die „durch sozialdemokratische, sozialistische oder kommunistische Bestrebungen den Umsturz der bestehenden Staats- und Gesellschaftsordnung bezwecken". Wer der Sozialdemokratie angehörte, mit ihr sympathisierte oder in Verdacht stand, es zu tun, setzte sich dem Zugriff der Polizei aus. Geld- und Haftstrafen, Berufsverbote, Ausweisungen waren an der Tagesordnung. Eine Beschwerde-Kommission – vier Personen aus der Mitte des Bundesrats, fünf Mitglieder der höchsten Gerichte des Reiches oder der Bundesstaaten – fällte so abenteuerliche Urteile, daß sie schon 1880, auf Drängen Bebels, nicht mehr angerufen wurde. Die Besonderheit des Sozialisten-Gesetzes aber lag darin, daß Wahlrecht und Wählbarkeit nicht angetastet wurden; auch deshalb verbietet sich die Beschreibung des Zustands als illegal. Wahlversammlungen, zu Beginn vielerorts verboten, wurden, auf Reichstagsbeschluß hin, alsbald wieder möglich; in Berlin trat Bebel 1886, acht Jahre nach Erlaß des Gesetzes, wieder auf. Die Versammlung wurde inmitten der Rede polizeilich aufgelöst, aber er hatte zehntausend Menschen auf die Beine gebracht. Auch das anfängliche Verbot, wie üblich vor den Wahllokalen Stimmzettel der Sozialdemokratie zu verteilen, war rasch aufgehoben worden. Als Hasselmann und Fritzsche, die beiden

Reichstagsabgeordneten, die aus Berlin ausgewiesen waren, im Frühjahr 1879 zwecks Teilnahme an der Session in der Stadt auftauchten und Tessendorf die Genehmigung zur Strafverfolgung wegen Bannbruchs beantragte, lehnte der Reichstag ab – einstimmig. In den zwölf Jahren, die das Sozialisten-Gesetz währen sollte, gab es sehr viel Willkür. Aber es gab nicht nur Willkür.

Man war verboten und auch wieder nicht. Man konnte auf der parlamentarischen Bühne agieren, aber im Lande nicht agitieren. Man lebte, aber mit der Polizei im Nacken. Ein Zustand, der Bebel wie auf den Leib geschnitten war. Denn worauf kam es jetzt an? Härte, Organisationsgeschick, Zukunftsgewißheit, sämtlich Eigenschaften, die Bebel anhafteten wie keinem sonst. Und hatte er nicht die Kunst, drinnen und draußen, innerhalb und außerhalb des Systems zu wirken, längst zu hoher Meisterschaft ausgebildet? Brauchte er nicht die staatliche Verfolgung, um sein Weltbild zu wahren und zu festigen?

1881 fühlte sich ein österreichisches Generalkonsulat bemüßigt, dem Wiener Ministerium des Inneren von der Erscheinung eines gewissen Bebel zu berichten: „Statur: mittel, Haare: dunkelbraun, Augen: dunkelgrau, Nase: lang, groß, Mund: vollippig, Bart: brauner Vollbart, Gesicht: voll, blaß. Besondere Kennzeichen: Zähne vorn oben auseinanderstehend." Die österreichische Arbeiterbewegung steckte noch in den Kinderschuhen, war aber schon eng an der deutschen Partei ausgerichtet und an Bebel, dessen Namen 1880 in Dokumenten bezeugt ist. So mögen sich die K.u.K. Behörden veranlaßt gesehen haben, Bebels Personalia aktenkundig zu machen. Eine andere Beschreibung aus so früher Zeit – Bebel im Alter um vierzig – gibt es nicht. Daß er weiterhin schmächtig geblieben, seine Kraft nicht sichtbar geworden und er für Krankheit immer noch anfällig war, hat er selbst hin und wieder bezeugt. Daß er auf gute, gut-bürgerliche Kleidung Wert legte, geht aus Anweisungen an seine Frau hervor, die nötig wurden, als er das Los der Ausgewiesenen teilte oder im Gefängnis saß. Daß er seit 1875, besonders aufmerksam seit 1878 von der preußischen Polizei überwacht wurde, wenn auch oft auf drollige Weise, hat er selbst sehr anschaulich geschildert und dabei deutlich gemacht, wie er seine Schatten nicht nur buchstäblich abschüttelte; die Verfolgung hat ihn auch innerlich nicht belastet. Die Polizeiberichte bestanden oft nur aus Mitteilungen, wann Bebel wo aus dem Zug aus- und wann er wieder eingestiegen war und daß er seinen Musterkoffer mit sich geführt hatte, oder aus Redetexten und Flugblättern.

Dieser Bebel also machte sich daran, die verbleibenden Möglichkeiten auszuschöpfen – für viele einzelne Parteimitglieder, die er anwies, wie sie sich zu wehren hätten, und deren Prozeßkosten die Partei trug, für sich selbst, der er weiterhin sich nicht einschüchtern ließ und der auch jetzt die Kleinigkeiten nicht vergaß; wurde in einem bürgerlichen Blatte Falsches berichtet, wie zum Beispiel in der „Dresdner Zeitung", die 1884 nach einer Versammlung schrieb, Bebel habe die Bourgeoisie mit dem Schimpfwort „Snob" belegt, verlangte er umgehend und in scharfem Ton Richtigstellung, in aller Regel mit Erfolg. Und er nutzte den Spielraum für die Partei.

Unmittelbar nach der ersten Lesung des Sozialisten-Gesetzes, gleichviel ob am 17. oder 18. September, hatten sich die sozialdemokratischen Reichstagsabgeordneten nach Hamburg begeben, dem Sitz der Parteiführung. Am Ende der Zusammenkunft stand der im „Vorwärts" angezeigte Beschluß, die Partei sofort aufzulösen, und die Ernennung Bebels, der sich selbst angeboten hatte, zum Kassierer, dem einzigen Amt, das noch zu vergeben war und auf das es jetzt allein ankam. Als ihm die Kasse ausgehändigt wurde, zählte er tausend Mark. All jenen zu helfen, die im Sold der Partei und ihrer Zeitungen standen und nun brotlos werden, ist das Gebot der Stunde. Es geht einher mit der Aufgabe, den Zusammenhalt der Partei zu wahren. Im Unterstützungskomitee, dessen Bildung Bebel in Hamburg durchsetzt und dem außer ihm selbst Liebknecht, Hasenclever, Fritzsche und ein Friedrich Geyer angehören, ahnt niemand, wie schnell sich die Geldnot zuspitzen würde.

Am 28. November, das Gesetz ist gerade einen Monat alt, verhängt Preußen den Kleinen Belagerungszustand über Berlin, eine Maßnahme, die das Gesetz in seinem Paragraphen 28 für den Fall der Gefährdung öffentlicher Sicherheit vorsieht und die die Ausweisung mehr oder weniger bekannter Sozialdemokraten im Gefolge hat. Im Berliner Fall sind es 67 Personen, die binnen 24, selten 48 Stunden die Stadt und damit Familie wie Arbeit verlassen müssen und sich, wenn sie es nicht vorziehen, über den großen Teich zu gehen, nach Hamburg oder Leipzig wenden. Kassierer Bebel, der ein genaues und strenges Regiment führt und jeder Form von Mildtätigkeit einen

Riegel vorschiebt, überlegt nicht lange, er läßt einen Spendenaufruf heraus, vorsichtig formuliert und von enormem Erfolg gekrönt; 11.000 Mark gehen ein. Knappe zwei Jahre später, als auf dem nahe Zürich gelegenen Schloß Wyden der erste Parteikongreß unter dem Sozialisten-Gesetz abrollt, verweist Bebel auf stolze 37.310 Mark, von denen zwei Drittel durch seine Hände gegangen sind.

Die Summe hätten die opferwilligen Genossen, auch die spendenfreudigen Gönner allein nicht aufbringen können. Die Ansprüche an den Geldbeutel wachsen immer weiter – für Unterstützung, für Organisationsarbeit, für Wahlkämpfe, für Diäten; pro Sitzungstag zahlt die Partei bis zu neun Mark an ihre Reichstagsabgeordneten. Und doch bekommt Bebel das Geld, das er braucht, schon Mitte der achtziger Jahre mehr, als er ausgeben kann. Die Quelle heißt – Amerika. Allein für den Wahlkampf 1887 schickt die Neue Welt Dollars im damaligen Gegenwert von 40.000 Mark!

Der Aderlaß, den die deutschen Sozialdemokraten erlitten, wurde durch die enorme Spenden- und Sammelfreude der Ausgewanderten wieder wettgemacht, zu einem kleinen Teil wenigsten. Daß man aus New York nichts gesehen, Philadelphia sich aber gut gehalten habe, schrieb Bebel schon Ende 1879, durchaus im Ton der Selbstverständlichkeit, an Sorge, den einstigen 48er, der 1873 Marx half, zwecks Liquidierung den Sitz der Internationale nach New York zu verlegen, und aus dem nun ein amerikanischer Geldbeschaffer für die deutsche Arbeiterbewegung wurde. Es mußte allerdings einiges getan werden, um den Klingelbeutel anzufüllen. Vor allem mußte immer mal wieder einer aus der ersten Garde hinüber, zu einer jener Agitationsreisen, über die deutsche Konsuln haarsträubende Berichte nach Berlin sandten. 1881 reiste Fritzsche, der mit stattlichen Beträgen zurückkam und dem Entschluß, selbst auszuwandern. Mit ihm und Julius Vahlteich, den es ebenfalls 1881 – er hatte zum dritten Mal seine Existenz eingebüßt – in die amerikanische Freiheit zog, verlor die Partei die Männer ihrer ersten Stunde; Fritzsche und Vahlteich hatten Lassalle nach Leipzig geholt.

Bebel mißbilligte ihre „Ausreißerei" scharf. Er konnte und wollte nicht verstehen, daß einer genug hatte und nicht immer noch einmal von vorn anfangen mochte. Als das Gerücht gestreut wurde, auch er und Liebknecht würden der Heimat den Rücken kehren, dementierte er zornig und hart. Ein solcher Schritt wäre für ihn unvorstellbar gewesen. Er konnte sich nicht einmal zu einer Good-Will-Tour entschließen, wie sie der ältere Liebknecht 1886 absolvierte. Dabei wußte er nur zu gut, daß er mehr Geld als jeder andere herausgeholt hätte. Unablässige Bemühungen der Freunde, ihn herüberzuholen, vom Beginn der achtziger Jahre bis fast zu seinem Tode, stießen auf taube Ohren, und nicht einmal Engels konnte ihn erweichen, der mahnte, „das progressivste Land der Welt mit eigenen Augen zu sehen". Er führte immer gute Gründe an, die Zeit, die Familie, oft die Stimme, die soviele Vorträge nicht würde aushalten können. In Wahrheit mochte er einfach nicht. Er war kein Abenteurer, zu einer Reise über den großen Ozean gehörte in jenen Jahren aber immer noch Abenteuerlust. Er war nicht einmal neugierig auf fremde Länder. Als er 1889 zum Gründungskongreß der Zweiten Internationale nach Paris fuhr, bemaß er die Zeit so knapp – zwei Tage–, daß er gerade einmal in die Weltausstellung hineinsah, aber keine Chance hatte, Paris zu erleben.

Bebel hatte in Hamburg gegen die vorzeitige, gegen die Selbstauflösung der Partei opponiert, schließlich war er von Natur aus dagegen, freiwillig ein Feld zu räumen. Aber August Geib, Kassierer im alten Zentralen Wahlkomitee und seit Hasenclevers Wechsel zum „Vorwärts" 1876 dessen inoffizieller Vorsitzender, hatte die Entscheidung herbeigezwungen. Persönliche Sorgen beschwerten ihn, er war krank und keine Kampfnatur. Dem Feinde die Zähne zu zeigen und jedes Mittel anzuwenden, das ihm eine Niederlage beibringen konnte, habe nicht in seinem Wesen gelegen, vermerkte Bebel noch in seinen Erinnerungen. Im übrigen war er's zufrieden, daß auf diese Weise Leipzig wieder „Zentralpunkt" wurde und er selbst die Fäden ziehen konnte. Als August Geib, Buchhändler und seit Lassalles Zeiten der Arbeiterbewegung verbunden, im Jahr darauf starb, ganze 36 Jahre alt, folgten 30.000 Hamburger Arbeiter seinem Sarg. Wiederum ein Jahr später ward in dem Leichenzug für Bracke, 37 Jahre alt, das Gefühl bekräftigt, unüberwindlich zu sein.

Franz Mehring hat in der ersten Fassung seiner Geschichte der deutschen Sozialdemokratie behauptet, die Situation sei nicht durch die Führer, sondern durch die Massen gerettet worden, und eine grobe Legendenbildung in Gang gesetzt. Wie immer in unruhigen Zeiten gab es Kopflosigkeit und Feigheit in der Masse wie in der Führung. Wie immer in einem solchen Umbruch bedurfte es der

Initiative einzelner, um Führer wie Masse bei der Stange zu halten, im Fall 78/79 des Bebelschen Zugriffs. Er selbst hat sich immer wieder an dem Wortspiel um Führer und Masse beteiligt und bis zu seinem Tod nicht davon gelassen; 1881 schrieb er an Engels: „Zum Glück ist die Masse, wie immer, besser als die Führer, und sie wird eines Tages über sie hinwegschreiten." Daß er sich selbst ausnahm, darf unterstellt werden. Diese Art von Rederei war Teil seiner Tribunenkunst und diente ihm als Mittel im innerparteilichen Machtkampf. Auf die Anfangszeit des Sozialisten-Gesetzes bezogen hat Bebel dem Wort von den rettenden Massen scharf widersprochen. Er wußte, daß putschistische Gelüste dahinter steckten. Und war er nicht selbst sofort tätig geworden? Jene Losung, die der „Vorwärts" druckte, bis er das Erscheinen einstellen mußte, und die davon handelte, daß niemand sich provozieren lassen möge, war auch die seine. Zutiefst einverstanden war er auch mit dem Aufruf, den die ersten Berliner Ausgewiesenen an die Mitgliedschaft erließen: „An unserer Gesetzlichkeit müssen unsere Feinde zugrunde gehen!"

Was manch einer Anpassung nannte und die Obrigkeit, die aufs Losschlagen rechnete, zumindest verstörte, war der Ausdruck der Teilhabe – nicht an der Macht, wohl aber am nationalen und gesellschaftlichen Ganzen. Daran konnte ein Gesetz, das die parlamentarische Vertretung der Sozialdemokraten befestigte und auch sonst Raum zum Leben ließ, nichts ändern; daß die nationalliberale „Magdeburger Zeitung" vor allem über Bebels Reichstagsauftritte ausführlich und durchaus sachlich berichtete, war es nicht mehr als ein Sinnbild? In der Partei galt weiterhin der Schwur darauf, daß der Parlamentarismus allein „aus agitatorischen und propagandistischen Rücksichten" betrieben werde. Aber unter diesem Deckmantel beschloß der Wydener Kongreß einstimmig, sich „mit allen Kräften" an den Wahlen zum Reichs- und Landtag wie zu den Kommunen zu beteiligen. Der Reichstag war trotz aller Beschränkung eine zentrale Bühne, auf der sich das System darstellte, und hier mitzutun, mußte um so eher eine Dynamik des Dazugehörens freisetzen, als sich im Zuge fortschreitender Industrialisierung die soziale Basis der Partei verbreiterte. Arbeitskämpfe und aufblühende Fachvereine inmitten der achtziger Jahre signalisierten nicht nur wirtschaftliche Besserung. Die deutschen Industriearbeiter waren, wenn auch auf der Schattenseite, so doch im Reich zu Hause, und sie hatten mehr zu verlieren als ihre Ketten. Bebel selbst verbarg nicht mehr, wie sehr er selbst dazugehörte.

Am 2. März 1880 malt er im Reichstag den Fall eines russischen oder französischen Angriffs aus und kündigt an, daß die Sozialdemokratie das Vaterland verteidigen werde. Hatte nicht gerade Bebel 1870 um die Vielschichtigkeit von Angriff und Verteidigung gewußt? Hatte er nicht oft genug die deutsche Politik gegeißelt, die, Folge der elsässisch-lothringischen Annexion, einen Zweifronten-Krieg heraufbeschwören würde? Nun also das klare Ja zum Vaterland, das er bekräftigte, als der „Sozialdemokrat", das inzwischen in Zürich erscheinende Auslandsorgan, mit einer Polemik gegen Bebels Rede herauskam. Der Schreiber empörte sich, daß Bebel die Scheidung der „Nation in zwei Heerlager" nicht beachte, und stellte fest: „Sklaven und Unterdrückte haben kein Vaterland." Wenn sie ihre Rücken der Knute darbieten müßten, „kann es ein Unterschied sein, ob dieselbe von deutschen oder nichtdeutschen Händen geschwungen wird"?

Bebel war außer sich und griff sofort zur Feder; ein unbedingter Gegner des Systems wollte er selber sein, aber so war's nicht gemeint. Im „Sozialdemokrat" ließ er wissen: „Ein Krieg, der Deutschland zwänge, für seine nationale Unabhängigkeit einzutreten, würde eine so gewaltige Aufraffung der Kräfte herbeiführen, daß gegenüber diesem einen Zweck alles andere als reine Nebensache erschiene und jede Partei unmöglich wäre, die sich diesem widersetzte oder gleichgültig verhielte." Ob mit dem heimischen Boden auch das heimische Regierungssystem verteidigt würde, trieb ihn nicht um. Was die deutsche Sozialdemokratie, die Waffen in der Hand, gegen den inneren Feind machen würde, wollte er getrost der Zukunft überlassen. Zuvor hatte er, anläßlich der Haushaltsdebatte 1880, ebenso scharfsinnig wie scharfzüngig die deutsche Aufrüstungspolitik angeprangert und doch in der Wahl seiner Sprache das Maß der Identifikation hervortreten lassen: Er bemängelte, daß der Reichskanzler nicht aufgetreten sei und dargelegt habe, „wie *wir* im Augenblick in den großen europäischen Fragen zu den maßgebenden Mächten stehen", er sprach von „*unserer* auswärtigen Politik" und von „*unserem* Kaiser" und urteilte milde über die elsässisch-lothringische Angelegenheit. Es war kein allzu weiter Weg mehr, bis er am

31. Oktober 1889, in der zu Ende gehenden Ära des Sozialisten-Gesetzes, dem staunenden Reichstag darlegte, daß „heute von einer bedingungslosen Rückgabe Elsaß-Lothringens an Frankreich naturgemäß nicht die Rede" sein könne. Auch in diesen Jahren pflegte er seinen Dünkel über alles Französische.

Er fand, die französischen Parteigenossen müßten „noch viel lernen und viel mehr arbeiten", so 1881 an Engels, und es geschehe ihnen recht, wenn die Wahlen „ganz erbärmlich ausgefallen" seien; die Niederlagen würden sie vielleicht zu Verstand bringen, so 1885 an Kautsky. Er wußte genau, was ihnen nützte – eben jene Medizin, die er auch der deutschen Partei verabreichte: „Die Selbständigkeit der Arbeiterpartei", so 1879 an den damals noch radikal bis putschistisch gesonnenen Georg von Vollmar. Die deutsche Überlegenheit begründete er mit „unserer großindustriellen Entwicklung", die eine andere, „viel großartigere" sei als in Frankreich und für die den Franzosen beide Grundbedingungen fehlten, Kohle- und Erzlager, so 1884 im Sächsischen Landtag. Bebel meinte, je weiter die Industrie, desto näher der Sozialismus. Aber wer soll daran noch denken, wenn es ernst wird? Und die Frage von Krieg und Frieden steht? Das Gefühl der Überlegenheit ist einmal da, und ein Band der Gemeinsamkeit mit jenem System geknüpft, dem Todfeindschaft zu schwören er nicht müde wird.

Auch sie wird gepflegt – mit Prognosen, die sich nach jeder Geschäftsreise zuspitzen und die von Ruin, Zerrüttung, wachsender Massenarmut handeln. Es sei ihm unbegreiflich, meldet er zu Jahresbeginn an Engels, „wie man bei unseren Zuständen anders als mit Hoffnung in die Zukunft blicken kann". Die Krise sei chronisch und schleppe sich fort, „bis irgendein Ergebnis den Anstoß zum allgemeinen Kladderadatsch gibt". Bekenntnisse dieser Art verbreitet er in allen nur denkbaren Variationen, in Rede und Schrift und Brief, je höher die innerparteilichen Wellen schlagen, desto dramatischer. Bebel wächst gleichsam passiv, sich dessen nicht bewußt werdend, in ein System hinein, mit dem er aktiv nichts zu tun haben will. Gibt es einen Zusammenhang zwischen dem Maß der inneren Identifikation und der äußeren Verdammung?

Entrüstet hätte er jeden Gedanken an Einflußnahme zurückgewiesen, Einflußnahme auf jene, die in puncto Sozialisten-Gesetz schwankten, Liberale und Zentrumsleute. Bismarck war sich der

Mehrheit für die Gesetzes-Verlängerung nie sicher und handelte danach. Eduard Lasker, einstiger Fortschrittlicher und 1866 Mitbegründer der Nationalliberalen Partei, hatte, getrieben von schlechtem Gewissen, die Befristung auf zweieinhalb Jahre durchgesetzt, das Gesetz wäre also zum 31. März 81 ausgelaufen. Bismarck ahnte, daß sich jederzeit die Mehrheit verflüchtigen konnte und zog die Verlängerung – um nun dreieinhalb Jahre – noch vor Jahresfrist 1880, als die Stimmung ihm günstig schien, über die Bühne. Sich seinerseits nach Bündnispartnern umzusehen, um sie zu werben, wäre Bebel nicht im Traum eingefallen. Wozu auch?

Nach Rückkehr vom Wydener Kongreß erließ er einen Aufruf an die Partei, er kam am 26. September 1880 im „Sozialdemokrat" heraus und wurde zusätzlich an 250 Vertrauensmänner geschickt. Darin hieß es: „Die Sozialdemokratie hat einen Bundesgenossen, der sie unüberwindlich macht und ihr den endlichen Sieg verheißt, dieser Bundesgenosse ist die rasch fortschreitende Entwicklung unserer ökonomischen Zustände und die sich daraus ergebende allgemeine Zersetzung der Gesellschaftsschichten." Die Meinung war kein Allgemeingut unter den führenden Leuten der Partei. Sie konnten auch unmöglich alle gebaut sein wie er; was die Masse der Mitglieder und Anhänger dachte und fühlte, ist ohnehin nicht zu belegen. Der Streit, ob aktive Anpassung an die deutschen Realitäten oder aktive Bekämpfung oder ob der Dinge zu harren sei, die da unweigerlich kommen würden, brach unter dem Sozialisten-Gesetz zum ersten Mal hervor. Die Form, in der er ausgetragen wurde, war kein Heldenepos.

Festung Zürich

Nachdem die ersten Schrecken verflogen und die ersten Maßnahmen ergriffen waren, regte sich hier und da und vor allem in Leipzig der Wunsch nach einer Zeitung. Wie sonst sollte die Partei sich und der Welt beweisen, daß sie lebte? Bebel setzte von Anfang an auf den Erscheinungsort Zürich, weil es bequem zu erreichen und von dort aus das Blatt leicht ins Reich zu expedieren sein würde; schließlich verfügte man mit Höchberg und dessen Assistenten Bernstein bereits über einen Stützpunkt in Zürich. Mitten in die Vorbereitungen hinein, die Bebel vor Ort in Gang gebracht hatte, platzten im August 1879 „Kritische Aphorismen", die in Höchbergs „Jahrbuch für Sozialwissenschaft und Sozialpolitik" erschienen und mit drei Sternen gezeichnet waren. Diese „Rückblicke auf die sozialistische Bewegung in Deutschland", hinter denen, wie sich rasch heraus- stellte, Bebels alter Widerpart C. A. Schramm, aber auch Höchberg selbst, dessen Freund Flesch und Bernstein steckten, verwarfen all das, was Bebel lieb und teuer war. In London, wo der Artikel eher bekannt geworden war als in Leipzig, brach ein Sturm der Entrü- stung los. Der Tenor des Werks: Die Partei habe die Ruhepause zur Selbstkritik und Einkehr nötig; es sei falsch, sich den bürgerlichen Demokraten gegenüber ablehnend zu verhalten, tüchtige Bundesge- nossen vor den Kopf gestoßen und sich einseitig als ‚Arbeiterpartei' geriert zu haben; der Ton von Volksversammlungen sei ins Parteior- gan übertragen worden, und in kräftiger Ausdrucksweise habe man sich gegenseitig zu überbieten gesucht – „und der Stil ist der Mensch". Und dann die Empfehlungen an die Partei: Sie möge sich hüten, zuviel über das sozialistische Endziel zu diskutieren, vielmehr die naheliegenden Forderungen in den Vordergrund rücken und den Weg der Gesetzlichkeit, also der Reform beschreiten. Man dürfe, so die Schlußfolgerung, die Gegenwart um dieser Zukunft willen nicht übersehen, „man muß sich darin finden, daß man nicht mit einem Sprung ins Zukunftsland" gelange, sondern nur „auf langen Wegen und langweiligen Umwegen". Das Jahrbuch ward polizeilich verbo- ten, der Artikel in der Mitgliedschaft gar nicht erst bekannt.

Marx und Engels mochten sich damit nicht zufrieden geben. Sie ließen einen Zirkularbrief an Bebel und die gesamte Reichstagsfrak- tion los, wüteten gegen die „Repräsentanten des Kleinbürgertums" und verlangten in herrischem Ton, daß die Befreiung der Arbeiter- klasse das Werk derer selbst sein müsse; ihre Mitarbeit am „Sozialde- mokrat", dessen erste Nummer bald darauf, am 28. September, herauskam, kündigten sie auf, bevor sie angefangen hatte. Auch Bebel schenkten sie keinen Glauben, der versicherte, die Verfasser hätten keinen Einfluß in der Partei und Höchberg habe seine Geldzu- wendungen nie an Bedingungen geknüpft. Noch zwei Monte später ereiferte sich Engels in einem Brief an Bebel: Es sei selbstredend, daß jeder in Deutschland erfochtene Sieg sie ebenso sehr freue wie ein anderswo erfochtener, und noch mehr, weil ja die deutsche Partei von Anfang an in Anlehnung an ihre theoretischen Aufstellungen sich entwickelt habe. „Aber deswegen muß uns auch besonders daran liegen, daß die praktische Haltung der deutschen Partei und namentlich die öffentlichen Äußerungen der Parteileitung auch mit der allgemeinen Theorie in Einklang bleiben."

Engels kurzer militärischer Ton ging Bebel auf die Nerven, schien man doch im fernen London weder auf seine Erklärungen eingehen noch überhaupt zur Kenntnis nehmen zu wollen, daß er bis über die Ohren in Arbeit steckte, um das so wichtige Unternehmen „Sozialdemokrat" flott zu machen, und gerade er für den „entschiedensten Ton" des Blattes bürgte. Den Redakteur Georg von Vollmar wies er entsprechend an, allerdings mit der wenig theoretischen Begründung, daß „die Stimmung unserer Leute" immer mehr nach links gravitiere. Auch in der ersten Nummer hatten Redaktion und Verlag angekündigt, rückhaltlos und rücksichtslos für die Prinzipien der Sozialdemokratie und deren Verbreitung im Volk eintreten zu wollen, und versprochen, daß die Partei revolutionär bleibe. Der Anschauungsunterricht des Blattes tat Wunder. Auch in London kam man mit der Zeit aus dem Schmollwinkel heraus; Zürich schien zu einer Festung der eigenen Theorie geworden zu sein. Als der „Sozialdemokrat" am 27. September 1890 zum letzten Mal erschien, setzte ihm Friedrich Engels ein großes Denkmal und rühmte in einem Abschiedsbrief: „Wie oft hat mir altem Revolutionär das Herz im Leibe gelacht, wenn ich diese so ausgezeichnet eingeölte, geräuschlose Wechselwirkung zwischen Redaktion, Expedition und Abonnenten, diese businesslike geschäftsmäßig organisierte revolutionäre Arbeit Woche für Woche, jahraus, jahrein mit gleicher Sicherheit sich abwickeln sah! Und das Blatt war der Mühen und Gefahren wert, die seine Verbreitung kostete. Es war unbedingt das beste Blatt, das die Partei je besessen." Den „Sozialdemokrat" auf die Beine zu stellen und ihn elf Jahre lang mit steigender Auflage – trotz der hohen Versandkosten wurde er schon Ende 81 kostendeckend hergestellt – ins Reich zu schaffen, war ein Heldenepos. Der Schöpfer hieß Bebel, der Hauptdarsteller Motteler.

Die Zeitungen mußten zunächst über die Grenze geschafft werden; besonders der Schuhmacher Belli, der hübsche Erinnerungen hinterlassen hat, verstand sich auf dieses Handwerk, das immer auch eine Mutprobe war. Sodann ging die Ladung als Frachtgut oder in

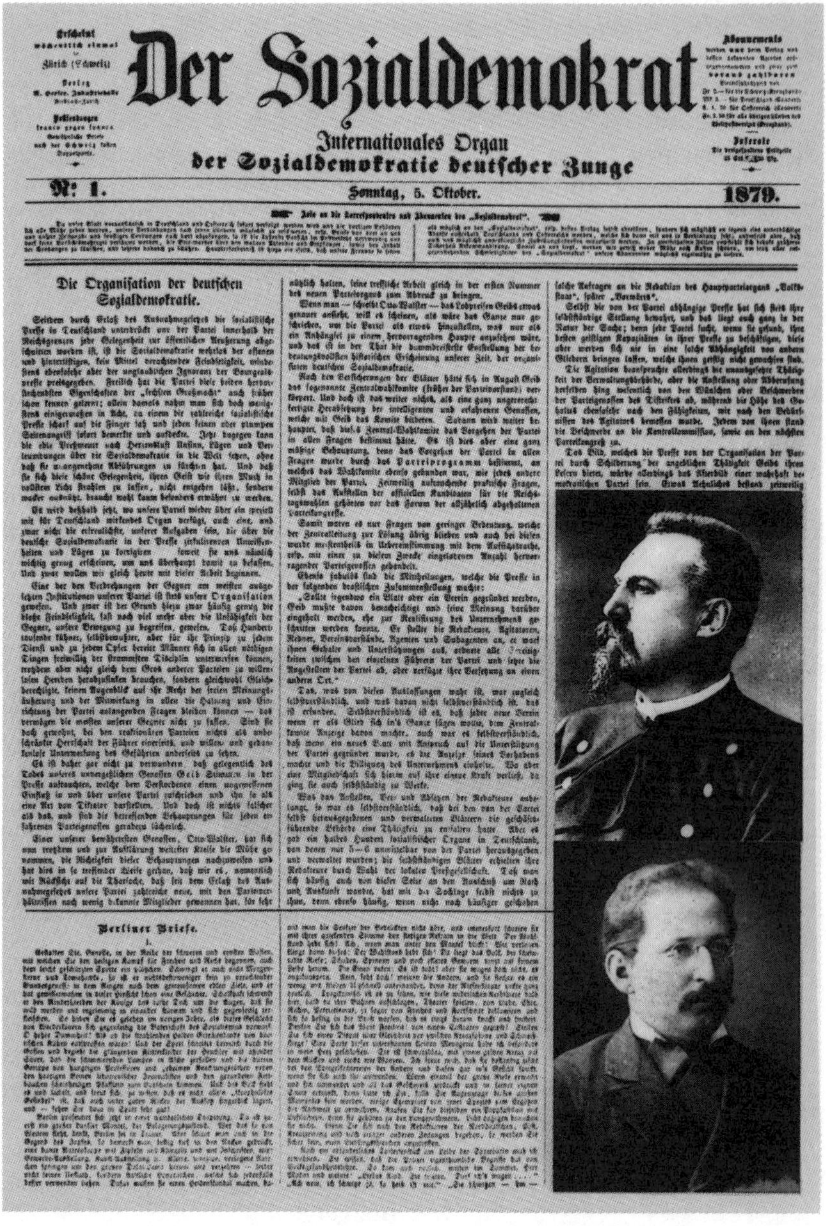

Der Sozialdemokrat

Internationales Organ der Sozialdemokratie deutscher Zunge

№ 1. Sonntag, 5. Oktober. 1879.

Die Organisation der deutschen Sozialdemokratie.

Berliner Briefe.

„Der Sozialdemokrat“ No. 1 vom 5. Okt. 1879 mit Fotos (Montage) von Georg von Vollmar (oben) und Eduard Bernstein.

Verstecken in die großen Städte, die oftmals, so Leipzig mit besonders hohen Ziffern, ein Sammelabonnement hatten und zum Umschlagplatz für kleinere Orte wurden. Man schickte oder verteilte Zeitungen aber auch an die Abonnenten, sei es direkt, sei es über Deckadressen. Verkehrsmittel aller Art mußten herhalten, Bahn, Schiff, Pferdewagen, Speditionsfirmen. Größere Zugriffe gelangen der Polizei selten, kleinere häufig, neue Wege fand man immer. Von 1884 an ließ Motteler den größeren Teil der Auflage im Reich drucken, die Matern kamen aus Zürich. Am 6. Juli 1885 meldet der Berliner Polzeipräsident resigniert: „Die Auflage des ‚Sozialdemokrat' wächst nach den vorliegenden Nachrichten fast mit jedem Quartal, und dementsprechend nimmt auch seine heimliche Einführung nach Deutschland zu. Diesem Schmuggel wirksam entgegenzutreten, hat sich als unmöglich erwiesen. Es werden zwar recht oft an den Grenzen und im Inlande Briefe und Pakete, die das Blatt enthalten, mit Beschlag belegt, aber der bei weitem größte Teil der Auflage gelangt doch regelmäßig in die Hände der Besteller. Die Expedienten haben im Verlaufe der Jahre eine große Fertigkeit im Schmuggel erlangt und wählen dabei die verschiedensten Mittel und Wege."

Gedruckt wurde der „Sozialdemokrat" in den Einrichtungen des Schweizerischen Arbeiterbundes in Hottingen-Zürich, als nomineller Verleger und Redakteur fungierte zunächst ein Schweizer Buchbinder namens Herter. 1882 erwarb die deutsche Partei Volksbuchhandlung wie Vereinsdruckerei und übertrug die formale Leitung dem Schweizer Sozialdemokraten Conrad Conzett; als Eigentümer des „S. D." zeichneten Bebel, Liebknecht, Fritzsche bis zu seinem Abgang, Ignaz Auer, der gelernte Sattler, der ein Parteiarbeiter von der selbstlosen Sorte war, und Carl Grillenberger, der gelernte Schlosser, der eine Druckerei erwarb, Redakteur der „Fränkischen Tagespost" wurde und das Herz der Nürnberger Partei. In Julius Motteler hatte Bebel den idealen, ihm gemäßen und ihm gefälligen Partner nach Zürich geschickt. Motteler war der Typ eines späteren „Genossen Generaldirektor", beweglich und pedantisch, einfallsreich und kleinlich, Kaufmann und Bürokrat. Ihm stand eine Frau zur Seite, die offiziell die „Tante" und inoffiziell der „Drache" hieß. Ein Gespann wie geschaffen für die Rote Feldpost, das feingesponnene Vertriebssystem des „S. D.", und für die Geschäfte, die mit dem Blatt verbunden waren. Schließlich warf es im dritten Jahr, mit einer Auflage von 4.400, bereits Gewinne ab; angefangen hatte man mit 2.700. Ende 85 wurden wöchentlich 9.500 ins Reich befördert, die Gesamtauflage pendelte sich schließlich zwischen zehn- und elftausend ein. So konnte Bebel 1884, im Vorfeld der Reichstagswahl, Motteler auffordern, 4.000 Mark locker zu machen, und eine Woche später bereits den Eingang bestätigen. Motteler war Bebels Statthalter in Zürich, den Mitarbeitern am Ort vorgesetzt, ihm selbst untertan. Seine 66 erhaltenen Briefe an Motteler wimmeln von detaillierten Anweisungen, die Angestellten wie die Arbeitsabläufe betreffend, sie handeln von Spitzeln und Schmugglern und immer und immer wieder von Geschäften. Die stückweisen Bestellungen liefen meist bei Bebel ein („Meerane wünscht regelmäßig 5 mehr"), und er ging auch auf die „Einkassierungsreise"; die Ergebnisse teilte er, mark- und pfennigweise, wieder Motteler mit („3 Mark von Scheck Eisenach auf Unterstützungsfond gebucht").

Bei aller geschäftlichen Umtriebigkeit brachte Bebel seinem Feldpostmeister – ein seltener Fall – eine gewisse persönliche Fürsorge entgegen, jedenfalls solange er auf ihn angewiesen war. Später, nach 1890, als das Unternehmen Feldpost abgewickelt war und Motteler einstweilen nicht nach Deutschland zurück konnte, flaute der Kontakt ab; Bebel war weder dankbar noch anhänglich. Voreinst sorgte er sich um Mottelers „Körperzustand" und „Arbeitslast". Eine weitere Kraft möge eingestellt werden, dann müßten die Arbeitsräume und das Logis „neu und größer" und die Lebensgewohnheiten geändert werden, er empfehle früheres Zubettgehen, das Rauchen einzustellen und das Teetrinken zu beschränken. „Trinke lieber für den Dienst Limonade oder ähnliches." Endlich rate er, sich im Laufe des Herbstes 83 „in die Nähe Zürichs zurückzuziehen", für Beihilfe wolle er sorgen. Um seinen Vorstellungen Nachdruck zu verleihen, wandte er sich auch an Frau Motteler, über die er kalte Kopfbäder und kalte Waschungen anraten ließ; er berief sich dabei auf den Zentrumsführer Windthorst!

Die Kraft, die Bebel 1883 engagierte und die für den wachsenden Schriftenvertrieb, in erster Linie seine „Frau" und die anderen Traktate, zuständig wurde, hieß Hermann Schlüter. Der Sachse, vor 1878 Expedient des Dresdner Parteiblatts, hatte in Stuttgart ein Zigarrengeschäft eröffnet, doch Bebels verlockendem Angebot konnte er nicht widerstehen; die Umzugs- und Reisekosten würden erstattet und das Monatsgehalt zweihundert Mark betragen. Motteler hatte mit 175 Mark angefangen, eine Summe, die jedenfalls 1884 um 25 Mark aufgebessert wurde. Zum Vergleich: Das Monatseinkommen eines kleinen Angestellten belief sich auf rund hundert Mark. Die Bediensteten der Partei darben auch unter dem Sozialisten-Gesetz nicht. 1885 kritzelte Bebel über einen Brief an Motteler: „Ich habe Deine Lebensversicherung reguliert." Es kam auch vor, daß Bebel mit ihm Börsengeschäfte erörterte; sie ließen, vermutlich über einen Dritten, Geld anlegen. Diese „Börsenbande" müsse man erst noch kennenlernen, ärgerte sich Bebel 1886. Er sollte sie noch kennenlernen, jedenfalls gut genug, um dereinst sein eigenes Geld gewinnbringend anzulegen.

Auch Schlüter wurde von Bebel mit einer wahren Briefflut bedacht, fast schien es Willkür zu sein, ob die Anweisungen, die Bebel in Richtung Zürich erteilte und die nur selten mit politischen Kommentaren gespickt waren, an Motteler oder Schlüter gingen. Auch Schlüter mußte sich allerlei Vorwürfe gefallen lassen; daß es ein Skandal sei, wenn die „Vossische Zeitung" in einer Stunde stereotypiert werde, der „S.D." dazu einen ganzen Tag benötige; daß der Redaktionsschluß nicht vor Dienstag eintreten dürfe, weil nur sonntags Zeit sei zu schreiben; daß die Zeitung zum Sonntag beim Empfänger zu sein habe, weil auch Zeit zu lesen nur dann gegeben sei. Beide, Motteler und Schlüter, waren keine selbständigen Köpfe, beide waren sie Bebel ergeben. Mit Schlüter blieb der briefliche Kontakt bestehen, als es auch ihn 1888 – die Besatzung des „S.D." war auf deutschen Druck aus der Schweiz ausgewiesen worden und nach London entwichen – in die Neue Welt zog.

In der Redaktion des „Sozialdemokrat" hatte Georg von Vollmar sogleich den gewünschten scharfen Ton angeschlagen, dabei aber des Guten zuviel getan. Vollmar, aus einer bayerischen Beamten- und Offiziersfamilie stammend und in der Nähe Münchens geboren, hatte etwas, das dem zehn Jahre älteren Bebel abging – die Fähigkeit, sich zu begeistern und begeistern zu lassen und die Lust am Tun. Abzuwarten und zu rätseln, wann welches Ereignis eintreten möge, wäre ihm nicht in den Sinn gekommen. Den Krieg von 1866 hatte der Benediktinerschüler als Infanterieleutnant erlebt, sich hernach, voll religiöser Schwärmerei, von der päpstlichen Söldnerlegion anwerben lassen, diese – angeekelt von der „Korruption des Pfaffentums" und weil er einen Erschießungsbefehl nicht auszuführen gedachte – wieder verlassen, das Münchener Polytechnikum absolviert und sich, voll deutschen Eifers, in den Feldzug 70/71 gestürzt, der ihn zum Krüppel auf Lebenszeit machte. Schon 1869, also noch bevor ihn der patriotische Dusel erfaßte, war er den Eisenachern beigetreten, um sich ihnen nach dem Krieg im wahrsten Sinne des Wortes zu verschreiben. 1877 nahm er eine Redakteurstelle in Dresden an; als Bebel ihn für den „S. D." warb, saß er gerade in Haft. Ein so glutvolles Temperament wie Georg von Vollmar konnte innerhalb der Partei links sein oder rechts, niemals passive Mitte, entweder aktiv revolutionieren oder aktiv reformieren. Jung und draufgängerisch wie er 1878 war, konnte sein Credo nur lauten: „Die heutigen politischen und wirtschaftlichen Herrscher Deutschlands wollen keine Unterhandlung, keine Verständigung, sondern den Krieg, den Vernichtungskampf. Gut, wenn sie ihn wollen, sollen sie ihn haben, und voll und ganz haben. Die Verantwortung auf ihre Häupter." Über derart putschistischen Tönen fuhr nicht nur den betulichen Seelen in der Reichstagsfraktion der Schręcken in die Glieder, sondern auch Bebel empörte sich. Die Aufregung war um so größer, als in der Frühzeit des Sozialisten-Gesetzes zwei Abgeordnete, Most und Hasselmann, in anarchistisches Fahrwasser geraten waren und ohnehin schon die Anti-Geheimbundslinie der Partei zu korrumpieren drohten.

Den Trennungsstrich zu ziehen, klare Verhältnisse zu schaffen, war das Anliegen jenes Kongresses, den Motteler im August 1880, in enger Tuchfühlung mit Bebel, als „Generalversammlung der Kranken-, Wander- und Alters-Unterstützungskassen der deutschen Vereine der Schweiz" organisierte und allein durch dessen Zustandekommen der Partei ein großes Erfolgserlebnis beschert wurde. 56 Delegierte bestätigten in Wyden das Votum der Reichstagsfraktion und schlossen Most wie Hasselmann aus der Partei aus. Sie taten ein übriges und strichen aus dem (Gothaer) Parteiprogramm, ebenfalls einstimmig, das Wort „gesetzlich". Eine Selbstverständlichkeit, denn sollte man den Anschein erwecken, als achte man das Sozialisten-Gesetz, das auszuhöhlen man durch die Rote Feldpost bemüht war? Auch sonst kehrte Ordnung ein. Das Provisorium, auf das man sich einst in Hamburg verständigt hatte, wich einer Regel; die

Parteileitung lag ab sofort in den Händen der jeweiligen Reichstagsfraktion. Der Praktiker Auer hatte zu praktisch gedacht, als er diesen Antrag einbrachte; er wollte einer in der Form zentralistischen, in der Sache rigiden Organisation den Riegel vorschieben, übersah aber, daß überall, wo Bebel war, zentralistisch und rigide regiert wurde. Ein zweites Begehren Auers erfüllte sich von selbst; die lokale Organisation blieb im Ermessen der Genossen vor Ort. Das Maß an Verselbständigung, das einzelnen Regionen unter dem Ausnahmegesetz zuwuchs, ließ sich später nicht mehr zurückdrängen. Der dritte Teil von Auers Antrag deckte sich mit dem Wunsch Bebels: Der Sozialdemokrat wurde zum „Zentral-Organ der deutschen Sozialdemokratie" erklärt. Daß die Fraktion eine Redaktionskommission einsetzte, war Formsache und eine Frage der Personen; verantwortlich wurde Liebknecht.

Der Hickhack zwischen einem Teil der Fraktion, den „Opportunisten", wie es bei Engels und auch bei Bebel alsbald hieß, und der Züricher Redaktion war nur ein kleines Vorspiel zu dem, was kommen sollte. Er wäre mit und ohne Kommission ausgebrochen, er war fällig und nicht zu trennen von dem Gang der Ereignisse. Einstweilen waren's alle froh, daß Georg von Vollmar das Handtuch warf und zum 1. Januar 1881 kündigte. Er wollte sich eine Stellung in der deutschen Politik nicht durch ein längerfristiges Schweizer Engagement verscherzen, und überhaupt zog es ihn zurück in die Unabhängigkeit. Als Nachfolger faßte Bebel, der dem Bayern die persönliche Gunst einstweilen bewahrte, Eduard Bernstein ins Auge, der in Zürich saß, auch schon mitgetan hatte und von den Ansichten des Drei-Sterne-Artikels weit abgerückt war.

Bernstein, demselben Jahrgang 1850 entstammend wie Vollmar, kam aus der jüdisch-kleinbürgerlichen Welt Berlins, der Vater war Lokomotivführer, vom Onkel, Aaron Bernstein, einem Leitartikler der „Berliner Volkszeitung", erhielt er manche Anregung. Mit sechzehn begann er eine Banklehre, dem Fach blieb er treu, bis ihn Höchberg in seine Dienste spannte. Eisenacher Parteimitglied war er nach einer Versammlung Bebels geworden, unmittelbar bevor dieser 1872 in Hubertusburg einrückte. In seinen „Sozialdemokratischen Lehrjahren" hielt Bernstein fest, wie Bebel gefragt worden war, wann denn die von ihm vorausgesagte Revolution eintreten werde. „In spätestens zwanzig Jahren!" habe er geantwortet. Ord-

Lieber Engels!
Dein den Tod unseres teuren Marx meldendes Telegramm traf mich, wie Du mittlerweile durch Liebknecht erfahren haben wirst, in Dresden. So hart der Schlag ist, unerwartet kam er nicht. Dein letzter Brief hatte meine Bedenken aufs neue geweckt, und Liebknecht bestätigte sie. Jetzt drängt sich zunächst aller Welt die Frage auf: Was geschieht mit den noch unvollendeten Arbeiten Marx' bezüglich des Kapitals'? Bereits kündigen die französischen Blätter an, und die Zeitungen hier drucken's nach, daß Du die Fertigstellung übernähmst. Das erwarten ja alle, und Du allein hast das Zeug dazu; aber hast Du auch die Zeit? Da ich annehme, daß Du mit Liebknecht hierüber gesprochen hast, so bin ich sehr gespannt, was dieser berichten wird.

Da wir nächstens unsere Parteizusammenkunft haben, werde ich anregen, daß Marx ein Denkstein seitens der Gesamtpartei gesetzt wird. Es handelt sich hierbei selbstverständlich nicht um ein glänzendes Denkmal, aber um ein Zeichen der Dankbarkeit und der Solidarität der Arbeiter aller Länder.

Hiermit möchte ich noch eine andere Frage an Dich richten. Willst Du, nachdem Marx tot ist, in England bleiben oder nicht lieber nach Deutschland oder wenigstens nach der Schweiz kommen, damit wir in näheren und häufigeren Konnex mit Dir kommen können? Die Frage kommt mir in dem Moment,

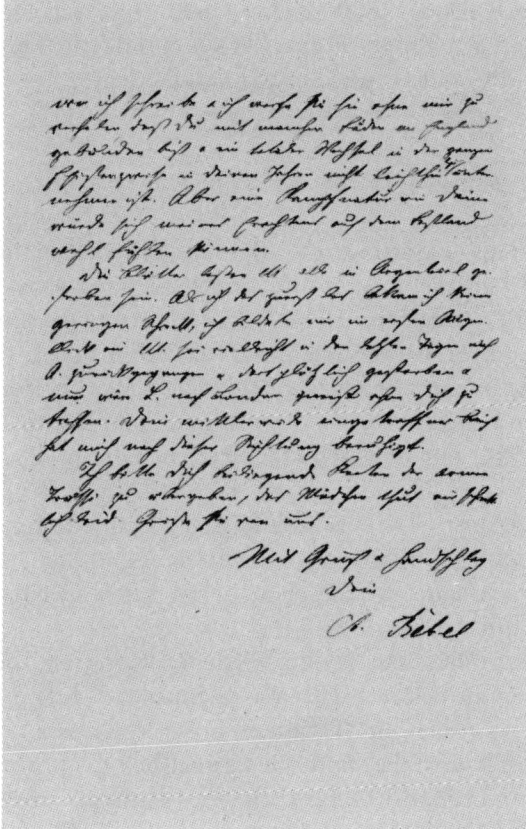

wo ich schreibe, und ich werfe sie hin, ohne mir zu verhehlen, daß Du mit manchen Fäden an England gebunden bist und ein totaler Wechsel in der ganzen Existenzweise in Deinen Jahren nicht leichthin zu unternehmen ist. Aber eine Kampfnatur wie Deine würde sich meines Erachtens auf dem Festland wohl fühlen können.

Die Blätter lassen Marx alle in Argenteuil gestorben sein. Als ich das zuerst las, bekam ich keinen geringen Schreck; ich bildete mir im ersten Augenblick ein, Marx sei vielleicht in den letzten Tagen nach Argenteuil zurückgegangen und dort plötzlich gestorben, und nun wäre Liebknecht nach London gereist, ohne Dich zu treffen. Dein mittlerweile eingetroffener Brief hat mich nach dieser Richtung beruhigt.

Ich bitte Dich, beiliegende Karten der armen Tussy zu übergeben, das Mädchen tut mir schrecklich leid. Grüße sie von uns.

Mit Gruß und Handschlag

Dein *A. Bebel*"

nung also war Ende 1880, nach genau zwei Jahren Sozialisten-Gesetz, in die Parteidinge eingekehrt – wenn da nicht noch die Sache mit Marx und Engels gewesen wäre.

Friedrich Engels oder „Ein Stück von mir"

Nach dem Hader vom Herbst 1879 war die Verbindung zwischen London und Leipzig, Engels und Bebel, nicht abgerissen, doch der Ton gespannt geblieben. Bebel, der ansonsten so fleißige Brief-schreiber, zögerte, wie schon einmal fünf Jahre zuvor, eine Antwort sechs Monate hinaus. Er war verärgert über die Londoner Begriffs-stutzigkeit und hatte bereits wissen lassen, daß man im Ausland „gar keinen Begriff" von den Schwierigkeiten habe und sich „von der Situation" keine rechte Vorstellung mache. Aber das war die äußer-ste Form der Abwehr, die er sich leistete. Sich jede Einmischung in die Parteiangelegenheiten zu verbitten oder den Briefverkehr schlicht einzustellen, auf diesen naheliegenden Gedanken wäre er nicht im Traum verfallen.

Im Herbst 1880, nach dem Wydener Kongreß, begann er zu bitten und fast zu betteln, daß „das Schmollen" aufgegeben werde. Er bekräftigte, „wie alle Tätigkeit unserer Gegner schließlich zu unseren Gunsten ausfalle, und wie namentlich die unsinnige Vielge-schäftigkeit und zerstörerische Tätigkeit Bismarcks uns in die Hände arbeite" und wie überhaupt alles so „vorteilhaft" verlaufe. Man müsse die Situation nur ausbeuten, und so tat er denn vor Marx und Engels einen tiefen Kniefall und schrieb unterwürfig: „Wenn Ihr Euch entschließen könntet, jetzt einmal öffentlich hervorzutreten, indem Ihr die Situation, wenn ich mich so ausdrücken soll, theore-tisch beleuchtet, so würde das von mächtiger Wirkung sein, und Euer Urteil würde mehr als einmal von unseren und Bismarcks Gegnern zitiert werden." Es sollte bei der brieflichen Werbung nicht bleiben.

Allerlei Umstände in der Bestimmung des neuen „S. D."-Redak-teurs ließen es Bebel geraten erscheinen, sich höchstselbst nach London zu bemühen und Bernstein, gegen den immer noch finstere Vorurteile wegen des Drei-Sterne-Artikels bestanden, gleich mitzu-nehmen – „in die Höhle des Löwen". Den Ausdruck verwandte

Bebel noch in seinen Memoiren, in denen er die vom 9. bis 16. Dezember 1880 währende Reise zum „Kanossagang" stilisierte.

Von Bebel ist nie Rechenschaft gegeben worden, wann die Londoner Autorität für ihn unantastbar wurde und warum. Bernstein behauptete in seinem Londoner Reisebild, das er den „Lehrjahren" einfügte, Bebel und er selbst seien durch Engels' Streitschrift gegen Dühring „von der Überlegenheit der Marx-Engelsschen Theorie über alle sonstigen Begründungen des Sozialismus überzeugt worden". In der Unterhaltung sei es deshalb sogleich um die praktischen Fragen gegangen, und Bebel habe nachweisen können, „daß einzelne einflußreiche Führer der Partei in Deutschland dem Spießbürgertum erheblich weitergehende Zugeständnisse machten, als wir Züricher Sünder". In seinem Büchlein „Aus den Jahren meines Exils" hat Bernstein auch festgehalten, daß Bebel, „der damals in der vollen Blüte seiner geistigen Kraft stand, die beiden Alten durch seinen Freimut und die erschöpfende Aufklärung entzückte, die er ihnen über die Zustände in Deutschland und die innere Lage der Partei gab". Bebel muß, wenn wir den Bernsteinschen Angaben Glauben schenken wollen, die ganze Kunst seiner für die unmittelbare Gegenwart nüchternen, für die nähere und spätere Zukunft überaus rosigen Analyse entfaltet und sie als Bestätigung des Marx'schen „Kapital" hingestellt haben. Konnte es da Wunder nehmen, daß „ihm untrügliche Beweise von Hochachtung und Liebe" entgegengebracht wurden?

Als zwei Jahre später der Zwickauer Drechsler Gustav Bebel verschied und die Nachricht in die Welt kam, Bebel, der in der Tat krank war, sei gestorben, schrieb Marx an Engels: „Es ist entsetzlich, das größte Unglück für unsere Partei! Er war eine einzige Erscheinung innerhalb der deutschen (man kann sagen innerhalb der ‚europäischen') Arbeiterklasse." Engels wandte sich, als das Dementi eingetroffen, an Marx' Tochter, Laura Lafargue: Bebels Tod wäre ein „unersetzlicher" Verlust gewesen. „Wo ist in Deutschland oder sonstwo ein solcher Kopf zu finden? Wo solche theoretische Klarheit, solch geschickter Takt, solch ruhige Entschiedenheit unter der jüngeren Generation?" Bebel, für den Vahlteich eine große Totenfeier in New York zelebriert hatte, kündigte Engels an, eine Pacht auf weitere vierzig Jahre mit dem Sensenmann geschlossen zu haben: „Ich denke, diese Zeit reicht nicht nur, um den Zusammenbruch des Alten zu erleben, sondern auch noch ein redliches Stück vom Neuen zu genießen." Die Londoner Lobpreisung war durchaus nicht rhetorischer Natur. Für die beiden Theoretiker mit dem praktischen Anspruch war Bebel ausführendes und zugleich bestätigendes Organ. Engels hat einmal gestanden, über keinen Punkt in Sachen der Parteitaktik zu entscheiden, ehe er nicht Bebels Meinung kennengelernt habe.

Mit dem Besuch in London nahm ein besonderes deutsches Verhältnis seinen Anfang. Friedrich Engels und August Bebel wechseln von Stund' an und nun ohne größere Pausen eine Menge Briefe miteinander, Briefe, die nicht tiefsinnig sind, aber von tiefem Einverständnis zeugen, Briefe, in denen der eine die niedergehende Wirtschaft des Deutschen Reiches ausmalt, der andere sich um die Rechtgläubigkeit der Partei sorgt und beide sich wechselseitig daran berauschen, daß es bald soweit sei und der Sozialismus heraufziehe. Wie Bebel war auch Engels der Ansicht, daß Deutschland mit wachsender Geschwindigkeit der Revolution zutreibe und binnen kurzem die Sozialdemokratie in den Vordergrund gedrängt werde. „Wir selbst brauchen dazu gar nichts zu tun", erklärte er Bernstein 1882. Meinungsverschiedenheiten traten selten auf und wurden nur noch in höflichster Weise behandelt. So stritt man sich, ob ein bürgerliches Zwischenspiel stattfinden, wie Engels meinte, oder es direkt zur Sache gehen werde, wie Bebel glaubte. Um Engels zu überzeugen, forderte ihn Bebel immer wieder auf, Deutschland zu besuchen und sich selbst ein Bild zu machen – von den fortgeschrittenen Zuständen, die keine Umwege mehr zuließen; wenn er darauf verwies, wie sehr sich Deutschland verändert habe, glühte ein Funke Stolz immer mit.

Das Verhältnis zwischen Engels und Bebel hatte seinen Grund nicht zuerst in der intellektuell-marxistischen Übereinstimmung. Bebel mußte nicht Marx studiert haben, um an den kapitalistischen Zusammenbruch und das sozialistische Paradies zu glauben, schon gar nicht um eine unversöhnliche Anti-System-Politik zu verfolgen. Er mußte auch Engels' „Anti-Dühring" nicht gelesen haben, jenes Werk, das Bernstein, Kautsky und viele andere bekehrt hatte, um den Sozialismus als Weltanschauung zu verstehen. Den Berliner Privatgelehrten Eugen Dühring, der in der Partei viele gläubige Anhänger zählte, hatte Bebel 1874, im „Volksstaat", groß herausgestellt und erklärt, dessen Werk, der „Cursus der National- und Sozialökonomie", gehöre nach Marx' „Kapital" zu dem Besten, „was auf ökonomischem Gebiet die neueste Zeit hervorgebracht hat". Daß neben Marx niemand zu stehen habe, wußte er damals noch nicht. Daß Dühring eine soziale Harmonie bei freiem Spiel der Kräfte für erstrebenswert, eine Enteignung mit dem System für vereinbar und die Befreiung der Arbeiter durch Bildung und Regulierung des Kapitals für möglich hielt, schien ihn noch nicht zu stören. Auch als Engels drei Jahre später seine Anti-Dühring-Serie im „Vorwärts" startete und der Parteitag damit befaßt wurde, handhabe er die Angelegenheit sachlich-kühl und verbannte die Artikel in die Wissenschaftliche Beilage. Furore machte erst das Buch, eben „Herrn Eugen Dührings Umwälzung der Wissenschaft", das im Juli 78 erschien, in einem Augenblick, da das Sozialisten-Gesetz seine Schatten warf. Es verreißt in hochmütigem Ton das Dühringsche „Blech" und stellt sodann in drei Abschnitten – Philosophie, Politische Ökonomie, Wissenschaftlicher Sozialismus – die dialektische Methode und die kommunistische Weltanschauung dar, faßt also all das zusammen, was Marx und er selbst erarbeitet hatten. Im Erscheinen des „Anti-Dühring" sah Karl Kautsky denn auch den Anfang einer marxistischen Schule begründet.

Bebel entlockte das Werk kein Zeichen der Erleuchtung und nicht einmal ein Wort, wie er es aufgenommen. Daß ab sofort auch ihn an Dühring nichts, an Engels alles band, verstand sich fast von selbst, auch wenn er den Text nicht genau studiert haben sollte. Daß er mit Dühringschen Versöhnlichkeiten nichts im Sinne haben konnte, daß eine Unvereinbarkeit vorlag, mag ihm schlagartig klar geworden sein und genügte. Sprachen nicht aus Engels' Schrift jene letzten Weisheiten, in deren Namen er eine Politik des Alles oder Nichts verfolgte? Erhielt sie nicht hier ihre tiefere Begründung? London wurde, jenseits der theoretischen Inhalte und methodischen Fragen, zur Stätte einer letzten Instanz – je mehr die beiden Gelehrten die Rolle ausspielten, desto ausgeprägter; die Formel vom „Kanossagang" kam nicht von ungefähr. Brauchte Bebel dieses Rom, weil Legitimation sucht, wer sich auf den Boden dessen, was ist, nicht stellen mag, aber fest in ihm verankert ist? In seinem Lebensrückblick pochte Bebel darauf, daß Marx, der 1883 starb, wie Engels sich nie anders denn als Ratgebende gezeigt hätten und ihr Rat mehrfach nicht befolgt worden sei. Aber das Maß an Selbstbehauptung, das er sich leistete und das man an ihm schätzte, erfüllte sich unterhalb der Autoritätsschwelle. Ein Bruch ward – wechselseitig – nie ins Auge gefaßt und lag nie im Bereich des Möglichen.

In London hatte nicht nur Bebel den erwünschten Segen erhalten, auch seinem Reisebegleiter Bernstein war Absolution erteilt worden. Er übernahm im Januar 1881 die Redaktion des „Sozialdemokrat", dem Engels im Mai 82 den ersten namentlich gezeichneten Artikel lieferte, und baute sie zu einer umkämpften, aber behaupteten Festung des Marxismus und der politischen Intransigenz aus. Die Sprache des Blattes blieb auch unter Bernstein grob, und Auer hatte 1884 allen Grund, Motteler auf die „Blutseuche im Blatt" aufmerksam zu machen. Aktivistische Töne à la Vollmar aber waren nicht mehr zu vernehmen. Bebel hielt seinem Redakteur all die Jahre den Rücken frei und setzte mehr als einmal seine eigene Autorität ein, um Bernstein zu halten; das Blatt war, unter den Bedingungen des Sozialisten-Gesetzes, die entscheidende innerparteiliche Machtposition. Bei aller sachlich-politischen Nähe entwickelte sich zwischen Bebel und Bernstein kein persönliches Verhältnis. Bebels Briefe an Schlüter und Motteler, seine Untergebenen, stecken voller Anweisungen und Spitzen: „Sagen Sie Ede", dann „Sage Ede" oder „Ich laß' Ede bitten"; Ede könne sehr gut täglich einige Stunden daran wenden, die Bücher aufs laufende zu bringen, wenn er nicht Geschichten erzähle, sondern fleißig arbeite; Ede sei phlegmatisch und müsse energischer in der Druckerei sein. Auch die Briefe an Engels ziert Klatsch über Bernstein, den er „guthansig" nennt und über den er verbreitet, daß ihm der Mut fehle. Auf der gleichen Seite der Barrikade zu stehen, wie sie beide selbst gesagt haben würden, reichte für eine menschliche Beziehung nicht aus. Im Fall Engels und Bebel war denn auch mehr und anderes im Spiel.

Sein Biograph Gustav Mayer hat Engels eine „verwegene Einseitigkeit" zugeschrieben, die auch Bebels hervorstechende Eigenschaft war. Sie ähnelten einander, mochten sich und – brauchten sich, der Philosoph den Politiker, der Politiker den Philosophen. Das Denkmal, das Bebel dem zwanzig Jahre älteren Freund in seinen Erinnerungen setzte, hat seinesgleichen nicht. Für niemanden sonst, seine Frau ausgenommen, hat er ähnliche Worte gefunden: „Als er 1895 im fünfundsiebzigsten Lebensjahr starb, war mir's, als starb ein Stück von mir."

Die Frage nach der Art von Bebels Marxismus – ob dogmatisch, mangelhaft, vulgär oder was sonst – bleibt für die Schriftgelehrten. In Bebels unendlichen Einlassungen, schriftlichen und mündlichen, vermehren sich durch die Jahrzehnte die historisch-materialistischen Spurenelemente, aber was besagt's? 1883 hängte er eine nahezu lebensgroße Kreidezeichnung von Marx, die ihm Leipziger Parteifreunde gebracht hatten, über seinen Schreibtisch – in einem Prachtrahmen. 1884 erklärte er dem Sächsischen Landtag die Sache mit der Expropriation der Expropriateure und berief sich dabei auf Marx. Er vermerkte, im Rückblick, daß er das „Kapital", Teil I, in der Festungshaft dabei gehabt habe, 1884 fügte er in einen Brief an Engels den knappen Hinweis ein, daß er die dritte Auflage erhalten, aber noch keine Zeit gefunden habe, sie näher durchzusehen. Etwas anfangen konnte er mit Engels' Schrift vom „Ursprung der Familie, des Privateigentums und des Staats", die ebenfalls 1884 erschien, deren Inhalt er zwei Jahre später in einer Festrede für die Dresdner Tischler wiedergab und in die späteren Auflagen seiner „Frau" einarbeitete. Schlüter gegenüber nannte er die Schrift „eine Errungenschaft für die Partei" und fand es wünschbar, daß namentlich die Führer sie studierten, nicht nur läsen. Dieser Kommentar war der weitreichendste, den er zu irgendeinem Marx-Engelsschen Werk abgegeben hat.

Für das politische Geschäft, das er im Deutschen Reich betrieb, ist von Belang, daß er ohne die Fluchtburg Marxismus nicht auskam. Sich allein dem Hier und Heute zu widmen, einen leidenschaftlichen Kampf um die Demokratie zu führen und eine harte Interessenpolitik für das Proletariat zu verfolgen, wäre ihm viel zu wenig gewesen. Als Marxismus galt Bebel der feste Glaube an die sich zuspitzenden Klassengegensätze und den schließlichen Zusammenbruch wie an die Möglichkeit einer widerspruchsfreien, konfliktlosen, mit sich selbst versöhnten Gesellschaft. Marxismus verdeckte und überhöhte seinen Unwillen, sich auf Nächstliegendes zu konzentrieren, und enthob ihn der Bewußtwerdung, wie sehr seine Partei und er selbst, politisch wie privat, im System zu Hause waren.

Eine Selbstverständlichkeit mußte es für ihn sein, all die Kräfte in der Partei zu stützen und zu fördern, die an der Fluchtburg mitbauten und verhindern halfen, daß aus der deutschen Sozialdemokratie eine Partei im Diesseits wurde, eine Partei wie andere und neben anderen. Der unselige Einfluß, den ein junger, dem Marxismus verfallener Missionar – sein Name: Karl Kautsky – in den achtziger Jahren erlangte, wäre ohne Bebels schützende Hand kaum durchsetzbar gewesen. 1882 hatte er sich mit Kautsky, Liebknecht und Verleger Dietz in Salzburg getroffen, um das Projekt einer theoretischen, von Kautsky zu redigierenden Monatsschrift voranzutreiben; sie kam zum ersten Mal im Januar 1883 in Stuttgart heraus. In dieser „Neuen Zeit" paukte Kautsky einer interessierten Schicht von Genossen marxistische Lehrsätze ein, das Ergebnis zeigte sich zuerst 1890/91.

Die Bestimmungen des Sozialisten-Gesetzes fanden auf das als privat deklarierte Unternehmen „Neue Zeit" keine Anwendung. Nicht immer hielt sich die reichsdeutsche Obrigkeit so streng an Recht und Gesetz. Hätte man gewollt, ein Vorwand wäre leicht zu finden gewesen, um der Sache ein Ende zu bereiten. Wollte man der Sozialdemokratie diese Spielwiese lassen? Wußte man, daß dieses Spiel nicht gefährlich war?

Ausweisung

Kaum war ein hansestädtischer Sozialdemokrat in den Reichstag eingezogen, gab der Hamburger Senat am 28. Oktober 1880 dem preußischen Drängen statt und verhängte den Kleinen Belagerungszustand. Preußen zog sofort nach und bedachte Altona wie Harburg, auch die Güter des Fürsten von Bismarck mit dem „Kleinen". Mehr als 300 Ausweisungsbefehle folgten, betroffen waren Personen, von denen, laut Gesetz, „eine Gefährdung der öffentlichen Sicherheit oder Ordnung zu besorgen ist". Leute wie Auer, die erst aus Berlin hatten verschwinden müssen, standen nun wieder vor der Existenzsuche. Nirgends lockte Amerika mehr als in Bremen oder Hamburg, und so kehrten die Ausgewiesenen in größerer Zahl denn je der Heimat den Rücken, für immer. Und die, die blieben? Ignaz Auer, der sich zu seinen Schwiegereltern nach Schwerin flüchtete, hat in seinem Büchlein „Nach zehn Jahren" resumiert, daß kein Belagerungszustand der Partei Schaden zugefügt habe. „Im Gegenteil:

vorher wurden besoldete Aquitatoren im Land herumgeschickt, jetzt wurden diese reichlich durch die ausgewiesenen Arbeiter ersetzt." Die Wahlergebnisse hätten gezeigt, unter einem „Kleinen" habe der Sozialismus erst recht Anhänger gewonnen.

Hamburg, eine der ersten Bastionen der deutschen Arbeiterbewegung, parierte den Schlag aus eigener Kraft. Geldnot war unbekannt, aber tröstete nicht lange. Denn nun schien eine Frage der Zeit, wann Leipzig an der Reihe sein würde. Der Kongreß von Wyden hatte in Berliner Amtsstuben einigen Wirbel gemacht, die Drahtzieher des Treffens vermutete man in Leipzig. Selbst Bebel nannte Ende 1880, in einem Brief an Engels, die Leipziger Zustände „idyllisch". Tatsächlich hatten die sächsischen wie die städtischen Behörden manches darangesetzt, das Sozialisten-Gesetz in Leipzig so milde wie nur irgend möglich zu handhaben. Am 18. Oktober 1880 wandte sich die Hamburger Polizei, die den Vorgang in ihren Akten festgehalten hat, „vertraulich" an „Das verehrliche Polizeiamt zu Leipzig", um nach Flugblättern und nach Bebel zu fragen. Einen knappen Monat später, am 11. November, antwortete das Leipziger Polizeiamt sächsisch-nonchalant: „Über das Tun und Treiben des Agitators Bebel ist in letzter Zeit von uns etwas Auffälliges nicht beobachtet worden." Daß Bebel mit auswärtigen Parteigenossen in regem schriftlichen Verkehr stehe, sei bekannt, auch „daß er gelegentlich Flugblätter etc. anfertigt". Im übrigen glaube man „versichern zu können, daß gegenwärtig Bebel unter den hier sich aufhaltenden sozialdemokratischen Agitatoren vielleicht am wenigsten für die Partei tätig ist, da er sich jetzt seinem hiesigen Geschäft (Dampfdrechslerei und Gießerei) sehr widmet". Die hiesige Genossenschaftsdruckerei habe man gelegentlich durchsucht, es sei aber noch nicht gelungen, den Druck von Flugblättern nachzuweisen. Entweder ärgerte man sich über die Hamburger Aushorcherei, oder man wollte Bebel schützen oder beides! Die Abfuhr ließ an Deutlichkeit nichts zu wünschen übrig.

Doch dem übermächtigen Berliner Druck war nicht länger standzuhalten, und es mußte eine ausgeklügelte Spitzelei eingefädelt werden, um den Vorwand zu finden: Am 27. Juni 1881 wird, durch Verordnung des Königlich-Sächsischen Gesamtministeriums, über Stadt und Amtshauptmannschaft Leipzig der Kleine Belagerungszustand verhängt. Er tritt am 28. in Kraft, jenem Tag, an dem abends, neun Uhr, am Napoleonstein im Südosten der Stadt, dort wo sich später das Völkerschlachtsdenkmal erheben sollte, Bebel, der den Schlag vorausgeahnt hat und vorbereitet ist, rund hundert Vertrauensmänner zusammentrommelt. Die praktischen Dinge werden geregelt: Sammlung und Verteilung von Geld, Verbreitung des „Sozialdemokrat", Vorbereitung der Reichstagswahl. Tags zuvor haben Bebel, Liebknecht, Hasenclever und dreißig weitere Personen, fast ausnahmslos Familienväter, die Ausweisungsorder erhalten, binnen drei Tagen müssen alle Leipzig verlassen. Noch vor Jahresfrist folgen 42 weitere Ausweisungen, bis 1890 sollte allein Leipzig auf 156 kommen. Der Anteil der Schriftsetzer unter den Ausgewiesenen ist besonders hoch. Sie zeichneten oft für die Druckerzeugnisse verantwortlich, um den Redakteuren eine kontinuierliche Arbeit zu ermöglichen, und mußten entsprechend häufig hinter Gitter – daher der Name „Sitzredakteur" – oder, wie jetzt, die Ausweisung in Kauf nehmen.

In der Ausweisung an das städtische Polizeiamt war auf die Gefährdung der öffentlichen Sicherheit und Ordnung Bezug genommen worden, aber nicht einmal das „Dresdner Journal" hielt sich damit auf. Die „Leipziger Zeitung" stellte kurz und bündig fest, in der Stadt seien eben alle Fäden zusammengelaufen. In einem Flugblatt, das in 18.000 Exemplaren noch am 6. Juli unters Volk kam, von Bebel, Liebknecht und Hasenclever gezeichnet war und allen dreien eine kleine Haftstrafe bescherte, wurde der feige und verräterische Liberalismus angeprangert und auf die religiöse Verfolgung im Mittelalter angespielt: „Wir gingen mit Haß und Ingrimm im Herzen in der besten Überzeugung, daß auch für uns die Erlösungsstunde schlagen wird." Bebel kokettierte mit der Märtyrerrolle. Gewiß war er verbittert, wie ein Vagabund oder Verbrecher von Weib und Kind gerissen zu werden; noch in den Erinnerungen schilderte er seine damalige Stimmungslage. Doch er verließ Leipzig kühlen Kopfes und fing erst einmal an, die Ämter mit scharfen Protesten zu bombardieren. Seiner Frau Julie, die sofort – die anderen Ehefrauen waren dazu nicht in der Lage – die Kassenbücher der Partei übernahm, hatte die Polizei eine Reihe von Auflagen gemacht, darunter polizeiliche Einsicht in die Abrechnung.

Bebel, der sich zunächst nach Dresden begeben hatte und von da auf Geschäftsreise ging, wies sie an, das Gesuch zur Geldsammlung zurückzuziehen. Die Polizei erinnerte er am 11. Juli an die gehetzten Juden Rußlands, zu deren Gunsten die höchsten Stellen um Beiträge nachkämen. Es sei also in Deutschland und speziell in Sachsen so weit gekommen, „daß öffentliche Sammlungen und ein öffentlicher Appell an das Mitleid für gehetzte und zu Grunde gerichtete Menschen gestattet wird, wenn diese Gehetzten Nichtdeutsche sind, daß er aber verboten oder auf alle mögliche Weise erschwert wird, Sammlungen für die ins Elend gestoßenen Familienmitglieder derjenigen Landeskinder vorzunehmen, die eine angeblich ‚aufgeklärte, wohlwollende, christliche' Regierung mit kaltem Blute und kalter Berechnung von Weib und Kind und von ihrem häuslichen Herd vertrieben und meist ihrer Existenz beraubt hat." Er begreife nun, was es heiße, in einem „deutsch-christlichen" Staate zu leben. Zwei Wochen später, am 25. Juli, erhob er Beschwerde gegen das anläßlich der Ausweisung vorgenommene Signalement, Feststellung der Personalia, würde man heute sagen. Daß mangels Maß die Körpergröße durch Aufstellen an der Stubentür ermittelt worden war, erregte ihn fast noch mehr als die Weitergabe der Daten an andere Polizeibehörden: „Wir Ausgewiesenen sind keine gemeinen Verbrecher, unsere moralische und bürgerliche Integrität ist durch die gegen uns beliebte Maßregel in keiner Weise tangiert; wir sind trotz der gegen uns verhängten Maßregel in unserem Charakter und in unserer bürgerlichen Ehre mindestens so unangreifbar wie jene, welche jetzt über uns den Stab brechen und jene Maßregel verhängen."

Seine persönlichen und geschäftlichen Dinge ordnete Bebel durch knappen, aber regen Briefaustausch mit seiner prächtigen Frau. „Mache Dir Notizen über alles, was Du mich zu fragen gedenkst, damit nichts vergessen wird", hielt er sie an, bevor sie sich, irgenwo im Sächsischen, trafen. Proben und Musterkarten mitsamt Preislisten wurden hin- und hergeschickt, auch schmutzige und saubere Wäsche. Bebels Ausgewiesenen-Dasein unterschied sich durchaus vom Schicksal all jener armen Teufel, die nichts hatten und sich nicht so leicht zu helfen wußten. 1882 schrieb er Julie aus Frankfurt: „Meine Lebensphilosophie ist, wenn es mir schlecht geht, nach denen zu sehen, denen es noch schlechter geht; lege ich dagegen den entgegengesetzten Maßstab an, dann nehmen die trüben Stunden kein Ende. Ein Ende hat aber dieser Zustand auch, sei es in der oder

sei es in der anderen Weise, und ihn abzukürzen und ihn so
erträglich wie möglich zu machen, das sollten wir und wollen wir
beide nach Kräften anstreben."

Die Verhängung des „Kleinen" über Leipzig war der Auftakt
zu einem Wahlkampf, wie ihn das junge Reich noch nicht erlebt
hatte. Er gestaltete sich zu einer Hetzjagd auf Sozialdemokraten,
die dieses Mal an eine Kampagne nicht denken konnten. Der
schließliche Erfolg, so Bebels Trost für Engels und sich selbst,
hänge von der öffentlichen Agitation nicht ab; die Reaktion werde
immer brutaler, weil sie fühle, „daß die Stunde kommt, wo die
Sozialdemokratie als Erbin und Siegerin auf der Bühne erscheint".
Auch in den eigenen Reihen würden viele, und zwar wesentlich
die ‚Führer‘, diese Situation nicht begreifen. Zum Glück waren
Bebels prinzipielle Feststellungen und seine praktischen, die Partei
betreffenden Maßregeln oftmals zweierlei, jetzt jedenfalls strafte er
sein Wort von der öffentlichen Agitation Lügen und landete am
25. September, fünf Tage, nachdem er den Brief geschrieben, mit
viel List und noch mehr Mühe ein Flugblatt, das 400 Helfer in
einer Auflage von 32.000 Stück – laut Polizei 43.000 – an die
Wähler von Dresden-Altstadt verteilt hatten, ehe das Verbot auch
nur ausgesprochen war. Das konnte nur er fertigbringen!

Der lange Text enthielt festumrissene Forderungen: Verminderung der Lasten und Aufhebung der Zölle und Steuern auf notwendige Lebensbedürfnisse; Beseitigung aller Ausnahmegesetze
und Erweiterung der Volksrechte; Volkswehr mit militärischer
Jugenderziehung; Arbeitsschutzgesetze; unentgeltliche Volkserzie-
hung; auch Assoziationen tauchten wieder auf, die er zur Produk-
tionsform der Zukunft erklärte und für die er Unterstützung verlangte. Derselbe Text enthielt aber auch die Ankündigung, daß
der kleine Mann der zunehmenden Macht und Herrschaft des
Großkapitals „ebenso sicher erliegen muß wie der mit einem
Stock bewaffnete Fußgänger einem mit modernen Hau- und
Schießwaffen versehenen Reiter". Er beschrieb das Verderben und
beschwor die Umkehr und warnte, Männer zu wählen, die die
jetzt herrschende Richtung unterstützten. Das bedeute „nur die
Beschleunigung einer Katastrophe, der wir allerdings mit Riesen-
schritten entgegengehen, wenn nicht in andere Bahnen gelenkt
wird". Dieser Wendung bediente er sich fortan häufiger, denn

wozu sollten die Leute noch an die Urnen, wenn die Katastrophe unausweichlich wäre?

Die Partei büßte 1881 ein Viertel der Stimmen ein und kam mit 311.961 Stimmen noch auf 6,1 Prozent, angesichts der Umstände ein durchaus achtbares Ergebnis. Der Korrespondent der „Times" wußte denn auch zu melden, daß man in den hohen und höchsten Regionen über die Stärke der Sozialdemokratie bestürzt sei. Für Bebel, auch wenn er's nicht zugeben mochte, ein schwacher Trost. Er unterlag in seinem bisherigen Wahlkreis Dresden-Altstadt, und zwar überraschend deutlich, nachdem er sich nicht hatte dazu verstehen mögen, gewisse Forderungen von Handwerkern aufzunehmen. Er unterlag auch im IV. Berliner Wahlkreis, hier allerdings überraschend knapp; es fehlten 52 Stimmen, die vermutlich gefälscht waren. Vorausgegangen war ein konservatives Stichwahl-Angebot für zwei Berliner Wahlkreise; der Zweck – die Bekämpfung der Fortschrittspartei – sollte das Mittel heiligen, die Wahl des jeweiligen sozialdemokratischen Kandidaten, also Bebels und Hasenclevers. Es ward auch zugesagt, nach der Wahl für die Aufhebung des Sozialisten-Gesetzes einzutreten. Die Gegenleistung sollte in der Anerkenntnis der arbeiterfreundlichen Absicht der Reichsregierung und in dem Bekenntnis zu friedlicher Besserung der wirtschaftlichen Verhältnisse und friedlicher sozialer Reform liegen. Man stelle sich Lassalle in einem solchen Falle vor... Bebel war wütend und erklärte, gemeinsam mit Liebknecht, daß sie jeden Schacher und Stimmenkauf von sich wiesen und „lieber 3.000 ehrlich gewonnene Stimmen als 30.000 erkaufte haben wollten". Drei Jahre später, 1884, schrieb er einem Bekannten: „Höher als das Mandat stehen mir meine Grundsätze, die ich nie und unter keinen Umständen verleugnen werde."

Bebel unterlag auch in einer Nachwahl in Mainz, wo Liebknecht nicht angenommen hatte; er erhielt zwar mehr Stimmen, aber es reichte nicht. Und so stand denn noch vor Jahresfrist 1881 fest, daß Bebel einstweilen dem Reichstag nicht angehören würde. „Wir sind also geklopft worden. Na, das schadet nichts, nach so vielen Siegen kann man auch eine Niederlage vertragen", hatte er am Abend der Dresdner Schlappe an Julie geschrieben. Wer gehofft haben mochte, Bebels strengem Regiment nun zu entkommen, sah sich rasch getäuscht. An den Fraktionssitzungen nahm er weiterhin teil, und wo er teilnahm, führte er auch das Szepter.

Eine Kandidatur für den Sächsischen Landtag hatte Bebel stets von sich gewiesen, es fehlte die Zeit und wohl auch die Lust; seit der Gründung des Norddeutschen Bundes und erst recht des Reiches, die das Ende des jahrhundertealten sächsischen Staatsgedankens besiegelte, war das Interesse an den Verhandlungen der Zweiten Kammer rapide zurückgegangen. Kaum war er ausgewiesen, änderte sich seine Stimmungslage schlagartig. Er hatte nun, war er nicht auf sommerlicher Geschäftsreise, Zeit, und außerdem drängte es ihn, den Herrschaften in Dresden die Meinung zu sagen. Der Zufall wollte es, daß für den 12. Juli, keine zwei Wochen nach Verhängung des „Kleinen", eine Wahl für Leipzig-Land, die südöstlich der Stadt gelegenen Industriedörfer, angesetzt war und Bebel sofort zugreifen konnte; alle zwei Jahre wurde ein Drittel der achtzig Kammer-Abgeordneten neu gewählt – von allen Männern über 25 Jahren in direkter, geheimer Wahl, so sie die Gebühr von einem Taler entrichteten.

48 Stunden vor dem Wahltag wurden 21 Genossen ausgewiesen, darunter Bebels gesamtes Wahlkomitee. Aber es nutzte ebensowenig wie der Coup des „Leipziger Tageblatts", das, gespickt mit Details seiner Einkommens- und Steuerverhältnisse, den mit großer Mehrheit errungenen Sieg anfocht, weil Bebel nicht die erforderlichen dreißig Mark Staatsteuer gezahlt habe. 1871 hatte er, um nicht durch Verurteilung und Haft „zum armen Manne" zu werden, das Geschäft gerichtlich an seine Frau übertragen. Die Steuer, die beide Ehepartner, je nach Eigentumsanteil, zu entrichten hatten, mußte aber bei der Festsetzung des Zensus dem Kandidaten angerechnet werden. Die Wahlprüfung verlief denn auch glatt, Drechslermeister Bebel war sächsischer Landtagsabgeordneter. Er bekam die Legitimation für freie Eisenbahnfahrt und Diäten, zwölf Mark pro Sitzungstag, allerdings trat der Landtag nur alle zwei Jahre zusammen. Eine Hürde war vor Beginn der Arbeit noch zu nehmen – der Eid auf den König. Daß niemand Notiz davon nahm, verdankte er starken Worten und glücklichen Umständen.

Als Liebknecht zwei Jahre vor ihm in den Landtag eingezogen war, hatte er, offenherzig wie immer, im „Sozialdemokrat" feierlich angezeigt, daß er den Eid auf den König von Sachsen geschworen habe, und damit einigen Aufruhr verursacht – in den eigenen Reihen, in bürgerlichen Blättern, bei Engels. Bebel hatte schon damals keine Einwände gemacht, weil man sonst gar nicht erst zu kandidieren brauche und nicht einmal zu wählen. Er hatte aber eine Erklärung gewünscht, daß der Eid nur als Formalie geleistet werde. Zwei Jahre bevor er selbst in Dresden Einzug hielt und am 21. September 1881 – ohne jeden Zusatz – den Eid schwor, hatte er sich noch sehr aufgeregt und Engels geschrieben: „Liebknecht läßt sich eben zu sehr von seinen Gefühlen beherrschen, wer ihm freundlich entgegenkommt, kann alles von ihm erlangen, und im sächsischen Landtag ist die gemütliche Seite sehr ausgebildet." Bebel spottete über die sächsische „Gemietlichkeit" und unterschied zwischen der Welt innerhalb und außerhalb der grün-weißen Pfähle. Den Landtag beschrieb er seiner Frau als „sehr philiströs", er fand „alles klein, eng und spießbürgerlich, die Handhabung der Geschäfte wie die ganze Einrichtung", und rühmte die „vielen Bequemlichkeiten und Annehmlichkeiten, die man im Reichstag hat". Julie las auch, daß er „mit der Gesellschaft" nicht vertraut werden würde. Die meisten seien „harmlose Leutchen", die ihr jeweiliges Handwerk leidlich verstünden, „im übrigen sind sie Ignoranten und ein gut Teil Streber der allerschlimmsten Sorte". Seine erste Amtshandlung bestand darin, die sozialdemokratische Teilnahme an offiziellen Feierlichkeiten und geselligen Veranstaltungen zu unterbinden. In Berlin hatte er dergleichen gar nicht erst einreißen lassen, in Dresden aber, wo man sich auf Prachtentfaltung und Lebensart weit besser verstand, waren die drei Abgeordneten, bevor Bebel dazwischen fuhr, mit von der Partie gewesen und hatten die Hoftafel auf der Albrechtsburg ebenso genossen wie die Dampferfahrt nach Meißen. Nun wurden all die schönen Einladungen zurückgeschickt, und Bebels Weltbild war wieder in Ordnung.

Man mußte nicht Georg von Vollmar – Mitglied des Landtags von 1883 bis 89 – heißen, um sich von den nüchternen, jeder revolutionären Perspektive abholden Verhandlungen gefangen nehmen zu lassen. Man mußte auch nicht die Schlüsse ziehen, die der Bayer zog. Auch Bebel, der mit seinem Sachsentum zu kokettieren wußte, paßte sich an, verzichtete weitgehend auf seine Zusammenbruchsorakel und wurde ein geachteter Landtagsabgeordneter. Daß er oftmals Heiterkeitserfolge landete, bekam seinem Ruf und der allgemeinen Atmosphäre. In jenem Jahrzehnt, das Bebel in der Kammer zubrachte, büßte Sachsen sein Eigenleben vollends ein und wuchs in das Reich hinein. Der Einfluß Süddeutschlands, von dem Bebel einst ein Lied zu singen wußte, verflüchtigte sich, Berlin zog Sachsen in seinen Bann. Es war jenes Jahrzehnt, in dem Industrialisierung und Verstädterung einen riesigen Sprung taten. Zur Zeit der Reichsgründung arbeitete noch ein Viertel der sächsischen Bevölkerung in der Landwirtschaft, 1890 waren es noch fünfzehn Prozent, gegen 58 in der Industrie und 11 in Handel und Verkehr. Im gleichen Zeitraum verdreifachte sich die Einwohnerzahl Leipzigs auf 400.000, auch Dresden wurde zur Industriestadt, seine Bevölkerung wuchs ums Doppelte auf 330.000. Dennoch blieb die Innenpolitik ohne große Erschütterungen. Die wichtigsten Merkmale: Justiz und Verwaltung wurden voneinander getrennt und das Schulwesen weiter ausgebaut, die Universität Leipzig wie die Technische Hochschule Dresden erfuhren bedeutende Erweiterungen. Konnte es verwundern, daß diverse Gesetze einstimmig die Kammer passierten? Und sich Bebel im Sächsischen Landtag mehr innerhalb als außerhalb des Systems bewegte?

1881 fragt er an, warum der sächsische Gesandte in Berlin nicht wie ein Minister mit 21.000 Mark im Jahr auskomme, sondern 30.000 brauche und warum man in München überhaupt eine eigene Gesandtschaft unterhalte; er argumentiert mit Sparsamkeitserwägungen und mag, rational wie er in solchen Fragen nun einmal ist, nicht einsehen, daß der Verlust seiner Außendiplomatie das Königshaus besonders schmerzt. Sämtliche europäischen Gesandtschaften sind eingezogen worden, mit Ausnahme der Wiener, und nun will man doch wenigstens die innerdeutschen bewahren. Bei derselben Gelegenheit fordert Bebel, dem Reich gegenüber energischer aufzutreten, zumal in der Zollgesetzgebung und in der Frage der Militärlasten, und hält der Staatsregierung „Scheu vor dem Heiligen von Varzin und Friedrichsruh" vor. Wenig später, Dezember 81, bedauert er, daß die Dampfheizung für Eisenbahnpersonenwagen nicht längst abgeschafft sei und preist das schweizerisch-amerikanische Wagen- anstelle des vorhandenen Käfigsystems. Wer wie er Monate lang auf den Eisenbahnen lebe, kenne das „Gefühl größerer Behaglichkeit und Befriedigung".

1882 geht es um die Lage der Arbeiter in den Staatsforsten, die

Gewinne abwerfen und aus denen Beträge für Hilfskassen gezogen werden sollen; Liebknecht prangert die „Wunderversprechungen des großen Hexenmeisters" an und daß „blauer Dunst" statt versprochener Gaben herauskomme. Kammerpräsident Haberkorn nimmt an, daß mit dem „blauen Dunst" keine Persönlichkeit in Berlin bezeichnet werden sollte, der Ausdruck „Hexenmeister" wird nicht beanstandet. Bebel wendet sich in der gleichen Debatte gegen staatliche Einnahmen aus der Landeslotterie – „aus allgemeinen moralischen Bedenken", er findet das Spiel moralisch verwerflich. 1884 erheitert er die Kammer mit launigen Bemerkungen über seine „Frau", hält kenntnisreiche Reden zum Justizetat und das Gefängniswesen; er bekundet, daß er selbst – anders als „Leute aus dem Volk" – immer ordentlich behandelt worden sei. Als über den Haushalt der Dresdner Polizeidirektion beraten wird, die ihn Pfingstsonntag 1882, mitten auf den Brühlschen Terrassen – Grund: ein konfisziertes Flugblatt von 81 – hatte verhaften lassen, erklärt er: „Ich bin in der Lage aussprechen zu können, daß meine damals vorgebrachten Beschwerden bis zu einem gewissen Grade durch die Polizeidirektion Beachtung gefunden haben und ich heute über vieles mich nicht zu beschweren habe."

Im selben Jahr 1884 wird das Königliche Dekret „die Ermietung eines Hauses in Berlin für den Gebrauch der Bevollmächtigten zum Bundesrat und der Gesandtschaft betr." einschließlich der Einstellung eines Kanzleidieners einstimmig gebilligt. 1885 verkündigte Bebel Einsichten in eine moderne Finanzpolitik: Es sei „unwirtschaftlich", wenn die Steuerzahler der Gegenwart die Einrichtungen für die Zukunft, also für künftige Nutznießer, schaffen, und kein Fehler, Staatsschulden zu machen, produktive Zwecke vorausgesetzt. Die Engländer klagt er wegen ihres Bimetallismus an – sie rechnen nach Belieben in Gold und Silber – und gibt sich überzeugt, „daß Fürst Bismarck sich sehr hüten wird, auf den englischen Leim hereinzufallen".

1886 hält Bebel eine erstaunliche Rede. Schon Liebknecht hat zwei Jahre zuvor „vollständig" anerkannt, daß das sächsische Unterrichtswesen den Vergleich mit jedem anderen Staate in Deutschland aushalte. Nun setzt Bebel noch einen drauf. Er stützt sich auf einen Antrag, der nach seinen eigenen Worten im Erbe des bürgerlichen Liberalismus steht und vorsieht, nicht länger Gebühren für Volksschulen zu erheben, Unterhaltungskosten „durch Gemeindemitglieder nach Maßgabe ihres Einkommens" aufzubringen, acht Millionen Mark jährlich aus der Staatskasse zuzuschießen, Lehrmittel unentgeltlich abzugeben. Sein Begehren kleidet er in ein dickes Lob für die deutsche Volksbildung, Liebknechts Sachsen-Huldigung gleichsam auf die nationale Ebene hebend. Wenn in den letzten fünfzehn Jahren, also seit der Reichsgründung, das deutsche Gewerbe, die deutsche Industrie, der deutsche Handel, der deutsche Verkehr, kurz „unser ganzes soziales Leben" eine außerordentliche Entwicklung gewonnen habe, so sei diese ganz wesentlich dem weit höheren Bildungsstande der größten Masse der Bevölkerung zu danken. England und Frankreich würden nun auch Anstrengungen machen, ihre sehr vernachlässigte Massenbildung anzuheben. Er verfällt auf einen sehr einprägsamen Vergleich, um den Staat zu veranlassen, „als Ausgleicher, als höhere Gerechtigkeit" allen gleichermaßen, unabhängig vom Geldbeutel, Bildung nahezubringen. Wie die Last für die Schule sei auch das Militär eine allgemeine Last, „die wir zur Verteidigung der Landesgrenzen den Staatsbürgern auferlegen".

1888 befaßt er sich wieder mit den Gefängnissen und verkündet, daß die Rohheit in den Massen nur durch Armut und Elend entstehe und jeder Verbrecher ein Produkt der heutigen Gesellschaft sei. Er greift auch die konservative Feststellung auf, die sozialdemokratische Agitation sei in puncto Religion und Monarchie vorsichtiger geworden, sie habe sich aber mit um so größerem Eifer auf die Ausbeutung des Klassenhasses geworfen. Wie milde in Form und Inhalt, fast staatstragend fiel Bebels Antwort aus! Die Sozialdemokratie sei das Produkt der Klassengegensätze, wenn die aus der Welt seien, hätte man der Sozialdemokratie den Todesstoß versetzt. Jedenfalls habe man einzig ihr zu danken, daß seit zehn Jahren im Deutschen Reiche von sozialen Reformen geredet werden könne. „Das hat der Herr Reichskanzler, Fürst Bismarck, selbst mir persönlich gegenüber anerkannt." Bismarck hatte es im Reichstag, auch sonst, gesagt, nicht etwa im persönlichen Gespräch. Bebel wird gewußt haben, warum er die Kollegen Landtagsabgeordneten mit seinem Berliner Draht zum Reichskanzler beeindrucken wollte.

1889 liegt der Kammer der Antrag vor, Geld für die 800-Jahr-Feier des Hauses Wettin zu bewilligen. Bebel, der Republikaner und Sozialist, führt einzig das Sozialisten-Gesetz an, um zu begründen, daß er sich dem Begehren nicht anschließe. In distinguiertem Ton setzt er hinzu: „Ich, und wir alle begreifen die Gefühle, die Sie, die Majorität, in diesen Tagen beherrschen, und wir sind bereit, sie bis zu einem gewissen Grade zu respektieren, d. h. wenigstens insofern, daß wir nicht die Absicht haben, sie gerade zu verletzen." Die Wettiner galten als volkstümliches Geschlecht, als 1873 der hochgebildete König Johann starb und die Krone an den soldatischen Albert kam, waren weitere sächsisch-individuelle Züge verloren gegangen, aber das Volk der Sachsen, das mit steigender Mehrheit sozialdemokratisch wählte, blieb seinen Königen verbunden. Als der letzte Wettiner, Friedrich August III., der 1918 abgedankt hatte („Macht Euern Dreck alleene"), 1932 starb, gaben ihm 700.000 einstige Untertanen das letzte Geleit, und das rote Sachsen flaggte Halbmast.

Bis zu seinem Abschied aus dem Landtag, 1890, stellte Bebel Anträge, die im Rahmen des Machbaren blieben, die abgelehnt, aufgegriffen – so im Fall der Knappschaftskassen-Reform – oder auch angenommen wurden – so im Fall des Berggesetzes, dessen Bestimmung, Arbeitsbücher zu führen, 1889 aufgehoben wurde.

Am 31. Januar 1890, die Ära des Sozialisten-Gesetzes neigt sich dem Ende zu, bedenkt er auch die Kammer mit der Weisheit, daß die sozialistische aus der bürgerlichen Gesellschaft erwachse, „was auch immer Sie dagegen tun", daß man aber die Dinge an sich herankommen lassen müsse und der Weg schon gefunden werde, wenn sie erst die Macht besäßen, und man erst zu warten habe, wie sich die Zustände weiter entwickelten. Sechs Wochen später fragt Bebel in der Kammer: „Was ist denn der Staat?" und bekennt: „Der Staat sind wir alle, das Volk! Wenn uns also unsere gesetzlichen Einrichtungen mißfallen, so entsteht für uns die Frage: Wie richten wir sie am zweckmäßigsten ein und so, daß die Lasten dafür von allen möglichst leicht getragen werden können?" War es Zufall, daß dieser reformistische Einfall im Sächsischen Landtag über ihn kam? War es Zufall, daß er hier gestand, kein Gott und nicht allmächtig zu sein und keine Garantie übernehmen zu wollen, „daß vielleicht der eine oder der andere Redner auch einmal dummes Zeug redet; das kommt auch bei Sozialdemokraten vor".

In seinem Lebensrückblick hat sich Bebel hochmütig und voller Verachtung über den Landtag ausgelassen und tatsächlich behauptet: „Uns gegenüber bildete die Kammer mit ein paar Ausnahmen eine einzige reaktionäre Masse." Er muß eine Menge verdrängt haben, als er diesen Satz niederschrieb. Gewiß, die Mehrheit ließ dann und wann die Muskeln spielen, aber es war nicht die Regel. Die Protokolle sprechen eine deutliche Sprache.

Dresden, für viele das wahre Sachsen, wurde Bebel zu einer neuen Heimstatt. Nicht daß er die Würde und die Grandezza der Stadt oder ihre Kunstschätze zu würdigen gewußt hätte, darüber findet sich in hundert Briefen kein Wort, auch in den Memoiren nicht. Nach der Ausweisung aus Leipzig hatte er hier zunächst ein Zimmer genommen, sich aber im Herbst 1882, zusammen mit Liebknecht, in Borsdorf festgesetzt, einem häßlichen Flecken hart an der Grenze des Leipziger Belagerungsgebietes. In jenem Jahr hatte er gleich drei Prozesse am Hals gehabt, alle wegen Flugblättern. Er wurde jeweils in einigen Punkten, zum Beispiel der Majestätsbeleidigung, freigesprochen, in anderen, wie der Beleidigung des Bundesrats, verurteilt; er bekam fünf Monate aufgebrummt, die auf vier reduziert wurden und die er einmal mehr über Weihnachten absaß; bevor er im November 82 einrückte, war er, Folge der Aufregungen und des unsteten Lebens, zusammengeklappt. Die Polizei hatte ein Einsehen und gestattete die Überführung ins Leipziger Zuhause, bis er gesund war. Die schriftstellerische Frucht der viermonatigen Haft 82/83: „Die mohammedanisch-arabische Kulturperiode", neuerliche Betrachtungen über Religion und Christentum, die er der „Kulturgeschichte des Orients unter den Kalifen" des österreichischen Gelehrten Alfred von Kremer entnahm.

Das Fazit der Schrift lautete: „Die mohammedanisch-arabische Kulturperiode ist das Verbindungsglied zwischen der untergegangenen griechisch-römischen und der alten Kultur überhaupt, und der seit dem Renaissancezeitalter aufgeblühten europäischen Kultur. Die letztere hätte ohne dieses Bindeglied schwerlich ihre heutige Höhe erreicht. Das Christentum stand dieser ganzen Kultur-Entwicklung feindlich gegenüber." So könne man mit Fug und Recht sagen: „Die moderne Kultur ist eine antichristliche Kultur." Darin stimmten die vorgeschrittensten Geister unserer Zeit mit den rückständigsten überein. „Les extrèmes se touchent. Die Extreme berühren sich, weil sie – nichts zu vertuschen haben."

Die Trennung von Frau und Kind behagte ihm nicht, gelegentliche Besuche überwanden sie nicht. So mietete er im Oktober 1884 in

August Bebel mit Frau Julie und Tochter Frieda um 1890.

Plauen bei Dresden, in der ersten Etage einer neu erbauten Villa eine Drei-Zimmer-Wohnung, die er seinen Briefpartnern als schön und licht, als sehr hübsch und ruhig, mit schöner Aussicht und guter Luft pries. Er tat ein übriges, um dem privaten Provisorium ein Ende zu machen. Von der Firma war er zwangsweise losgerissen, es war ihm zwar hin und wieder das Betreten der Stadt zu Geschäftszwecken erlaubt worden, aber selten länger als für drei Tage. Dieser Zustand nervte ihn, auch um seines Associés willen. Er wollte andere nicht auf Dauer für sich arbeiten lassen und entschloß sich, zum Jahresende 1884 sein Fabrikantendasein aufzugeben und aus einem Geschäft auszutreten, das er zwanzig Jahre lang betrieben hatte und das mittlerweile 35 Leute beschäftigte. Als commis voyageur wollte er den Sommer über weitermachen, die Reisen waren gut mit der Parteiarbeit zu verbinden, und er blieb, wie er Engels schrieb, „im praktischen Leben" stehen; er hätte auch hinzufügen können, daß er auf den Reisen seine Beobachtungen über den allgemeinen Niedergang fortsetzen könne. Schließlich wollte er auch Geld verdienen. Was fehlte, gedachte er durch Schriftstellerei hereinzuholen; der Erfolg der „Frau" dürfte ihn in dem Vorsatz beflügelt haben. Und dann war da ja noch die Abfindung, die Ißleib zu zahlen hatte, nicht soviel, wie von Bebel erhofft, doch immerhin 22.000 Mark, eine stattliche Summe – heute eine halbe Million Mark oder mehr. Er konnte es sich leisten, sie stehen zu lassen und nur die Zinsen zu kassieren. Bebels Klagen, daß es so wenig sei, waren nicht für bare Münze zu nehmen. Er gehörte zu jenen Menschen, die verbergen möchten, daß es ihnen besser geht, als man glaubt.

Im Sommer 1884 hatte er mit Frau und Tochter zum ersten Mal eine regelrechte Ferienreise unternommen. Schlüter kündigte er an, sich „auf einige Wochen" in der Nähe Münchens festsetzen zu wollen, ob er's getan hat, ist nicht bezeugt, jedenfalls hat er den alten Becker besucht. Am Genfer See und in der Schweiz gefiel es ihm ebenso wie Julie und Frieda. Becker meldete umgehend nach London, was für ein „Prachtbursche" Bebel sei – „klar und fest in den Prinzipien, voll Wärme, Umsicht, Unverdrossenheit und Ausdauer".

Versuchung

Am 26. November 1884 bekannte Otto von Bismarck vor dem Deutschen Reichstag: „Wenn es keine Sozialdemokratie gäbe, und wenn nicht eine Menge Leute sich vor ihr fürchteten, würden die mäßigen Fortschritte, die wir überhaupt in der Sozialreform bisher gemacht haben, auch noch nicht existieren, und insofern ist die Furcht vor der Sozialdemokratie in bezug auf denjenigen, der sonst kein Herz für seine armen Mitbürger hat, ein ganz nützliches Element." Die Sozialdemokraten riefen an dieser Stelle „Bravo!", und Bismarck setzte hinzu: „Ja, sehen Sie, in etwas sind wir doch einverstanden."

Das Deutsche Reich hatte sich auf ein Gebiet gewagt, auf dem ihm kein Land vorangegangen war, und mit dem Versuch einer Sozialreform Neuland betreten. In ersten Umrissen war sie sichtbar geworden, als das Sozialisten-Gesetz am Horizont auftauchte. Bismarck hatten Ideen, die Untertanen unmittelbar an den Staat zu binden und auf diese Weise Parteien wie Gewerkschaften ihres Anhangs zu berauben, schon in den sechziger Jahren beschäftigt, er war vom dritten Napoleon inspiriert worden. Daß ein vom Staat getragenes Versicherungssystem in der Masse der Besitzlosen eine konservative Gesinnung erzeugen müsse, dieser Glaube hatte ihn nicht mehr losgelassen. 1877/78 waren bereits Pläne entworfen, wie den Bedürfnissen der Arbeiter entgegenzukommen sei, und die Idee einer Sozialgesetzgebung skizziert; das Wort vom „Staatssozialismus" machte die Runde. Gleichzeitig sollte der Agitation der Arbeiter durch Straf- und Verbotsgesetze der Riegel vorgeschoben werden; das Sozialisten-Gesetz war die eine Seite des Versuchs, die Arbeiter in Zucht zu nehmen. Zuckerbrot und Peitsche wurden zum geflügelten Wort.

Im Juli 1878 erging, im Zuge einer Gewerbeordnungsnovelle, das Verbot der Frauenarbeit unter Tage und der Sonntagsarbeit für Jugendliche, Fabrikinspektionen wurden obligatorisch und auf alle mit Dampfkraft betriebenen Fabriken sowie Hüttenwerke, Bauhöfe und Werften ausgedehnt. Das generelle Verbot von Sonntagsarbeit scheiterte an einer einzigen Stimme. Nach diesem Auftakt ging es an eine Unfallversicherung. Die Frage nach der Absicht, die dahinter steckte, wich der Frage nach dem Ergebnis. Zählte nicht allein, was herauskam? Bismarcks paternalistische Vorstellungen waren ohnehin rasch verpufft. Ihm hatten eine Reichsversicherungsanstalt und staatliche Zuschüsse zu den Versicherungsprämien am Herzen gelegen, Dinge, die weder hartgesottene Liberale noch Zentrumsleute hinzunehmen gedachten. Ludwig Bamberger und seinen nationalliberalen Freunden ging das ganze Unternehmen gegen den Strich, die Idee, daß der Staat nicht nur für die Reichen da sei, schrieb er der Römischen Republik im Stadium ihres Verfalls zu. Das Zentrum hingegen war der katholischen Soziallehre und dem Subsidiaritätsprinzip verpflichtet, staatliche Eingriffe hatten darin keinen zentralen Platz. Aber soziale Besserung wollte es unbedingt, und so gab es eine Menge Berührungspunkte mit den Sozialdemokraten. Doch Bebel wollte nichts davon wissen. Als Zentrumsabgeordnete einmal den zehnstündigen Arbeitstag forderten und der Sozialdemokratie zuvorkamen, sah Bebel sogleich bewiesen, daß ihnen die „Furcht auf den Nägeln brennt", und schrieb an Schlüter von „Phrase".

Bebel tat sich schwer mit der Ursache und noch schwerer mit der Wirkung der neuen Politik. Hatte nicht gerade er zwei Jahre zuvor, anläßlich einer Haftpflicht-Debatte, gefordert, zwischen Verschulden und Nicht-Verschulden keinen Unterschied mehr zu machen? Ging es nicht jetzt nur noch um die Ausführung? Es hatte den Anschein, als fordere er nur mehr, als der Gesetzentwurf vorsah, nicht anderes; daß die Unternehmer allein zahlen, daß der Versicherungsschutz auf alle Arbeiter, auch Landarbeiter ausgedehnt wird und daß Verhütungsmaßnahmen in Gang kommen. Seine Begründung: „Ein Gesetz, wie wir es wollen, das ist gewissermaßen aus einem Gusse, das löst die ganze Frage mit einem Schlag vollständig." Er billigt nicht, daß alle zwei bis drei Jahre an der Haftpflicht herumgeändert wird, er will nicht einsehen, daß ein Gesetz wie das über die Unfallversicherung die Summe aus einander kreuzenden, einander widerstreitenden Interessen ist. „Kompromiß", so schließt er 1881 seine Reichstagsrede, für die ihm Engels, „auch ausdrücklich in Marx' Namen", höchstes Lob zollt, bedeute Handeln, „Kompromiß" bedeute Aufgeben der Grundsätze, Aufgeben der Prinzipien: „Die notwendige Folge davon ist, daß sie eine grundsatzlose, prinzipielle Gesetzgebung zum Ausdruck bringen." Wäre unter diesem Vorzeichen eine Gesetzgebung denkbar gewesen, an der er ernsthaft hätte teilhaben können?

Das Unfallgesetz ging erst im dritten Anlauf, 1884, über die Bühne und trat 1885 in Kraft. Für die ersten dreizehn Wochen nach einem Unfall sollten die Krankenkassen aufkommen, von der fünften Woche an die Unternehmer einen Zuschuß zahlen und der Unfallgeschädigte zwei Drittel seines Lohnes erhalten; als Träger der Versicherung waren die Berufsgenossenschaften ausersehen, unter Hinzuziehung von Arbeitervertretern; die Beitragssumme würden – eine sozialdemokratische Forderung – die Unternehmer aufbringen. Die von Bebel so verabscheuten Novellierungen erfüllten seine Wünsche; noch 1885 wurde das Gesetz auf Verkehrsbetriebe, ein Jahr später auf Land- und Forstarbeiter und wieder ein Jahr später auf Bauarbeiter und Seeleute ausgedehnt.

Unterdessen war das Gesetz über die Krankenversicherung am 1. Dezember 1884 Wirklichkeit geworden, mit ähnlichen Bestimmungen, ähnlichen Erweiterungen und ähnlichen Fronten. Die sozialdemokratische Fraktion hatte 48 Änderungsanträge gestellt, um am Ende doch, Bebels Argument von 1881 aufnehmend, dagegen zu stimmen: nicht gut und nicht weit genug gehend. Der „Sozialdemokrat" machte eine schrille Begleitmusik. Er verkündete abwechselnd, daß die Regierung die Lage der Arbeiterklasse nicht bessern könne und die offizielle Sozialpolitik mit dem Sozialismus nichts zu tun habe; daß die Sozialdemokratie für die unmittelbaren Interessen der Arbeiter eintrete; daß die Befreiung der Arbeiter das Werk der Arbeiter selbst sein müsse; daß sich der Kampf gegen den Kapitalismus zuerst auf die Beschränkung der Arbeitszeit richten müsse; daß – am 8. 11. 83 – „die Schundware, die aus der Bismarckschen Sozialreformfabrik hervorgeht", keinem sozialdemokratischen Abgeordneten als eine wirkliche Sozialreform erscheinen könne und ein von Sozialdemokraten gewählter Abgeordneter, der sich „in das Narrenparadies Bismarckscher Sozialreform verirren sollte", im selben Augenblick aufhören würde, sozialdemokratischer Abgeordneter und Mitglied der sozialdemokratischen Fraktion zu sein. Die Drohgebärde kam nicht von ungefähr. Eine Handvoll Abgeordneter hatte kein Geheimnis daraus gemacht, daß man in der staatlichen Sozialreform eine Annäherung an das eigene Wollen sah, und öffentlich damit geliebäugelt, dem Krankenversicherungsgesetz zuzustimmen. Bebel war dazwischen gefahren, per Fraktionsbeschluß hatte er die Absicht vereitelt und gedroht, im Fall der Zuwiderhandlung öffentlich loszuschlagen.

Die Verwirrung reichte tief. Eine Reform abzulehnen, weil sie zu weit hinter den eigenen Wünschen zurückbleibt, hat oft gute Gründe und wirkt zuweilen beschleunigend. Voraussetzung ist, die Reform an sich zu wollen. Bebel aber wollte keine Sozialreform, die bedeutet hätte, seine Fluchtburg zu verlassen und auf seine Prophetie einer anderen Welt zu verzichten. So ging er auf die einzelnen Gesetze stets ein, weil auch der klassenkämpferischste Sozialdemokrat Besserung in der Lage der Arbeiter nicht nur geringachten konnte und er irgendwo in seinem Innern den Fortschritt auch anerkannt haben dürfte. Aber damit begnügte er sich nicht. Immer, mal mehr, mal weniger kraß, stellte er heraus, warum es grundsätzlich – „prinzipiell" – nicht gehe. Noch 1889, ein Jahrzehnt, nachdem alles angefangen hatte und das dritte und vorläufig letzte Stück Bismarckscher Sozialreform, das Alters- und Invaliditätsgesetz, verhandelt werden sollte, zeigte sich die Partei so hin- und hergerissen wie ehedem.

Zum erstenmal sollte es bei Erwerbsunfähigkeit oder vollendetem 70. Lebensjahr eine winzige Rente geben, 30 Jahre Beitragsleistung vorausgesetzt. Wieder stand die Unzulänglichkeit des Gesetzes im Vordergrund. Wieder warf sich auch Bebel, der in Dresden eine Volksversammlung nur zu diesem Reformvorhaben hielt, auf die Lücken, auf all das, was noch nicht geregelt wurde. Wieder stellte die Fraktion Anträge, von denen einige, wie der zur Invalidenrente bei vorübergehender Erwerbsunfähigkeit, anerkannt wurden. Die Auseinandersetzung hatte sich hauptsächlich um den Reichszuschuß gedreht, der die von Arbeitern und Unternehmern aufgebrachte Beitragssumme aufstocken sollte; Zentrum und Liberale waren überhaupt dagegen, Sozialdemokraten, die neunzig Mark jährlich wollten, und Regierung, die ein Drittel des Gesamtbetrages vorschlug, aber stritten nicht um das Ob, sondern nur um das Wieviel; heraus kamen schließlich fünfzig Mark. Und was tat Bebel? In seiner Rede vor dem Reichstag nimmt er sich, in der ihm eigenen Gründlichkeit, das Gesetz vor und erklärt die Unzulänglichkeiten, um sodann die gesellschaftlichen Notwendigkeiten zu beleuchten und „prinzipielle Ausführungen" zum Übel des Privateigentums zu machen. Er muß alle Register seiner rhetorischen Kunst ziehen, um in einer einzigen Rede darzulegen, daß das Gesetz nichts „prinzipiell Sozialdemokratisches" enthalte, daß man dem Paragraphen I zugestimmt habe, weil die Sozialdemokraten „das Prinzip desselben" guthießen, und gegen das ganze Gesetz stimmen würden, weil die Ausführung zu wünschen übrig lasse.

In diesem Dschungel von Für und Wider konnten sich unmöglich alle Sozialdemokraten wohlfühlen. „Das Bessere ist des Guten Feind" überschrieb der Münchner Reichstagsabgeordnete Louis Viereck einen Artikel, den er 1885 in seinem eigenen Blatt „Das Recht auf Arbeit" publizierte. Er nahm sich die sozialistischen Doktrinäre vor und deren Skrupel, ob die großartige Bewegung um den Acht- und Zehnstundentag auch zur Theorie stimme und die Arbeiter nicht auf einen bedauerlichen Irrweg geraten seien. Der Anlaß der Viereckschen Attacke: Liebknechts Spott über den Normalarbeitstag, den die Partei, auch Bebel, mit zehn Stunden in der Woche und acht am Sonnabend, forderte, mit dem sie sich aber ebenso schwer tat wie mit den Sozialgesetzen. Der Normalarbeitstag könne das Übel des kapitalistischen Systems nicht beseitigen, hatte Liebknecht verkündet und hinzugefügt, daß wegen vermehrten Einsatzes von Maschinen die großindustrielle Entwicklung nur beschleunigt und damit der Boden „für die sozialistische Arbeitsorganisation" bereitet werde. Engels spendete für diese Einlassungen, die 1885 im „Sozialdemokrat" herausgekommen waren, Beifall, der Liebknecht sonst nicht mehr zuteil wurde.

Viereck stand nicht allein, außerhalb, aber auch innerhalb der Fraktion hatte er Verbündete, wenn auch niemand mit energischem Zugriff. Sein eigener Verlag hatte im selben Jahr 1885 die Schrift von Schramm „Rodbertus, Marx, Lassalle" herausgebracht, ihr Druck war vom Züricher Parteiverlag wie von Dietz abgelehnt worden. Fast gleichzeitig war von Max Schippel ein Büchlein mit programmatischem Titel erschienen: „Staatliche Lohnregulierung und die sozialreformerischen Bestrebungen der Gegenwart". Der Titel hatte es Bebel so sehr angetan, daß er unter genau der gleichen Überschrift zum Gegenschlag ausholte. Im Januar 1886 veröffentlichte die „Neue Zeit" den Artikel, in dem er, frei von allen Gesetzeszwängen, mit der Vorstellung aufräumte, Unternehmer- und Arbeiterklasse könnten friedlich nebeneinander leben, wenn der Staat regulierend eingreife. Bebel: „Würde der Charakter des Staates, wie er durch die Entwicklung geworden ist und werden mußte, klar erkannt, es würde niemand ihm Dinge zumuten, die er nicht durchführen kann, ohne sich selber aufzuheben." Mit Schramm befaßten sich Bernstein im „Sozialdemokrat" und Kautsky in der „Neuen Zeit", man ließ ihn noch einmal im „S. D." antworten, dann war Schluß. Bebel hatte über Schlüter Weisung gegeben, Schramm „kurz und kräftig abzutakeln". Er sei „moralisch ruiniert, und das geschieht ihm recht". In seiner Entgegnung war der Gescholtene so kühn gewesen zu behaupten, daß seine Auffassung im Gegensatz zu Marx stehe, aber nicht zum Parteiprogramm. Bebel wollte unbedingt eine Fortsetzung verhindern und so mahnte er Schlüter ein zweites Mal: „Laßt Schramm machen, was er will, er ist moralisch tot."

Es waren nicht die Schippels und Schramms, die Bebel umtrieben, sondern weit eher die Parteiaktivisten, die nicht so wollten wie er. In einem Neujahrsbrief an Auer hatte er bereits Anfang 1882 den Differenzpunkt ausgemacht. Er ortete ihn „in der ganzen Auffassung der Bewegung als Klassenbewegung, die große, weltumgestaltende Ziele hat und haben muß und deshalb keinen Kompromiß mit der herrschenden Gesellschaft eingehen kann und, wenn sie es täte, einfach zugrunde ginge respektive in neuer Gestalt und von der bisherigen Führerschaft befreit sich regenerierte". Ohne Bedauern und im Ton der Selbstverständlichkeit nahm er die Spaltung in den Blick und wünschte eine größere Zusammenkunft, nicht etwa um die Spaltung zu verhindern, nein, damit man sich einmal „recht gründlich und ungeniert über den bestehenden Zustand der Dinge und die wahrscheinliche Zukunft aussprechen kann und mit denen zu verständigen vermag, mit denen man in der Grundanschauung sympathisiert". Klang es nicht wie Erleichterung, als er feststellte, daß „die Kompromißsüchtigen und Ruhebedürftigen unter uns schon deswillen keinen Anhang finden, weil weder Bismarck noch eine der Parteien Reformvorschläge bringen kann, die nur halbwegs akzeptabel erscheinen"? Er beschwor stattdessen „ganze Arbeit". Die Zwickmühle, an einer Sozialreform erst praktisch mitzuarbeiten, sie dann prinzipiell abzulehnen und sich ihrer im nachhinein zu rühmen, war nicht leicht, wenn überhaupt, zu handhaben. Hatte es damit zu tun, daß sich Bebel in diesen Jahren, da die Versuchung der Sozialreform über die Partei kam, eines Vokabulars bediente, das es zuvor bei ihm nicht gegeben hatte? Die Zeit lasse keine „halben Maßregeln" zu, mit der „Halbheit" müsse aufgeräumt werden, die Zeit erfordere eben „ganze Arbeit", so und ähnlich war es von ihm zu hören.

Die Zusammenkunft, die Bebel angeregt hatte, kam im August 1882 in Zürich zustande, dabei waren die Reichstagsabgeordneten plus Bebel und Auer, der auch gerade kein Mandat hatte, und die Besatzung des „S. D.". Zuvor schon hatte Bebel durchgesetzt, daß die Fraktion den „Sozialdemokrat" als offizielles Organ anerkannte und damit den Kritikern den ersten Schneid abgekauft; sie hatten ihren Ärger stets an dem Blatt abreagiert. In Zürich ging es trotzdem hoch her, Bebel berichtete seiner Frau von „drei heißen Tagen der Verhandlungen". In seinem knappen Bericht im „S. D." schrieb er von verschiedenen Ansichten in puncto Organ, die sich aber doch nur vom Standpunkt der Nützlichkeit geltend machten. Ob er sich hier ausnahmsweise einmal selbst etwas vorgemacht hat? Der Streit zwischen denen, die es „prinzipiell" meinten, und denen, die es „opportunistisch" hielten, ging munter weiter, weil auch die Sozialreform weiterging. Bebel, getreu seinem Motto, daß der Hieb die beste Verteidigung sei, hatte zu tun, die Oberhand zu behalten.

Keine zwei Monate nach dem Züricher Treffen bemühte er das Gespenst der Spaltung erneut, diesmal in einem Schreiben an deutsche Sozialdemokraten in den USA. Er nahm sich wieder einmal die Führer vor, „die an die Höhe der gegenwärtigen Entwicklung nicht glauben und darum mehr oder weniger von einer sozialen Reform im Bunde mit anderen Elementen träumen"; sie würden aber „bei der Masse der Partei jämmerlich Schiffbruch" erleiden, und „es könnte dann weniger von einer Spaltung der Partei als von einer Ausstoßung die Rede sein". Wer sich so sehr in die gewaltige Umwälzung, die Europa „in absehbarer Zeit" erlebe, vernarrt hatte wie Bebel, mußte „in Rücksicht hierauf" verhindern, daß die Partei sich „in kompromittierende Kompromisse mit andern Parteien" einließ. Das Schriftstück, das mit Bebels Einverständnis in der „New Yorker Volkszeitung" veröffentlicht wurde, machte auf jenem Parteikongreß Furore, der in Zürich beschlossen worden war und vom 29. März bis zum 2. April 1883 in Kopenhagen stattfand. Bebel ließ sich nicht beirren, er hatte nichts zurückzunehmen und auch leichtes Spiel, den Kongreß in seinem Sinne zu leiten. Er gab selbst den allgemeinen Bericht, in dem er die Lage der Partei sehr günstig schilderte und es nicht versäumte, vor Hoffnungen auf einen Thronwechsel zu warnen; schließlich würden sich dieselben Klassen gegenüberstehen wie zuvor. Ein sächsischer Antrag, in dem „jederlei

Nachgiebigkeit gegenüber den uns verfolgenden herrschenden Klassen" verworfen, ein rücksichtsloses Vorgehen der Partei gefordert und die Gesamthaltung des Organs gutgeheißen wurde, fand ebenso einstimmige Annahme wie die Entschließung zur Sozialreform, von der es hieß, sie werde nur als taktisches Mittel benutzt, um die Arbeiter vom wahren Weg abzulenken. Um gegenzuhalten, fehlten den „Opportunisten" Kopf und Kraft.

Der Kongreß bestimmte eine Parteileitung. Aber was hieß das? Hasenclever war schwach, Bebel hatte ihn, seit sich der alte Lassalleaner für Bismarcks Sozialreform anfällig gezeigt hatte, im Visier, und er war mit ihm „fertig", als in der Wahl 1884 herauskam, daß Absprachen mit Konservativen getätigt worden waren. Auch als Hasenclever sehr krank, geisteskrank, wurde und es seiner Familie nicht gut ging, unterzeichnete zwar auch er einen Sammelaufruf, hielt sich aber ansonsten fern, auch von seiner Beerdigung. Sein Verhältnis zu Liebknecht hatte sich ebenfalls, wenn auch auf andere Weise, abgekühlt. Dessen wiederkehrende Anflüge von Versöhnlertum und Sprunghaftigkeit machten ihn nervös; man wisse nicht, was man von ihm halten solle, meldete er in seinem Kopenhagen-Bericht an Engels, und das war noch milde geurteilt, es sollten bald ganz andere Töne angeschlagen werden. Es blieben Auer und Grillenberger, beide Gegner der Revolutionsrederei, beide mitten in der Parteiarbeit steckend und darum schwer angreifbar. Aber beiden fehlte der Wille, für ihre Linie zu kämpfen und sich an Bebel heranzuwagen. Es blieb bei Schimpfereien hinter vorgehaltener Hand. Grillenberger, „Grillo", wie der joviale Franke genannt wurde, machte seiner Wut auf Bebel ausgerechnet in einem Brief an Motteler Luft; er nannte ihn im November 85 einen „tobsüchtigen Diktator" und „herzlosen und – fast möchte man sagen hinterlistigen und heimtückischen" Menschen. Auer, auf den gern herabgesehen wurde, weil er nicht so belesen war, gab sich zurückhaltender; daß der Name Bebel in seinem Büchlein über das Sozialisten-Gesetz zum erstenmal auf Seite 100 auftaucht, war die Auersche Form der Distanz.

Bebels Position wurde noch gefestigt, als ihn die Hamburger Sozialdemokraten für eine Nachwahl aufstellten, er am 29. Juni 1883 unter großem Aufsehen den Wahlkreis I eroberte und damit wieder ein Reichstagsmandat innehatte. Bebel blieb, mit Ausnahme eines Straßburger Zwischenspiels, dem die Hansestädter zustimmten, bis ans Ende seiner Tage Hamburger Abgeordneter.

Dampfer mit heißer Fracht

Wenn das Unternehmen Sozialreform eine Wirkung hatte, dann lag sie darin, daß das sehr feine und kaum sichtbare Band zwischen Arbeiterklasse und Staat weitergeknüpft wurde; die Zustimmung zur Sozialdemokratie blieb davon unberührt. Schließlich war sie die einzige Kraft, die im Namen der eruptiv anschwellenden Masse der Proletarier sprach. War es wichtig, in welcher Form ihre Interessen vertreten wurden und ob der Wahlaufruf 84, der Bebels Handschrift trug, einem Katastrophengemälde glich oder nicht? Daß überhaupt ein Aufruf herauskam und die Partei wieder ein wenig Luft hatte zu atmen, sich zu rühren, Flagge zu zeigen, wog in der Erfolgsbilanz schwer.

Die abermalige Verlängerung des Sozialisten-Gesetzes, die im Frühjahr 1884 mit knapper Mehrheit über die Bühne gegangen war, hatte man erwartet, sie beeinträchtigte die Stimmung nicht, die vor der Wahl gut und nach der Wahl noch besser war. Sie hatte der Partei mit mehr als einer halben Million Stimmen 9,7 Prozent und 24 Mandate beschert, der bürgerlichen Presse Respekt abgenötigt und Bebel wie Engels in einen Rausch versetzt; daß der Krach nun bestimmt komme und zwar früher als erwartet, bescheinigte man sich wechselseitig. Engels hatte schon vor dem Wahltag geweissagt: „Die Siege, die Ihr erringt, wirken nach von Sibirien bis Kalifornien und von Sizilien bis Schweden."

Bebel hatte es noch einmal in Dresden versucht, war aber wiederum an den Handwerkern gescheitert; einst hatten sie ihn gewählt – als einen von ihnen. Er legte Schlüter den Grund der Niederlage dar: „Ich habe erklärt, daß der Handwerker als solcher verloren sei und nur eine neue Ordnung der Dinge ihm wie dem Arbeiter helfen könne." Eine solche Sprache verstehe der engherzige Verstand des Spießbürgers eben nicht. Die Sache war zu verschmerzen, weil er den Hamburger Wahlkreis mit Bravour verteidigt hatte und im übrigen auf die progressiv wachsende sozialdemokratische Macht vertraute und auf die Katastrophe.

Den Wermutstropfen in all der Wahlfreude hatten Bebel und seine gleichgesinnten Gefährten – Engels, Bernstein – vorgekostet und einander vorgerechnet, daß in der neuen Fraktion die „unsicheren Kantonisten" nicht nur wieder vertreten, sondern in der Überzahl sein würden, die Quantität nicht der Qualität entspreche und „Angstscheißerei und Furcht vor Angriffen" eben da seien, „bis aus der Mitte der Partei heraus man sich energisch dagegen verwahrt". Die düsteren Ahnungen trogen nicht, jedenfalls zahlenmäßig hatten die „Opportunisten" die Mehrheit über die „Fraktion Bebel", wie es hier und da hieß, und machten davon Gebrauch, als nur wenige Tage, nachdem der Reichstag sich konstituiert hatte, eine Versuchung besonderer Art über die Sozialdemokratie hereinbrach.

Am 20. November 1884 reicht die Regierung einen Gesetzentwurf ein. Der Zweck: die staatliche Subventionierung privater Postdampferlinien nach Afrika, Australien und Ostasien; veranschlagt sind 5,4 Millionen Mark. Die Wirkung: Aufruhr erst in der sozialdemokratischen Fraktion, dann auch in der Partei. Die Minderheit unter den Abgeordneten nimmt die Frage sofort prinzipiell und verwirft jeden Gedanken an Bewilligung, weil sie gleichbedeutend wäre mit einem Ja zur Kolonialpolitik; Bebel sitzt wie Dietz, der die entgegengesetzte Auffassung vertritt, in der vom Reichstag eigens eingesetzten Kommission und erfährt von einem Vertreter der Marine, daß die Dampfer auch militärischen Zwecken dienen könnten. Diese Information, von der er eifrig Gebrauch macht, bestärkt ihn in seiner strikt ablehnenden Haltung. Die Mehrheit, darunter Auer und Grillenberger, betrachtet den Vorgang von einem Gesichtspunkt der Zweckmäßigkeit und formuliert in einer turbulenten Fraktionssitzung am 18. Februar 1885 ein antikolonialistisch begründetes Nein zur afrikanischen, aber ein bedingtes Ja zur ostasiatischen und australischen Linie, die nach Samoa ausgenommen.

Der Bedingung, daß die Schiffe neu und auf deutschen Werften gebaut sein müßten, folgt der Reichstag nicht, und so stimmt die Fraktion am 23. März geschlossen gegen die Dampfersubvention. Die Sache ist erledigt, aber der Krach blüht nun erst recht. Denn die Postdampfer scheinen die ganze Systemfrage an Bord zu haben und dazu angetan, die Phantasie freizusetzen. Doch ohne daß in den voraufgegangenen Auseinandersetzungen um die Sozialreform der Boden bereitet worden wäre, hätten die Dampfer nicht so hohe

Wellen schlagen können. Engels hatte schon 1883 den „Bruch mit den Schlappschwänzen" vom rechten Flügel angemahnt, er konnte nahtlos daran anknüpfen. Zwischenzeitlich bekam er allerdings Angst vor der eigenen Courage und riet, ein Geschäft mit der Regierung zu versuchen – Ackerbaugenossenschaften gegen Dampfer. Damit brachte er sogar Freund Bebel gegen sich auf, der sich schüttelte angesichts eines solchen „Handels- und Schacherstandpunkts". Die Zeit ging rasch darüber hinweg, und das Wort von der Spaltung erlebte eine neue Konjunktur.

Kolonialpolitik an sich billigte in der Fraktion niemand. Aber was verstand man darunter? Nicht viel mehr, als daß die Eingeborenen nicht mißhandelt oder gröblich übervorteilt werden sollten. Doch darum ging es 1885 noch kaum, vielmehr mündete der Streit in die eine Frage, ob man immun war gegen das System und damit gegen dessen bourgeoise Reeder oder ob man es nicht war und, wie Auer, erstrebenswert fand, Hamburgs arbeitslosen Werftarbeitern durch staatliche Hilfe für den Schiffbau einen Nutzen zu verschaffen. Mit der Bedingung, die die Fraktionsmehrheit an ein Ja knüpfte, hatte es seine eigene Bewandtnis gehabt; Bismarck wollte dem bremischen Lloyd etwas Gutes tun, der aber hatte schöne Schiffe zur Verfügung und brauchte sie nur loszuschicken, Neubauten in Hamburg waren also nicht vorgesehen. Bebel, obwohl Hamburger Abgeordneter, tat derlei Bestreben wiederholt als „Wahlkreispolitik" ab.

Ignaz Auer, der selten und nur ungern zur Feder griff, sich dieses Mal aber, zu Bebels Entsetzen, im „S. D." verbreitete, war der Meinung, daß Dampferlinien, „welche den innerozeanischen Verkehr vermitteln", Kulturträger seien so gut wie Eisenbahnen und Telegraphen. Er hatte nie etwas mit den Lassalleanern zu tun gehabt und sie bekämpft wie nur irgend einer, jetzt aber wurde er als einer von ihnen abgemalt, weil plötzlich jeder, der sich dem System kompromißlerisch zu nähern schien, das lassalleanische Etikett aufgedrückt bekam. Bebel hatte noch vor Jahresfrist 84, als die Schlachtlinien gerade bezogen waren, Motteler bestätigt, daß es sich um den „Gegensatz zwischen der L.schen und M.schen Auffassung in der Partei" handele, aber hinzugefügt: „Leider sind selbst alte Eisenacher heute Lassalleaner." Und was wäre der Unterschied? „Die Lassallesche Auffassung streift die Dinge an der Oberfläche und gestattet große Freiheit, die Marx'sche Auffassung erfordert scharfes

Denken und Konsequenz im Handeln, und, was die Hauptsache ist, scharfen Kampf gegen die Landläufigkeit. Das ist nicht jedermanns Sache und bringt nicht jeder fertig; hätte Auer mehr studiert, er stünd' auf einer anderen Seite." Schlüter schrieb er über die Rede, die Auer gleich zu Beginn der Debatte, am 1. Dezember 84, in der Fraktion gehalten hatte, sie hätte von einem „fanatischen Nationalliberalen" stammen können.

Schlüter, der sich nach den Streichen der alten Lassalleaner erkundigt hatte, bekam im Januar auch noch anderes zu lesen und nicht nur, daß sie immer reaktionärer geworden seien und sich unter dem Sozialisten-Gesetz wohl fühlten. Denn „in Berlin saufen sie herum; kommt man unter sie, hört man nichts als Spöttereien und Völlereien, eine ernste Unterhaltung ist ein Ding der Unmöglichkeit. Besonders lernen tun sie auch nichts, wenigstens nicht, was sie lernen sollten." Denken wollten sie nicht, opponieren auch nicht, „weil das ihre Gemütlichkeit stört, ihnen Unbequemlichkeiten macht und sie das Bedürfnis nach Ruhe und Genuß haben". Den Vorwurf, daß sich seine Gegner unter der Glasglocke des Sozialisten-Gesetzes wohl fühlten und dessen Ende keineswegs herbeisehnten, teilte er in diesen Monaten häufig aus, vielleicht ebenso oft wie er in seine Schimpfereien den Hinweis auf die außerordentlich günstige Entwicklung einflocht. Er lege sich, schrieb er mitten in den innerparteilichen Turbulenzen an Engels, jeden Tag mit dem Gefühl schlafen, daß „das letzte Stündlein der bürgerlichen Gesellschaft in Bälde schlägt".

Seit die Dampferfrage auf der Tagesordnung stand, hatte der „Sozialdemokrat" entschieden Position bezogen, die Befürworter mit unnachsichtiger Kritik bedacht und nicht zuletzt dadurch Politik gemacht, daß man gezielt Protesterklärungen aus der Partei, die nicht selten von deutschen Sozialdemokraten im Ausland stammten, abdruckte. Am 2. April rächte sich die Mehrheit, indem sie das Blatt zwang, eine im ganzen maßvolle Resolution zu veröffentlichen, in der der Redaktion und den Parteimitgliedern das Recht abgesprochen wurde, die Haltung der Fraktion bestimmen zu wollen. Daraufhin ergoß sich eine neue Protestflut über den „Sozialdemokrat", und die Fraktionsmehrheit sah wieder einmal ein, daß an die Züricher Festung nicht heranzukommen war. Bebel, der sich stets auf „die" Partei berief, hatte dem Redakteur Bernstein auf allen möglichen Wegen immer aufs neue eingebleut, „entschiedener noch den prinzipiellen Boden" zu behandeln, und auch, als der Anlaß des Konflikts längst aus der Welt war, befohlen: „Ihr haltet aus und weicht und wankt nicht."

Redakteur Bernstein wußte um den Halt, den er an Bebel hatte. Engels schrieb er von den „Biedermännern" in der Partei: „Ferner meine Übereinstimmung mit Bebel! Den können sie allesamt nicht recht verdauen, der ist ihnen höchst unbequem, denn sie fühlen, daß er ihnen allen an politischem Scharfblick, an Talent und Energie überlegen ist." Am 23. April 1885 bekannten Redaktion und Fraktionsmehrheit gemeinsam, daß das Blatt Organ der Gesamtpartei sei. Eine Erklärung, die einer Kapitulation der „Opportunisten" gleichkam.

Im Sommer 85 wurden hitzige Nachhutgefechte ausgetragen, in deren Mittelpunkt, wie immer, der „Sozialdemokrat" stand und – Wilhelm Liebknecht. Der „Alte", wie er mittlerweile genannt wurde, war immer noch eine Art politischer Verantwortlicher für den „S.D.", und da er in den Dampferschlachten mehrfach zwischen den Fronten hin- und hergeschwommen war und auszugleichen sich bemüht hatte, wurde er Gegenstand scharfer Kritik. Bebel unterstellte ihm abwechselnd, in all seinen Briefen nach Zürich und London, die „Diktatur im Blatte" anzustreben, „der weichherzigste und gefühlsduseligste von allen" zu sein und „düpieren" und „prellen" zu wollen, wie er es mit Marx und Engels getan habe. Selbst hielt er ihm im Sommer 85 brieflich vor, in den letzten zwei Jahren beleidigend und feindselig gewesen zu sein, und pries die Orthodoxie, die er mit Prinzipienfestigkeit gleichsetzte, als Heilmittel gegen das Bemühen, bestehende Gegensätze zu vertuschen: „Das mag die Einigkeit fördern, stört aber die Einheit und die Kraft der Partei." Wenige Monate später hoffte er, Liebknecht habe alles eingesehen, und befand, diesmal in einem Brief an den Gesinnungsfreund Kautsky, die Mehrheit habe erfahren, „daß sie mit der Partei nicht spielen darf".

Nicht einmal der Berliner Polizei war entgangen, daß „der Bebelsche Radikalismus" im sozialdemokratischen Lager die Herrschaft errungen hatte und ihm auch fernerhin die Führerschaft zufallen würde. Bebel hatte die Kampfstätte als Sieger verlassen, und er wußte es selbst. In seinem Jahresend-Brief 1885 an Motteler hieß es:

„Im Krieg siegt nicht bloß, wer am schärfsten haut, sondern auch, wer am längsten aushält und unermüdlich den geschlagenen Feind verfolgt. Nur keine Sentimentalität." Unmittelbar nachdem sich die Wogen der „Subventionsgeschichte" gelegt hatten, stimmte die Fraktion dem Bau des Nord-Ostsee-Kanals, von dem Bebel ebenso hätte sagen können, er diene militärischen Zwecken, einstimmig zu. Der Alltag war zurückgekehrt. Und jenes Jahr vorüber, von dem der Reichstagsabgeordnete Wilhelm Blos, zur Mehrheit gehörig, in seinen „Denkwürdigkeiten eines Sozialdemokraten" erzählt, daß Bebel „mit einer manchmal komischen Ängstlichkeit" bemüht gewesen sei, „den geringsten Schimmer von ‚gemäßigter' Gesinnung zu vermeiden".

Ein Schauspiel für Götter und Sozialdemokraten

Rechte und Linke, „Opportunisten" und „Prinzipielle", „Gemäßigte" und „Fraktion Bebel" fanden im Herbst 1885 wieder zusammen – weniger durch höhere Einsicht als durch staatlichen Zwang. Auf der Rückreise vom Kopenhagener Kongreß, Frühjahr 1883, hatte die Berliner Polizei in Kiel und in Neumünster zugegriffen und insgesamt neun Teilnehmer, darunter Bebel, sistiert. In einer Karte an die Redaktion der „Frankfurter Zeitung" machte Bebel im Telegrammstil Meldung von dem Vorfall; man habe sie verhört, einiges Unerhebliche beschlagnahmt und „dann ohne weiteres entlassen". Unter den Sistierten befanden sich mit Dietz, Frohme und Vollmar drei Reichstagsabgeordnete, und so brachten ihre Kollegen Kayser und Liebknecht die Sache vor das Parlament; eine Kommission wurde befaßt und die stellte immerhin fest, daß das „stattgehabte Verfahren" dem Artikel 31 der Reichsverfassung zuwiderlaufe. Artikel 31 handelte von der Immunität und besagte, daß ohne Genehmigung des Reichstags kein Mitglied desselben während der Sitzungsperiode verhaftet werden dürfe. Aber das war noch nicht alles.

Nacheinander wurde versucht, die Staatsanwaltschaften in Kiel, Berlin und Leipzig und die Reichsanwaltschaft zu interessieren, ohne Erfolg. Ein Geheimbundprozeß – ein solcher sollte es sein – war schon 1880 einmal in Elberfeld-Barmen angestrengt worden, damals gegen Teilnehmer des Wydener Kongresses, und hatte der Justiz nicht zum Ruhme gereicht. Ein Jahr dauerten die Verhandlungen, ohne daß Geheimbündelei nachgewiesen werden konnte, seither war man vorsichtig. Indes, einer mußte sich finden lassen, zumal wenn Berliner Druck im Spiele war, in diesem Fall war es Oberstaatsanwalt Schwabe in Chemnitz. Er erhob Anklage auf Vergehen gegen die Paragraphen 128 und 129 des Strafgesetzbuches, die in Verbindung mit dem Sozialisten-Gesetz auf Geheimbündelei hinausliefen. Der Prozeß fand vom 28. bis 30. September 1885 – soviel Zeit war mit der Sucherei ins Land gegangen – vor dem Landgericht statt, das Anklagematerial entstammte dem „Sozialdemokrat" und sonstigen Veröffentlichungen. Das Stenogramm nahm im Auftrag des – preußischen – Innenministeriums ein Berliner Polizeisekretär auf.

Bebel hatte sich gründlich vorbereitet, vielleicht mit noch mehr Sorgfalt als vor früheren Verfahren. Schon 1884 achtete er streng auf „Komplettierung" seines „S.D.", um, wie er Motteler mitteilte, „den Herren" auf jede Frage gehörig „dienen" zu können. Er antwortete allein, hin und wieder nur von Auer ergänzt, und ließ die Richter wie gegen eine Gummiwand laufen. Immer wieder verkehrte er Mutmaßungen auf Geheimbündelei ins Gegenteil; auf die Frage, warum das Kopenhagener Protokoll so viel kürzer ausgefallen sei als das Wydener, machte er dem Gericht weis, die Verhandlungen seien eben nicht so interessant gewesen. Bebel, der seine eigenen Anwälte zu Statisten degradierte, zeigte sich auf der Höhe seiner advokatorischen Kunst. Durch die Art, in der er seine Prozesse führte – auf Allgemeinheiten verzichtend, sich nur auf Gesetzestexte wie Strafbestimmungen stützend –, hat Bebel für die Verbreitung des Rechtsbewußtseins im Deutschen Reich viel, sehr viel getan. Staatsanwalt Schwabe, der in seinem Plädoyer Bebel einen „begabten Mann" nannte und allen Angeklagten zusammen „Energie und Intelligenz" bescheinigte, hatte sich vergebens angestrengt. Das Gericht zeigte Rückgrat: Es könne „nicht angenommen werden, daß die sozialdemokratische Partei eine Verbindung unterhielt, deren Dasein, Verfassung oder Zweck vor der Staatsregierung geheim gehalten werden sollte". Das Urteil lautete auf Freispruch.

Es wurde Revision eingelegt, und noch bevor das Jahr herum war, hatte das Reichsgericht das Urteil aufgehoben, die Angelegenheit zur erneuten Verhandlung an das Landgericht in Freiberg überwiesen und vorgegeben, worauf sich das Urteil zu stützen habe – auf den Begriff der Verbindung.

Das Gericht machte der Stadt und ihrem Namen keine Ehre, als es am 4. August 1886 den neuerlichen Spruch verkündete; Freiberg war einst jener freie Berg gewesen, in dessen Minen ein jeder nach dem kostbaren, den sächsischen Reichtum begründenden Silber hatte suchen dürfen. Bebel, der an den Rand der Anklageschrift eine Art Prozeßprotokoll kritzelte, wurde zu neun Monaten Gefängnis verurteilt, ebenso erging es Auer, Frohme, dem hessischen Landtagsabgeordneten Ulrich, Viereck und Vollmar; Dietz und die Genossen Heinzel und Müller bekamen sechs Monate aufgebrummt. Die Begründung war an den Haaren herbeigezogen: Daß eine geheime Verbindung bestehe, wird ebenso wenig behauptet wie die Verbreitung von verbotenen Schriften, dafür ist die Rede von „konkludenten Handlungen"; in Wyden und in Kopenhagen sei über den „Sozialdemokrat" berichtet und dessen Gesamthaltung einstimmig gebilligt worden. In der Anhörung habe der stillschweigende Beitritt zu der Verbindung gelegen...

Im Frühjahr 1886 war das Sozialisten-Gesetz zum dritten Mal verlängert worden, die Mehrheit wurde immer dünner, der Freisinn war nun geschlossen dagegen, das Zentrum gespalten, und selbst in der nationalliberalen Fraktion gärte es; die „Nationalzeitung" fand es notwendig, den „Übergang zu regelmäßigen Zuständen vorzubereiten"; Johannes Miquel, der einstige Revolutionär und spätere Reichsfinanzminister, der das großbürgerliche Meinungsbild kannte wie keiner sonst, empfahl „Zurückhaltung" und jedenfalls Streichung des Ausweisungsparagraphen. So traf Bebel in der Reichstagsdebatte genau den wunden Punkt, als er in fast genüßlichem Ton Beispiele des sozialdemokratischen Lebenswillens gab und vorführte, wie unsinnig das Unterfangen geworden war; davon zeugten auch die Polizeiberichte dieses Jahres. In weiten Teilen des Bürgertums war die Stimmung im Begriff umzuschlagen. Der Streikerlaß des preußischen Innenministers, von Puttkamer, der Härte versprach, wenn Arbeitseinstellungen revolutionären Charakter annehmen würden, war Ausdruck uneinheitlicher Meinung in der Regierung. Die Schraube anzuziehen, wenn der Sozialisten-Schreck nicht mehr ziehe, leuchtete kaum noch ein, und so kam der Unwille offen zum Ausdruck, als das Freiberger „Schauspiel für Götter und Sozial-demokraten", das Bebel vorausgesehen hatte, vorüber war. Die „Nationalliberale Korrespondenz" machte in Sarkasmus und fand einen „stark komischen Beigeschmack" darin, daß die anerkannten Führer der Sozialdemokratie, „welche einen gewaltsamen Umsturz unserer gesellschaftlichen und staatlichen Ordnung erstrebt", wegen solcher Kleinigkeiten verurteilt würden. .

Doch so leicht gaben die Puttkamers sich nicht geschlagen. Sie sorgten dafür, daß eine Lawine von Geheimbundprozessen, anknüpfend an den Freiberger Spruch, über das Land rollte; für Familien von Angeklagten seien allein 50.000 Mark erforderlich, klagte Bebel in einem Brief nach London. Als eine besonders üble Blüte entpuppte sich der sogenannte Aufruhrprozeß, den Mehring für die Nachwelt festgehalten hat. Der Tischlergeselle Schumann wurde, weil der Flugblattverteilung verdächtig, aus Leipzig ausgewiesen, Freunde geleiteten ihn zum Bahnhof, dabei ein rotes Tuch schwenkend, vier Polizisten in Zivil stürzten noch in den Zug, um des Tuches habhaft zu werden, sie gingen bei dem Versuch zu Boden, weswegen Schumann und Freunde sich wegen Aufruhrs zu verantworten hatten und hohe Strafen erhielten. Schumann starb nach wenigen Monaten im Zuchthaus, ein anderer wurde irrsinnig, ein Dritter Anarchist. Doch endete auch der Weg der Geheimbundprozesse in einer Sackgasse. Der Massenprozeß von Elberfeld-Barmen, der 1889 gegen 128 Sozialdemokraten angestrengt wurde, brachte die Wende. In zweijähriger Vorbereitungszeit waren 403 Zeugen aufgetreten, der Prozeß zog sich über Weihnachten hin, und Bebel, der mitangeklagt war und die gesamte Verteidigung führte, klagte Engels, es sei in 23jähriger Ehe das achte Mal, daß ihm die Weihnachten „so verhauen" worden seien. Es sollte das letzte Mal sein. Das Urteil kam einem Triumph für Bebel gleich, in weiten Teilen der Presse, auch der bürgerlichen, wurde es so empfunden. Ein Teil der Anklagen war fallen gelassen worden, übrig blieben 44 Verurteilungen zu je drei Monaten Haft und 43 Freisprüche; auch Bebel, für den der Staatsanwalt fünfzehn Monate beantragt hatte, wurde freigesprochen.

Das Freiberger Urteil hatte auch innerparteiliche Konsequenzen. Das Gericht stützte sich in seiner Begründung auf jenen in Wyden gefaßten, in Kopenhagen bekräftigten Beschluß, mit dem der

„Sozialdemokrat" als offizielles Parteiorgan anerkannt worden war. Um Wiederholungsurteile zu vermeiden, mußte der einst so hart umkämpfte Status geändert werden; die Reichstagsabgeordneten erklärten am 21. Oktober 1886 im Blatt, daß der Charakter als offizielles Parteiorgan aufgehoben sei. Es erschien fortan mit dem Untertitel „Organ der Sozialdemokratie deutscher Zunge". An seinem Inhalt änderte sich nichts. Die Zeiten der innerparteilichen Kämpfe um die Kontrolle waren vorüber.

Bebel war nach Ende des Freiberger Prozesses auf Reisen gegangen, das Urteil hatte ihn in München erreicht. „Wir mußten so verurteilt werden, weil man uns für die nächste Zukunft nicht brauchen kann", schrieb er seiner Frau, die er mit dem Gedanken tröstete, daß auch diese Zeit überstanden werde. „Eine Reise nach den deutsch-afrikanischen Kolonien, und währt sie nur halb so lange, wäre unangenehmer und unendlich gefährlicher." Seine Fähigkeit, sich abzufinden und sein Gleichmut waren bewundernswert. Im Alter von 47 Jahren wieder ein dreiviertel Jahr hinter Gittern verschwinden zu sollen, kann gerade für einen so sehr in der Öffentlichkeit stehenden Mann keine leichte Sache gewesen sein. Immerhin paßte die Freiberger Verurteilung besser in sein Weltbild als der Chemnitzer Freispruch. Klang es nicht wie Selbstbestätigung, als er Engels den Gang der Dinge rühmte und hinzufügte: „Es ist bei den deutschen Zuständen selbstverständlich, daß man alle paar Jahre wenigstens einmal mit einer längeren Freiheitsberaubung bedacht wird."

Ans Reisen war nun nicht zu denken, und so brachte die Haft sein geschäftliches Arrangement ins Rutschen. Die Entscheidung, sich völlig aus dem Geschäft zu lösen, reifte und wurde 1888 verwirklicht. Indes, von „Ruin", wie Bernstein orakelte, konnte keine Rede sein, und nicht einmal von Sorgen. Sein Weihnachtsgeschenk für Julie ließ sich sehen: „Wähle Dir, was Du wünschest und kaufe es Dir." Über seine Frau bestellte er einem gewissen Bahlmann, reichem Gönner der Partei und Freund des Hauses, „sich mit Anschaffung von Industriepapieren sehr in acht zu nehmen". Alle Welt witterte um die Jahreswende 86/87 Krieg, und deshalb befand Bebel, so als kenne er sich aus in dem Geschäft, daß man sich in diesem Falle auf mindestens ein Jahr mit Barmitteln versehen müsse. „Während dieser Zeit dürfte es mit den Papieren und dem Verkauf derselben schlecht stehen."

Aber er betätigte sich im Gefängnis nicht nur als Ratgeber in

Sachen Geld, sondern auch in eigener Sache. An seinem 47. Geburtstag forderte er Julie auf, Paul Singer, wenn er nach Berlin gehe, den Pfandschein, den er vorigen Herbst für Frieda gekauft habe, „zur Versilberung" mitzugeben. Es werde zwar ein ziemlicher Verlust entstehen, allein er wolle das Papier los sein. Sechs Tage später hakte er nach, daß Singer es „so gut wie möglich und sofort" verkaufe und das Geld einstweilen aufheben möge. Daß das Papier noch immer vier Prozent unter dem Einkaufspreis stehe, der Kurs nicht wanke und nicht weiche, sei kein gutes Zeichen für ein so sicheres Papier. Und auch nicht für die Situation... Paul Singer, ein erfolgreicher und wohlhabender Textilkaufmann aus Berlin, hatte über die demokratische Bewegung den Weg in die Eisenacher Partei gefunden; der Reichstagsabgeordnete war 1886 aus Berlin ausgewiesen worden und hatte sich in Dresden in Bebels unmittelbarer Nachbarschaft niedergelassen.

Drei Tage vor Haftantritt, genau am 15. November 1886, wandte Bebel sich an die Zwickauer Gefängnisleitung und bat um die gleichen Vergünstigungen, wie sie ihm 1874/75 zugestanden worden waren – eigene Wäsche, eigene Kleidung, Selbstbeköstigung, Abonnement des „Leipziger Tageblatts", dann der „Berliner Volkszeitung". Es ward ihm alles gewährt, Zeitungen konnte er mit seinen Leidensgenossen Auer und Ulrich, der Bebels „Liebe und Kameradschaftlichkeit" in seinen Erinnerungen hervorgehoben hat, austauschen. Bebel klagte denn auch nicht, im Gegenteil, er wiederholte, wie anständig die Behandlung sei. Eine winzige Ausnahme hätte er machen können, sie betraf sein im Grundsatz bewilligtes Gesuch nach literarischer Betätigung. Bebel hatte sich, gleichsam in Fortsetzung seiner Bauernkriegs-Studien, ein Werk über Thomas Münzer vorgenommen, auf seine einschlägigen Kenntnisse hielt er sich einiges zugute. Im Sächsischen Landtag sah er sich einmal zu der Bemerkung veranlaßt, daß das Reformationszeitalter sein besonderes Lieblingsstudium sei. Doch binnen eines Monats verzichtete Bebel auf das Thema, und Anstaltsdirektor Böhmer teilte dem sächsischen Innenministerium mit, daß „Sträfling Bebel" den Thomas Münzer habe bearbeiten wollen, daß sich aber „ungewöhnliche Schwierigkeiten hindernd" in den Weg gestellt hätten und er den französischen Sozialisten Fourier gewählt habe, dessen Schriften nicht verboten seien und ihm nicht vorenthalten werden könnten.

Die verbotenen Schriften in Bebels mitgebrachtem Bücherberg waren ein Vorwand und die wahren Gründe sehr banal. Böhmers Sohn hatte sich eingemischt, weil er selbst an eine Beschäftigung mit Münzer dachte; die Anstaltsakten lassen keinen anderen Schluß zu. So kam Bebel zu Charles Fourier, an den er schon früher gedacht haben mag. Julie besorgte die Bücher, die Methode ward früheren Arbeiten angepaßt. Doch das Muster, die Schriften des französischen Frühsozialisten, wiederzugeben, erwies sich diesmal als besonders fragwürdig, der Reiz des Franzosen lag in dessen barocker Bildersprache und dem aperçuhaften, systemlosen Nebeneinander von Gedankenblitzen. Als sich Victor Adler einmal mit der Idee trug, über Robert Owen zu schreiben, zuckte er zurück und gab Engels den Grund: „Was mich abhält, ist, daß ich eine Arbeit à la Bebel-Fourier nicht machen will, weil ich sie für wertlos halte." Die Arbeit, eine ungeheure Fleißleistung angesichts des „bißchen Französisch", von dem Julie Engels berichtete, erschien 1888 bei Dietz. Sie trug jedenfalls dazu bei, daß der Name Fourier nicht in Vergessenheit geriet.

Die Leute würden sich benehmen, als sei er vom Tode auferstanden, schrieb Bebel an Motteler, als sich im August 1887 endlich – und nun für immer – die Gefängnistore hinter ihm schlossen und die Leute, von weither anmarschiert, ihm regelrechte Huldigungen darbrachten. Noch mehr erbaut war Bebel von der Einladung der Hamburger Genossen, mit Frau und Tochter und auf ihre Kosten die Hansestadt zu besuchen. Die Reise stieg schon im September. Und richtig gefreut hat er sich über Engels' Aufforderung, eine „Spritztour" nach London zu machen – „zur Erholung von den Strapazen des Martyriums", der Scheck für die Reisekosten lag dem Brief bei. Bernstein war wieder mit von der Partie, die Ende Oktober stattfand.

Genugtuung empfand Bebel, wenn er's im Grunde seines Herzens auch für selbstverständlich gehalten haben mag, daß der in Aussicht genommene Parteikongreß verschoben wurde, bis er wieder frei war. Seinem Bedürfnis nach innerer Klarheit war vorgearbeitet worden – durch die Haftstrafen, die auch die „Opportunisten" getroffen hatten und deren Kompromißbereitschaft mit dem System nicht glaubwürdiger aussehen ließen, und durch das Ergebnis der „Faschingswahlen", in denen die sozialdemokratische Fraktion dezimiert worden war.

In der allgemeinen Kriegshysterie, vom Frankreich des Kriegsmi-

nisters Boulanger ebenso genährt wie vom balkanesischen Unruhe-
herd, hatte Bismarck, Ende 1886, die große Chance gewittert. Er
verlangte vom Reichstag, daß die Präsenzstärke im Frieden auf
468.000 Mann erhöht und wieder auf sieben Jahre festgeschrieben
würde. Ablehnung und Auflösung waren einkalkuliert und
erwünscht. Er rechnete sozusagen täglich mit dem Ableben des alten
Kaisers, und sich vor der Thronbesteigung des liberal angehauchten
Sohnes noch eine gefügige Mehrheit zusammenzuzimmern, erschien
die Lage selten günstig. Die sozialdemokratische Fraktion, die die
Militärvorlage insgesamt verwarf, enthielt sich am 14. Januar 1887,
in der Abstimmung über das Septennat, der Stimme; dem Begehren
des Zentrums, die Präsenzstärke nur auf drei Jahre festzulegen, sollte
auf diese Weise die Mehrheit gesichert werden. Bebel schimpfte im
Gefängnis, von derlei Spielen wollte er nichts wissen, und dann hatte
er diesmal auch einen triftigen Grund: Wäre Bismarck das Septennat
bewilligt worden, hätte er keinen Vorwand für die Reichstagsauflö-
sung gehabt...

Der Wahlkampf stellte die Hetze von 1878 weit in den Schatten.
Konservative und Nationalliberale, angesteckt vom Kriegsgeschrei
und vielleicht auch schon wieder ängstlich ob eines sozialdemokratischen Stimmenschubs, schlossen ein Kartell und wußten die Aggres-
sionslust auf den inneren Feind umzulenken. Für die Sozialdemokratie, die in ihrem Wahlmanifest erklärte, „im Interesse des arbeitenden Volkes" der Regierung „jeden Mann und jeden Groschen" zu
verweigern, war an Agitation kaum zu denken. Die Wahl, die am
21. Februar, mitten im Fasching stattfand, bescherte ihr zwar ein
kleines Stimmenplus und einen Anteil von 10,1 Prozent, aber –
Folge der mit wachsender Verstädterung immer grotesker werden-
den Wahlkreiseinteilung und der fehlgeschlagenen Bündnispolitik –
nur noch zwölf Mandate; Häftling Bebel hatte in Dresden erneut
verloren, seine Hamburger ihn aber schon im ersten Wahlgang auf
den Schild gehoben. Auf der Strecke blieb diesmal Liebknecht; in
einer Neuwahl 1888 eroberte er ein Berliner Mandat.

In der Stichwahl hatte das Hurra-Kartell seine Absprachen eingehalten und so den Sieg gewährleistet. Die Sozialdemokraten waren
ihrerseits dem Freisinn, jener Mitte der achtziger Jahre aus Fortschritt und abgesprungenen Nationalliberalen hervorgegangenen
Partei, zu Diensten – wie auch schon, mit Bebels Billigung, 1884.

Jetzt verhalfen sie dem Linksliberalismus noch zu 21 Mandaten in der Stichwahl. Und umgekehrt? Bis auf wenige Ausnahmen Fehlanzeige. Bebel hatte es vorausgesehen, daß auf sie nicht zu rechnen sei. Der Beschluß, sich in Stichwahlen zwischen anderen Parteien fortan der Stimme zu enthalten, war die Antwort des Parteitages, der vom 2. bis 6. Oktober 1887 in St. Gallen stattfand; 79 deutsche Sozialdemokraten hatten den Weg in die Schweiz gefunden. Bebel selbst riß 1890 das Steuer wieder herum, pragmatisch und ohne sich den Segen einer Parteiinstanz einzuholen. Anders wäre dem Kartell nie beizukommen gewesen.

In St. Gallen hatte niemand, wie Wilhelm Blos in seinen Erinnerungen hervorhob, „auch nur die leiseste Neigung, irgendwelche Konzessionen an die herrschenden Gewalten zu machen". Das Wort von der „einen reaktionären Masse" machte wieder die Runde. Und Bebel fand keinen Widerspruch mehr, als er sich gegen den Ausgleich von Meinungsdifferenzen aussprach und stattdessen verlangte, endlich „unsere materialistische Welt- und Geschichtsauffassung auch auf unser eigenes Parteileben" zu übertragen. Große Einigkeit herrschte in der Frage, daß ein Übergang von der Monarchie zur bürgerlichen – man sagte: blauen – Republik ebenso wertlos wie unmöglich sei. Manches andere wurde noch einmal aufgeputzt. So der nun fast schon zwei Jahrzehnte alte Beschluß, daß man sich an Wahlen zwar beteiligen, aber den Parlamentarismus nicht überschätzen und bei „positiver Tätigkeit" weder die Tragweite für die Klassenlage der Arbeiter außer acht lassen noch Illusionen wecken wolle. So eine Resolution über den als „antisozialistisch" gegeißelten Anarchismus.

Während Paul Singer hier seine Wandlung vom gemäßigten zum radikal gesonnenen Sozialdemokraten offenkundig machte, wurde der rechte Flügel zersprengt. Viereck, in dessen Verlag noch das Protokoll des Chemnitzer Prozesses herausgekommen war, und einem gewissen Geiser, die 1887 beide ihres Reichstagsmandats verlustig gegangen waren, erkannte der Parteitag das Recht ab, Vertrauensstellungen zu bekleiden; Viereck ging daraufhin in die USA. Bebel bedauerte in einem brieflichen Nachtrag, daß man sie „nicht ganz aus der Partei schmiß". Blos hatte ebenfalls sein Mandat verloren, er zog sich vorerst aus dem politischen Leben zurück. Über Hasenclever lag der Schatten der schrecklichen Krankheit, er starb 1889. Schramm, der Intellektuelle, hatte schon im Jahr zuvor keine andere Möglichkeit gesehen, als sich von der Sozialdemokratie abzuwenden. Es blieben Auer und Grillenberger. Nach der Führung zu greifen, hatten sie nicht im Sinn, Bebel im Wege zu stehen, erst recht nicht.

Ein Hauch von Wandel

Im Mai 1889 streikten im rheinisch-westfälischen Kohlerevier 90.000 Bergarbeiter, im ganzen Reich schließlich 150.000. Die Zeiten, in denen die Eisenbahnen das Tempo des industriellen Wachstums diktierten, waren vorbei. Die Chemische und die Elektroindustrie – 1887 gründete Emil Rathenau die AEG – hatten den Sprung nach vorn getan, und das industrielle Herz begann, an der Ruhr zu schlagen, dort, wo die Geschäfte mit Kohle und Stahl gediehen. Bebel hatte sich mit dem Schicksal – sächsischer – Bergarbeiter befaßt, aber noch nie aus Anlaß einer klassenkämpferischen Auseinandersetzung, sondern weil in schrecklichen Unglücksfällen, 1867 in Lugau, 1879 in Zwickau, die fehlenden Sicherheitsvorkehrungen bloßgelegt und der Skandal der von den Unternehmern verwalteten Hilfskassen aufgedeckt worden waren. Genau zehn Jahre vor dem Streik, auch schon im „Sozialdemokrat", hatte Bebel die Zwickauer Katastrophe kommentiert: „Sache des Sozialismus ist es, dem ruhigen, friedlichen, ungehinderten und unausgesetzten Fortschritt der Menschheit die Bahnen zu ebnen." Von derartigem Fortschritt sollte hiernach nicht mehr die Rede sein, schon gar nicht im Angesicht des größten Streiks, den Deutschland bis dahin gesehen hatte. Daß das Klassenbewußtsein, nicht zuletzt durch brutal-blutige Zugriffe erst der Polizei, dann des Militärs, geschärft werden und die Sozialdemokratie neue Wählermassen finden würde, ahnte Bebel beizeiten; tatsächlich verzeichnete die Partei im Ruhrgebiet einen enormen Stimmenschub. Das schwerindustrielle Proletariat wuchs rapide und fing an, sich vom Zentrum, das entgegen Bebels Erwartung stark blieb, zu lösen. 1887 wurden in Dortmund-Hörde 2.141 Stimmen für die SPD gezählt, 1890 schon 10.422.

Bebel hütete sich, agierend in den Kampf einzugreifen. Als die „Rheinisch-Westfälische Zeitung" am 29. Mai meldete, der Streik sei von Sozialdemokraten und namentlich von Bebel angestiftet worden, beeilte er sich, im „Sozialdemokrat" klarzustellen: „Die Sozialdemokratie stand dem Bergarbeiterstreik vollkommen fern, sie ist von dem Ausbruch desselben geradeso überrascht worden wie die übrige Welt, nur täuschte sie sich nicht über die wahrscheinlichen Folgen desselben." Es entsprach der Wahrheit und lag auf der Linie seines bisherigen Verhaltens, wenn er darauf pochte, daß er zu einem Kompromiß geraten habe. Aussicht auf Unterstützung bestand nicht, und so befand er, daß der Rest der Forderungen, die er als durchaus gerechtfertigt und billig anerkannte, „auf später" vertagt werden könne. Er schickte Geld, doch der Hauptteil der Unterstützung, derer die gemaßregelten Streikführer und die Mitglieder der Kaiser-Deputation – Wilhelm II. hatte am 14. Mai drei Abgesandte der Bergarbeiter empfangen und diesen übel gedroht – bedurften, kam aus Amerika.

Ein Kompromiß kam schließlich zustande, ein kleiner Kompromiß, aber immerhin. Die Löhne gingen – ein wenig – nach oben, die Arbeitszeiten – ein wenig – nach unten, die Arbeitsbedingungen standen erstmals zur Debatte; daß überhaupt verhandelt wurde, war ein Erfolg für die Streikenden. Bebel, der so übel von Kompromissen redete, war einverstanden. Schon 1865, im Leipziger Buchdruckerstreik, als er gerade erst zu politischem Bewußtsein erwachte, hatte er auf Kompromiß gesetzt und sich auch später, durch alle Phasen innerer Radikalisierung hindurch, niemals als ein Scharfmacher aufgeführt. Wo immer, ob im Streik, ob im Kampf gegen gesetzliche Repressalien, auch nur ein Anschein von Provokation hätte aufkommen können, war Bebel auf dem Sprung und fuhr dazwischen. Als 1887 ein Münchner Student „wegen sozialdemokratischer Umtriebe" relegiert wurde, erregte er sich nicht über die Maßnahme, sondern über den jungen Mann, der sich hätte zurückhalten sollen; der Partei liege nichts an solchen Opfern, ließ er wissen. Sozialdemokraten sollten nun einmal nicht auffallen, weder im Militärdienst noch sonst irgendwo. Einen Streik hat er auch 1889 nicht „angestiftet" und nicht einmal angeregt. Dem gegenteiligen Eindruck entgegenzuwirken, war ihm wichtig. Vor dem Gründungskongreß der Internationale, zwei Monate nach dem Bergarbeiterstreik, hob er hervor, daß die Partei nichts dazu getan habe. Es klang beschwörend. Denn sollte nicht alles von selbst geschehen?

Von „der Geschichte ehernem Muß" schrieb er immer noch und immer wieder und auch anläßlich des hundertsten Jahrestages der Französischen Revolution. Gedanken an bürgerliche Freiheiten klangen weiterhin nicht an, die Ereignisse von 1789 legten ihm nur den Schluß nahe, daß das Jahr ihrer hundertsten Wiederkehr die Katastrophe beschleunige, „welcher die bürgerliche Gesellschaft kraft des ihr innewohnenden Gesetzes der Entwicklung entgegeneilt". In seiner Schrift „Die Tätigkeit des Deutschen Reichstages von 1887 bis 1889", einer Fortführung seiner parlamentarischen Übersichten aus den siebziger Jahren, wiederholte er in aller Deutlichkeit, daß die persönliche Freiheit verloren gehe, wenn der Arbeiter seine Arbeitskraft verkaufe. Wie sollte er also die Große Revolution anders beurteilen denn als Vorstufe zu jener sozialistischen Umwälzung, in der die Freiheit in der Gleichheit aufgehoben sein würde? Und zeigten nicht die neuen privatmonopolistischen Bestrebungen eine Stufe in der kapitalistischen Entwicklung an, die der gesamten privaten Wirtschaftsform den Untergang bereite – hundert Jahre später?

Den Lesern der Wiener „Gleichheit", für die er fleißig Korrespondenzen verfaßte, erklärte er, warum die privaten Monopole zu begrüßen seien. Den deutschen Handwerkern und Bauern, an die er, als Flugblatt aufgemacht, ein „Mahnwort" richtete, hielt er unterdessen ihre unausweichliche Proletarisierung vor Augen; den Kern des Übels machte er im Mehrwert aus, den er als nicht bezahlte Arbeit definierte. Aber es ward ein Trost bereitet. Sie alle, Arbeiter, Kleinbürger und Bauern, würden nicht nur für die Aufhebung ihrer eigenen Unterdrückung kämpfen, sondern „für die Befreiung und Gleichheit aller Menschen".

Am Ende dieser achtziger Jahre berief er sich häufig auf Marx. Im Herbst 1890 veröffentlichte er seine bemerkenswerte Studie „Zur Lage der Arbeiter in den Bäckereien", die er über einen längeren Zeitraum hinweg erstellt hatte; Erhebungen waren zuvor nur lokal und für den hausindustriellen Bereich angestellt worden. Eingangs berief Bebel sich auf das „Kapital", obwohl es für die nachfolgenden Statistiken ohne Belang und ein Zusammenhang nicht erkennbar war. Bebels Schrift geriet zu einer großen Anklage gegen die Arbeitsbedingungen der Bäcker und veranlaßte den Reichstag 1891, sich der Sache anzunehmen. Fünf Jahre später trat zum ersten Mal und trotz erheblicher konservativer Widerstände eine Bäckereiverordnung in Kraft.

1879 hatte Bebel im Reichstag prophezeit, in fünf bis zehn Jahren komme die Sozialdemokratie an die Reihe. 1884 erinnerte er Schlüter daran und frohlockte, daß die ersten fünf Jahre herum seien und man zufrieden sein könne, in den zweiten fünf Jahren würden ihre Macht und ihr Einfluß progressiv wachsen, „und mit 89 sind wir wahrscheinlich am Ziel, d. h. dann ist der große internationale Krach da". Er wollte sich ins Fäustchen lachen, wenn er an die Revolutionsfeier der Franzosen denke und daran, daß unvorhergesehene Ereignisse „die Bescherung" noch früher bringen könnten. Er fand „alles hohl, untergraben und faul, keine Möglichkeiten mehr, mit Palliativen irgendwelcher Art auszukommen" und dramatisierte: „Schließlich stürzt der ganze Plunder durch einen tüchtigen Ruck wie ein Kartenhaus zusammen." Nun war 1889 herangekommen, „der ganze Plunder" stand immer noch und machte keine Anstalten, zusammenzustürzen. Bebel fuhr fort, die Katastrophe zu prophezeien und Daten zu nennen, aber er merkte auch, daß manches nicht ablief, wie es hätte ablaufen sollen. Und da er bei aller Abstraktionslust eine ehrliche Haut war, fuhr er nach Paris zur Internationale und sprach von der „bürgerlichen Ordnung", die zwar „unwiderruflich" zum Untergang verurteilt sei, die aber doch „Widerstandsfähigkeit" besitze. Und plötzlich sprach er, wenn auch mit deutscher Besserwisserei, von einem Zusammenspiel zwischen prinzipieller Klarheit und praktischer Maßregel. Er schrieb eigens einen Artikel, um seine Zweifel am reinen Doktrinarismus zu verkünden, der immer nur die Sache weniger sei. Die Masse ziehe dem Übermorgen das Heute und Morgen vor und müsse im Kampf um die nächsten Ziele in Bewegung gesetzt werden, bevor sich alle Macht ihr beuge. Warum bemühte er nun, da sich die Ära des Sozialisten-Gesetzes dem Ende zuneigte, auf einmal wieder das Heute, das Morgen und die nächsten Ziele? Resignation? Realismus? Oder wieder nur eine Laune?

Noch zu Jahresbeginn 1888, in der Debatte um die Verlängerung des Sozialisten-Gesetzes, in der er und Singer sehr viel Aufsehen erregten, weil sie Spitzel entlarvten, hatte Bebel seine Überzeugung wiederholt, daß Ausnahmegesetze solange bestehen würden wie das Reich. Am Ende desselben Jahres 1888 gab er vor dem Reichstag zu, daß – anders als 1878 – Privatunternehmer nicht mehr danach guckten, ob einer Sozialdemokrat war oder nicht, vorausgesetzt, er betätigte sich nicht agitatorisch. Er zeigte auch seinen Stolz, daß die Partei nun mehr und umfangreichere Blätter ihr eigen nennen konnte als je vor dem Sozialisten-Gesetz; das „Hamburger Echo" war 1887 aus der Taufe gehoben worden und hatte sogleich eine kesse Feder führen können. Geradezu explodiert war in den Jahren des Ausnahmegesetzes der Dietz-Verlag, nicht nur die „Neue Zeit" und die Schriftenreihen gediehen, der „Wahre Jakob", das Witzeblatt, brachte es 1890 auf eine Auflage von 85.000 Exemplaren. In seinem „Mahnwort an die arbeitenden Klassen" hatte Bebel den Staat als „Ausdruck der Interessen- und Klassenherrschaft weniger" definiert, nun ließ eben dieser Staat der Sozialdemokratie so viel Raum zu leben, daß sie größer und größer werden konnte. Er blickte zurück und erkannte an, daß etappenweise die Zügel immer mehr gelockert worden waren; daß zuletzt keine Ausweisungsorder mehr erlassen wurde, empfand auch er als symbolträchtig. Die gerichtlichen Schikanen, die immer wieder versucht wurden, waren übel, aber sah es nicht so aus, als fielen sie auf ihren Urheber zurück? Als die Schweiz im April 1888 Bernstein, Motteler, Schlüter und Tauscher, den Leiter der Druckerei, auf deutschen Druck hin auswies, regte er sich sehr auf und – beruhigte sich wieder. Es gelang, den „S. D." noch bis in den Herbst hinein von Zürich aus zu dirigieren und das Blatt dann reibungslos in London herzustellen und zu versenden. 1882 hatte er unter großer Heiterkeit in den Sächsischen Landtag hineingerufen: „So schlau die Polizei zu sein glaubt, wenn es darauf ankommt, so sind wir doch noch schlauer." Diese Prophezeiung hatte sich erfüllt, am Ende des Jahrzehnts wußten es nicht nur die Sozialdemokraten, sondern weite Kreise des Bürgertums. Und Bebel sah sehr deutlich, welch ein Hin und Her die innere Politik durchzog, das Reich gleiche einem Ameisenhaufen, schrieb er einmal.

Über den Thronwechsel hatte er wie ein Insider des Systems orakelt und sich am Klatsch beteiligt. In seinen öffentlichen Verlautbarungen hielt er oft, durchaus nicht immer, darauf, daß es einerlei sei, wie der Kaiser heiße und ob Bismarck oder Bennigsen regiere. Das „System Bismarck" siege in jedem Fall, weil es den Interessen der Bourgeoisie diene. Doch er ließ auch anklingen und sprach es in Briefen deutlich aus, daß er um die Liberalität wußte, die man dem

Kronprinzen zuschrieb und die zu beweisen, er keine Zeit mehr haben würde. Er wußte auch, daß der junge Herr „der grimmigste Feind von uns ist". Am 2. Mai 1888 schrieb er Engels einmal nicht von Klassengegensätzen, die sich zuspitzen und zum Zusammenbruch führen würden, sondern teilte schlicht und ohne Häme mit: „Ich betrachte Wilhelm II. als den Zugrunderichter der Hohenzollernherrlichkeit."

VII. Dogma

Keine zwei Wochen, nachdem das Sozialisten-Gesetz ausgelaufen war, vom 12. bis 16. Oktober 1890, versammelten sich 413 Delegierte zu einem Parteitag, der nach zwölf Jahren der erste auf deutschem Boden war und der erste in Preußen überhaupt. Dem Hochgefühl von Halle konnte sich kaum einer entziehen, der dabei gewesen. Siebzehn ausländische Gäste suchten sich in Ehrerbietung gegenüber der deutschen Partei zu übertreffen und rühmten sie nach allen Regeln der Kunst. „In der großen proletarischen Bewegung Deutschlands unser leuchtendes Beispiel vor uns zu sehen", gelobte der ansonsten so nüchterne Gast aus dem Norden, Hjalmar Branting, jener intellektuelle Parteiführer, der alsbald das Gegenteil dessen tun sollte, was Bebel zu tun für richtig befand; schon im Ersten Weltkrieg trat dieser Reformist reinsten Wassers in die schwedische Regierung ein, die er zu Lebzeiten nicht mehr verließ.

„Elf Jahre ausnahmegesetzlich malträtiert zu werden und dann zu zeigen, daß man stärker ist denn je, ist ein so natürliches und berechtigtes Verlangen, daß es keines anderen Motives bedarf." So hatte Bebel seine Stimmungslage zur Jahreswende 89/90 umrissen und sie in einem Brief an den holländischen Sozialdemokraten Nieuwenhuis festgehalten. Dem Verlangen nachzugeben, hatte er vor dem Parteitagsforum von Halle Zeit und Gelegenheit. Daß er den „Bericht der Parteileitung" gab, verstand sich von selbst; in seinem Antrag auf Entlastung sprach, namens der Revisionskommission, der Offenburger Adolf Geck von Bebel als dem „Kriegsminister und Kasseninhaber". Das „Stärker denn je" wurde Bebels Leitthema, das er mit Stolz, nicht ohne Selbstgefälligkeit und anhand vieler Ziffern entwickelte. Für alle drei Bereiche, die in Frage standen: Presse, Kasse, Wahlergebnisse, legte er fabelhafte Erfolgsstatistiken vor. 600.000 Abonnenten hielten 104 Parteiorgane, und der künftigen Führung würde ein „Handgeld" von 171.829 Mark und zwanzig Pfennigen ausgehändigt werden. Frank und frei nannte Bebel auch die Quellen der „vermischten Einnahmen" – Geschenke

Bebel als Redner auf dem Parteitag in Halle 1890 (Zeichnung).

und Kursgewinne – und erläuterte unter großer Heiterkeit: „Wir sind, wie Sie gehört haben, im Augenblicke Kapitalisten und haben auch manchmal Börsengeschäfte vorzunehmen und damit selbstverständlich mit Gewinn und Verlust zu rechnen." Als er, im gleichen Atemzug, mit einem Schwur auf die weltgeschichtliche Mission des Proletariats und seiner Führerin, der Sozialdemokratie, schloß, hatte er ein politisches Wort kaum gesprochen. Er habe, so sagte er im nachhinein, die Debatte abwarten wollen. Denn auf Angriffe der sogenannten „Jungen" – jung in der Partei befindlich – war er gefaßt, schon während des Sommers hatte er sich mit ihnen herumgeschlagen. Ihr Unbehagen an einem Kurs der Anpassung, das sich selten sachlich, oft in persönlich-gehässiger Weise äußerte und im Vorwurf der Korruption der Führer gipfelte, kontrastierte zum allgemeinen Hochgefühl, das die Partei am Beginn der neuen Epoche beseelte. Bebel wußte darum und spielte es aus.

Die „Literaten- und Studentenrevolte", wie Engels die jugendlichen Wirrköpfe qualifizierte, wenn er nicht drastischere Worte vorzog, hatte zwar die Hand auf drei Zeitungen, der „Sächsischen Arbeiterzeitung" in Dresden, der „Magdeburger Volksstimme" und der 1887 gegründeten Berliner „Volkstribüne", verfügte aber in der Partei über keinen nennenswerten Anhang. Als Bebel, der auch jetzt nicht von seiner Gewohnheit lassen mochte, dem Feind, und sei er noch so klein, selbst entgegenzutreten und bereits in Dresden wie in Magdeburg die „nörgelnde Kritik" in ihre Schranken verwiesen, auch die Blätter wieder auf Linie gebracht hatte, am 25. August 1890 in Berlin auftrat, waren zehntausend Sozialdemokraten herbeigeströmt – weniger um der angekündigten Auseinandersetzung über „Die Taktik unserer Partei" zu folgen, als Bebel zu erleben. In seiner „Geschichte der Berliner Arbeiterbewegung" nannte Eduard Bernstein die Versammlung, für die der große Saal der Brauerei Friedrichshain viel zu klein war, „eine der denkwürdigsten", die die Stadt je erlebt habe. Der „Sozialdemokrat" berichtete: „Von welcher Stimmung diese Massen beseelt waren, geht daraus hervor, daß, sobald sie Bebels ansichtig wurden, sie in ein donnerndes Bravorufen ausbrachen, das gar kein Ende nehmen wollte. Mit knapper Mühe konnte Bebel verhindern, daß man ihn in das Versammlungslokal trug. Und dieselben Szenen wiederholten sich im Saal..." Und sie wiederholten sich, wenn auch in prosaischem Parteitagsrahmen, in Halle.

Bebel zwang die Opponenten, so sie überhaupt Mandate hatten, erst einmal deutlich zu werden. Die übrig bleibenden zwei Kritikpunkte – Leisetreterei am Ersten Mai und Stichwahl-Abkommen vor dem Urnengang im Februar 1890 – zurückzuweisen und per Resolution niederstimmen zu lassen, war ihm ein leichtes. Er wiederholte, was er vielfach vor und nach dem Ersten Mai bekundet hatte: Man habe das Feiern nicht verboten, aber ein größerer Gefallen, als dazu aufzurufen, hätte der Bourgeoisie nicht getan werden können. Man dürfe sich so etwas nur leisten, wenn die Arbeiter gebraucht würden, nicht in Zeiten der Krise. Und was die Wahl anlangte, so machte er keinen Hehl daraus, brüstete sich fast damit, daß er sich in St. Gallen geirrt habe. Damals war beschlossen worden, sich in einer Stichwahl zwischen Dritten der Stimme zu enthalten. Man habe schließlich nicht voraussehen können... Er selbst – wer auch sonst? – habe rechtzeitig vor der Februar-Wahl die

Initiative zu dem Stichwahl-Abkommen ergriffen, nicht aus der Illusion heraus, daß die Liberalen die Sozialdemokraten unterstützten, sondern weil „entscheidend" gewesen sei, ob zwanzig „entschiedene" Liberale mehr oder weniger im neuen Reichstag vertreten sein würden oder durch die sozialdemokratische Stimmenthaltung eine reaktionäre Mehrheit zustandekäme.

Der Parlamentarismus war in Halle allgegenwärtig, nicht so sehr weil sich die „Jungen" gerade daran rieben, sondern weil er die Entscheidungen der Partei über ihren künftigen Weg zu bestimmen schien. In seinem Bericht hatte Bebel bereits den Ton angeschlagen und der Agitation bei den allgemeinen Wahlen wie der Tätigkeit der gewählten Abgeordneten im Reichstage die großartige Entwicklung der Partei unter dem Sozialisten-Gesetz zugeschrieben. Eben daraus leitete er ab, daß die Partei alle Ursache habe, „die bisherige Taktik auch fernerhin beizubehalten". Er entwarf ein Organisationsstatut, dessen zentralistisches Maß die Reichstagsfraktion bildete; unterste Einheit waren die Wahlvereine. Das fortbestehende Vereinsrecht zog enge Grenzen, dennoch war die Vorrangstellung der sozialdemokratischen Volksvertreter gewollt und Ausdruck einer sehr eng gewordenen Bindung zwischen Bebel und dem Reichstag.

Aber hatte er nicht ähnliche Vorbehalte geäußert wie jetzt die „Jungen", als in Stuttgart 1870 der Beschluß, an den Wahlen teilzunehmen, mit vielem Wenn und Aber versehen wurde? Klang es nicht wie Liebknecht im Jahre 1869, als einer der „Jungen" in der „Volkstribüne" schrieb, Mandate seien nur dazu da, daß mehr oder weniger Leute durch das offene Fenster des Reichstages zum Volke redeten und dessen schlummerndes Selbstbewußtsein weckten? Zwei Jahrzehnte parlamentarischer Mitarbeit hatten schließlich genügt, beide zu überzeugten Parlamentariern zu machen; die große, die übergroße Mehrheit der Sozialdemokratie folgte ihnen auf diesem Weg. Doch zwei Jahrzehnte hatten nicht hingereicht, ihnen das schlechte Gewissen zu nehmen oder sie von der Suche nach einer Kompensation abzubringen. Im Gegenteil. In Halle wurde, nach überlangen Erläuterungen von Liebknecht, befunden, daß das Gothaer Programm nicht mehr auf der Höhe der Zeit sei und ein neues her müsse. Der Entwurf sollte drei Monate vor Zusammentritt des nächsten Parteitages veröffentlicht werden.

Das Ende des Sozialisten-Gesetzes feierte Bebel im November in

London, bei Engels, der siebzig geworden und von Marx-Tochter Tussy über das Ereignis von Halle längst ins Bild gesetzt worden war; sie hatte den Eindruck vermittelt, daß die Masse vorzüglich sei, doch die Mehrheit der neuen Reichstagsfraktion „philiströs". Engels' Kommentar an Bernstein: Solange die Bande sich unter Bebel füge, gehe es noch an...

Reformist mit gutem Gewissen

Bebel war ängstlich bemüht, daß niemand auf die Idee komme, die Partei zu ändern. Äußere Formen mochten sich wandeln, doch darunter sollte alles beim alten bleiben, schließlich hatte sich die bisherige Linie bewährt. In einer der riesenhaften Versammlungen in Berlin, bald nach dem Parteitag, berief sich Bebel auf Kreise der Bourgeoisie, in denen davon gesprochen werde, die Sozialdemokratie sei mit dem Fall des Sozialisten-Gesetzes eine andere geworden als sie früher gewesen, und stellte fest: „Die Gegner ergehen sich mit Vorliebe in Selbsttäuschung, und wenn sie nur einen geringen Grad von Selbsterkenntnis und Selbstehrlichkeit besäßen, so müßten sie einsehen, daß sie mit dergleichen Behauptungen neben die Scheibe schießen."

Wie nun mußte einer beschaffen sein, der die Ereignisse des Jahres 1890 erstens als Einschnitt empfand und zweitens überlegte, ob sich die Sozialdemokratie nicht doch an die neuen Verhältnisse anpassen solle? Er mußte geistig beweglich, vielleicht sogar eine Ahnung spielerisch sein, er mußte sich umgesehen haben in der Geschichte und in der Welt und darüber einen klaren Blick für die Wirklichkeit gewonnen haben. Er mußte dem Leben zugewandt sein und ohne Ressentiment zurückblicken können. Er mußte, kurzum, Eigenschaften besitzen, wie sie Georg von Vollmar, dem alten Radikalinski, eigen waren. Und Vollmar, der seit 1884 wieder in seiner bayerischen Heimat lebte, einen Münchener Reichstagswahlkreis vertrat und inzwischen mit einer ebenso wohlhabenden wie wohlgebildeten Schwedin verheiratet war, stellte Wandel fest und Möglichkeit. Daß wenigstens die innenpolitische Erstarrung weiche, war seine bestimmte Hoffnung.

Schon in der Hallenser Organisationsdebatte hatte Vollmar Lokkerung verlangt, auch Rücksicht auf lokale Besonderheiten. Sorgen vor einer organisatorischen Zersplitterung, wie sie den französischen Sozialismus kennzeichnete, wies er zurück. „Dazu neigt der deutsche Geist viel zu sehr zur Disziplin", schrieb er an Paul Lafargue. Georg von Vollmar hielt ein Wesen hoch, mit dem Bebel nicht viel anzufangen wußte – das Individuum. Deshalb galten ihm Gesinnungs- und Meinungsfreiheit in der Partei alles, Zensur nichts. In seiner „Münchener Post" hatte er schon im Sommer 1890 gefordert: „Die Freiheit unserer Presse in der Auffassung aller Vorgänge des öffentlichen Lebens, in der Erörterung der Meinungsverschiedenheiten, in der Kritik von Fehlern beschränken, hieße... alles Parteileben ersticken und zur Versumpfung bringen." Das Wort vom Sumpf war in diesen Jahren Jargon, Bebel nannte fast alles Versumpfung, was seiner grundsätzlichen Auffassung zuwiderlief.

Auf dem Parteitag hatte noch niemand die bayerischen Einlassungen ernst genommen, sie auch nicht zu werten gewußt. Erst als Vollmar am 1. Juni und dann noch einmal am 6. Juli 1891 im Münchener Eldorado „Über die nächsten Aufgaben der Sozialdemokratie" geredet hatte, standen die Zeichen auf Sturm. Es sei, so verkündete er, dem „im besten Sinne realpolitischen Wesen unserer Partei nicht zuwider, wenn wir den Weg der Verhandlung betreten und suchen, auf Grundlage der heutigen Staats- und Gesellschaftsordnung Verbesserungen wirtschaftlicher und politischer Art herbeizuführen". Ein Satz, der es in sich hatte und an Bebels Innerstes rührte. Auf Grundlage der heutigen Ordnung wollte Bebel gerade nichts unternehmen, um keinen Preis und Zeit seines langen politischen Lebens nicht. Jenseits aller Theorie war dies „sein" Prinzip, und daran nicht zu rütteln und nicht rütteln zu lassen, die Logik seines Herzens. Einen ganz unhaltbaren Standpunkt in der inneren und der äußeren Politik Deutschlands zu vertreten, warf er dem Bayern am 1. Juli vor und folgerte: „Im Innern kämen wir zur kläglichsten Reformwirtschaft, in der äußeren Politik zur Bewilligung aller geforderten militärischen Lasten und Ausgaben." Tatsächlich hatte Vollmar nicht nur Reformziele im Innern – Arbeiterschutz, Koalitionsrecht, Beseitigung der Lebensmittelzölle – gesetzt, sondern auch gemahnt, die Verneinung der Nation ebenso zu meiden wie die nationale Überhebung und in Rechnung zu stellen, daß die Chauvinisten in Frankreich mit dem russischen Zarentum kokettierten. Aber warnte nicht auch Bebel, seit 1890 sogar mit wachsender Deutlichkeit, immer wieder vor dieser Gefahr?

Genau eine Woche vor Beginn des Erfurter Parteitages und seiner ersten öffentlichen Abrechnung mit Vollmar hielt Bebel in Hamburg eine Versammlung ab. Thema: „Die europäische Lage". Laut Zeitungsbericht erklärte er unumwunden: „Die deutsche Sozialdemokratie habe die Aussöhnung mit Frankreich gewünscht, sollten aber Frankreich und Rußland beim Ausbruch der großen Katastrophe gemeinsame Sache machen, dann müßten die Sozialdemokraten alles daran setzen, damit das barbarische Rußland zu Boden geschmettert werde. Jeder habe dahin zu wirken, daß Rußland und seine jetzige Gestalt zerstückelt und seine Macht mehr nach Osten geschoben werde. Ein neues Polen als Vormauer gegen Rußland sei herzustellen." Drei Monate später, Januar 1892, schickte er dem russischen Revolutionär und Kommune-Zeugen Peter Lawrow eine Rechtfertigung, denn der hatte Bebel wissen lassen, daß seine Rede in den Reihen der russischen Parteigenossen Unzufriedenheit erzeugt habe. Er nimmt die Frage – was ist, wenn der Krieg kommt und Rußland und Frankreich verbündet sind? – auf und antwortet, mehr als zwei Jahrzehnte vor dem sozialdemokratischen Ja zu den Kriegskrediten: Man müsse alsdann kämpfen und eine solche Situation für die Herrschaft des Sozialismus ausnützen. Aber Vorbedingung sei die „Aufrechterhaltung der Integrität Deutschlands – ein Arrangement bezüglich Elsaß-Lothringens mit Frankreich vorbehalten". Wo also lag der Unterschied zu Vollmar, der selbst hervorhob, daß er nur fordere, was die Partei längst vertrete? Bebel hätte nicht zugeben mögen, daß der Wille zur Verteidigung des bedrohten Vaterlands das prinzipielle Nein zur Rüstung ausschließt; er hätte darauf beharrt, daß die territoriale Integrität Deutschlands von der Systemfrage zu trennen sei; erst recht nicht wäre er auf die Vollmarsche Idee gekommen und hätte versucht, durch Anerkenntnis gewisser Tatsachen einen Einfluß auch auf die Außenpolitik auszuüben.

Im „Vorwärts" blies Chefredakteur Liebknecht zum Angriff auf Vollmar und bereitete den Boden für den Erfurter Parteitag, der auf den Rausschmiß der „Jungen" bereits eingestellt war, nicht aber auf den Zank mit dem kecken Bayern. Bebel beschrieb Adler, dem österreichischen Parteiführer, mit dem er sich angefreundet hatte, seine Empfindungen: Sachliche Opposition von links sei geradezu notwendig und ihm sympathisch; den Umkehrschluß zu ziehen, verkniff er sich, aber hatte er nicht im September 1890 Adler mitgeteilt, die Partei werde eine Schwenkung nach rechts nicht zulassen, und daran erinnert, daß der Versuch schon 1885, im Streit um die Dampfersubventionen, gescheitert sei? Er machte denn auch kein Geheimnis aus seiner Abneigung gegen den Vollmarschen Vorstoß; zu einer inhaltlichen Auseinandersetzung war er nicht willens. Vielleicht fürchtete er auch um seine Autorität, die er nicht in Frage stellen ließ. Noch im Sommer, in einem zweiten Brief, hatte er Vollmar zu verstehen gegeben, daß er den programmatischen Charakter der Eldorado-Reden für eine Anmaßung halte und den Lärm darauf zurückgeführt. Während der Tage von Erfurt wurde er fast eifersüchtig, als Vollmar mehr Beifall erhielt als erwartet.

In der Sache ließ sich Bebel auf nichts ein und wiederholte vor dem Forum des Parteitages: Das Paktieren mit den herrschenden Gewalten werde der Partei das Rückgrat brechen, den Klassenkampf lähmen und die Partei zu einem Zeitpunkt mit der kapitalistischen Gesellschaft verbinden, da deren Untergang unmittelbar bevorstehe. Wörtlich: „Die Verwirklichung unserer Ziele ist so nahe, daß wenige in diesem Saale sind, die diese Tage nicht erleben werden." Vollmar hatte die Glaubenssätze der Partei nicht in Zweifel gezogen; er tat, als interessierten sie ihn nicht. 1903, auf dem Dresdener Parteitag, auf dem es hoch herging, bekannte er: „Was mich betrifft, so habe ich mich sicherlich weder jemals als einen Bernsteinianer noch einen Bebelianer bezeichnet, ja nicht einmal einen Marxisten genannt; ich habe keine Neigung und kein Talent zu solchen ‚Isten‘ und ‚Anern‘, und mir genügt es vollkommen, daß ich Sozialdemokrat bin." Er hätte hinzufügen können, er sei ein Sozialdemokrat, der im Hier und Heute lebt und mit gutem Gewissen gestalten will, unbeschwert, ohne ständige prinzipielle Rechtfertigung und ohne Konstruktion eines geschichtlichen Überbaus.

In der Bebelschen Resolution, der zuzustimmen, ihm nichts ausmachte, wurden sämtliche opportunistischen Irrwege verurteilt, die alten Parteiprinzipien beschworen und Gründe, die Taktik zu ändern, nicht erkannt. So ging es nun weiter, von einem Parteitag zum anderen, von einer Resolution zur nächsten. Darauf hatte sich die Sozialdemokratie schon früh verstanden; nun, da sie durch Verfolgung nicht mehr in Anspruch genommen war und andererseits sich mit den bestehenden Verhältnissen noch kaum einlassen mochte, bildete sie die Kunst des Resolutionsmachens zu wahrer Meisterschaft aus.

Vollmar zog sich nach Bayern zurück. Auf einem ersten Landesparteitag, 1892 in Regensburg, setzte er ein Wahlprogramm durch, dessen 21 demokratische und soziale Forderungen – im Vordergrund stand das Verlangen nach einem allgemeinen, gleichen, geheimen und direkten Wahlrecht – sämtlich auf den „Gegenwartsstaat" zugeschnitten waren. Im Jahr darauf zogen fünf Sozialdemokraten in den Landtag ein, die sich mit Hingabe und ohne deklamatorische Ausflüchte der Parlamentsarbeit widmeten und 1894 prompt dem königlich-bayerischen Gesamtetat zustimmten. Ein Votum, das den Frankfurter Reichsparteitag im selben Jahr in hellen Aufruhr versetzte und das als Zweckmäßigkeitsfrage zu betrachten, die Delegierten sich weigerten. Bebel machte sich zum Sprecher eines tiefreichenden Unbehagens, als er ausrief: „Laßt nicht die Opportunität, nicht die Zweckmäßigkeiten, laßt das Prinzip siegen." Ihn erregte nicht nur das Ja zu einem Budget, fast noch mehr geriet er über den bayerischen und den sich auch schon abzeichnenden badischen Partikularismus in Wut. Vollmar wußte genau, daß er einen wunden Punkt bei Bebel traf, als er in Frankfurt gegen die „falsche Einheitlichkeit" in der Partei zu Felde zog und befand, daß sie die Folge „jenes preußischen Korporalgeistes" sei, der alles von einem Punkte aus diktieren und „mit einer Riesennivellierwalze über ganz Deutschland und die angrenzende Welt hinwegfahren möchte".

.Bebel tat die Vollmarschen Bestrebungen, ob in regional eingefärbtem oder in gemäßigtem Gewand, fortan als spieß- und kleinbürgerlich ab, den Anhängern unterstellte er, das proletarische Bewußtsein verloren zu haben. In einem Bericht, den er in einer Berliner Versammlung vom Parteitag 1894 gab, äußerte er sich „sehr mißmutig", wie die Zeitungen vermerkten, und enthüllte, daß er sich nicht mehr an der Parteileitung habe beteiligen wollen; als Mitglied derselben könne er die unsicheren Elemente nicht mit der nötigen Energie bekämpfen. Nur durch Zureden sei er von seinem Entschluß abgebracht worden. Wo immer er jetzt auftrat, erklärte er, Vollmar stehe in direktestem Gegensatz zu den sozialdemokratischen Gedanken. Und doch wurde er ihn so wenig los, wie es dem Bayern gelang, der Partei seinen Stempel aufzudrücken. Bebel fand sich damit ab, daß die Münchner Luft der „Mäßigung" förderlich sei. Vollmar war, seit seiner schweren Kriegsverletzung, niemals im Vollbesitz seiner Kräfte, wenn er auch durch unendliche Willenskraft Besserung erzielt hatte; erst nach einem Eisenbahnunglück 1903 wurde er sehr leidend. Doch ob ein rundum gesunder Vollmar Bebel hätte gefährden, gar verdrängen können, wie die bürgerliche Presse immer wieder einmal spekulierte? Die Sozialdemokratie fand sich in Bebel wieder, und der fand seinen Halt bei der Masse. Einem unbekannten, ehedem „ruppigen", nun von der Vollmarerei angesteckten Genossen hatte er schon im November 1893 nach München geschrieben: „Gut, daß wenigstens die Masse davor bewahrt bleibt, daß sie in dieser elenden Gesellschaft zum Sattwerden kommt, sie verliert dafür auch nicht das proletarische Klassenbewußtsein, und sie wird auch mit den ‚Führern' aufräumen, merkt sie, daß es in den Sumpf geht statt auf die Füße."

Der Triumph des Pedanten

Tagelang hatten sich die Erfurter Delegierten, von denen einige 1848 erlebt hatten und andere 1918 erleben sollten, über die Taktik der Partei die Köpfe heiß geredet, um am Abend des siebten und letzten Verhandlungstages ein neues Programm zu verabschieden, en bloc, ohne weitere Diskussion und einstimmig. In der sozialdemokratischen Geschichte, die immer wieder entlang der Programme geschrieben wird, keine Besonderheit; auch über das Heidelberger Programm 1925 wurde gleichsam nebenbei abgestimmt.

Das Erfurter Programm beschreibt in seinem ersten Teil jene „mit Naturnotwendigkeit" fortschreitende ökonomische Entwicklung der bürgerlichen Gesellschaft, die zu beschwören Bebel zur zweiten Natur geworden war. In einem zweiten Teil benennt es demokratische und soziale Forderungen, unter deren Stern Bebels jahrelanges politisches Wirken auch gestanden hatte; auch die Wahl der Richter durch das Volk, die direkte Gesetzgebung und die Volkswehr hatten seit eh und je auf seinem Wunschzettel gestanden und waren Teil seines Glaubens, daß „die" Masse oder „das" Volk – zwei austauschbare Größen – niemals irrten. Entsprach nicht der Schnitt, der durch das Programm hindurchzugehen schien, Bebels eigener Zwiespältigkeit? Wann hätte er das eine getan, ohne das andere zu lassen? Wann hätte er ein Begehren an den Gegenwartsstaat gerichtet, ohne auf die Zwangsläufigkeit des Zusammenbruchs zu verweisen? Wann hätte er die kleinste Reform, die der Gegenwartsstaat zugestand, hingenommen, ohne zu folgern, daß den herrschenden Klassen das Wasser am Halse stehe und der Arbeiterklasse Waffen nur geschärft würden? Wann hätte er die Vaterlandsverteidigung bejaht, ohne den anschließenden Machtkampf mit dem inneren Gegner in den Blick zu nehmen? Wenn aber das Programm von Erfurt die Politik Bebels und seiner Partei nur schärfer hervortreten ließ als zuvor, wozu dann die monatelangen Aufregungen vor dem Parteitag? Wozu das kräfte- und zeitzehrende Hickhack um das Programm? Wozu das Intrigenspiel?

Bebel muß verstört gewesen sein, als er am 21. Januar 1891 bei Engels anfragte, was es mit Marx'schen Einwendungen gegen das Gothaer Programm auf sich habe, Dingen, von denen er kein Wort wisse. Bebel hatte bis zum 1. April 1875 hinter den Zwickauer Gefängnismauern gesessen, daran erinnerte er jetzt. Lange Briefe habe er Liebknecht geschrieben, ihm auseinandergesetzt, daß der Programmentwurf, der auf dem Gothaer Parteitag verabschiedet werden sollte, unhaltbar sei, und eigene Vorschläge gemacht.

In seiner Programmrede in Halle hatte Liebknecht, ahnend, daß sich der Vorfall über ein neues Programm hinaus nicht verbergen lassen würde, die Katze halb aus dem Sack gelassen; teils berief er sich auf den Text, teils polemisierte er dagegen, jedenfalls erklärte er nicht, um was und wen es sich handelte. Diese neuerliche Dreistigkeit erboste Friedrich Engels, und so schickte er, zwei Wochen, nachdem er mit Liebknecht, Singer und Bebel fröhlich Geburtstag gefeiert hatte, den Originaltext der „Randglossen" an Karl Kautsky – zwecks Veröffentlichung in der „Neuen Zeit" und unter der Auflage, nichts verlauten zu lassen. Redakteur Kautsky, der all seinen Ehrgeiz in das neue Programm setzte, war hoch entzückt; er gab den Text sofort in Satz, bat nur noch, einige allzu persönliche Beleidigungen herausstreichen zu dürfen. Erst zehn Tage, bevor das Januar-Heft der „Neuen Zeit" mitsamt dem brisanten Stoff auf die Post ging, bekam er kalte Füße. So gänzlich unabhängig von der Parteiführung war er denn doch nicht, und daß Bebel sehr hart sein konnte, wenn er wollte, wird er gewußt haben. Kautsky schrieb ihm einen Brief, doch so vagen Inhalts, daß Bebel aus den Andeutungen nicht recht schlau wurde und sich bei Engels erkundigte. Unterdessen begab sich Bebel in die Schweiz, um die Hochzeit seiner Tochter zu feiern, und von der weiteren Kautskyschen Sendung nahm er erst einmal nur den Begleitbrief zur Kenntnis, nicht die „Glossen". Als er schließlich gelesen und verstanden hatte, war er einigermaßen verwirrt und wandte sich nun an Liebknecht, der es fertigbekam, von seinem eigenen Sündenfall 1875 abzulenken. Beide geboten Halt, doch ihr Telegramm kam in Stuttgart erst an, als die „NZ" bereits ausgeliefert war. Kautsky berichtete es nicht ohne Schadenfreude an Engels. Dem dupierten Parteivorstand blieb nur ein nachträgliches Bedauern, man hätte die Veröffentlichung „in der vorliegenden Form" – sie enthielt immer noch genug Grobheiten – nicht gebilligt.

In der Partei wurden Proteste laut, doch Kautsky blieb trotz der offenkundigen Illoyalität auf seinem Posten, er scheint nicht einmal zur Rechenschaft gezogen worden zu sein. Bebel, der sich Unbotmäßigkeiten noch nie hatte gefallen lassen, tat etwas, was er gleichfalls noch nie getan hatte: Er schmollte. Doch nur, um schon am 21. März, zwei Monate nach dem Eklat, Engels mitzuteilen, er sei ärgerlich gewesen über die Form, gegen die Veröffentlichung an sich hätte niemand etwas gehabt. „Das persönlich Verletzende und das persönlich Kompromittierende" Lassalles hätte unterbleiben sollen, auch im Interesse Marx'. Im übrigen begnügte er sich damit, auf die Verlegenheit hinzuweisen, in die er im Reichstag gekommen sei, und ein Rätsel zu nennen, daß ihm die Kritik damals nicht bekannt gemacht worden sei; man hätte den Lassalleanern leicht noch einige Sätze abhandeln können... Daß auch die Eisenacher lassalleanische Positionen vertraten und hier nichts zu verhandeln war, bestritt er ansonsten nie. Und wenn er auch von den „Randglossen" nichts gewußt hatte, in der Sache waren ihm die Einwände durch Engels bekannt geworden. Er hatte sie nur, beweglich und selbstbewußt wie er damals war, beiseite gewischt und sich die Londoner Einmischung verbeten. Jetzt, März 1891, ließ er es mit einer Andeutung von Ärger gut sein. Übergangslos verfiel er in den alten vertrauten Ton; der Briefwechsel nahm seinen Fortgang, als sei nichts geschehen, mit Glückwünschen zur Silbernen Hochzeit, die Bebel am 9. April groß feierte, mit anderen persönlichen Geschichten, mit

Klatsch aus den „höheren Regionen", mit Spekulationen über das Datum der sozialdemokratischen Machtübernahme; Engels setzte sie neuerdings, Wahlergebnisse hochrechnend, für 1898 an.

Die „Randglossen" zum Gothaer Programm waren nun also in der Welt. Und das zielstrebig ans Werk gehende Gespann Kautsky – Engels stieß auf keinen nennenswerten Widerstand mehr. „Die Leute" meinten, so Kautsky über die sozialdemokratischen Reichstagsabgeordneten, daß Lassalle den Sozialismus und die Arbeiterbewegung erfunden habe, und ließ Engels schon im Februar 91 wissen, daß er auf die Fraktion pfeife. Sollte sie ihm in Zukunft verbieten, „Kritik an der Unwissenheit im eigenen Lager" zu üben, so „möge sich die Fraktion einen anderen Redakteur suchen". Kautsky liebte es, auf seine Unentbehrlichkeit zu pochen. Er war von missionarischem Eifer beseelt, der Partei ein anti-lassalleanisches, marxistisches Programm zu schneidern, und die Partei schien darauf zu warten. Schon in jungen Jahren habe er, so berichtet der gebürtige Prager in seinen Erinnerungen, nach der einen Gottesidee gesucht, die die Welt zusammenhält, nach dem einen Sinnbezug. Es trieb ihn, „die Ursachen der Dinge zu erkennen und die erkannten kausalen Zusammenhänge in einen widerspruchslosen Gesamtzusammenhang zu bringen". Als ihm der „Anti-Dühring" unter die Augen kam, fand er, was er gesucht. Kautsky lernte, die materialistische Geschichtsauffassung und den Sozialismus zusammen zu denken und aus dieser Verbindung die einheitliche, in sich widerspruchsfreie Anschauung von der Welt zu gewinnen. Eine Nähe zu jener konfliktfreien sozialistischen Gesellschaft, die Bebel in seiner „Frau" ausmalte, ist unverkennbar; 1890 hatte der viel Zeit und Mühe darauf verwendet, das Buch zu überarbeiten, der Teil über die Zukunft blieb nahezu unverändert.

Als Engels das „Käutzchen" 1881 in London kennengelernt hatte, schrieb er an Bebel: Er sei ein äußerst braver Kerl, „aber ein geborener Pedant und Haarspalter, unter dessen Händen nicht die verwickelten Fragen einfach, sondern die einfachen verwickelt werden. Ich und wir alle haben ihn persönlich sehr gern, und er wird auch in Revue-Artikeln manchmal recht Gutes leisten, aber gegen seine Natur kann er beim besten Willen nicht, c'est plus fort que lui. Bei einer Zeitung ist ein solcher Doktrinär ein wahres Unglück." Der Eindruck auf Karl Marx, den er damals auch hatte besuchen können, war noch verheerender. In seiner drastischen Briefsprache – Marx berichtete seiner Tochter Jenny – führte er Engels' mildes Urteil darauf zurück, daß der Kauz großes Talent im Trinken bewähre. Als der Holde zuerst bei ihm erschienen sei, „war die erste Frage, die mir entfuhr: gleichen Sie Ihrer Frau Mutter? Aber auch absolut nicht, versicherte er, und ich gratulierte im Stillen seiner Mutter. Er ist eine Mittelmäßigkeit, von kleinen Gesichtspunkten, überweis (erst 26 Jahre alt), Besserwisser, in einer gewissen Art fleißig, macht sich viel mit Statistik zu schaffen, liest aber wenig Gescheites heraus, gehört von Natur zum Stamm der Philister." Im Laufe der achtziger Jahre vermittelte Kautsky der kleinen, aber feinen und einflußreichen Leserschar der „Neuen Zeit" Marxismus, Engels' Sinn wandelte sich langsam und 1887 bekannte er in einem Brief an Sorge: „Ich verlasse mich auf Kautsky wie auf mich selbst."

Karl Kautsky erklärte, wie man die Geschichte materialistisch anzufassen habe und wie die Sache mit Basis und Überbau zu verstehen sei; 1885 beförderte er das „gründliche Verständnis der bestehenden Produktionsweise" zum einzigen Dogma des Marxismus. Im deutschen Kaiserreich fand er, auf dem Weg über Statistiken, bestätigt, was Bebel sich auf seine Weise erschlossen hatte und im Erfurter Programm festgehalten wurde: Konzentration des Kapitals und Proletarisierung der Mittelschichten. Kautsky grenzte den Marxismus scharf von anderen sozialistischen Strömungen ab, vor allem vom „Staatssozialismus", den er bekämpfte. Soziale Reformen und selbst einen Streik maß Kautsky an der Elle der „Reife" der Lohnarbeiter – würde sie gefördert oder nicht? Lohnerhöhungen fand er nicht so wichtig. Hatte sich nicht auch Bebel, im Zuge staatlicher Sozialreform in den achtziger Jahren, in diese Sicht der Dinge hineingeflüchtet und sie landauf, landab verkündet? Kautsky, der Stubengelehrte, zog allerdings andere Schlüsse als Bebel, der Volkstribun, dem er schon am 8. November 1881 die Sozialdemokratische Partei als „Organisation des den Klassenkampf kämpfenden Proletariats" beschrieben hatte. In einer Artikelserie zum neuen Programm, August, September 1891, tadelte Kautsky die bisherige „stiefmütterliche Behandlung" des Klassenkampfes, den er neben der kapitalistischen Produktionsweise als das zweite Element des Kommunismus bezeichnete und als die „Triebkraft seiner Durchführung". Bebel wandte gegen den Begriff nichts ein, doch übernahm er ihn nur selten. Klassenkampf hatte in seinem Welt- und Menschenbild keinen zentralen Platz.

Bebel war von Anbeginn an ein aufmerksamer Leser des Kautskyschen Organs gewesen, seit dem Ende der achtziger Jahre ein regelmäßiger Mitarbeiter – „gegen festes Gehalt", wie er Adler zum Jahresende 1890 mitteilte. In der „Neuen Zeit" fand er wissenschaftlich begründet, was er politisch tat oder meinte tun zu sollen. Er fühlte sich bestätigt, und vielleicht war er, ob bewußt oder nicht, sogar abhängig von solch begleitender Konfirmation. Liegt hier der Grund, daß er im Streit um die Veröffentlichung der „Randglossen" so rasch klein beigegeben hat? Denn keine Frage, wäre Bebel entschlossen gewesen, Kautsky hätte die Bastion „Neue Zeit" 1891 räumen müssen; noch wären persönliche Stärke und parteipolitische Macht groß genug gewesen.

Im Frühjahr 1891 machte sich Wilhelm Liebknecht, wie es in Halle verabredet worden war, an einen Programmentwurf. Bebel und wieder Liebknecht bearbeiteten den Text, der, nach einigen weiteren Ergänzungen durch den Parteivorstand, am 18. Juni als „streng vertraulich" an die Mitglieder der Reichstagsfraktion, an Engels, Kautsky und „andere wissenschaftlich hervorragende Parteigenossen" versandt wurde. In seinem Begleitbrief an Engels bat Bebel um Kritik und bemerkte, fast entschuldigend, daß das Programm zugleich der Agitation dienen solle, die Einzelforderungen müßten deshalb aufgenommen werden. Um dem Unternehmen „Programm" das richtige Kolorit zu geben, setzte er auch jetzt hinzu: „Die täglich zunehmende Krise mit ihren Folgen und die allgemeine Lebensmittelteuerung hat eine sehr aufgeregte Stimmung erzeugt, die uns riesig zustatten kommt."

Engels machte Vorschläge zum theoretischen Teil, die übernommen wurden, aber auch zu den praktischen Forderungen, und die versetzten Bebel nun doch in Aufregung. Wollte Engels, der stärker denn je zu der Überzeugung gekommen war, daß vor Mehrheit und Macht die durch die Herrschenden erzwungene gewalttätige Auseinandersetzung stehen würde, doch tatsächlich die demokratische Republik zum sozialdemokratischen Ziel erklärt wissen! Am 12. Juli, als der neuerlich überarbeitete Entwurf bereits im „Vorwärts" erschienen war, ging ein knapper Bescheid nach London; man würde ihnen vorhalten: „Ihr steuert auf die Gewalt." Niemand täusche sich darüber, daß die Forderungen des Programms nicht mit dem Königtum verwirklicht werden könnten. „Andererseits dürfen die Forderungen nicht so aufgefaßt werden, als müßten sie bis auf den letzten Punkt verwirklicht sein, ehe das eigentliche Ziel in Betracht gezogen werden könnte." Nein, über die Frage der Republik wollte er nicht mit sich reden lassen.

Vier Tage, nachdem er das deutlich gemacht hatte, hielt Bebel in Berlin eine große Volksversammlung, über die der „Vorwärts" berichtete. Er pries den vorliegenden Entwurf und erweckte den Eindruck, als sei die Verabschiedung Formsache und als handele es sich bereits um das neue Programm; die wichtigste Errungenschaft sei die scharfe Trennung von Staat und Gesellschaft, die man im alten Gothaer Programm verwechselt habe. Denn „wenn die Klassengegensätze aufgehoben werden, wird der Staat überflüssig".

Wieder hatte er die Rechnung ohne Karl Kautsky gemacht, der im August und September 1891 den vorliegenden Programmentwurf einer herben, vierteiligen Kritik unterzog und ihn in einen völlig neuen Text münden ließ. Den ersten Teil – Theorie – hatte er selbst aufgesetzt, den zweiten – Praxis – sein Freund und Gefährte Bernstein, der des Staatsanwalts wegen nicht nach Deutschland zurückkehren konnte und in London eine Korrespondententätigkeit für die „Neue Zeit" ausübte. Beide hatten das Werk in enger Abstimmung mit Engels erstellt, der höchst erbaut war. „Dein Programmentwurf", so lobte er Kautsky, „ist weit besser als der offizielle, und ich höre mit Vergnügen, daß Bebel seine Annahme vorschlagen will. Ich werde ihn darin bestärken." Was Bebel dazu bestimmt hatte, den offiziellen Entwurf, der auch sein Entwurf gewesen war, in der Versenkung verschwinden zu lassen, hat er nie kundgetan. War es am Ende wieder der Kniefall vor der Übermacht theoretischer Bildung? Das Gefühl, ihr nicht gewachsen zu sein, sie aber doch für das Maß der Dinge nehmen zu wollen? Daß die Verärgerung über Liebknecht dahinter steckte, ist wenig wahrscheinlich. Erstens hatte dieser sich selbst desavouiert, und zweitens waren beide im Laufe der achtziger Jahre so weit auseinandergeraten, daß von einem besonderen persönlichen Verhältnis nicht mehr die Rede sein konnte. Bebel ärgerte sich tüchtig über die Liebknechtsche Eigenmächtigkeit von 1875, aber wirklich überrascht war er nicht. Autorität als Theoretiker hatte Liebknecht ohnehin nie besessen; daß er sich von seinen

Tagungslokal Erfurter Parteitag 1891.
Fotomontage mit Portraits von Hermann Molkenbuhr, Wilhelm Liebknecht und
Karl Kautsky (obere Reihe v. l.), Bruno Schoenlank und
Georg von Vollmar (2. Reihe v. l.), Emma Ihrer und August Bebel.

247

Gefühlen leiten ließ und er nichts dabei fand, Ansichten von heute auf morgen zu ändern, wußte jeder, der ihn kannte. Bislang hatte die Sozialdemokratie auch noch kein ausgeprägtes Bedürfnis nach „dem" Theoretiker gehabt.

Bebel schrieb in den neuen Entwurf, den die Redaktion der „Neuen Zeit" verantwortete, hinein, was ihm am Herzen lag, und strich heraus, was ihm gegen den Strich ging. So tauchte die „eine reaktionäre Masse" wieder auf, die Bebel auch in seiner Berliner Versammlung bemüht hatte. Dort hatte er, einer tiefen Überzeugung gemäß, erklärt, die bürgerliche Gesellschaft sei unter sich vielfach gespalten, stehe aber dem Sozialismus geschlossen gegenüber. So fiel die Formel von der politischen Machtergreifung des Proletariats – als der Voraussetzung für Sozialismus – Bebels Rotstift zum Opfer. So wurde die Sache mit der Republik erheblich ausgedünnt. Diese „verbebelte Fassung", wie Kautsky in einem Brief an Engels schimpfte, ließ Bebel am 4. Oktober, zehn Tage vor Beginn des Parteitages, im „Vorwärts" erscheinen. Dank seiner Intervention machte die Erfurter Programm-Kommission sie, mit siebzehn gegen vier Stimmen, zur Grundlage der Beratung. Doch Kautsky hatte Pedanterie und Haarspalterei, die Engels einst an ihm beobachtet, nicht abgelegt. Mit dem ihm eigenen Eiferertum ging er daran, seine Prinzipien zu retten und den Entwurf zu „entbebeln"; es gelang ihm weitgehend. Auch einen Pakt mit Liebknecht scheute er nicht, um zu Bebels Schrecken die „reaktionäre Masse" wieder loszuwerden. Eine bündnispolitische Offensive wollte er damit nicht starten, sondern nur angezeigt wissen, daß der Bund mit den dereinst absackenden kleinbäuerlichen und kleinbürgerlichen Schichten möglich sein müsse. Kautsky sah die reine Zwei-Klassen-Gesellschaft erst in der Tendenz und noch keinesfalls vollendet, während Bebel das Ergebnis häufig schon vorwegnahm. Er dachte nicht in Entwicklungen, er lebte im Heute und im Übermorgen, nie im Morgen.

Nachdem der Parteitag glücklich vorüber und das neue Programm verabschiedet war, herrschte unter den drei Hauptakteuren eitel Freude. Karl Kautsky, „Baron" genannt, weil er nur in Schlips und Kragen herumlief und unfähig war, vor der kleinsten Versammlung eine Rede zu halten, hatte triumphiert und erhielt den höchsten Segen. Am 3. Dezember 1891 schrieb ihm Engels: „Jedenfalls kann sich der theoretische Teil des Programms jetzt überall sehen lassen."

Bebel zog wie immer durchs Land und hielt Versammlungen. In Hamburg berichtete er, zwei Wochen nach Erfurt, von dem Ereignis des Programms und rühmte es nach allen Regeln der Kunst. Er sprach, wie er immer gesprochen, so als hätte es all die gelehrten Dispute nicht gegeben. Er begrüßte, daß die – von der Zeit überholten, von niemandem mehr geforderten – Produktivgenossenschaften aus der Programmatik der Partei verschwunden und die Auffassung vom Staat als einer über den Klassen stehenden Organisation überwunden seien. Bebel vermied es allerdings, anders als die beiden Gelehrten, Lassalle zur Person schlecht zu machen; er wußte besser, was Lassalle den Arbeitern immer noch war. Die Sache mit dem Staat war ihm nachher so wichtig wie vorher. Er kam immer wieder darauf zurück, in jeder Versammlung, in einem Parteitagsbericht für die „Neue Zeit" und selbst im Reichstag. Als er 1893 zu einem rhetorischen Meisterstreich ausholte und den Kollegen Abgeordneten seinen „Zukunftsstaat" auszumalen suchte, pries er das neue Programm mit dem Hinweis, daß es „vollständig mit der früheren sozialdemokratischen Auffassung vom Staat gebrochen hat".

Liebknecht hatte, als er in Erfurt das Programm vorstellte, eingeräumt, daß man sich über die Frage, „ob die sozialistische Gesellschaft ein Staat sei", nicht habe einigen können; im Programm selbst blieb es bei der Analyse des aktuellen Klassenstaates, auch die Frage nach einem Übergang zwischen kapitalistischer und sozialistischer bzw. kommunistischer Gesellschaft wurde ausgespart. In seinem ausführlichen Kommentar zum Erfurter Programm machte Kautsky allerlei Anstrengungen, die Marx'schen Prognosen über die Zerstörung des staatlichen Apparates in der Revolution und die Aufhebung des Staates in der klassenlosen Gesellschaft zu relativieren. Immerhin hatte Marx ausgerechnet in den „Randglossen" erklärt, der Periode der revolutionären Umwandlung entspreche eine politische Übergangsperiode, „deren Staat nichts anderes sein kann, als die revolutionäre Diktatur des Proletariats". Doch weder Engels, bei dem die Forderung nach der demokratischen Republik übrig geblieben war, noch Kautsky, der die Eroberung der Staatsmacht mit der Errichtung der sozialistischen Gesellschaft gleichsetzte, noch Bebel, der eben nur die fertige neue Gesellschaft in den Blick nahm und dem allein bei dem Gedanken an Diktatur ein Schauer über den Rücken gelaufen sein dürfte, mochten sich die Formel zu eigen machen.

Bebel sprach vom Klassenstaat und vom Zukunftsstaat, den man eigentlich nicht wolle, denn der Staat werde abgestorben sein in der zukünftigen Gesellschaft.

Das Problem des Übergangs löste Bebel nach Erfurt ebenso einfach, wie er es früher gelöst hatte. Es gebe, so erzählte er, November 1891, seinen Zuhörern in Hamburgs Englischem Tivoli, „noch eine große Zahl von Genossen, welche glauben, es daure noch sehr lange, bis wir an die Reihe kommen", und rückte – die Polizei nahm einen ausführlich referierenden Zeitungsbericht in ihre Akten auf – zurecht: Es sei beispiellos in der Weltgeschichte, daß eine Partei über solche Massen von Anhängern verfüge. Die Masse fühle „instinktiv", daß die Ideen – die von der Revolution, die komme und so wenig gemacht werde wie ein Gewitter – ihrem ganzen Dasein entspreche. Man habe viel über ein Wort gespöttelt, das er gebraucht, das vom großen Kladderadatsch. Aber es werde auch ernst genommen – und zwar da, wo die bessere Einsicht sei.

In seiner Reichstagsrede über den Zukunftsstaat begeisterte er sich selbst, als er das Erfurter Programm zu jener Richtschnur hochstilisierte, „die theoretisch seit langem die wissenschaftliche Literatur und die vorgeschrittenen Männer in unserer Partei aufgestellt hatten". Seit mehr als einem Jahrzehnt war seine Prophetie sich gleich geblieben, bis in die Wortwahl hinein. Seit mehr als einem Jahrzehnt war er, seinem politischen Verhalten gemäß, von einem Voluntarismus in der Verfolgung des sozialistischen Ziels unberührt geblieben. Und doch erfüllte es ihn mit großer Genugtuung, daß all das, was er vertrat und ihm am Herzen lag, nun schwarz auf weiß geschrieben stand und von den größten Autoritäten abgesegnet war. „Mit Flickwerk" komme man nicht aus, „eine so wichtige Sache" wie ein Programm müsse gründlich gemacht werden und dürfe nicht kurz sein, hatte er Eduard Bernstein im August 1874 wissen lassen – im Hinblick auf das erst noch zu schreibende Gothaer Programm. Das Bedürfnis nach logischer Darstellung und theoretischer Klarheit hatte in ihm gesteckt, doch es war noch gewachsen – im gleichen Maße, in dem die Bewegung groß wurde und hineinwuchs in die bürgerliche Gesellschaft. Es war ein Bedürfnis, das nicht aus der sozialisten-gesetzlichen Verfolgung resultierte, sondern gerade daraus, daß das Sozialisten-Gesetz – ohnehin nicht auf Vernichtung angelegt – an ihr abgeprallt war und sich der bürgerliche Staat eben doch nicht als unwandelbar erwiesen hatte. Die Abgrenzung wurde gesucht und im Erfurter Programm gefunden, als die Anpassung schon weit fortgeschritten war. Bebel fühlte sich eins mit dem neuen Programm, und die Partei tat es auch.

Was zählte es, wieviele Unterschiede, feine und grobe, es zwischen Bebel und den „vorgeschrittenen Männern" gab? Was zählte es, wo zwischen Marx, Engels und Kautsky welcher Bruch verlief? Und auf welchen Marx, den der Frühschriften oder den des „Kapital", Kautsky sich bezog? Was zählte es, wieviele passiv-fatalistische Komponenten er berücksichtigte und ob vielleicht auch einige aktivistische? Für die ideologische Ortsbestimmung von Erfurt wichtige Fragen; über die Bestimmung der politischen Möglichkeiten im Jahre 1891 lassen die Antworten nichts erwarten. Das Erfurter Programm, dessen beide Teile zusammengehören, hat keine neue Politik begründet. Was sollen praktische Forderungen, in welcher Form auch immer, wenn sie nicht den Willen beinhalten, für ihre Durchsetzung auch selbst einzutreten? Was soll die Forderung nach Wahlrecht, wenn dem Gemeinwesen, in dem es zu verwirklichen wäre, eine Wandelbarkeit nicht eingeräumt wird? Beide Teile des Erfurter Programms zusammen drückten aus, daß sich die Sozialdemokratie auf doppeltem Boden bewegte und sie sich zwischen Wunsch und Wirklichkeit, erwünschter Abgrenzung und tatsächlicher Anpassung hin- und herreißen ließ.

Das Erfurter Programm zeigte an, was die Partei und ihre führenden Männer, Bebel vorneweg, Vollmar ausgenommen, systematisch nicht versuchen wollten oder für hoffnungslos hielten – eine demokratische Reform- und soziale Interessenpolitik auf dem Boden dessen, was ist. Daß sich ein Kautsky und ein Engels monatelang über die Projektionen des Geschichtsablaufs und die entsprechenden Formeln für das Programm ihrer Partei ereiferten, mochte hingehen, es ist das Geschäft der Ideologen. Aber daß sie die Sozialdemokratie und ihre Repräsentanten in tausend Spitzfindigkeiten verwickeln konnten, war kein gutes Zeichen für die praktisch-politische Kraft der Partei.

Den neuen Namen – Sozialdemokratische Partei Deuschlands – hatte man sich schon in Halle zugelegt. Nun also war das neue Programm auf den Weg gebracht, und es fehlte nur noch die angemessene personelle Konstellation. 1890 und auch jetzt, 1891, war Bebel auf jenen Kassiererposten gewählt worden, in dessen Gewand er die Partei durch die Klippen des Sozialisten-Gesetzes hindurchgesteuert hatte. Erst auf dem Berliner Parteitag 1892 tauschten ein gewisser Gerisch und Bebel die Ämter; formal gleichberechtigte Vorsitzende waren von nun an und bis der Tod sie abrief, August Bebel und Paul Singer, den man in der Partei den „Großglockner" hieß, weil er den Parteitagen präsidierte. Beider Verhältnis war, da Singer keinen Anspruch geltend machte, die Nummer Eins zu sein, und sich Bebels Kommando fügte, von Spannungen frei. Indes, aus seinem Urteil über den Gefährten machte Bebel kein Geheimnis. Schon im Herbst 1884 hatte er an Liebknecht geschrieben: „Mit Ausnahme von Singer traue ich in Berlin niemand, und Singer ist schwach, er glaubt an die Ehrlichkeit der Leute und läßt sich mißbrauchen." Engels übermittelte er zur gleichen Zeit die bündige Charakteristik: „Ein braver Kerl, aber ein entsetzlicher Spießer." Daß er ein Spießer sei, will er ihm auf den Kopf zugesagt haben; als Heinrich Braun sich scheiden ließ, um Lily, die feinsinnige, dem Bürgertum entflohene Frauenrechtlerin zu heiraten, und in der Partei allerlei Gerede laut wurde, tröstete Bebel sie brieflich: „Mit Singer habe ich schon gestritten, er stellte schließlich die Frage: ob er denn ein Philister sei? was ich bejahte."

„Jeder Mann und Pfennig"

Am 23. November 1892 ging dem Reichstag eine Militärvorlage zu; das Heer sollte um runde 86.000 Mann vergrößert und die Mehrausgabe jährlich 64 Millionen Mark betragen. Dagegen stand das Angebot, die Dienstzeit der Fußtruppen auf zwei Jahre zu verkürzen, ein Ansinnen der Regierung, dem der Kaiser widersprach. Im „Vorwärts" war, wegen der anhaltenden Redereien von der äußeren und inneren Bedrohung, das Rüstungsbegehren vorausgesehen worden. Der Militarismus sei von einem tiefen Mißtrauen gegen das Volk erfüllt, „er hat den ‚inneren Feind' ebenso wohl im Auge als den ‚äußeren'", hieß es schon im Juli. Im Oktober gab das Blatt die Parole aus: „Wir wollen den Militarismus nicht mit und nicht ohne zweijährige Dienstzeit. Wir wollen den Militarismus nicht mit und nicht ohne einjährige Bewilligung." Der Berliner Parteitag verwarf die Militärvorlage einmütig und verlangte stattdessen die allgemeine Volksbewaffnung, die Partei hielt Hunderte von Versammlungen im ganzen Land ab. Zwischen Bebel und Engels flogen die Briefe hin und her, zweimal, Anfang Januar und Ende März 1893, bemühte Bebel sich nach London. Engels' Rat in militärischen Dingen galt ihm noch mehr als in philosophischen. Schließlich war er, wie auch Singer und Grillenberger, Mitglied der Militärkommission des Reichstags geworden und wollte Bescheid wissen.

Just in dieser aufgewühlten Lage – noch vor Jahresfrist hatte der Reichstag mehrheitlich die Militärvorlage abgelehnt – hielt Bebel am 3. und am 6. Februar seine beiden Reden über den Zukunftsstaat; der Text wurde in 1,7 Millionen Exemplaren unters Volk gebracht. Man hatte die Sozialdemokraten direkt aufgefordert, doch von der Tribüne des Reichstags einmal darzulegen, was sie eigentlich vorhätten und wie man sich ihren Zukunftsstaat vorzustellen habe. Bebel, der die Gelegenheit sofort ergriff, ließ nichts aus, weder die Wintermäntel für die Eisenbahner noch die Sparkasseneinlagen in Sachsen; weder die bürgerliche Gesellschaft, die erst den Boden für die Sozialdemokratie abgebe, noch die „eine einzige reaktionäre Masse", die der Sozialdemokratie gegenüberstehe; weder Reformen auf dem Boden des Bestehenden, die er nicht ablehnte, noch Voraussagen für die Zukunft, die zu machen, er sich weigerte. Nicht einmal die Bürgerlichen, die auf dem Boden der kapitalistischen Ordnung stünden, könnten sagen, was werde, was erwarte man also von ihm? Die Kommentare in der Debatte lauteten: „Revolutionär", „unfruchtbar", „illusionär", „phrasenhaft", „ohne praktischen Sinn". Sie waren hier und da unüberhörbar von dem Wunsch begleitet, daß sich die Sozialdemokratische Partei auf den Boden des Staates stelle. Der Zentrumsmann Bachem wollte bereits Ansätze erkennen, daß die Partei nach und nach den geistigen Führer der Partei, Karl Marx, „zum alten Eisen" werfe.

Engels hatte eine Artikelserie für den „Vorwärts" beigesteuert – „Kann Europa abrüsten?" – und allen Ernstes vorgeschlagen, die zweijährige Dienstzeit als ersten Schritt zur Abrüstung zu betrachten. Für Bebel, Autorität hin, Autorität her, ein absonderliches Ansinnen. Er hatte die Engels'schen Artikel ohnhin schon entschärfen müssen; Ausdrücke, von denen er meinte, sie könnten die Militärverwaltung beleidigen, waren seinem Rotstift zum Opfer gefallen. Am 28. Februar 1893 schrieb er nach London, sich die Sache mit der Abrüstung zu eigen zu machen, hieße, „einen Sturm in der ganzen Partei erregen, der die Reichstagsfraktion der deutschen Sozialdemokratie hinwegfegen würde". Bereits die Tatsache, daß sie in der Militärkommission verlangt hätten, daß, wenn die Fußtruppen zwei Jahre dienen sollten, man das auch der Kavallerie einräumen müsse, „hat Anstoß erregt, und zwar sogar in der Fraktion, was mich ganz besonders freute". Hier wollte man mit nichts Militärischem etwas zu tun haben, ebensowenig wie der Hallenser Parteitag, auf dem Bebel kritisiert worden war, weil er sich im Reichstag für schwer erkennbare Uniformen der Soldaten eingesetzt hatte.

Als Bebel sich jetzt über die klare Haltung der Fraktion freute, hatte er gerade dem Freiherrn Marschall von Bieberstein, seines Zeichens Staatssekretär im Auswärtigen Amt, „schriftlich persönlich" einen Vermerk übergeben. Am 9. Februar war er von Engels, der polnische Zeitungsberichte studiert hatte, auf russische „Ausspionierung zwischen den ostpreußischen Seen angelegten Sperrforts" aufmerksam gemacht worden; Engels regte an, diese Nachricht „im Privatverkehr" in der Militärkommission bekannt zu machen. Bebel befand sofort, wie er Engels zurückschrieb, „daß dort an der russischen Grenze keine Schweinereien zu Deutschlands Schaden vorgehen" dürften und überlegte, ob er den Reichskanzler direkt informiere. Er entschied sich für den Staatssekretär des Äußeren und teilte die vollzogene Meldung auch nach London mit.

Es war beider, Engels' wie Bebels, altes Steckenpferd, daß – sei es aus Sorge um revolutionäre Aussichten, sei es aus nationalem Empfinden – Deutschland einen Krieg jedenfalls nicht verlieren dürfe. Rußland, das Bebel auch in Erfurt wieder als „Hort der Grausamkeit und Barbarei" hingestellt hatte, war 1891 – Begleitmusik zur Militärvorlage – ein größeres französisches Darlehen bewilligt worden, ein Vorgang, dem Bebel im September 1891 einen „Vorwärts"-Artikel widmete. Unter dem Titel „Die russische Anleihe" hatte er zwar erklärt, warum deutsches Interesse es geboten hätte, die Sache zu hintertreiben, aber wie eh' und je, nur wiederum eine Spur deutlicher, bekundet, daß die Sozialdemokraten „Seite an Seite" mit jenen kämpfen würden, die heute ihre Gegner seien, wenn Rußland angreife. Es war seit langem „sein" Thema und sollte es bleiben, nur in immer krasserer Sichtweise.

Es hätte vielleicht nicht sein müssen, daß sich die Franzosen mit Rußland verbündeten, aber es war nun einmal geschehen. Hatte man sich nicht jetzt auf die Gegebenheiten einzustellen, und wiesen diese nicht auf einen Zweifrontenkrieg? 1898 hielt Bebel eine große Versammlung in seiner alten Wahlheimat ab, in Leipzig, im Sanssouci, wo er nicht vergaß, Lassalle die Ehre zu erweisen. Vor einem vieltausendköpfigen Publikum nahm er sich, laut Bericht der „Leipziger Volkszeitung", die neudeutsche Weltpolitik vor. Er lehnte sie aufs schärfste ab und nannte den Grund: „Deutschland hat alle Ursache, den letzten Mann und Pfennig aufzuheben, wenn die Abrechnung mit Frankreich und Rußland kommt, da dürfen wir keine Stationen mehr wie in Kiautschou errichten." Er berief sich auf – Bismarck, dem ein guter Witz zugeschrieben werde. Als er die Karte von Kiautschou betrachtete, habe er geäußert: „Gerade groß genug, um Dummheiten zu machen."

Am 6. Mai 1893 lehnte der Reichstag mit den Stimmen der Sozialdemokraten, des Freisinns und des größten Teils des Zentrums die Militärvorlage ab. Die Auflösung erfolgte auf der Stelle. Bebel und die Sozialdemokraten stellten ihren Wahlkampf auf antimilitaristische Parolen ab, getreu ihrem offiziellen Motto, diesem System keinen Mann und keinen Groschen zu gewähren. „Mutter, was läuft der Herr Gendarm so?" hieß ein begehrtes Flugblatt, das die nach bekanntem Muster erstellte Broschüre „Die Tätigkeit des Deutschen Reichstags von 1890 bis 1893" ergänzen sollte. Freund und Feind erwarteten einen sozialdemokratischen Wahltriumph, eine Verdoppelung der Stimmen auf drei Millionen schien im Bereich des Möglichen. In einem Interview mit dem „New York Herald" – so gefragt war er bereits – hatte Bebel ein Jahr zuvor prophezeit, daß binnen zehn Jahren sie zwar keine parlamentarische Majorität, „aber doch die Mehrheit der Wahlstimmen" gewinnen könnten; auf dem Weg dorthin sollte jetzt ein Sprung getan werden.

Die Enttäuschung war groß, als am 15. Juni „nur" 1,7 Millionen Stimmen oder 23,3 Prozent herauskamen und die Stichwahlen keinen Zugewinn brachten. Engels, der ebenfalls sehr hoch getippt hatte, stellte auf einmal unvorhersehbare Faktoren fest. Bebel tröstete sich und ihn damit, daß die 44 Mandate „ganz unserer eigenen Kraft" zu verdanken seien und „zehnmal mehr wert als hundert mit Hilfe der Liberalen und Demokraten errungener". Schlüter vermittelte er ein eher ungeschminktes Bild, er machte keinen Hehl aus seiner Unzufriedenheit; daß man Mannheim und Nürnberg sogar verloren habe, mache den Ausgang „halt unangenehm". Auch ihn wies er auf das Charakteristikum hin: In den Stichwahlen habe „sich recht deutlich die Scheidung zwischen Bürgertum und Sozialdemokratie gezeigt. Mehr noch, sie hätten aus dem bürgerlichen Lager fast keinen Zuwachs erhalten, sondern die Stimmenzugewinne meist selbst aufgebracht." Bedauern oder Frohlocken?

Im Jahr darauf, September 1894, hielt er in München einen Vortrag, das Thema: „Die Sozialdemokratie und ihre Gegner". Die Zeitungen berichteten über die Veranstaltung, weniger über die Rede, in der Bebel nichts Neues darbot, als über die Diskussion, in der sich Professor Quidde, Historiker und Mitglied der linksliberalen Deutschen Volkspartei, zu Wort meldete. Quidde widersprach Bebel heftig. Daß der Sozialdemokratie „alles sonst" gegenüberstehe, sei ein „Irrwahn"; wo es um die Freiheit gehe, stünden die Demokraten Schulter an Schulter mit der Sozialdemokratie. Entsetzt zeigte sich Quidde, der Pazifist wurde und 1927 den Friedens-Nobelpreis erhielt, über den „Dogmenglauben", der nächste Krieg werde der letzte sein, dann breche die heutige Gesellschaft zusammen und eine bessere Zukunft breche an. Besser müsse man sagen: „Nach dem nächsten Kriege herrschen die Cäsaren und Tyrannen." Es ist nicht überliefert, wie oder ob überhaupt Bebel geantwortet hat. Die Vermutung spricht dafür, daß er die Einwände des Demokraten nicht in sich aufgenommen hat und die Angebote erst recht nicht. Bebel wollte keine Bündnisse, die über ein Wahlabkommen hinausgereicht hätten. Den Glauben an das Ende der bürgerlichen Gesellschaft bewahrte er sich, auch als er längst so sehr eins mit dem Reich geworden war, daß er es um jeden Preis zu verteidigen wünschte und auch nicht mehr so genau hinsehen mochte, was Angriff und Verteidigung war. Ein Widerspruch? Für Bebel nicht.

In den neuen Reichstag zog Bebel als Abgeordneter von Straßburg ein. Im Wahlkampf war er, in dieser Hinsicht wahrlich verwöhnt, auf überwältigende Weise empfangen worden. Die Bevölkerung Elsaß-Lothringens, die mit Bueb in Mühlhausen einen weiteren Sozialdemokraten in den Deutschen Reichstag entsandte, hatte in Bebel den Helden von 70/71 wiederentdeckt – den Mann, der gegen Preußen und gegen Zwangseingliederung war, weniger den Mann, der für Sozialismus stand. Doch als Vorposten für antideutsche Ressentiments ließ er sich schlecht gebrauchen. Bebel war für Gleichberechtigung, aber gegen eine demonstrative Franzosenneigung, die ihm auf die Nerven ging. Als die Legislaturperiode herum war, sie war zum ersten Mal über volle fünf Jahre gegangen, ließ er sich nicht erweichen und kehrte heim nach Hamburg. Der Deutsche Reichstag vermochte nicht viel. Doch versagte er einem Kanzler mehrfach die Gefolgschaft, konnte dieser sich schwerlich halten. 1894 war die Uhr des Reichskanzlers von Caprivi abgelaufen, jenes so ehrenwerten Generals, der für die Politik zu edelmütig und zu aufrichtig war. Er hatte mit allen gut auskommen wollen, nach Möglichkeit auch mit den Sozialdemokraten. Die sozialdemokratische Frage hatte er, am 28. Februar 1891 im Reichstag, als die Frage bezeichnet, „die für das Ende dieses Jahrhunderts, vielleicht für Jahrzehnte des nächsten Jahrhunderts die herrschende sein wird" und hinzugesetzt: „Ich habe den aufrichtigen Wunsch, daß sie auf friedlichem Wege gelöst werden möge." In seine kurze Amtszeit fielen die Handelsverträge, durch die die Getreidezölle abgebaut und die Lebenshaltungskosten der breiten Masse gesenkt wurden, und jene Arbeiterschutzmaßnahmen, von denen bei Bismarcks Abgang soviel die Rede gewesen war. Im Mai 1891, vor dem Erfurter Parteitag, waren gesetzlich die Sonn- und Feiertagsruhe in Industrie und Bauwesen festgelegt, Bestimmungen zum Lohnschutz und zum persönlichen Schutz der Arbeiter erlassen, Arbeit für Kinder unter dreizehn Jahren verboten worden; Kinder über dreizehn Jahre sollten noch sechs Stunden, Jugendliche unter sechzehn Jahre zehn Stunden täglich arbeiten dürfen; mit einem generellen Verbot wurde die Nachtarbeit für Kinder, Jugendliche und Frauen belegt. Die SPD hatte, in der gleichen Schlachtordnung wie in den achtziger Jahren, dagegen gestimmt.

Bebel steckte viel Kraft darein, um auf dem Berliner Parteitag 1892, in einer scharfen Rede gegen Vollmar und jede Art von Staatssozialismus, wiederum klarzumachen, daß sich nichts geändert habe: „Der Bismarcksche alte und der neue Kurs sind für uns wesentlich dasselbe, beide Richtungen sind ausgesprochene Gegner der Sozialdemokratie, ihre Todfeinde." Auch jetzt aber ließ er es sich nicht nehmen, die Vorteile des Arbeiterschutzes, namentlich der Sonntagsruhe, zu rühmen. Kaum eine Versammlung in den neunziger Jahren, in der er nicht voller Stolz auf diese Leistungen der Arbeiterklasse in Deutschland verwiesen hätte.

Der Graf von Caprivi konnte unmöglich der Mann sein, der der zwischenzeitlichen Laune des Kaisers gefolgt wäre und in der Sozialdemokratie das große Übel gesehen hätte, so wie Graf Eulenburg, der preußische Innenminister, der Staatsstreichpläne einschließlich einer Wahlrechtsänderung erfand und Caprivi am 26. Oktober 1894 veranlaßte, zu gehen. Sein Nachfolger wurde Fürst zu Hohenlohe-Schillingsfürst. Doch die Umsturzvorlage, die dem Reichstag im Dezember zuging und durch die Umsturzbestrebungen – ohne klar umrissenen Tatbestand – mit Zuchthaus, abfällige Äußerungen gegen Religion, Monarchie, Ehe, Familie, Eigentum mit Gefängnis bis zu zwei Jahren bestraft werden sollten, konnte auch er nicht retten.

Bebel bescherte der Vorstoß eine ihm höchst willkommene Gelegenheit, die unbedingte Friedfertigkeit der Sozialdemokraten zu bekunden. Es war wiederum nichts Neues, was er vorbrachte. Erst im November 1891, in einer Debatte um das Militärbudget, hatte er von der Tribüne des Reichstags herunter, „allen Parteigenossen, die eingezogen werden", ans Herz gelegt: „Solange Du in des Königs Rock steckst, halte den Mund und verrate nicht, daß Du Sozialdemokrat bist." Daß ein Kampf mit den Waffen aussichtslos sei, wiederholte er oft, bei Gelegenheit ausgerechnet der Hamburger Märzfeier 1894 – die Polizei schrieb mit – besonders kraß; immerhin gedachte man nicht nur des 18. März 1871 in Paris, sondern auch des 18. März 1848 in Berlin. In der Reichstagsdebatte über die Umsturzvorlage, 9. Mai 1895, verteidigte sich Bebel, zum Schrecken von Engels, dem soviel Milde nun doch zu weit ging, mit den Worten: „Bis auf den heutigen Tag können Sie der Sozialdemokratie gewaltsame, revolutionäre Bestrebungen, den geringsten Versuch, auf gewaltsamem, revolutionärem Wege ihre Ziele verwirklichen zu wollen, nicht nachweisen." Die Vorlage, die am selben Tage fiel, zeitigte ein Nachhutgefecht. Im November 1895 wurden die Wohnungen von Bebel, Singer und Auer durchsucht und das Büro in der Kreuzberger Katzbachstraße – mit Auers Wohnung verbunden – polizeilich geschlossen. Der Grund: Verstoß gegen das preußische Verbindungsverbot politischer Vereine. Die Parteileitung wurde nach Hamburg verlegt – für zwei Jahre. 1897 stellte ein Gericht – die

Kosten des Verfahrens trug die Staatskasse – in aller Form den alten Zustand wieder her.

Was Friedrich Engels betraf: Er war für ungestörte Entwicklung, kalkulierte aber einen gewaltsamen Zusammenstoß – wenn um 1900 die preußische Armee „sozialistisch" sein würde – doch ein. Gerade als die Umsturzvorlage die Gemüter in Deutschland erhitzte und Bebel einige Sorgen bereitete, hatte er sein Vorwort zu Marx' „Klassenkämpfen in Frankreich" erstellt und es sich gefallen lassen müssen, daß die ängstliche Partei, Bebel vorneweg, Änderung und Abschwächung verlangte – unter Hinweis auf die bevorstehende Debatte und die Abstimmung. Bebel suchte ihn mit Hinweisen auf die kommende Krise und den möglicherweise doch schon 1898 kommenden großen Zusammenbruch zu erbauen. Doch Engels war um so widerborstiger, als er erst 1893, auf der Rückreise vom Internationalen Sozialistenkongreß in Zürich und dem österreichischen Parteitag in Wien, wo er sich mit Bebel getroffen hatte, in Deutschland herumgefahren und sich den Eindruck einer fabelhaften, kampfeslustigen Stimmung unter den Massen zurechtgelegt hatte. In Berlin, wo er bei den Bebels Quartier nahm, hielt er sich mehrere Tage auf. Am 22. September 1893 ließen ihn in den Concordia-Sälen viertausend Berliner Sozialdemokraten hochleben. Er selbst pries Berlin, das – in puncto sozialdemokratischer Stärke – an der Spitze aller europäischen Großstädte stehe und selbst Paris weit überflügelt habe.

Die kleinen Querelen um das Vorwort hatten das innige persönliche Einvernehmen zwischen Engels und Bebel nicht trüben können. Es hielt bis zuletzt an. Friedrich Engels starb am 5. August 1895. Bebel sprach am Grabe in London. Doch was der Verlust für die Partei bedeutete, wer hätte es besser ausdrücken können als der pfiffige Ignaz Auer, der es selbst so gar nicht mit dem Theoretisieren hatte, es aber insgesamt nicht missen mochte. Am 26. September 1895 schrieb er an Adler: „Daß Engels als Oberpatriarch der heiligen Familie sehr fehlen wird, ist sicher, aber das ist der geringere Schaden. Dieses Dutzend wird sich schon zusammenfinden, wenn es nottut. Wo aber der Alte unersetzlich ist, das ist die Bibelauslegung. Bei allem Respekt vor den jüngeren Kirchenvätern, aber die reiche Erfahrung und Autorität Engels' fehlt eben doch bei Kautsky. Ede aber zweifelt an sich selbst, und Plechanow ist den Massen zu fremd, als daß er Einfluß auf dieselben ausüben könnte. Wir werden uns also bis auf weiteres ohne ‚Urquell der Wahrheit' behelfen müssen, und das mag manchesmal sich sehr unangenehm bemerkbar machen. Wir sehen es ja jetzt an unserem Agrarstreit, wie leicht ein Kuddelmuddel entsteht. "

Und das tägliche Brot?

Carl Legien mochte den Literatenstreit nicht und die Phrase erst recht nicht. Wenn er selbst, was gelegentlich vorkam, auf proletarische Revolution und geschichtliche Mission schwor, war es das Zugeständnis an die herrschenden Parteibräuche und Zeichen, sich nicht entziehen zu wollen; auch Georg von Vollmar trug mit, Resolutionen und Programme, was mitzutragen ihm sein eigener Reformismus hätte verbieten müssen. Legien war ein wirklichkeitsnaher Mann und auf praktische Fortschritte bedacht. Er war ein Organisator von großen Gnaden und hielt auf preußische Disziplin, die ihm in seiner Militärdienstzeit – er verbrachte sie größtenteils bei einem General als Laufbursche – eingebleut worden war. Carl Legien, 1861 im Westpreußischen geboren und in elendigen Verhältnissen aufgewachsen, gab der deutschen Gewerkschaftsbewegung ihr einheitliches Gepräge und stieg zu Bebels Mit- und Gegenspieler auf.

Auch er hatte, nur auf viel mühsamere Weise, das Drechslerhandwerk erlernt. Mitte der achtziger Jahre, als mancherorts die Fachvereine aufblühten, war er in Hamburg gelandet und sogleich darangegangen, die Lokalvereine der Drechsler zu einem einzigen Verband zusammenzuschließen, dem er selbst vorstand. Fleiß, Tatkraft und die Kunst der sicheren Rede waren auch ihm eigen. Am Ersten Mai 1890 zählte er in Hamburg zu denen, die den Streik wollten und über das entstandene Durcheinander nachdachten; in der Hansestadt waren in der Folge des Streiks 20.000 Arbeiter ausgesperrt worden. Im leicht zu fassenden und symbolträchtigen Fall der Maifeier war hervorgetreten, was sich im Bergarbeiterstreik abgezeichnet hatte. Die lokalen und beruflichen Schranken fielen, die Arbeiter suchten nach einem organisatorischen Rückhalt, ohne den sie keinen Arbeitskampf bestehen würden. So erging aus Hamburg die Initiative zur gewerkschaftlichen Flurbereinigung.

Im November 1890, einen Monat nach dem Parteitag in Halle, tagt in Berlin eine Gewerkschaftskonferenz, die runde 300.000 Mitglieder vertritt. Man beschließt, einen regelrechten Kongreß einzuberufen und ein Statut aufzustellen; es ist die Geburtsstunde der „Generalkommission der Gewerkschaften Deutschlands", ihr Vorsitzender: Carl Legien. Doch ist es am Beginn der neunziger Jahre ein schwer umkämpftes Unterfangen, eine Bewegung zu zentralisieren, die noch von kleinen und kleinsten Zusammenschlüssen qualifizierter Arbeiter beherrscht wird. Zwei Jahrzehnte weiter und man würde über die sechs großen, in sich weit gefächerten Verbände der Metall-, Holz-, Bau-, Transport-, Fabrik- und Textilarbeiter kaum noch hinaussehen; 1914 stellten sie 60 Prozent der organisierten Arbeiterschaft. Erst der normativen Kraft des Faktischen war zuzuschreiben, was die Generalkommission per Statut nicht zu erreichen vermochte; auf dem ersten Kongreß, März 1892 in Halberstadt, blieb die Organisationsfrage in der Schwebe. Die Metallarbeiter hatten zwar schon im Jahr zuvor einen straff geführten, allerlei kleine Vereine schluckenden Zentralverband gegründet und damit angezeigt, wohin die Reise gehen würde, auch folgten die Holzarbeiter dem Beispiel. Doch soweit war man längst nicht überall. Erst mußten die Konzentrationsprozesse in der Wirtschaft weiter vorgeschritten sein und sich die großen Fabriken, in denen Arbeiter verschiedener Qualifikation, auch ungelernte, gleiche Erfahrungen machten, weiter ausgedehnt haben. Selbst bei den Metallarbeitern ließ sich die Sache langsam an, denn in der Schwerindustrie konnten die Gewerkschaften lange nicht Fuß fassen; der Unternehmerdruck war zu übermächtig. Ein Tatbestand, der Bebel auf dem Kölner Parteitag 1893 zu der etwas schadenfrohen Bemerkung brachte, daß es mit der gewerkschaftlichen Bewegung überhaupt aus sei und nur noch der politische Kampf helfe, „wenn das Kapital einmal allgemein eine solche Macht erobert hat, wie bei Krupp und Stumm, in der Dortmunder Union, in den Kohlen- und Eisenindustriebezirken Rheinlands und Westfalens".

Bebels Vorbehalte gegen diese neue Gewerkschafterei saßen tief. Er nährte sie, als Ende 1891 zehntausend Buchdrucker streikten und, obwohl sie zehn Wochen lang durchgehalten hatten, scheiterten. Zu Jahresbeginn hielt er mehrere große Versammlungen in Berlin, über die Eduard Bernstein in seiner „Geschichte der Berliner Arbeiterbewegung" berichtet hat: „In allen diesen Vorträgen kam seine Auffassung über das rasche Herannahen der Zeit zum Ausdruck, wo der Kapitalismus seinen Aufsaugungsprozeß so weit vollzogen haben werde, daß es für ihn selbst keinen Ausweg aus seinen Widersprüchen mehr geben werde. Diesem ermutigenden Ausblick in die Zukunft entsprach jedoch mit Notwendigkeit ein starker Pessimismus hinsichtlich der unmittelbaren Möglichkeiten des wirtschaftlichen Kampfes der Arbeiterklasse." Innerhalb der kapitalistischen Wirtschaftsordnung würden die Aussichten der Arbeiter bei ihren Lohnkämpfen immer ungünstiger werden. Sie müßten zwar fortfahren, sich gewerkschaftlich zu organisieren, da schon das bloße Vorhandensein einer kräftigen Organisation die Unternehmer abhalte, manches zu tun, was sie sich unorganisierten Arbeitern gegenüber erlauben würden, die Arbeiter müßten aber erkennen, daß sie über diese Kämpfe hinaus noch weitere Ziele, die Beseitigung des Kapitalismus selbst, sich zur Aufgabe zu stellen hätten. Ob Bebel sich noch an jenen Leipziger Buchdruckerstreik 1865 erinnerte, in dem er selbst politisch wach geworden war? Wohl nicht. Hätte er sonst an Adler geschrieben, daß der Streik „so blödsinnig" wie möglich gewesen sei? Er ärgerte sich, daß die Buchdrucker an die Parteikasse wollten, und mokierte sich über „die moderne Arbeiterbewegung" – seine Umschreibung für Gewerkschaften! Die Aufforderung, sich diesen anzuschließen, sollte die Partei mit Zehntausenden honorieren?

Legien war nicht der Typ, der sich leicht entmutigen ließ. Der Generalkommission wurde eigenes Geld durch innergewerkschaftliche Widerstände verwehrt, und die Mitgliederzahlen gingen zurück; was lag näher, als an die Parteimitglieder heranzutreten und sie zu gewerkschaftlicher Organisation aufzufordern? Doch der Berliner Parteitag, von dem Legien eine entsprechende Entschließung erbeten hatte, lehnte ab, die Führung trug Gleichgültigkeit zur Schau. In der Parteipresse und in Legiens „Correspondenzblatt" wurden daraufhin scharfe Klingen gekreuzt, eine „grundsätzliche Klärung" schien nicht länger aufschiebbar und kam auf die Tagesordnung für den Parteitag 1893.

In Köln drängte es Bebel, zu zeigen, wer Herr im Hause war: Er und die Partei, nicht Legien und die Gewerkschaften; die Delegierten folgten ihm einmütig. Seiner schon bekannten Auffassung, daß die gewerkschaftlichen Chancen im Zuge der kapitalistischen Entwicklung sinken würden, fügte er eine neue Variante hinzu, als er erklärte, der Staat verdränge die Gewerkschaften aus deren eigentlichem – sozialpolitischen – Tätigkeitsbereich. Gewerkschaftliche Arbeit hieß: Von sich aus tätig werden, etwas riskieren, für kleine Fortschritte im Kampf um das tägliche Brot kämpfen – innerhalb der bestehenden Ordnung. Gewerkschaftliche Arbeit hieß auch: Konkurrenz um weithin die gleiche Klientel. Der Partei paßte weder das eine noch das andere. Als besonders feindselig erwies sich Auer, der Mann der Parteiorganisation. Sah er etwa sein eigenes Werk in Frage gestellt? Oder war er auch ein Gefangener des Zusammenbruchsdogmas und zu unbeweglich sich vorzustellen, daß neue industrielle und soziale Entwicklungen auch neue Organisationsformen gebieten?

Bebel ließ seinen Widerwillen an Legien aus, der inzwischen Reichstagsabgeordneter geworden war und in dem er rasch einen Konkurrenten zur Person erblickte. 1896 berichtete er Schlüter über Legien und dessen engen und besonders tüchtigen Weggefährten Adolph von Elm: „Elm und Legien, die beiden Häupter der Gewerkschaftsbewegung, haben es dahin gebracht, daß sie in der Fraktion vollständig isoliert stehen, wozu das persönlich höchst unsympathische Wesen der beiden ebenfalls viel beigetragen hat." Viel „Stinkereien" könnten sie aber nicht machen. Stinkereien? Als Bebel seinen Brief über den großen Teich schickte, hatte ein weiterer Parteitag, Gotha 1896, das Desinteresse an der gewerkschaftlichen Frage untermauert, unter anderem durch leere Stuhlreihen, als das Thema „Arbeiterschutz" anstand, und durch Bebelsche Sprüche, daß es den Gewerkschaften „nie möglich" sein werde, die „politischen Aufgaben" der Arbeiterklasse zu erfüllen. Doch zur gleichen Zeit hatte ein gewaltiger Wirtschaftsaufschwung eingesetzt, der den Gewerkschaften die Mitglieder in Scharen zuführte; binnen eines halben Jahrzehnts stieg die Zahl um eine halbe Million, 1900 zählte die Generalkommission 850.000, 1905 1,5 Millionen Mitglieder, ihre Kassen waren prall gefüllt.

Nach der Zurecht- und Zurückweisung von 1893 hatte Legien die Gewerkschaften langsam, aber sicher von der Partei abgenabelt, die er nicht mehr brauchte, und er war in die von der Partei aufgerissene Lücke gestoßen und hatte die Gewerkschaften auf den Kurs sozialpolitischer Einflußnahme geführt, nicht zuletzt in den Kommunen. Wer Herr im Hause der Arbeiterbewegung war, darüber entschied am Ende der neunziger Jahre die Macht der Tatsachen. Von „Stinkereien" sprach Bebel nicht mehr. Im Jahre 1900 verfaßte er, der über die Lage einzelner Gewerke, man denke an seine Studie über die Bäcker, immer schon hervorragend Bescheid gewußt und den Finger heilsam oft in die Wunde des Elends gelegt hatte, eine Broschüre: „Gewerkschaften und politische Parteien". Ihre Selbständigkeit in Frage zu stellen, wäre ihm nun nicht mehr eingefallen, er erkannte sie ausdrücklich an. Auch in jenem anderen „Kuddelmuddel", den Auer anläßlich des Todes von Engels angesprochen hatte, regelten sich die Dinge schließlich, nur mit umgekehrten Vorzeichen; zwischen Bauern und Sozialdemokratie tat sich eine weite Kluft auf, die zu überbrücken nicht gelingen wollte.

Der sozialdemokratische Herrschaftsanspruch, so abstrakt er war, holte weit aus. Er gründete in der Gewißheit, daß die Gesellschaft in zwei Klassen auseinanderfalle, deren Gegensätze sich immer weiter zuspitzen würden, und in dem Glauben, daß im Proletariat, der zahlenmäßig übermächtigen Klasse, die Menschheit erlöst werde. So sah man sich vor die Notwendigkeit gestellt, den Weg zur Mehrheit mit entsprechenden Wahlergebnissen zu pflastern und sich nicht auf die Eroberung des industriellen Proletariats zu beschränken. In der „Neuen Zeit" wurden 1893 „Wahllehren" gezogen und gefolgert, daß „manches städtische Kräftereservoir" ausgeschöpft sei, daß aber auf dem Lande „noch ungeahnte mächtige Erzschichten" harrten. Schon der Hallenser Parteitag hatte zur „Eroberung des platten Landes" aufgerufen, und tatsächlich zogen seither städtische Agitatoren über Land, fielen des Sonntags in die Dörfer ein und suchten den Bauern ihre eigene Verelendung schmackhaft zu machen – getreu dem Motto, das Karl Kautsky in der „Neuen Zeit" ausgab: „Nur der hoffnungslose Bauer wird Sozialdemokrat." Ein Unternehmen, das zum Scheitern verurteilt war, und um so eher im Sande verlaufen wäre, als in der Partei Fremdheit und Vorurteil gegen das „platte Land" tief verwurzelt waren. Im Juni 1893 beschied Bebel einen dänischen Sozialdemokraten, der sich ratsuchend an ihn gewandt hatte, kurz und knapp: „Ihr Bauerntum ist so wenig für den Sozialismus zu gewinnen wie das unsere." Er hatte inzwischen auch seine eigenen Erfahrungen gemacht; bei Bauern zog nicht einmal sein Name.

Nun mußte man kein Anhänger des Karl Marx und seiner Lehren sein, um auf die Idee des „Bauernfangs" zu verfallen, schon gar nicht wenn man ein Bayer war und Georg von Vollmar hieß. Im Landtagswahlkampf 1893 zog er über die Dörfer Ober- und Niederbayerns und warb um die Bauern; er wollte ihre Lage bessern helfen, nicht ihre Not verschlimmern, und er wollte auch niemandem sein Land wegnehmen; die Forderung nach Gemeineigentum an Grund und Boden, seit den Tagen der Ersten Internationale aktuell, hatte der Sozialdemokratie das Leben auf dem Lande schwer, wenn nicht nahezu unmöglich gemacht. Im Landtag traten Vollmar und seine Freunde für staatliche Hilfsmaßnahmen ein und taten das Gegenteil dessen, was man sich sonst in der Partei vorstellte. So wurde auf dem Frankfurter Parteitag 1894, ansonsten mit der Verdammung der bayerischen Budgetbewilligung beschäftigt, eine Kommission eingesetzt, die der Partei ein Agrarprogramm schneidern sollte.

Die regional so unterschiedlichen deutschen Landwirtschaftsstrukturen spiegelte die Dreiteilung der Kommission wieder. Drei Ausschüsse erarbeiteten eine nord-, eine mittel- und eine süddeutsche Vorlage, die sich, unter Federführung des Hessen Eduard David, eng an die Vorstellungen Vollmars anlehnte; der Bayer selbst war im ganzen Jahr 1895 ans Krankenlager gebunden und konnte sich nicht in die Diskussion einschalten, nur Rat geben. Der Kernsatz: Durch fortschreitende Einflußnahme des Staates auf die landwirtschaftliche Produktion sollte die Volksernährung planmäßig organisiert werden. Die süddeutschen Vorstellungen gingen davon aus, daß auf einem Großgrundbesitz nicht wirtschaftlicher gearbeitet werde als in einem kleinen oder mittleren Betrieb.

Erst dieser gezielte Angriff auf die Parteiprinzipien, zu denen der Untergang der kleinen Betriebe zählte, provozierte den Gegenstoß auf dem Breslauer Parteitag 1895. Obwohl aus den drei Texten einer gemacht und der soweit zurecht geschliffen wurde, daß er fast nichts mehr aussagte, und obwohl sich Bebel auf den Boden dieser gemeinsamen Vorlage stellte – es war nichts zu machen. Karl Kautsky nutzte das allgemeine Mißbehagen und triumphierte ein weiteres Mal. „Wir müssen", so rief er aus, plötzlich von allen rednerischen Hemmungen befreit, „zu den verzweifelten Bauern gehen und ihnen, anknüpfend an ihre Lage, nachweisen, daß sie keine vorübergehende ist, sondern natürlich notwendig aus der kapitalistischen Produktionsweise entspringt, und daß ihnen nur die Verwandlung der Gesellschaft in eine sozialistische helfen kann. Möglich, daß es nicht ‚praktisch‘ ist, aber es ist wahr und notwendig.“ Mit 158 zu 63 Stimmen beförderten die erleichterten Delegierten das Agrarprogramm, das den Namen kaum noch verdiente und dennoch wie ein Stoß ins Herz der Partei wirkte, in den Papierkorb. Sie folgten dem unnachsichtigen Dogmatiker, der dem „Ausbeuterstaat neue Machtmittel“ à la Vollmar nicht zuzusprechen, dafür aber den Klassencharakter der Partei rein zu erhalten gedachte.

Bebel schüttete sein Herz, wie nun immer häufiger, bei Adler aus. Bald nach Ende der Breslauer Tage schrieb er: Im Eifer, zu verwerfen, habe man auch Forderungen verworfen, die man vernünftigerweise gar nicht verwerfen konnte, nicht verwerfen durfte und deren Verwerfung auf dem Lande den allerbösesten Eindruck mache. Das Allerschlimmste aber sei die Motivierung der Ablehnung gewesen, die eine prinzipielle Ablehnung *jeder* Forderung zu Gunsten der Bauern, auch solcher, die uns nichts kosteten, bedeute. „Die Breslauer Beschlüsse verlängern unsere Wartezeit um mindestens zehn Jahre, aber dafür haben wir das ‚Prinzip‘ gerettet.“ Hatte Bebel in Breslau eine Niederlage eingesteckt? Warum schlug er dann nicht zurück, wie er es stets getan hatte, wenn er in die Minderheit geraten war? So abgeklärt war er längst noch nicht, als daß er das nicht mehr hätte können.

Bebel war nichts weniger denn ein überzeugter Anhänger eines Agrarprogramms; zu keinem Zeitpunkt hat er sich inhaltlich dafür eingesetzt, weder in der „Neuen Zeit“, wo er sich regelmäßig zu Wort meldete, noch auf irgendeiner seiner zahllosen Versammlungen. Mit Vollmars Art, zu den Bauern zu sprechen, konnte er ohnehin nichts anfangen. Erst recht nicht mochte er, der Zentralist, die regionalen Besonderheiten anerkennen. Wenn überhaupt, dann konnte er sich in die Lage der eigentumslosen Landarbeiter Ostelbiens versetzen, sie schien dem namenlosen Prolatarierelend in den Fabriken vergleichbar. Nach der Pleite von Breslau wollte er sich den Landarbeitern denn auch verstärkt zuwenden; schließlich hatte Engels gerade auf ihre baldige Eroberung gesetzt. Aber selbständige Bauern?

In Frankfurt hatte er, nicht anders, als Kautsky es auch ausdrückte, erklärt: „Kommen die Bauern so nicht zu uns, so wird sie die Not der Zeit schon denken lehren." Und in jener Berliner Versammlung im November 1894, in der er mit Vollmar so hart ins Gericht gegangen war, hatte er der Absicht, Bauern wenn nötig auch „unter Verschleierung der letzten Ziele der Sozialdemokratie" zu gewinnen, rüde widersprochen und diese Meinung nicht revidiert, sondern in der einen oder anderen Weise wiederholt; er sah in der Sozialdemokratie die Vertretung der Industriearbeiter, „der Intelligenten", wie er Vollmar in Frankfurt zurief, in Anspielung auf die „dummen" Bauern, als deren Vertretung der Bayer sich offenbar aufspielen wolle. Bebel wagte sich an die Betroffenen selbst nie heran. In Bremen sagte er, laut Bericht der „Bürgerzeitung", über Handwerker und Bauern, die hier so wenig anwesend waren wie sonst irgendwo: „Für sie kann es sich nur darum handeln, sich unseren Bestrebungen anzuschließen und so rasch wie möglich aus der großen Hölle heraus und sozusagen in das sozialistische Himmelreich hineinzugelangen."

Nun mag sich im Vorfeld des Parteitages 1895 ein gewisses Mißbehagen an Kautskys prinzipieller Praxisferne eingestellt haben, schließlich war Bebel ein Politiker, mit ausgeprägtem theoretischen Bedürfnis zwar, doch ein Schriftgelehrter war er nicht. Daß man nun rein gar nichts tun sollte, konnte ihm nicht gefallen. Doch was man hätte tun sollen, wußte er – jenseits seiner üblichen Sprüche – nicht. Und deshalb konnte er in Breslau auch nicht kämpfen, weder für eine eigene Linie noch gegen die von Kautsky, für dessen Triumph er selbst den Boden bereitet hatte. Ein Plädoyer für die Übernahme von Kulturaufgaben durch den Staat, der dadurch „aus den Fugen" gerate, genügte wahrlich nicht, um das Steuer herumzureißen.

Sein Fazit schickte er einmal mehr an Schlüter, gegen den er keine Rücksichten zu nehmen hatte; die räumliche Ferne zwischen ihm und dem Empfänger der Briefe schien die Aufrichtigkeit zu beflügeln: Unter dem Datum des 31. Oktober 1895 schrieb er: „Die Konfusion ist größer denn je, und den Vorteil haben die Vollmar u. Consorten, die zu nichts zu gebrauchen sind."

Die Reichstagswahl von 1893 war für die Sozialdemokratische Partei in mehr als einer Hinsicht unprogrammgemäß verlaufen. Der Wahlerfolg der Antisemiten – 260.000 Stimmen gegen 47.000 im Jahre 1890 – war nicht eingerechnet worden und wollte erst einmal ins Schema gezwängt werden. Antisemitismus und „christlichen" Judenhaß hatte es immer schon gegeben, als eigenständige politische Bewegung war er sehr jungen Datums, hatte aber zu Besorgnis noch keinen Anlaß gegeben. Der Hofprediger Stöcker trieb sein Unwesen seit dem Ende der siebziger Jahre; und man hatte sich damit abgefunden, daß sein Versuch, antisemitische Strömungen politisch auszuschlachten, ohne Echo nicht blieb. Aber sechzehn Mandate im Reichstag?

Unter dem Eindruck des Wahlresultats erkannte die „Neue Zeit", daß die Kleinbürger die „antisemitische Rassenhetze als letzten Strohhalm" ergriffen hätten, um sich vor der Proletarisierung zu schützen. Schlußfolgerung: Über „dem antisemitischen Mönch" dürfe der „kapitalistische Rabbi" nicht vergessen, der Aufklärungsprozeß des Kleinbürgertums über den Kapitalismus nicht hintangehalten werden. Bebel machte, als er gleich nach der Wahl an Engels schrieb, die „sozial äußerst gedrückte Lage" verantwortlich, die Handwerker, Krämer, Kleinbauern nicht zur Sozialdemokratie geführt, sondern in die Arme des Judenhasses getrieben hätten. Selbst habe er Handwerker sagen hören: „Ihr erklärt ja rundheraus, daß Ihr uns nicht helfen könntet; wir wollen aber nicht untergehen, und da wählen wir antisemitisch, die Antisemiten versprechen, uns zu helfen." Mit den Kleinbauern stehe es ähnlich.

In früheren Jahren schon hatte Bebel Anlaß gehabt, sich mit Zeichen von Judenfeindlichkeit zu befassen, hautnah und ohne daß Schlagworte angezeigt gewesen wären. Bernstein hatte bereits 1883 seinen innerparteilichen Gegnern unterstellt, sie wollten ihm, „dem Juden in Zürich", die Flügel stutzen, und würden sie nicht Bebel fürchten, wäre er längst geflogen. Engels, dem er sein Herz ausschüttete, erfuhr, daß Bernstein die Mehrzahl der ‚Gebildeten‘ in der eigenen Partei für Antisemiten hielt. Bebel hatte nicht die Gebildeten im Visier, sondern mancherorts durchaus die Basis. 1884 war es im Zweiten Berliner Wahlkreis zu einer Stichwahl zwischen Professor

Rudolf Virchow, dem Mann des Freisinns, und Stöcker gekommen, und die sozialdemokratische Wahlkreisversammlung hatte sich für strenge Neutralität ausgesprochen. Eine Entscheidung, die umzustoßen, Bebel einigen Einsatz kostete. Wenn es gegen Antisemiten ging, kannte er jetzt wie später keine dem entgegenstehenden „prinzipiellen" Erwägungen! Er übte Druck aus, und auch Liebknecht und Auer ließen Briefe los; es gelte, Stöcker auf jeden Fall zu verhindern. Paul Singer, aus jüdischer Familie und Miteigentümer einer erfolgreichen Konfektionsfirma, war selbst Zielscheibe übler Hetze, vor der er wenig später kapitulierte; er stieg aus der Firma aus. In mehreren dramatischen, von den Stöcker-Leuten bedrohten Versammlungen gelang es ihm, das Steuer herumzudrehen; eine hinreichend große Zahl der eigenen Anhänger ging an die Urne und verhalf Virchow zum Sieg.

Im Jahr darauf, 1885, in den Berliner Stadtverordnetenwahlen, reichte auch Bebels Autorität nicht aus. Für die Stichwahl im Achten Berliner Kommunalwahlbezirk – wieder stand ein Antisemit gegen einen Freisinnsmann – hatten sich die Sozialdemokraten für Enthaltung ausgesprochen, und sie blieben dabei, trotz der Voten von Bebel, Liebknecht, Hasenclever. Bernstein hat in seiner Berliner „Geschichte" bestritten, daß falsche Sympathie im Spiel gewesen sei. Doch Bebel sah es anders, er war außer sich. Motteler schilderte er die Vorgänge aufs genaueste, wies auch nach, daß die Berliner Polizei die Hände im Spiel habe, und griff „die antisemitische Strömung unter unseren Genossen" scharf an. Zwei Tage später, am 7. Dezember 1885, schrieb er auch Engels von der Sache: „Kommt Singer zu Dir, grüße ihn von mir und sage ihm, er werde, wenn er nach Berlin zurückkomme, seine parteigenössische Umgebung unter scharfe Kontrolle nehmen müssen. Daß das Stadtverordnetenwahlkomitee sich trotz unseres Beschlusses für Wahlenthaltung aussprach, habe bei uns allen die Überzeugung hervorgerufen – die ich, wie er weiß, schon lange hatte – daß in der Bewegung viel faules, vom Antisemitismus beeinflußtes Element stecke."

In den acht Jahren, die zwischen den Berliner Ereignissen und dem Kölner Parteitag lagen, der sich – in der Folge der Wahl 1893 – mit dem Thema „Antisemitismus" beschäftigte, war Bebel nicht konzilianter geworden, die Prinzipien, auf die er sein politisches Tun immer wieder zu beziehen suchte, hatten sich eher noch verengt.

Sein Urteil über die Judenfeindlichkeit, so unwandelbar es im Kern war, blieb nicht unberührt. Auch er zog die Schlüsse, die zu ziehen ihm seine eigene Logik zu ziehen aufgab, und war nicht so weit vom „Vorwärts" entfernt, der nach der Wahl den Kapitalismus mit einer an beiden Enden brennenden Kerze verglichen hatte: links der Sozialismus, rechts der Antisemitismus. In seiner Parteitagsrede – er hatte selbst entschieden, daß er zum Thema spreche – erklärte er: „Die antisemitische Bewegung wird und muß für immer verschwinden, ohne daß sie eine Spur ihrer Wirksamkeit hinterläßt, in dem Augenblick, wo ihre Ursachen beseitigt werden!" Er sprach von den Bauern, dem Kleingewerbe, den Beamten, den Studenten, in deren Kreisen es viel Judenhaß gebe, und er sprach, wie sollte es anders sein, vom Existenzkampf der Mittelschichten, die sich – „je rapider sie sich dem Untergange entgegentreiben sehen" – in noch größerer Zahl der antisemitischen Bewegung zuwenden würden. „Wir kommen bei diesen Schichten erst an die Reihe, wenn der Antisemitismus sich bei ihnen abgewirtschaftet hat, wenn sie durch die Erfahrung, durch das Verhalten ihrer antisemitischen Vertreter im Reichstage und anderwärts erkennen, daß sie getäuscht worden. Dann kommt die Stunde unserer Ernte, früher nicht." Die Resolution, die der Parteitag einmütig verabschiedete, hob allein auf die kapitalistische Entwicklung ab, deren Bestandteil der Antisemitismus nun einmal sei. Die Bewegung wirke wider ihren Willen revolutionär: Die gegen die jüdischen Kapitalisten aufgehetzten kleinbürgerlichen und kleinbäuerlichen Schichten müßten zu der Erkenntnis kommen, daß die Kapitalistenklasse überhaupt ihr Feind sei und nur der Sozialismus sie aus ihrem Elend befreie.

Die Kölner Rede hat Bebel im Laufe der Jahre überarbeitet, mehrmals sogar, und dabei immer stärker hervortreten lassen, was jenseits des kapitalistischen Erklärungsmodells auch in der Ursprungsfassung schon angelegt war: Die anderthalb Jahrtausend alte Feindschaft gegen die Juden – mit dem Ziel ihrer Vernichtung und wenigstens ihrer Vertreibung – ist in Deutschland keine Gefahr. Bei allem Ärger über einwandernde Ostjuden und aufdringliche jüdische Händler – hatten nicht deutsche Juden führende Positionen in der Wirtschaft inne? In Wissenschaft, Kultur, Presse? Wurden nicht sogar die Barrieren gegen jüdische Offiziere abgebaut? Saßen nicht in den Parlamenten namhafte Abgeordnete jüdischer Herkunft? Bei den Sozialdemokraten wie den Liberalen, vereinzelt sogar bei den Konservativen? Hatten sie nicht Einfluß in den höchsten Regionen? So wie Bismarck sich seinen Bleichröder hielt, schmeichelte der Kaiser seinem Albert Ballin.

In einem Nachwort, das er 1906 verfaßte, ging Bebel auf die schrecklichen Pogrome ein, die – im Zuge der russischen Revolution entfacht – „das Entsetzen der ganzen Kulturwelt" hervorgerufen hätten. Er zog aus den „bestialischen Vorkommnissen" und den Schandtaten des „Raub- und Mordgesindels" in Rußland und Russisch-Polen zwei Folgerungen, die er 1893, als er auf dem Kölner Parteitag sprach, noch nicht gezogen hätte. Erstens: „Der Antisemitismus, der nach seinem Wesen nur auf die niedrigsten Triebe und Instinkte einer rückständigen Gesellschaftsschicht sich stützen kann, repräsentiert die moralische Versumpfung der ihnen anhängenden Schichten." Zweitens: „Tröstlich ist, daß er in Deutschland nie Aussicht hat, irgendeinen maßgebenden Einfluß auf das staatliche und soziale Leben auszuüben."

Das neunzehnte Jahrhundert war in seinem Kern liberal, und Bebel insoweit sein Sohn. Erst im Jahrhundert der Zwangsherrschaft, in das sein Leben noch hineinreichte und von dessen Gefährdung ihn Ahnungen noch überkamen, sollte jener Fall einer Kulturnation ins Bodenlose möglich werden. Er verschloß vor den Verfolgungen in Deutschland nicht die Augen, in dem bearbeiteten Text nennt er den Antisemitismus einen „Abzugskanal" und einen „Deckmantel", unter dem alle möglichen Niederträchtigkeiten begangen würden, und läßt offen, ob er nur eine kapitalistische Erscheinungsform ist. Nun, 1906, weigert er sich ausdrücklich, die Verfolgungen, die er unter dem Sozialisten-Gesetz kennengelernt habe, mit den Judenverfolgungen zu vergleichen, die er „solche der brutalsten und gewalttätigsten Art" nannte. War nicht sein Stolz auf die Kulturnation, der er angehörte und in die er hineingewachsen war, erst die Voraussetzung, daß er klassenübergreifende Ereignisse wahrnahm und aussprach? Als auf dem Lübecker Parteitag 1901 gegen Rosa Luxemburg Attacken geritten und gegen einen gewissen „männlichen und weiblichen Zugang aus dem Osten" polemisiert worden war, der Delegierte Heine auch von einem Zusammenhang mit der steigenden antisemitischen Welle gesprochen hatte, gehörte Bebel zu denen, die angewidert reagierten.

Er blieb unangefochten. Louise Kautsky – sie endete in Auschwitz – schrieb anläßlich der neunzigsten Wiederkehr von Bebels Geburtstag – 22. Februar 1930 – in der Wiener „Arbeiter-Zeitung": „Wie sehr Bebel ein Feind jeder Ungerechtigkeit und jeder Unterdrückung war, zeigte sich auch in seiner Stellung zur Judenfrage. Nichts war ihm verhaßter als der blöde Antisemitismus, der in den achtziger Jahren und später in Berlin unter den Stöcker und Ahlwardt frech sein Haupt erhob. Leidenschaftlich setzte er sich gegen ihn zur Wehr, und oft habe ich entrüstete und empörte Äußerungen aus seinem Munde über antisemitische Pöbeleien gehört. Im Gegensatz zur Mehrzahl derjenigen, für die ein bißchen Antisemitismus das Selbstverständlichste ist und die sich bei einem spöttischen Wort über die Juden gar nichts Schlimmes denken, war Bebel einer der seltenen Menschen, für die die Frage, ‚ob Jud, ob Christ' überhaupt nicht existierte."

Was macht „Mutter Bertha" in Gotha?

Der Delegierte Frohme, früher Frankfurt, jetzt Hamburg, weil Redakteur am „Echo", machte sich zum Sprecher der hansestädtischen Arbeiterschaft. Auf dem Gothaer Parteitag 1896 verlangte er, daß die „Neue Welt" so gehalten werde, „wie es den geistigen Bedürfnissen der Leser, vor allem der Leserinnen entspricht". Laut Frohme damit unvereinbar: „Stinkende Schweinereien" und eine Art des Naturalismus, „die im Schmutze watet, das sexuell Gemeinste, das psychiatrisch Kränkste schildert". Von Zwischenrufen immer wieder angefeuert, teilte der streitbare Mann allerlei Seitenhiebe auf die „Leipziger Volkszeitung", das innerparteiliche Gegenstück zum „Hamburger Echo", aus und fuhr fort: „Wir wollen nicht, daß man in unseren Unterhaltungsblättern in den Ton der frömmelnden Moral verfällt; wir sind keine Spießbürger, das weiß jeder, der uns genau kennt, wie weit wir davon entfernt sind."

Starke, jedenfalls ungewohnte Töne für einen Parteitag. Aber da nicht nur der sozialdemokratische Herrschaftsanspruch weit ausgriff, sondern auch – Folge des Anders-Sein-Wollens – der Anspruch, die Dinge des Lebens zu regeln, wie hätte man Kunst und Unterhaltung aussparen können? Doch Wunsch und Wirklichkeit ließen sich auf keinen gemeinsamen Nenner bringen, nirgends kam es krasser zum Vorschein als in der Gothaer Kunstdebatte. Man kam gar nicht erst dazu, sich über bürgerliche und proletarische Kunst zu streiten. Warum auch? Man stritt sich, worüber auch die Bürger stritten, und erörterte, ob die Kunst der Moderne noch Kunst und wieviel davon der Masse zuzumuten sei.

Edgar Steiger steuerte seit kurzem das Unterhaltungsschiff der „Neuen Welt", jene Schöpfung des listigen Dietz, die noch aus den Jahren des Sozialisten-Gesetzes datierte und mittlerweile einmal in der Woche den Parteiblättern beilag; ihre Auflage belief sich 1896 auf 200.000 Exemplare. Man konnte also der „Neuen Welt" nicht kündigen, ohne sein Parteiblatt abzubestellen. In eben dieser „Neuen Welt", die in Hamburg erschien, suchte Redakteur Steiger, der in Leipzig residierte, das Beste zu bieten, was die moderne – naturalistische – Kunst hervorbrachte. Das Beste, so führte er in seiner Gothaer Rechtfertigungsrede aus, sei ein Neues. Und neu waren in der Mitte der neunziger Jahre zwei Romane, deren Abdruck in Steigers „Neuer Welt" das Funktionärsvolk in Rage versetzt hatte: „Der neue Gott" von Hans Land und „Mutter Bertha" von Wilhelm Hegeler. Im einen Fall gerät ein Adliger, der mit seinem Vater gebrochen hat und verarmt ist, in sozialdemokratische Kreise; er findet eine Schwester, von deren Existenz er nichts geahnt hat, als Prostituierte wieder, weiß weder aus noch ein, verrät einem Spitzel die Stätte der Arbeiterbildungsschule, will Pakete mit Parteipapieren wie Wahllisten – um den Verrat zu sühnen – in Sicherheit bringen, bricht mitsamt dem Material im Eis ein und ertrinkt. Im anderen Fall schlägt sich Bertha, die 17jährig ein uneheliches Kind zur Welt gebracht hat, in Berlin erst als Kellnerin durch, dann, weil sie tüchtig ist, als Blumenbinderin, sie zieht mit ihrem Freund, einem Jura-Studenten, zusammen; als der auf Besuch nach Hause fährt, erkrankt Berthas Kind lebensgefährlich; um es zu retten, sucht sie Hilfe bei einem Magnetiseur, der sie mißbraucht; in der Sterbestunde des Kindes nimmt sie, gerade als der Freund zurückkehrt, auch sich das Leben.

Zweimal wird, in schlichter Sprache, von dem Versuch erzählt, Klassengegensätze durch Güte und Mitleid zu überwinden, er führt in die Ausweglosigkeit. Zweimal wird unendliches Elend geschildert und das vergebliche Bemühen, herauszufinden. Es fehlt, hier wie in anderen, bedeutenderen Werken des Naturalismus das „Positive", und das genau vermißten auch die sozialdemokratischen Kritiker. Der Arbeiter, der mit der Not zu kämpfen habe, erregte sich der Delegierte Molkenbuhr, komme nicht zum Genuß der Kunst, „wenn immer und immer nur die Not in den allerkrassesten Farben geschildert wird, im Gegenteil, es wird dadurch eine Art Selbstmordstimmung bei ihm hervorgerufen". Ausgerechnet der mit klassischer Bildung gesegnete Wilhelm Liebknecht hieb in die gleiche Kerbe und erklärte mit der ihm eigenen Autorität in dergleichen Dingen „das jüngste Deutschland" zu einem „Produkt der Dekadenz, d. h. der Fäulnis der kapitalistischen Gesellschaft"; seinem Rundumschlag fiel auch Gerhart Hauptmann zum Opfer, dem er die Bedeutung schlichtweg absprach. Liebknecht, der schon 1891 in der „NZ" verkündet hatte, daß man nicht zwei Herren zugleich dienen könne, nicht dem Kriegsgott und den Musen, spielte die moderne gegen die klassische Kunst aus und eröffnete damit eine zweite – intellektuelle – Offensive gegen den Naturalismus und seine Verbreitung in den Organen der Partei; Frohme, Molkenbuhr und all den anderen einfachen Gemütern von der Parteirechten paßten nur die „Schweinereien" und die Elendsmalerei nicht, sie wollten Erbauung, hatten aber sonst keinen Ehrgeiz.

Was Liebknecht angedeutet hatte, führte ein Mann weiter, der auf dem Parteitag nicht anwesend war und dem doch Autorität zukam – in den Fragen von Kunst und Klassenkampf. Franz Mehring war im Briefwechsel zwischen Bebel und Engels abwechselnd als „Lügenbold", „Dreckseele, mit der wir keine Gemeinsamkeit haben können" und „berechnender Lump und von Natur Verräter" hingestellt worden. Auch wenn Bebel ihn zwischenzeitlich in günstigerem Licht sah, getraut hat er ihm nie, noch seine letzten Lebensmonate sollten durch Mehring vergällt werden; er hielt ausgerechnet Bebels Intimfeind Schweitzer in Ehren! Mehring, Jahrgang 1846, war nicht in die Sozialdemokratie hineingewachsen, sondern hatte sich ihr auf einem Zickzackkurs genähert. Erst nach einer Phase grimmiger Ablehnung, einer Zwischenstation bei den Radikaldemokraten um Guido Weiß und unzähligen persönlich-literarischen Händeln, in die er zeit seines Lebens verwickelt blieb, war er 1891 Parteimitglied geworden und Mitarbeiter der „Neuen Zeit". Seine Erkenntnis, daß alle bisherige Geschichte, auch die der Literatur, die Geschichte von

Klassenkämpfen sei, suchte er sogleich in die Schriftstellerei einzu-
führen; seine 1893 erschienene „Lessing-Legende" handelte mehr
von Friedrich II. denn von Lessing. Nun war er aber ein Liebhaber
der schönen Künste und betrachtete das ästhetische Vermögen des
Menschen als ursprünglich. Ein Widerspruch, mit dem er so wenig
fertig wurde wie die materialistische Literaturwissenschaft insgesamt
und den er für sich auf radikale Weise aufhob. Unmittelbar nach der
Gothaer Naturalismusdebatte zog er, Oktober 1896, in der „Neuen
Zeit" das Fazit: „Kunst und Proletariat", so der Titel seines Aufsat-
zes, paßten voreinst nicht zusammen. Die moderne Kunst, bürgerlichen Kreisen entspringend, habe einen tief pessimistischen, das
Proletariat aber, wie jede revolutionäre Klasse, einen tief optimisti-
schen Zug. Solange das Proletariat „in diesem heißen Kampfe steht,
kann und wird es keine große Kunst aus seinem Schoße gebären". Er
erwartete sie für die Zeit nach dem Sieg. Bis dahin empfahl er –
Klassiker, Goethe und Schiller, nicht uneingeschränkt, sondern nur
soweit sie revolutionäre Traditionen vermittelten.

In der Freien Volksbühne, deren Vorsitzender Mehring seit 1892
war, kapitulierte er vier Jahre später, im Jahr der Parteitagsdebatte
über den Naturalismus und seines Resumees über Kunst und Proletariat, vor materiellen Schwierigkeiten und – vor dem Geschmack
des Publikums, das Naturalisten wie Klassikern, Hauptmann wie
Schiller volkstümliche Schwänke vorzog. Die Volksbühne war 1890
gegründet worden, um dem Volk die Kunst, die neue Kunst,
nahezubringen, denn hinter dem Unternehmen stand ein Kreis
leibhaftiger Naturalisten, der sich mit dem Kreis der „Jungen"
überschnitt. Der Konflikt um die moderne Kunst brach schon zwei
Jahre nach der Gründung auf, die Volksbühne spaltete sich, die
Naturalisten machten sich in der „Neuen Freien Volksbühne" selbständig, den alten Verein übernahm Mehring. In Form und Inhalt
unterschieden sich die feindlichen Brüder fast nicht, die Rücksichten,
die beide zu nehmen hatten, waren die gleichen.

Als Bebel im Dezember 1897 in Kellers Festsälen zu Berlin in
einer öffentlichen Studentenversammlung auftrat und eine Rede
über „Akademiker und Sozialismus" hielt, bezeichnete er die Teilhabe aller an den „reichen Errungenschaften der modernen Kultur"
als wesentliches Ziel des Sozialismus. „Ihren Lebenszweck als Kul-
turmenschen" sollten alle erfüllen können. Weder in dieser Rede, die

wegen des studentischen Publikums eine Rarität darstellte, noch
sonst hat Bebel je etwas von bürgerlicher und proletarischer Kunst
und ihrem vermeintlichen Gegensatz verlauten lassen. Nie hat er
auch nur andeutungsweise davon gesprochen, daß die Musen und
der Kriegsgott der Arbeiter sich nicht vertrügen, oder, wie Mehring
es ausdrückte, unter den Waffen die Musen zu schweigen hätten. Mit
der bürgerlichen Gesellschaft wollte er – seinen Sprüchen und seiner
Politik nach zu urteilen – nichts zu tun haben. Dem Streben nach den
bürgerlichen Bildungsgütern aber, den „Kulturmitteln", hat er seit
den Tagen seines Leipziger Bildungsvereins nicht abgeschworen. So
war für Bebel auch die naturalistische Kunst ein Teil der Kultur, von
der er wie ein aufgeschlossener Bildungsbürger Kenntnis nahm.
Schon 1892 hatte er Adler mitgeteilt, daß die „Weber" in „sog.
Hochdeutsch" – einem abgeschwächten Dialekt – erschienen seien,
die Ausgabe hätte er zu Hause in Berlin – er schrieb aus der
Schweiz –, sonst würde er sie ihm schicken. Bebel besuchte die
Aufführung im Theater, nicht nur über die Volksbühne. Unter dem
Datum des 13. November 1896, bald nach dem Gothaer Parteitag
also, bedankte er sich formvollendet bei der Direktion des Deutschen Theaters, die ihm zwei Karten überlassen hatte; er und seine
Frau hätten der Vorstellung – leider vermerkte er nicht, was gegeben
worden war – „mit Interesse" beigewohnt. Nur wenig später kündigte er Adler an, daß er sich Hauptmanns neues Stück ansehen
werde; es konnte sich nur um „Florian Geyer" gehandelt haben.

In Gotha hatte Bebel ein Machtwort gesprochen und auf souve-
räne Weise die unerquickliche Debatte zu Ende gebracht. Er mag das
gleiche Gefühl gehabt haben wie ein Delegierter aus Berlin, der fand,
ein Parteitag sei nicht dazu da, „Scheiterhaufen" zu errichten; Bebel
machte keinen Hehl daraus, daß er auf seiten Steigers stand. Er lobte
die „Neue Welt", belustigte sich über die „Schweinereien" und die
diesbezüglichen Sorgen und fand, eine moderne Partei dürfe in
Fragen der Kunst nicht einen veralteten Standpunkt einnehmen.
Kurzerhand reduzierte er die Angelegenheit, über die man sich
anderthalb Tage lang die Köpfe heiß geredet hatte, zu einer Frage
nach dem Defizit der „Neuen Welt" und machte diverse Vorschläge,
so für die Modernisierung der Druckmaschinen.

VIII. Ketzerei

Am 22. Februar 1892 richtete die Reichstagsfraktion Bebel eine Feier aus. Der Anlaß war nicht sein 52. Geburtstag, sondern sein parlamentarisches Jubiläum, das einherging – man vergaß nicht, daran zu erinnern – mit dem eben so langen Bestehen des allgemeinen und gleichen Wahlrechts in Deutschland. In seinen Briefen wies der Jubilar, mehr als früher, auf seine enorme parlamentarische Inanspruchnahme hin, auf die „Tretmühle" des Reichstags, dem er alle Verpflichtungen sonst unterordnete. Auch der Partei insgesamt war die Teilhabe an den Parlamenten in Fleisch und Blut übergegangen. Bebels Einzug in den Sächsischen Landtag war noch ein Ereignis gewesen, damals hatten sich außer in Sachsen nur noch in Hessen Sozialdemokraten in einen Landtag verirrt. Zu Beginn der neunziger Jahre saßen sie, obwohl bisher nirgends ein allgemeines, gleiches und direktes Wahlrecht in Kraft, in 12 von 26 Landtagen und Bürgerschaften, und sie versuchten, auch in die anderen hineinzukommen, mit einer Ausnahme: Preußen. Das Drei-Klassen-Wahlrecht, 1849 oktroyiert und seit der Reichsgründung Symbol für die Rückständigkeit Preußen-Deutschlands, schien so hohe Hindernisse aufzutürmen, daß eine Beteiligung für sinnlos gehalten wurde.

Es verhielt sich so: Die Gesamtsumme der Steuerbeträge aller Urwähler, also aller männlichen Preußen über 25 Jahre, wurde für jeden der Bezirke in drei Klassen eingeteilt; zur ersten zählten all jene reichen Zeitgenossen, die das erste Drittel aufbrachten. Diese Art der Einteilung zeitigte mancherorts skurrile Wirkungen. So gab es in Berlin – rund um die Wilhelmstraße – einen Urwahlbezirk, in dem zwei Finanziers allein die erste Klasse bildeten und vier andere zusammen mit einem Rittergutsbesitzer die zweite; in der dritten fanden sich wieder: der Reichskanzler, drei Minister, zwei Majoratsherren, sechs Kommerzienräte, elf Geheimräte und sonstige Akademiker, schließlich Reitknechte, Kutscher, Lakaien, Kammerdiener, Gärtner, Köche, Kellner, Arbeiter, Büro- und Kanzleidiener, Portiers und Heizer. 1903 hatten 239.000 Wahlberechtigte der ersten

Klasse genausoviel Gewicht wie 857.000 der zweiten und über sechs Millionen der dritten Klasse; erst Wahlmänner kürten in eigenen Wahlkreisen die Abgeordneten. Aus eigener Kraft einen Abgeordneten durchzubringen, mußte der SPD als Ding der Unmöglichkeit erscheinen, entsprechend groß war ihre Abneigung, in dieser Farce mitzuspielen. Preußen sich selbst zu überlassen, schien die allgemeine Meinung in der Partei zu sein. Der Kölner Parteitag verbot 1893 den preußischen Mitgliedern einstimmig, an der Landtagswahl teilzunehmen; Bebel selbst hatte den Beschluß angeregt, er fürchtete Bündnisse und Kompromisse mit anderen Parteien, Zank und Streit in den eigenen Reihen, all das, was er vier Jahre später nicht mehr gelten lassen mochte. Wenn es über ihn kam, konnte er immer noch und immer wieder sehr beweglich sein und das Ruder fast ruckartig herumreißen. Für 1898 waren Wahlen zum Abgeordnetenhaus angesagt, und Bebel setzte sich, rechtzeitig im Jahr zuvor, an die Spitze der nun auf einmal breiten Bewegung für Teilnahme.

Verschiedene Vorkommnisse im Landtag, so 1897 der – allerdings mißlungene – Versuch, das Vereins- und Versammlungsrecht einzuschränken, waren der Anlaß, die preußische Enthaltsamkeit zu überdenken. Der Grund lag tiefer: In der Mitte der neunziger Jahre, als die Erfahrungen des Sozialisten-Gesetzes verblaßten, mochte die Partei nirgends mehr fehlen, wollte überall vertreten und dabei sein, zumal in einer so wichtigen Einrichtung wie dem Preußischen Abgeordnetenhaus zu Berlin. Im Vorfeld des Hamburger Parteitages 1897 gestand Bebel in der „Neuen Zeit", daß er sich geirrt habe, und tat ein übriges. Er forderte, weil anders die Teilnahme keinen Sinn mache, Bündnisse einzugehen, und plädierte für das kleinere Übel – für die Bürger und den Fortschritt, gegen die Junker und den Rückschritt. Schließlich habe man auch im Reichstag und in den Kommunen, jenen beiden Ebenen, auf die das sozialdemokratische Augenmerk bisher gerichtet war, Kompromisse getätigt, in der Bekämpfung der Gegner aber deshalb doch nicht nachgelassen: „Was wir tun, tun wir im hellichten Lichte des Tages unter öffentlicher Darlegung unserer Gründe, die uns zu Handlungen nötigen, durch die wir zwar das nicht erreichen können, was wir erreichen wollen, durch die wir aber nur Nutzen stiften, und zwar Nutzen für das Gemeinwesen, zu dem wir wohl oder übel durch den Zwang der Umstände gehören, und Nutzen für uns, das heißt für die von uns vertretene Sache. "

Auf dem Parteitag legte Bebel sich noch einmal kräftig ins Zeug und erreichte, daß der Kölner Beschluß aufgehoben, die Wahlbeteiligung für geboten erklärt und die Entscheidung zunächst den einzelnen, sehr unterschiedlich strukturierten Wahlkreisen überlassen wurde; die öffentliche Stimmabgabe machte in den Städten, wo die Partei stark war, nichts aus, auf dem ostelbischen Land hingegen sehr viel. Bebel hatte es mit heftigem Widerstand zu tun, auch Singer und Liebknecht, der den Klassenstandpunkt herauskehrte, tatsächlich von seinem alten Widerwillen gegen das „Parlamenteln" eingeholt worden war, legten sich quer; Bebels Wunsch nach Wahlbündnissen mit anderen Parteien folgte der Parteitag nicht, noch nicht.

Doch der Zug war abgefahren, der Hamburger Beschluß, übel aufgenommen auf der rechten Seite des Parteienspektrums, wurde fortan bekräftigt und durch Organisation umzusetzen gesucht. 1898 und 1903 noch ohne Erfolg, auch Bebel, der im Februar 1900 die sächsische gegen die preußische Staatsangehörigkeit eingetauscht hatte, schaffte es 1903 nicht und 1906, in einer Nachwahl, auch nicht; dabei hatte er in jenem III. Berliner Landtagswahlkreis kandidiert, der die Arbeiterhochburgen Wedding, Moabit, Gesundbrunnen umfaßte. Sein Wahlkampf aber, den er in ganz Preußen führte, machte überall Aufsehen und mobilisierte die Leute. In Breslau wurden 1903 Parteibücher zurückgegeben, weil an Karten für die Bebel-Versammlung – ohne ging's nicht mehr – nicht heranzukommen war. Der „Volksbote", das „Organ für die arbeitende Bevölkerung Pommerns", schrieb über seinen Auftritt in Stettin am 10. November 1903: „Wohl selten ist es einem Manne vergönnt gewesen, ein so riesengroßes Vertrauen bei den Seinen und soviel Achtung bei den Gegnern zu erringen. " Im Jahr darauf fand der erste Parteitag für Preußen statt, 1907 der zweite, die eigene Landesorganisation brachte Schwung in die Sache, und 1908 schafften sieben Sozialdemokraten den Sprung ins Abgeordnetenhaus – bei einem Stimmenanteil von 23,8 Prozent. Zum Vergleich: Die Konservativen ergatterten mit 16,7 Prozent 212 Sitze.

Über den Preußen-Streit – Wählen oder nicht? Den Klassenstandpunkt verletzen oder nicht? – war die Zeit hinweggegangen. Die Zeit zu fragen, ob sich die SPD, die 1898 in den Reichstagswahlen

2,1 Millionen Stimmen gewann, einem Wahlrecht unterwerfen sollte, das sie so extrem gegen alle anderen Parteien benachteiligte, mochte sie sich nicht nehmen. Sah man keinen anderen Weg, den preußischen Anachronismus ins Licht der Öffentlichkeit zu rücken, als einfach mitzutun? Lag es in sozialdemokratischer und vor allem Bebelscher Logik, dem Wunsch, auch im preußischen Landtag vertreten zu sein, alles sonst unterzuordnen? Oder die Gegebenheiten hinzunehmen, um sich nicht auflehnen zu müssen?

Zur gleichen Zeit, da sich die Partei auf den Weg der preußischen Wahlbeteiligung machte, 1897, hatte ausgerechnet Sachsen sein allgemeines Landtagswahlrecht, das ein gleiches zwar nie gewesen war, aber doch nur minimale Beschränkungen kannte, erheblich verunstaltet; die Folge war die Halbierung der sozialdemokratischen Mandate in der sächsischen Wahl 1898. Die Partei steckte den Schlag, kaum daß gemurrt worden wäre, ein. War Dabei-Sein alles? Je stärker man wurde, desto mehr?

Die Machthabenden schätzten die Sozialdemokratie stärker ein als diese sich selbst. Der Kaiser, über dessen „Cäsarenwahn" Bebel schon bald nach der Thronbesteigung gestaunt hatte, ließ bombastisch-bramarbasierende Sprüche los. Doch an Unterdrückung, neuerliche und schärfere gar als in den Jahren des Sozialisten-Gesetzes, dachte ernsthaft kaum einer „in den höchsten Regionen". Die Zuchthaus-Vorlage 1899 – Arbeitswillige bei Streiks an der Arbeit zu hindern, sollte mit Gefängnis, in einigen Fällen mit Zuchthaus bestraft werden – verfiel der Ablehnung einer Reichstagsmehrheit. In einem Brief an Adler spielte Bebel auf das Zentrum an und kommentierte süß-sauer: „Das macht die Macht der katholischen Arbeiter." Für die Sozialdemokratie war die Zuchthaus-Vorlage – das letzte Unternehmen dieser Art – der Beweis, daß sie fortdauernd bedroht war und immer sein würde. Mit eingezogenem Kopf durchs Land zu gehen, war ihr gleichsam zur zweiten Natur geworden.

Das Zwischenspiel der Vorstandsauflösung, das auf dem Hamburger Parteitag mit der formellen Wiedereinsetzung des Vorstands in Berlin zu Ende gegangen war, hatte den Gedanken nahegelegt, ein eigenes Gebäude zu erwerben. Eine hochmoderne Druckerei für den „Vorwärts", Verlag und Redaktion sollten darin Platz haben und die Parteiführung auch. Die Idee, selbst Immobilien zu erwerben, war bisher verworfen worden, sie hatte einen fast unsittlichen

Anstrich, wollte man doch nicht so offenkundig zur „besitzenden Klasse" zählen. Doch auch darüber war die Zeit hinweggegangen. In den größeren Städten bauen die Gewerkschaften eigene Häuser, ein besonders stattliches in Hamburg, gerade Bebel findet, es komme auf hundert- oder zweihunderttausend Mark mehr nicht an. Nun geht auch die Partei daran, sich im Reich häuslich einzurichten. Bebel und Singer, die beiden Vorsitzenden, wenden sich an die Berliner Mitgliedschaft und rufen auf, Geld in Form von Darlehen zu geben; es soll zu vier Prozent verzinst werden. Das Echo ist überwältigend. Am 1. Oktober 1902 wird die „Vorwärts-Buchdrukkerei und Verlagsanstalt Paul Singer & Co" gegründet – mit einem Kapital von 503.050 Mark, runden zehn Millionen DM, in der Lindenstraße 69 ein Grundstück erworben und bebaut. 1903 zieht der Parteivorstand in den Repräsentativbau ein. Drei Jahre hält man das Untermieter-Dasein aus, dann platzt der Parteibetrieb aus allen Nähten, und man geht, für mehrere Millionen Mark, an die Planung eines neuen, eines reinen Parteihauses heran. Im September 1914 wird das legendäre Haus – Lindenstraße 3 – eingeweiht.

Ein gemachter Mann

Bebels „Herrensitz" am Züricher See – in der Karikatur auch „Bebelsruh" genannt – beflügelte seit 1898 die Phantasie der bürgerlichen Presse; Grundstück und Haus, mit Photos veranschaulicht, wurden auf eine halbe Million geschätzt. Das Wort von den „Salonproletariern" machte die Runde, schließlich wußte jedermann, daß auch Singer und Vollmar, der ein Haus am Walchensee besaß, nicht gerade arm waren. Nirgends, ob in rechten oder liberalen Blättern, ließ man sich die Gelegenheit entgehen, Bebels „Kladderadatsch" – hatten Engels und er selbst ihn nicht gerade für 1898 erwartet? – ins Spiel zu bringen. Die Quelle des Bebelschen Wohlstands wurde abwechselnd in der Drechslerei und in der Schriftstellerei gesucht; der Hinweis, daß die Auflage der „Frau" die Hunderttausend-Grenze gerade überschritten hatte, fehlte nicht. Und je nach Couleur wurden auch die Arbeitergroschen strapaziert, von denen der Parteiführer sich gemästet habe; noch im Wahlkampf 1903 ward einschlägige Propaganda gemacht. In eben dieser Kampagne kam Bebel auch

nach Worms, Tage vor der Versammlung forderte das lokale
Rechtsblatt „den Kapitalisten Bebel" auf, mit gutem Beispiel voran-
zugehen und seine Villa den deutschen Arbeitern als Erholungsheim
zur Verfügung zu stellen. Laut Bericht der sozialdemokratischen
„Volkszeitung", von diversen anderen Parteiblättern – das Thema
interessierte auch in den eigenen Reihen! – nachgedruckt, ließ Bebel
sich am Schluß seiner Rede auf die Polemik ein: Er werde sein Haus,
ein einfaches Wohnhaus, an dem Tage den deutschen Arbeitern zur
Verfügung stellen, an dem der Wormser Industrielle von Heyl Villa
und Schloß für seine Arbeiter herrichte.

Die Parteipresse hatte allerlei Anstrengungen zu machen, die
Sache herunterzuspielen. Der „Villenbesitzer" selbst setzte, Juli
1898, eine Notiz in den „Vorwärts", in der er die Bescheidenheit des
Objekts herausstrich; das Blatt fragte, ein wenig verschämt, ob der
deutsche Arbeiter sich nicht freue, daß Bebel zwar nicht reich, aber
doch wirtschaftlich unabhängig sei. Die Bourgeois meinten wohl,
„die Sozialisten wollten die Gleichheit und Mißgunst der Menschen
im Elend". Dem setzte der „Vorwärts" ein entschiedenes Nein
entgegen, denn „wir Sozialisten sind keine Neidhammel; Neid und
Mißgunst sind Eigenschaften der kapitalistischen Welt". Ansonsten
durchzog die Parteiblätter jener trotzige Ton, den die „Leipziger
Volkszeitung" noch 1904 anschlug: „Bebel ist wegen der Einfachheit
seiner Lebensweise bei allen, die ihn kennen, rühmlich bekannt."

Bebel zog es nicht erst, seit seine einzige Tochter sich hier
verheiratet hatte, in die Schweiz. Doch seither beseelte ihn der
Wunsch, selber in der Eidgenossenschaft Fuß zu fassen, und es war
nur eine Frage der Gelegenheit, bis ihm ein ausgedehntes, 32 Ar
großes Seegrundstück mit Badehaus angeboten wurde und er am
13. September 1894 zugriff. Er konnte es sich leisten. Mit dem
Beginn der neunziger Jahre hatten sich auch das eine und andere
körperliche Leiden eingestellt. Nasen- und Magenkatarrh, Entzün-
dung am Knie, Nervosität, Überreizteit verbunden mit Schlaflo-
sigkeit – seine Briefe an Adler, der von Beruf Arzt war, steckten
voller kleiner Leidensgeschichten. So mag der Entschluß, sich in
Küsnacht am Züricher See niederzulassen, durch das Gefühl nachlas-
sender Spannkraft befördert worden sein; die Kinder waren 1893
von St. Gallen nach Zürich gezogen, 1894, an seinem eigenen
Geburtstag, der Enkel Werner zur Welt gekommen. Das Haus, das

er errichten ließ, verfügte über drei Stockwerke, die er nach und nach günstig vermietete, ein Souterrain, in dem der Gärtner logierte, und ein Dachgeschoß mit drei Zimmern, das er für sich selbst reservierte. Als es im Sommer 1897 bezugsfertig geworden war, gönnte sich Bebel zum ersten Male eine längere Abwesenheit von den Parteigeschäften.

Der Wert von Grundstück und Haus belief sich auf tatsächliche 130.000 Mark und würde heute ein Zwei-Millionen-Objekt bezeichnen. Den Bahlmanns gegenüber, den alten wohlhabenden Freunden in Dresden, stellte er fest, für eine Kapitalanlage sei das Haus „zu gut" gebaut. Zur gleichen Zeit aber, 11. Oktober 1897, gestand er Schlüter den Hausbau und erläuterte hochzufrieden: Das Seegrundstück habe er vor Jahren „sehr billig" erworben, „das mittlerweile sehr im Preise stieg und ich für mehrere Bauplätze spekulativ ausnutzen kann".

Bebel kalkulierte scharf. Auch wenn sein Bankkonto gut gepolstert war, litt er's nicht, daß die Ausgaben für das Haus die Einnahmen überstiegen. Und so heuerte er, als größere Reparaturen anzufallen drohten und nur vier Jahre nach Fertigstellung, einen Makler an. Daß die nicht enden wollenden Zeitungsberichte und all die neugierigen Besucher und aufdringlichen Photographen ihm die Idylle verleidet und ihn in dem Verkaufsentschluß bestärkt hatten, verheimlichte er nicht. Ein Käufer ließ auf sich warten, auch eine Anzeige in der „Neuen Züricher Zeitung" und Meldungen in der deutschen Presse nutzten lange nichts. Erst zu Jahresbeginn 1905 konnte er Schlüter erleichtert mitteilen, ein Fabrikant aus St. Gallen werde zugreifen. Warum er im September 1904 das Haus erst an seinen Schwiegersohn verkaufte, damit dieser es am 14. Februar 1905 für 125.000 Franken, gute 100.000 Mark, weiterveräußerte, blieb sein Geheimnis. Der Verlust, den er machte und über den er jammerte, hielt sich jedenfalls in Grenzen, schließlich hatte er jahrelang Mieten eingenommen.

Schlüter hatte er gebeten: „Bringen Sie mir nichts davon in die Presse." Eine unnötige Mahnung. Die „Vossische Zeitung" meinte: „Herr Bebel wird jetzt, wenn man ihm wieder vorwerfen sollte, er besitze wie ein Bourgeois-Kapitalist eine Villa, antworten können, das sei nicht richtig." Im übrigen war das Interesse an Bebels Villenbesitz mächtig abgeflaut, auch daß er und seine Frau sich nun im Haus der Kinder, nahe am Züricher Bahnhof in der Geßner-Allee, einquartierten und 1909 alle zusammen in die Usteristraße zogen, weckte kaum noch Neugierde. Bebel und seine Frau machten fortan schöne Sommerreisen, vorzugsweise innerhalb der Schweiz. Als die Gesundheit nachließ, nahmen sie auch Kuren, in Bad Nauheim und anderswo. Als das Haus glücklich verkauft war, erhitzte bereits eine andere Geschichte aus Bebels Privatleben die Gemüter.

Daß der alteingesessene elsässische Bankier Carl Staehling jenem Mann zehntausend französische Francs vermachte, der sich der Einverleibung Elsaß-Lothringens durch Deutschland so mutig widersetzt hatte, und Bebel sich im September 1903 nach Straßburg bemühte, um das Geld abzuholen, ging noch hin. Daß aber ein ehemaliger Leutnant dem Führer der Sozialdemokraten sage und schreibe 400.000 Mark hinterließ und darob ein Prozeß angestrengt wurde, rauschte im Sommer 1903, gerade im Vorfeld des Dresdner Parteitages, durch den gesamten deutschen Blätterwald. Selbst dem „Vorwärts" schien's die Sprache verschlagen zu haben, denn er begnügte sich zunächst mit der Wiedergabe der Meldung aus dem württembergischen „Staatsanzeiger" und der „Ulmer Zeitung".

Zur Sache: Der bayerische Leutnant Kollmann war in den frühen siebziger Jahren verschiedener Vorkommnisse halber in militärgerichtliche Untersuchung genommen, für unzurechnungsfähig erklärt, nach einem gescheiterten Fluchtversuch 1881 in Ulm entmündigt und in eine Münchner Irrenanstalt gesperrt worden; hier war er am 22. Mai 1903 verstorben. In dem Testament, das nun ans Licht kam, hatte er die Hälfte seines Vermögens – es rührte in der Hauptsache aus einem österreichischen Lotteriegewinn, der im Laufe der Jahre aufs Doppelte, auf 800.000 Mark, angewachsen war – der Familie eines seiner Brüder übereignet und die andere Hälfte dem Reichstagsabgeordneten August Bebel. Warum Bebel? Kollmann hatte die Entlassung aus der bayerischen Armee als großes Unrecht empfunden und sich in seiner Not an Bebel gewandt, er sollte ihm wenigstens das Recht auf Uniform verschaffen. Bebel vermochte es keineswegs, er hatte die Sache auch nicht etwa im Reichstag zur Sprache gebracht, doch briefliche Erkundigungen bei Kollmann eingeholt und so den Eindruck des Sich-Kümmerns erweckt. Diese Fürsorge muß Kollmann, der durchaus kein Sozialdemokrat war, so erbaut haben, daß er Bebel kurzerhand zum Erben einsetzte.

Nun gab es in der Kollmannschen Familie zwei weitere Brüder, eine Schwester und Kinder einer verstorbenen Schwester, die sämtlich leer ausgegangen und darob gar nicht erbaut waren. Sie mochten auch nicht einsehen, warum gerade Bebel mit dem Geld von dannen ziehen sollte. So bemühten sie das Gericht. Bebel ließ sich durch Rechtsanwalt Mayer in Ulm, wo die Sache anhängig war, vertreten, erschien aber auch selbst. Der Prozeß rollte – vor den Augen einer höchst interessierten Öffentlichkeit – im Herbst 1904 ab, wurde unterbrochen, vertagt und endete im April 1905, gerade hatte Bebel sein Haus verkauft, mit seinem vollständigen Sieg; die klagenden Verwandten hatten nicht nachweisen können, daß das Testament erst nach Kollmanns Entmündigung aufgesetzt worden war. Doch so schnell gaben sie nicht auf, sie legten Berufung ein, um im Herbst 1905 doch auf ein früheres Angebot Bebels einzugehen und einen Vergleich zu schließen. Sie wurden aus dessen Erbteil – genau 395.000 Mark – mit 132.000 Mark abgefunden. Der Partei stiftete Bebel 45.000, unterstützungsbedürftige Verwandte und Bekannte erhielten 18.000, Erbschaftssteuer und Gerichtskosten schluckten 28.000, es verblieben ihm 172.000 Mark.

Ungetrübt war Bebels Freude über den neuen Geldsegen nicht. Über den Rummel und die hämischen Kommentare der Rechtspresse, die fand, daß er der Partei ruhig mehr hätte geben können, ärgerte er sich nicht, wohl aber über die unübersehbare Zahl von Bettelbriefen. Schlüter jammerte er die Ohren voll über diese Sintflut, von der er schon in Küsnacht – aufgrund der Berichte über das Haus – einen Vorgeschmack bekommen hatte. Auch Auer, der das Parteibüro hütete, wenn Bebel in der Schweiz weilte, konnte der Bettelei kaum Herr werden; daß sogar ein Polizei-Kommissar sich gemeldet hatte, fand er komisch und meldete es an Bebel. Der behalf sich mit einem Rundbrief, in wohlfeilen Lettern gedruckt, und ließ die Bittsteller wissen, daß er erstens die Gesuche nicht berücksichtigen könne, zweitens sie unmöglich brieflich zu beantworten vermöge und drittens er und seine Frau auch arme Verwandte und Bekannte hätten.

Auch Julie Bebel schüttete ihr Herz aus. Louise Freyberger, der ersten Frau Kautsky, die Engels bis zu seinem Tode das Haus geführt hatte, schrieb sie noch 1908 von Angriffen auf August: „Einen Hauptstoff bildet wohl die Erbschaftsgeschichte, die in einer Weise breitgetreten wurde, daß uns dadurch viel Verdruß und Arbeit erwuchs. Wir konnten uns nicht mehr retten vor Ansprüchen und Anzapfungen." Die Presse sorge schon dafür, daß man seines Lebens nicht mehr froh werde. Dabei sei ihnen gerade so viel geblieben, daß sie davon leben könnten und August nicht mehr für die Existenz zu arbeiten habe.

Auch in diesem Punkt war sie wie ihr Mann und stapelte tief. Schließlich verfügte Bebel über die Abfindung, die er aus seiner eigenen Fabrik erhalten hatte, zusätzlich zu den Gewinnen, die er dort noch selbst erwirtschaftet hatte, die Einnahmen aus der „Frau", von den Zeitungs-Honoraren nicht zu reden, die Erbschaft, das Geld, das er für das Haus in Küsnacht bekommen hatte... Und natürlich bekam er Diäten, bis sie ab 1906 aus der Staatskasse gezahlt wurden, von der Partei, und er bezog ein Gehalt aus der neuen „Vorwärts"-Firma; Auer teilte ihm 1903 einmal mit, daß der Magistrat sich nach der Höhe erkundigt habe. So häufte Bebel, der nicht müde wurde, vom Zusammenbruch des kapitalistischen Systems zu künden, jenes stolze Sümmchen an, das er dereinst selbst vererben sollte. Und er häufte es nicht nur an, er legte es auch an – in den Einrichtungen eben jenes Systems.

Reformist mit schlechtem Gewissen

Die Bernstein-Debatte hielt die Partei fünf Jahre lang in Atem, von 1898 bis 1903, und ließ auch die nicht unberührt, die keine Zeile gelesen hatten. Wie konnte es sein, daß ein Streit um Lehrsätze solche Leidenschaften weckte? War der Sturm der Jahrhundertwende nur Ausdruck einer Partei, die das Theoretisieren nicht lassen mag und sich immer aufs neue ihrer selbst vergewissern, ihr Tun rechtfertigen muß?

Eduard Bernstein wie auch Julius Motteler war es 1890 verwehrt, in die Heimat zurückzukehren, sie wären im Gefängnis gelandet. Seither wurden die Steckbriefe regelmäßig erneuert. So waren sie in London hängengeblieben, voller Ungeduld, aber ohne materielle Not; aus einem hinübergeretteten Fonds bezogen sie weiter Gehalt. Bebel versuchte diesen Topf 1900 anzuzapfen, als in der Parteikasse vorübergehend Ebbe herrschte und die Papiere, wie er Motteler gestand, so schlecht standen, daß man sie nicht verkaufen wollte.

Bernstein vertrieb sich die Zeit durch Beobachtungen und Studien, auch über sein Gastland, und bediente „Vorwärts" wie „Neue Zeit" mit Korrespondenzen. Ausgerechnet in Kautskys „NZ" veröffentlichte er zwischen 1896 und 1898 jene Zeugnisse eines intellektuellen Wandels, die er, in einem Brief an Adler vom 3. März 1899, als „Ketzereien" einstufte. In dieser Artikelserie – „Probleme des Sozialismus" – unterzog er „das geistige Rüstzeug" der Partei einer kritischen Prüfung – einer Revision – und überlegte, „worin Marx noch recht hat und worin nicht".

In seinen englischen Jahren war Bernstein zu der Einsicht gelangt, daß „Phrase" und „Aktion", „Doktrin" und „Wirklichkeit" nicht mehr übereinstimmten; ob sie je in Einklang gewesen waren, darüber schwieg er sich aus. Karl Kautskys „Sozialdemokratischer Katechismus", ebenfalls in der „NZ" vorgestellt, wurde erheblich durcheinandergeschüttelt, die Grundanschauungen der Sozialdemokratie gerieten ins Wanken:

– Das Proletariat bestand für Bernstein nicht aus Idealmenschen, es konnte alles sein, „revolutionär und reaktionär, heroisch und feige, human und bestialisch". Bebel hielt diese Einlassung, in einem Brief an Kautsky vom 16. November 1897, „für sehr bedenklich" und fand, damit könne ein Reaktionär das Verbot jeder Versammlung aussprechen; was Bernstein ausdrücken wollte, lag jenseits seines Aufnahmevermögens, zu tief war der Glaube an die Masse, die nur gut sein konnte und Träger der künftigen Gesellschaft sein sollte, in ihm verwurzelt.

– In der Revolution, der politischen als Voraussetzung für die soziale, machte Bernstein nicht mehr den Umschlag von der kapitalistischen in die sozialistische Ordnung fest und forderte, zwecks gesellschaftlichen Wandels, „positive Reformvorschläge". Sozialismus sei auch in Teilstücken zu verwirklichen. Die Sozialdemokratie konnte eine revolutionäre Partei danach nicht mehr sein.

– Den Zusammenbruch im Gefolge der großen Krise, Bebels „Kladderadatsch", sah er nicht kommen, und er teilte nicht die Annahme von der naturnotwendigen Entwicklung des Kapitalismus; später belegte er, daß die Reichen nicht immer weniger und immer reicher, die Armen nicht immer mehr und immer ärmer und die Mittelschichten keineswegs verschwinden würden. Die Vergesellschaftung der Produktionsmittel, seit dem Erfurter Programm eine Art Zauberformel, war für Bernstein kein Allheilmittel, schon gar kein Ziel, allenfalls ein Mittel. Am 20. Oktober 1898 schrieb er, krasser noch als in seinen Artikeln, an Bebel: „Der klaffende Unterschied zwischen den Voraussetzungen unserer Theorie und der Wirklichkeit würde in seiner vollen Größe hervortreten, wenn irgend ein Ereignis der Sozialdemokratie in nächster Zeit die Herrschaft in die Hand spielte, dann würde sich der ganze Fehler offenbaren, der hinter dem Satz von der „Besitzergreifung der Produktionsmitel durch die Gesellschaft steckt".

– Was also war Sozialismus für Bernstein noch? Die Antwort, die er schon in dieser ersten Artikelserie gab, wurde sprichwörtlich: „Ich gestehe es offen, ich habe für das, was man gemeinhin unter ‚Endziel des Sozialismus' versteht, außerordentlich wenig Sinn und Interesse. Dieses Ziel, was immer es sei, ist mir gar nichts, die Bewegung ist alles."

Über den genauen Zeitpunkt des Bernsteinschen Sinneswandels, der deshalb soviel Aufsehen machte, weil sich einer aus der Mitte der Partei an ihren Rand zu manövrieren schien, streiten die Gelehrten. Doch die Frage ist nicht wichtig; erstens zählt die Wirkung und zweitens erstrecken sich Meinungsänderungen solcher Tragweite immer über einen längeren Zeitraum hinweg. Prinzipientreu war er bis zum Tod von Engels, der ihn – Kautsky konnte es nur schwer begreifen – neben Bebel als Nachlaßverwalter eingesetzt hatte. Der Schatten von Engels mußte gewichen sein, bevor ein Bernstein neue Einsichten kundtat. Bebel verstand es wohl, zu Jahresbeginn 1898 klagte er Kautsky: „Was würde Engels sagen..." Der hatte in einem Augenblick die Bühne verlassen, da nicht nur die sozialisten-gesetzliche Epoche zu versinken begann, sondern ein neuer wirtschaftlicher Aufschwung anzeigte, daß das Todesstündlein des Kapitalismus noch lange nicht schlagen wollte. War also die Zeit reif, daß das starre, nicht an der Wirklichkeit gewonnene, sondern aus dem Kopf heraus entworfene Dogma in Zweifel gezogen wurde? Jenes Dogma, nach dem die deutsche Partei und ihre führenden Leute mehr oder weniger feinsinnig die Welt verklärten und hinter dem sie sich nach Belieben versteckten, um keine aktive, fordernde Politik wagen zu müssen? Die Zeit war reif, auch weil eine neue Generation in der Partei nach vorne drängte. Die Uhr der Gründerväter, Liebknecht, Auer, Singer, Bebel, lief langsam ab. Gewiß, auch Bernstein zählte dazu, aber er war, Bebel wies von Beginn darauf hin, der Typ, der sich mehrfach häutet im Leben. Daß er sich immer den Umständen anpasse, hielt Bebel ihm auch selbst vor. Der Anschein sprach dafür: In Höchbergs Diensten schrieb er am berüchtigten Drei-Sterne-Artikel mit, in der Redaktion des „Sozialdemokrat" blies er fast am lautesten in ein radikales und marxistisches Horn, und wie sollte er sich in England anders als durch die Fabier beeinflussen lassen?

Eduard Bernstein war ebensowenig wie Karl Kautsky ein Akteur. Beide waren sie der Theoretisiererei verfallen, und Bernstein geradezu besessen von dem Gedanken, beides, Theorie und Praxis, zusammenzuführen. Die Formeln Formeln sein und „Transformationsstrategien" auf sich beruhen zu lassen, um sich mit um so größerer Kraft auf die Wirklichkeit des Deutschen Kaiserreiches zu werfen, wäre ihm nicht eingefallen. Georg von Vollmar war ziemlich erschrocken über die neue Botschaft aus London und dachte nicht daran, Bernsteins Fahne zu hissen. Er sah beizeiten voraus, daß dessen Angriff auf die Prinzipien nur eine Verhärtung auf der Gegenseite bewirken und damit seinen eigenen Spielraum und den seiner Freunde, darunter nun eine Reihe jüngerer und recht forscher Sozialdemokraten, einengen werde. Bebel und Kautsky fürchteten den Bund zwischen Vollmarianern und Bernsteinianern, Reformisten und Revisionisten ohne Grund. Er kam nicht zustande und wurde nicht einmal ein Zweckbündnis. Eine besondere Form von Sektierertum?

Anders als Karl Kautsky, sein intellektueller Gegenspieler, besaß Bernstein – daher die gelegentlichen Wandlungen – einen offenen, stets aufnahmebereiten Sinn, den die englischen Verhältnisse noch geschärft hatten. Kautsky bekannte, daß ohne die beiden marxistischen Grundsätze – die materialistische Geschichtsauffassung und ihre Anwendung auf die Gegenwart – er in seinem Leben keinen Sinn mehr sehe. Bernstein hätte Ähnliches nie gesagt, er war kein Dogmatiker. Doch nur weil er beides hatte, den Willen zu lernen, auch umzulernen, und die tiefsitzende Überzeugung, daß es ohne

Theorie nicht gehe, konnte er den Angriff auf die Fluchtburg der Partei führen und ernst genommen werden.

Bebel hatte das Unheil früh heraufziehen sehen. Daß sich Bernsteins Aussagen mit dem Programm der Partei nicht vereinbarten, war sogleich sein bestimmtes Gefühl gewesen. Seine Korrespondenz aus den Jahren 1897 und 1898 zeugt davon. Doch reagierte er seltsam elegisch, stimmte Klagelieder an, war nicht darauf aus, die Sache hochzuspielen. Daß er und der Ketzer dreißig Jahre lang Seite an Seite gestanden hatten, fiel ins Gewicht, aber nicht allein. Bebel lebte von und mit dem Glauben, daß die bürgerliche Gesellschaft dem Untergang geweiht sei und ihr Zusammenbruch das sozialistische Paradies hervorbringe. Daß dieser Glaube ihm und der Partei genommen würde, sollte Bernstein Recht bekommen, spürte er. Aber wie einen Glauben verteidigen? Man hatte ihn oder man hatte ihn nicht, man verkündete ihn oder ließ es sein. Aber darüber streiten, sich auseinandersetzen, gar Gegensätzliches zusammenzuführen suchen? War es Zufall, daß er im Oktober 1898, der Stuttgarter Parteitag war gerade vorüber und mit ihm die Hoffnung, die Ketzerei im Keim ersticken zu können, in jenen Ton des Alles oder Nichts verfiel, den er schon früher angeschlagen hatte und den er jetzt verschärfte? Im Sommer hatte er Bernstein nach Küsnacht geholt und versucht, ihn aus London fortzulocken, also in eine wiederum neue Umgebung zu verpflanzen. Doch der war durch kein noch so verlockendes Angebot, darunter die Übernahme der „Neuen Zeit", zu bewegen gewesen. Warum waren die Dinge nicht länger in der Schwebe zu halten?

Die Partei war längst nicht mehr die kleine, überschaubare, leicht zu lenkende Gemeinschaft Gleichgesinnter. Sie war groß geworden, nicht mehr zu überschauen und nur noch schwer zu führen; ob auf den verschiedenen Seiten die gleiche Gesinnung geteilt wurde, hätte niemand mehr mit einem unbedingten Ja beantworten können. Aus dem östlichen Europa waren ihr Anhänger zugeströmt, die nicht nur sehr eigene Erfahrungshorizonte mitbrachten, sondern auch einen neuen, bisher in der Partei unbekannten Stil von Polemik. Alexander Helphand, genannt Parvus, stammte aus Rußland. In der „Sächsischen Arbeiter-Zeitung", deren Chefredakteur er war, hatte er schon zu Beginn des Jahres 1898 Anti-Bernstein-Artikel losgelassen, die an Schärfe nichts zu wünschen übrig ließen und ein entsprechendes

Echo auslösten. Da Kautsky sich bisher schwer getan hatte, gegen den alten Weg- und Kampfgefährten loszuziehen, lenkten erst die Pfeile aus Dresden das allgemeine Interesse auf den Fall Bernstein. Je näher der Herbst und damit der Parteitag heranrückte, desto giftiger wurden die Attacken und desto lauter die Forderungen, die Angelegenheit auf die Tagesordnung zu setzen. Die „SAZ" erhielt Geleitschutz von der „Gleichheit" der Clara Zetkin, und ein wahres Feuerwerk eröffnete in den letzten September-Tagen – der Parteitag sollte am 6. Oktober beginnen – die „Leipziger Volkszeitung". Die Autorin war gerade ein halbes Jahr in der deutschen Partei. Der Name: Rosa Luxemburg. 1899 kamen ihre sieben Artikel als eigenständige Schrift heraus. Der Titel: „Sozialreform oder Revolution". Der Befund: Erst Eduard Bernstein habe den unzertrennlichen Zusammenhang zwischen der Sozialreform – dem „Mittel" – und der sozialen Umwälzung – dem „Zweck" – aufgelöst, das Endziel aufgegeben und aus dem Mittel des Klassenkampfs dessen Zweck gemacht. Die Diskussion mit Bernstein begriff Rosa Luxemburg als „Auseinandersetzung zweier Weltanschauungen, zweier Klassen, zweier Gesellschaftsformen".

Bebel mochte Angst überkommen haben ob soviel Angriffslust. Er ahnte, daß eine bisher unbekannte Dynamik das innere Parteigefüge erschüttern würde, ließe er der Auseinandersetzung freien Lauf. In Stuttgart reichte seine Autorität hin, einen eigenen Tagesordnungspunkt „Bernstein" zu verhindern. Die Diskussion, die sich nun am Rechenschaftsbericht entspann, konnte und wollte er nicht mehr unterbinden. Die Anti-Bernstein-Front hatte sich herausgebildet, Kautsky, unter Beschuß geraten, weil er sich so lange zurückgehalten, stieg ebenfalls ein, was lag also näher, als sich an die Spitze des Zuges zu stellen? Adler bekam die neue Marschroute als erster mitgeteilt: „Mit der Infragestellung der Grundsätze ist auch die Taktik in Frage gestellt, ist unsere Stellung als Sozialdemokraten in Frage gestellt, handelt es sich um Sein oder Nichtsein als Partei." Bernstein schrieb er nach dem Parteitag, so als wolle er ihn einschüchtern, daß Kautsky „große Wirkung erzielt" habe. Er ließ ihn auch wissen: „Es sind nicht nur tiefgehende Differenzen in bezug auf die Taktik, die uns scheiden, sondern auch grundsätzliche Anschauungen." Und schloß aus alledem, daß Bernstein „überhaupt nicht mehr auf sozialdemokratischem Boden" stehe.

Der Aufforderung, seine Auffassungen zusammenfassend darzu-
stellen und zu begründen, kam Eduard Bernstein nach, schneller und
schärfer als erwartet. Im März 1899 erschien seine Schrift „Voraussetzungen des Sozialismus"; sie bezeichnete, neben anderem, die
Abkehr von der materialistischen Geschichtsauffassung. Die
Geschichte, so erklärte er, werde nicht nur durch die jeweiligen
Produktivkräfte und Produktionsverhältnisse bestimmt, sei also
nicht „monistisch" zu deuten. Folge: Der Sozialismus konnte nicht
länger als historische Notwendigkeit begriffen werden und bedurfte
einer anderen Begründung. Bernstein suchte sie in einem „ethischen
Voluntarismus". Die stillschweigende Hoffnung auf Widerruf verflüchtigte sich, und Bebel war nun wie von Sinnen. Während
Kautsky in „Vorwärts" und „Neuer Zeit" die Feder wetzte und auf
dem Wege theoretischer Betrachtung nachwies, daß entweder die
Grundanschauungen geändert und ein neues Programm her müsse
oder Bernstein die Partei zu verlassen habe, zog Bebel über Land,
hielt Versammlungen ab, ließ Resolutionen fassen und Erwartungen
an den Parteitag aussprechen, der für die zweite Oktoberwoche nach
Hannover einberufen war. Das Motto seines Feldzuges hatte er am
8. April 1899 an Adler geschickt: „Biegen oder brechen."

Unter diesen Vorzeichen kam selbst Vollmar aus seiner Reserve
heraus. Sein Hausblatt, die „Münchner Post", hatte er bislang von
den akademischen Streitereien frei gehalten. Doch nun, da Bernsteins Verbleib in der Partei gefährdet war und eine neue innerparteiliche Verhärtung zu befürchten stand, ließ auch er Resolutionen
fassen. Einstimmig – laut „Post" vom 27. September 1899 – ward in
der Münchner Alhambra beschlossen: „Die Parteiversammlung der
Sozialdemokratie Münchens hält die anläßlich der Bernsteinschen
Schrift zu Tage getretenen Meinungsverschiedenheiten nicht für
solche, die die Kraft der Partei, ihre Aktionsfreiheit ... beeinträchti-
gen könnten. Die sozialistische Bewegung ist vom Schicksal der
über sie aufgestellten Theorien unabhängig ... Das Bestreben,
augenblicklich anerkannte Lehrmeinungen zu Dogmen zu stempeln
und die an ihnen Zweifelnden als Ketzer zu behandeln, ist mit den
Grundsätzen des Sozialismus unvereinbar. Die unbedingte Freiheit
der Forschung und Kritik ist das Recht jedes Parteigenossen."

In Hannover redete Bebel geschlagene sechs Stunden, unterbrochen von einer einzigen kleinen Pause. Es ist nicht überliefert, daß

Delegierte diesen Redeschwall als Zumutung empfunden hätten. Auf die theoretischen Auseinandersetzungen ließ sich Bebel nicht ein, sie waren seine Sache nicht, und wozu hielt man sich einen Kautsky! Dem hatte er vor dem Parteitag gleichsam untersagt, auch nur die kleinste Konzession zu machen. Er fand, daß man sich keine Blöße geben und nicht den Anschein von Schwäche erwecken dürfe. Er wollte aufs ganze gehen. Die Fähigkeit zu versöhnen galt ihm nichts, im Gegenteil. Wenn nicht alles täuscht, fühlte er sich in Hannover so ganz in seinem Element. Er stützte sich auf jenes Prinzip, das ihn sein politisches Leben lang begleitet hatte und ihm schon vertraut war, als er von Marx nichts oder wenig wußte; er brauchte es wie das tägliche Brot. Es war das Prinzip vom Zusammenbruch, der aus der Verelendung folgen und dem – ohne Gewalt – die neue Gesellschaft entspringen würde. Er hantierte mit sächsischen Statistiken, die er auswertete, wie er sie brauchen konnte, im übrigen entwickelte er keinen einzigen neuen Gedanken, sondern wiederholte, wenn auch in zugespitzter Form, was er in nun bald drei Jahrzehnten verkündet hatte und darauf hinauslief, daß die Sozialdemokratie kein den Klassenkampfcharakter der Bewegung kompromittierendes Bündnis eingehen dürfe. Daß er sich, in der Frage der preußischen Landtagswahlen, gerade für Wahlbündnisse stark gemacht hatte, rührte ihn ebensowenig wie sonstige Seitensprünge ihn belasteten.

Erstens war es zweierlei Ding, ob er etwas tat oder ein anderer, und zweitens, wichtiger noch, hatte er die Vorstellung von der Reinheit der eigenen Bewegung so sehr verinnerlicht, daß er den Gedanken zuwiderzuhandeln weit von sich gewiesen hätte; tatsächlich hatte er Abstriche vom „Klassenkampfcharakter" nie gemacht und ist zu einer aktiven Bündnispolitik nie vorgestoßen.

Die sechsstündige Rede, ein Meisterstück der rhetorischen Kunst, war der Ausfluß eines Denkens, das sich in einem festgefügten Koordinatenkreuz bewegte und dessen Grenzen nicht einmal berührte. Sein Weltbild war statisch, und er suchte immer nach Beweisen, daß sich nichts veränderte. „Wo ist denn in Deutschland seit zwanzig Jahren ein einziger großer politischer Fortschritt geschehen?" fragte er und berief sich auf das sächsische Wahlrecht, das eingeschränkt worden sei. Aber warum er diesen Anschlag so still und diszipliniert – wie fast alles, was von oben kam – hingenommen, verriet er nicht. Daß ein Zusammenhang bestand zwischen „der schärfsten Scheidegrenze", die er aufrechterhalten wissen wollte, und der Einflußlosigkeit, die zu rechtfertigen er die Prinzipien brauchte, verdrängte er bis ans Ende seiner Tage. Von Begeisterung, Opfermut, Kampfesfreudigkeit sprach er viel. Bernstein warf er vor, der Partei „alles das, was der Kampf in höchstem Maße braucht", zu nehmen und zugleich „durch Einführung künstlicher Schwierigkeiten dem Glauben an die Möglichkeit des Sieges entgegenzuwirken". Um eben den aber war es Bebel zu tun, nicht um diesen oder jenen begrenzten Fortschritt im Deutschen Reich. „Wir bleiben, was wir bisher waren", mit diesem von missionarischer Selbstgewißheit getragenen Satz erlöste er in Hannover sein Publikum.

Die Resolutionsmacherei war so alt wie die Partei selbst. Die Sitte, daß die Entschließungen auch gegensätzliche Positionen einschlossen und einstimmig, jedenfalls mit großer Mehrheit angenommen wurden, riß in Hannover 1899 ein. Bebel hatte einen scharfen Text vorgelegt. In drei Paragraphen war von den Grundanschauungen die Rede, die zu ändern keine Veranlassung sei; vom Klassenkampf, auf dessen Boden die Partei stehe, von der Befreiung der Arbeiterklasse, die nur ihr eigenes Werk sein könne; von der Vergesellschaftung der Produktionsmittel und der sozialistischen Produktions- und Austauschweise; schließlich von Wahlbündnissen mit bürgerlichen Parteien. Gerade auf diesen Passus bezog sich der immer noch im fernen London sitzende Bernstein in seinem Ja zur Resolution, das durch Auer mitgeteilt wurde. Er führte andere schwer nachvollziehbare Gründe an, war auch von seiner Sache so sehr überzeugt, daß er aus dem Text herauslas, was er herauslesen wollte. Im übrigen war Bernstein zwar Theoretiker, aber einer, der wie Kautsky mittels Theorie politischen Einfluß haben wollte und dem die Vorstellung, außerhalb der Sozialdemokratie zu stehen, fremd war. Schon die intellektuellen Windungen Eduard Davids, der in Hannover an Bernsteins Statt sprach, waren auf Vereinbarkeit der Positionen angelegt, nicht auf Ausschließlichkeit. Wen auch hatten die Revisionisten hinter sich? Vollmar und Auer, der zunehmend reformistisch geworden war, dachten auch jetzt nicht daran, über das notwendige Maß hinaus – Bernstein vor der Exkommunikation bewahren – gemeinsame Sache mit dem Ketzer zu machen.

Von Parteiausschluß sprach niemand mehr. Bebel, der vor und

während des Parteitages so schneidige Töne angeschlagen hatte, unternahm keinen Vorstoß. Nachdem er sich und seinem Herzen einmal Luft gemacht hatte, war er wieder ganz Parteiführer. Wie oft schon hatte er von Spaltung phantasiert und sich gemeinsam mit Engels an dem Gedanken berauscht. Er wäre erschrocken gewesen, hätte man ihn je beim Wort genommen. Der Hinauswurf der Anarchisten 1880 und der Jungen 1890/91 stand auf einem anderen Blatt, handelte es sich doch um eine in der Partei unumstrittene Trennung von Randfiguren. In seinem Schlußwort in Hannover bekam er es fertig und rief in den Saal hinein, daß keine Meinungsverschiedenheiten über „die großen Grundlagen unserer Auffassung" bestünden.

Das Fazit des Parteitages zog Vollmar. Am 28. Oktober 1899, bald nach dem Parteitag, den er als „halben Sieg" wertete, schrieb er an Bernstein: „Seit Erfurt rede ich weniger und handle mehr. Und wo ich reden muß, überlege ich mehr, was die Partei im Augenblick vertragen kann. Ich kann sagen, daß ich mit dem Erreichten ganz zufrieden bin." Vom Standpunkt des Praktikers hätte er die vielgelästerte Schrift kaum jemals und jedenfalls nicht so geschrieben. Er urteilte: „Du leidest an einer Hypertrophie des Gewissens, an einem Drang des Bekennens und Auftischens ohne Rücksicht auf den Magen Deiner Gäste. Und das muß dann zu Beschwerden führen." Hypertrophie des Gewissens? Hätte er nicht auch schreiben können, Bernstein leide an einem schlechten Gewissen?

Inmitten der Atempause, die die Partei nach dem hannoverschen Parteitag einlegte, ward Heerschau gehalten – wie so oft aus traurigem Anlaß. Am 7. August 1900 war Wilhelm Liebknecht gestorben, der Mann der ersten Stunde, dem Schaffens- und Lebensfreude bis in die letzten Stunden hinein erhalten geblieben waren. Der Trauerzug, am Sonntag danach, war sieben Kilometer lang, 100.000 Menschen folgten dem Sarg nach Friedrichsfelde, 200.000 säumten die Straßen. Rote Fahnen zu zeigen, hatte die Polizei untersagt. Doch war die schwarz-rot-goldene Fahne von 1848, die die Schuhmacher Berlins mitführten, dem „Alten" nicht viel eher gemäß? Er hatte, am Ende seines Lebens, wieder sehr radikale Töne angeschlagen und in der Angelegenheit Bernstein sich nicht gerade mäßigend betätigt. Seine „Gefühlsduselei", über die Bebel sich so oft geärgert hatte, war berühmt geworden, Liebknecht lebte nun einmal aus der Emotion und aus dem Augenblick heraus, um Prinzipien hochzuhalten, war er eine viel zu farbige Persönlichkeit. „Der Marxismus", so schrieb Kautsky 1894 unwidersprochen an Bebel, „war bei ihm nur Firnis. Kratzte man den ab, kam immer gleich der Vulgärdemokrat zum Vorschein." Die Partei hatte ihn nach außen hin in Ehren gehalten und ihm, der sich finanziell schon seit den Jahren des Sozialisten-Gesetzes sehr gut stand und, so Bebel 1885 an Motteler, zu den anderthalb Prozent Wohlhabenden zählte, sowohl zu seinem 60. als auch zu seinem 70. Geburtstag 1896 schöne Feiern ausgerichtet, auch tüchtig für ihn gesammelt, erst für die Ausbildung der Liebknecht-schen Kinderschar, dann für eine Votivtafel. Doch keine noch so repräsentative Feier konnte darüber hinwegtäuschen, daß dem Alten die Rolle des sozialdemokratischen Hofnarren zugewachsen war. Man nahm ihn nicht mehr ernst und spottete, jedenfalls brieflich, nur zu gern über ihn; immer noch wolle er – so Bebel an Auer – beweisen, daß er noch ein junger Mann sei. Daß er Chefredakteur des „Vorwärts" – ein ständiger Stein des Anstoßes – war, erleichterte seine Stellung nicht.

Bebel verfaßte einen schönen Nachruf, der im „Wahren Jakob", dem auflagenträchtigen Unterhaltungsblatt, erschien. Darin rühmte er all jene Eigenschaften Liebknechts, die er zu Lebzeiten aufs schärfste bekämpft hatte, vor allem während des Streits um die Dampfersubventionen. Er pries sogar seine Verdienste um das Gothaer Programm! Als wolle er ihm Abbitte leisten, schrieb er: „Niemand verstand besser als er, vorhandene persönliche und sachliche Gegensätze zu mildern und auszugleichen, in diesem Punkte haben ihn seine Gegner sein Leben lang verkannt."

Nachdem das Verhältnis in der Mitte der achtziger Jahre in die Brüche gegangen war, hatte man sich arrangiert. Ein Einvernehmen, das über einen in der Partei üblichen Umgang hinausgegangen wäre, hat sich nicht wieder herstellen lassen, Bebel wollte es so. Hatte sich Liebknecht etwas geleistet, einen Artikel zum Beispiel, der Bebel nicht paßte, wurde er abgestraft, Bebel verkehrte dann eine Zeitlang nicht mit ihm. Die Geschichte von der großen, lebenslangen Freundschaft zwischen Wilhelm Liebknecht und August Bebel ist eine Legende.

„Aujust, ick liebe Dir"

Im „Berliner Tageblatt" vom 30. Mai 1900 fand sich ein Artikel unter der Überschrift „Eine Wandlung Bebels". Die Sozialisten, so hieß es, versicherten feierlichst: „Wir wollen bleiben, was wir sind!" Diese Haltung der „Apostel des Sozialismus" ward als sehr natürlich empfunden. Politische Parteien könnten das Banner, um das sich Millionen geschart, nicht „plötzlich mit einer neuen Inschrift oder einem andersfarbigen Fahnentuch ausstatten". Doch der allmähliche Umschwung in den Ansichten und Überzeugungen – „leise, leise" – komme in veränderten Handlungen, in einer neuen Taktik zum Ausdruck. „Nur haben die Leute, die selbst wissen, daß sie in einer Mauserung begriffen sind, es nicht gern, wenn man von einer Schwenkung, die sie vollzogen, in der Öffentlichkeit viel spricht. Man ändert sich, man paßt sich den neuen Zeitverhältnissen an, aber nach außen hin möchte man der Alte bleiben." Beweis: Gerade hätten die Sozialdemokraten im Reichstag für die abgeänderten Unfallversicherungsgesetze gestimmt. Das deutsche Parlament habe also bei der Verabschiedung eines überaus wichtigen Sozialgesetzes ein Bild seltener Einmütigkeit geboten. Und überhaupt! Diesem Bild entspreche das Verhältnis der sozialistischen Abgeordneten zu den Mitgliedern der anderen Parteien. „Man steht im Parlament mit den Vertrauensmännern der Arbeiter gesellschaftlich durchaus auf gutem Fuß und schätzt sie ebenso als liebenswürdige Kollegen wie als überzeugungstreue Verfechter ihrer Ansichten." Gewiß, einige von ihnen halte man vielleicht für etwas fanatisch, aber man hasse sie nicht mehr als Revolutionäre, als Feinde, „sondern man sieht in ihnen die politischen Gegner, denen man trotz aller Meinungsverschiedenheiten die Achtung auf politischem und auf persönlichem Gebiet nicht versagen kann".

Den Anlaß dieser Betrachtungen hatte Bebels Berliner Vortrag über „Gewerkschaftsbewegung und politische Parteien" abgegeben, der noch im selben Jahr gedruckt erschien. Ein Sinneswandel war von Bebel offen eingestanden worden, er betraf die Gewerkschaften, deren Unabhängigkeit er nicht mehr in Frage stellte. Daß sie auf dem Boden der gegenwärtigen Gesellschaftsordnung die Arbeitsbedingungen für ihre Mitglieder möglichst günstig zu gestalten und Arbeiterpolitik zu betreiben hätten, nicht Klassenpolitik, die Sache

Bebel „droht" Rosa Luxemburg. Foto um 1905.

der Partei bleibe, gab er zu. Und wie sah das „Tageblatt" Bebel selbst? „Eine der sympathischsten Persönlichkeiten unter den sozialdemokratischen Führern ist August Bebel. Er ist wohl der bedeutendste Idealist und Utopist in der Partei und war sicher ihr größter Fanatiker. Aber wenn auch manchmal die alte Leidenschaft bei ihm zum Durchbruch kommt und er sich zuweilen als Himmelsstürmer im Parlament gebärdet, im Ganzen ist er doch ruhiger und gesetzter geworden." Er habe sich vielfach geändert, und er sei der Mann, dies offen zuzugeben. War hier der Wunsch der Vater des Gedankens? Oder wurde ein Teil der Bebelschen Persönlichkeit für die ganze genommen? Der gelegentliche Praktiker für den Prinzipienreiter? Die Versuchung lag nahe, selbst Bernstein erlag ihr, als er Bebels „helläugige Praxis" rühmte und meinte, wenn es darauf ankomme, sei Bebel der Revisionist. Aber Bebel war und blieb immer beides und immer der eine mehr als der andere...

Am Ende jenes Jahres, in dem das angesehene Berliner Blatt ihm so freundliche Zeilen gewidmet hatte, rückte Bebel im „Illustrierten Neue-Welt-Kalender" – er ging in hunderttausend Arbeiterhaushalte – mit einem Aufruf zum neuen Jahr heraus. Vom gesetzmäßigen Charakter der gesellschaftlichen Entwicklung kündete er und von der Gesetzmäßigkeit der historischen Mission der Arbeiterklasse. In wenigen Strichen zeichnete er nach, warum die Wurzel seines politischen Daseins einige Seitentriebe hervorbrachte, die in die Praxis hineinragten, aber ein Baum des Lebens nicht gedeihen wollte. Die Bewegung, so schrieb er, dabei auf Bernstein anspielend und doch wie aus Zeit und Raum losgelöst und genau so wie in der ersten Fassung seiner „Frau" 1878, werde nur dadurch ihr Ende finden, „daß sie ihr Endziel erreicht". Dieses Endziel sah er in jener Gesellschaftsordnung gekommen, in der „auch der letzte Rest von Ausbeutung und Unterdrückung verschwunden ist". In der sozialistischen Bewegung trete zum ersten Male in der Geschichte eine Klasse auf, die jede Klassenherrschaft beseitigen und unmöglich machen wolle. Folge: „Die Sozialdemokratie, als der politische Repräsentant dieser Bewegung, kann also nicht Kompromisse mit einer herrschenden Klasse schließen", sie gäbe sich sonst selber auf. „Ein Haltmachen, eine Versöhnung auf dem Boden irgendeiner Herrschafts- und Ausbeutungsform gibt es nicht für sie." Das zwanzigste Jahrhundert – Auer hatte er geschrieben, er trete es vergnügt an – werde vollenden, was das neunzehnte begonnen. „Die Entwicklung schreitet nicht mehr, sie stürmt nach vorwärts."

Zunächst hob der Sturm in der Partei wieder an. Dem Parteitag in Hannover hatte es angesichts eines wirklichen – nicht eines papierenen – Ereignisses die Sprache verschlagen, eines Ereignisses, das fortwirkte: Der Eintritt eines leibhaftigen Sozialisten in eine bürgerliche Regierung, geschehen zu Paris im Jahre 1899. Der Coup des Alexandre Millerand war den Deutschen unheimlich, ihre Phantasie reichte nicht hin, sich Ursache und Wirkung vorzustellen. In Resolutionen ließ sich trefflich hin- und herwälzen, ob dieses erlaubt und jenes verboten sei, aber schlicht und einfach ein Regierungsamt übernehmen und die Republik retten helfen? Noch dazu ohne Auftrag, ohne Beschluß der Partei? Der Schritt hatte in der schlecht organisierten und bunt zusammengewürfelten französischen Arbeiterbewegung Zank ausgelöst, die Anhänger des marxistisch gesonnenen Jules Guesde, der auf ein Machtwort Bebels und der SPD baute, brachte die Angelegenheit vor die Internationale, die im September 1900 ihren Kongreß in Paris hielt. Bebel war unpäßlich und fuhr nicht hin; ins Ausland, vom Sonderfall Schweiz, die ihm Heimat wurde, abgesehen, zog ihn nun einmal nichts. Einer

Umfrage von Jean Jaurès, einem der französischen Sozialistenführer und Befürworter der Regierungsbeteiligung, entzog er sich jedoch nicht. Laut „Hamburger Echo" antwortete er auf die Frage, ob das Proletariat in die innerbourgeoisen Konflikte eingreifen dürfe, um die politische Freiheit zu bewahren und, wie im Falle Dreyfus, die Humanität zu verteidigen, mit einigem Hin und Her, aber schließlich doch einem Ja; die zweite Frage, ob das Proletariat an der bürgerlichen Gewalt teilnehmen dürfe, entschied er mit einem klaren Nein.

In Paris führte Karl Kautsky ein unfreiwilliges, aber folgenreiches Verwirrspiel auf. Das deutsche Prinzip, daß man in eine bürgerliche Regierung nicht eintrete, schmückte er in seinem Resolutionsentwurf so kunstvoll aus, daß die Anhänger Millerands ihre Position herauslasen und dem Papier zur Annahme verhalfen. Die Guesdisten waren empört. Kautsky hatte das Gegenteil dessen erreicht, was er erreichen wollte, und wurde stutzig, schließlich war ihm schon in Hannover die allseitige Zustimmung gegen den Strich gegangen. Er beschloß, fortan härtere Seiten aufzuziehen. Ein Erprobungsfeld fand sich schneller, als er dachte. Im Frühjahr 1901 hielt Eduard Bernstein in einer Berliner Studentenversammlung einen Vortrag, in dem er dem Sozialismus die wissenschaftliche Beweisbarkeit absprach.

Seine Anhänger erlebten ihn hier zum ersten Male in persona. Man hatte, so schilderte es Lily Braun in ihren Erinnerungen, einen Helden erwartet, zum Vorschein aber kam ein kleines Männchen, mit stammelnder Redeweise und unsicherem Auftreten, ein Zweifler und Bedenkenträger, keiner, der hätte vorangehen können auf dem Weg ideologischer Enttrümpelung. Heimgekehrt waren Bernstein und Motteler im Februar 1901, gleich nachdem der Reichskanzler von Bülow, sei es aus höherer Einsicht, sei es, um den sozialdemokratischen Streit anzufachen, die Strafverfolgung hatte aussetzen lassen. Motteler, der sich in die veränderten Verhältnisse nicht mehr so recht finden mochte, bekam ein Reichstagsmandat in Leipzig, wo er 1907 starb und unter großen Parteiehren beigesetzt wurde. Bernsteins Anliegen blieb die Revision der Lehren des Karl Marx. Bebel empfing den Heimkehrer, den er für einen verlorenen Sohn halten mochte, mit gemischten Gefühlen. Er hatte es sich angewöhnt, Bernstein als „krank" zu bezeichnen, was engen Freunden wie Adler gegenüber noch hingehen mochte, er tat es aber auch ausländischen Sozialisten wie dem Italiener Turati gegenüber. Am 18. März 1901 seufzte er in einem Brief an Adler: „Bernstein ist seit vier Wochen hier und befindet sich offenbar sehr mollig." Schlüter bekam es weniger verblümt zu lesen: Bernstein habe eine offizielle Stellung haben wollen, daran aber sei, nach dem, was vorgefallen, nicht zu denken gewesen. Erneut brach sich der Wunsch nach einem Trennungsstrich Bahn; daß einer die ungeheuerlichsten, mit keinem Programm zu vereinbarenden Dinge vertrat und doch beanspruchte, Sozialdemokrat zu sein, wollte ihm nicht in den Kopf. Der Vortrag hatte ihn mächtig geärgert, doch ging er jetzt so wenig wie in früheren Fällen auf den Inhalt ein.

Auer schilderte er den Vortrag als „konfus" und fand, Bernstein müsse einmal gezeigt werden, „wohin er mit seinen ewigen talmudistischen Nörgeleien kommt". Auch dem Betroffenen selbst hielt er nur Formalien vor, den neuerlichen Parteizank und das Echo in der bürgerlichen Presse. „Ich frage Dich: Was zum Teufel ging dieser Vortrag die Studenten an, der, wenn er überhaupt gehalten werden mußte, in einer Parteiversammlung zu halten war, damit ihm sofort eine Antwort zuteil wurde." Er vergaß nicht anzumerken, daß er, Bebel, mit einer ganzen Anzahl namhafter Genossen in Übereinstimmung sei. Seinen Zorn ließ er an Nebensächlichkeiten aus. Er fand es dreist, daß Bernstein sich sogleich um ein Mandat für den nächsten Parteitag, der in der letzten Septemberwoche in Lübeck stattfinden sollte, bemüht hatte und das auch noch, wie er Adler meldete, „im verrottetsten Nest Deutschlands", in Karlsruhe. Es war die Hauptstadt des Großherzogtums Baden, und hier gaben innerparteilich die Budgetbewilliger den Ton an.

Der Eklat, den mancher erwartet hatte, blieb in Lübeck aus. Hjalmar Branting, der nach seinem Besuch in Halle 1890 zum zweiten Mal einem deutschen Parteitag beiwohnte, berichtete für sein Stockholmer Blatt; er schilderte Bebels charakteristischen Kopf, die grau gewordenen Haare und den grauen Bart, aber er fing auch die ungebrochene Lebendigkeit und Energie ein, die unerwartete Leidenschaft, die Bebel in seine Anti-Bernstein-Rede – „mit Feuer und Donner" – hineingelegt habe. Der Schwede fand sie weder beleidigend noch herausfordernd, eher versöhnlich. Die bürgerliche Presse legte ein anderes Maß an und urteilte über den Auftritt, Bebel werde zänkisch.

Zänkisch oder nicht, er suchte nach einem Ausweg und fand ihn nicht. In einem privaten Parteitagsbericht, den er Schlüter über den Ozean schickte, ließ er einen Hauch von Hilflosigkeit anklingen: „Ich bin noch nicht sicher, daß B. die nötige Vernunft annimmt, und fürchte, über kurz oder lang macht er neue Dummheiten. Ihm fehlt der Takt, und andererseits leidet er an einem Stück Größenwahn." Seine Laune ward dadurch getrübt, daß Auer mehr und mehr auf Abstand ging; er glaube nicht, so ließ er Adler wissen, daß Auer „noch zu retten" sei, und nannte dessen Rolle „eine erbärmliche". Das „sehr gescheite Frauenzimmer", von dem Bebel schon 1898 Adler vorgeschwärmt hatte, konnte Ersatz nicht sein. Rosa Luxemburg für die eigenen Zwecke einzuspannen, war nur vorübergehend möglich gewesen. Dieser Bund konnte nicht von Dauer sein. Auch die Sätze, die die 27jährige, in Zürich promovierte Volkswirtin und mit einem oberschlesischen Mandat angereiste Luxemburg dem Stuttgarter Parteitag entgegenschleuderte, mußten dem damals 58jährigen Bebel höchst befremdlich in den Ohren klingen: Das Endziel wollte auch sie der Partei bewahren, doch faßte sie darunter „nicht diese oder jene Vorstellung vom Zukunftsstaat, sondern das, was einer Zukunftsgesellschaft vorausgehen muß, nämlich die Eroberung der politischen Macht". Doch auch als sich ihre Wege trennten, im Gefolge der Ereignisse von 1905, Bebel blieb fasziniert – von der Frau mehr noch als von der Sozialistin; die Faszination lag gerade darin begründet, daß er beides nicht auseinanderzuhalten vermochte und sie es auch gar nicht darauf anlegte. In Lübeck, während des Parteitages, steckte sie ihm ein Zettelchen in die Schuhe, die vor seiner Zimmertür standen; was sie drauf geschrieben, teilte sie den Kautskys mit: „Aujust, ick liebe Dir." Nach dem Stuttgarter Parteitag schon hatte Bebel an Bruno Schoenlank, damals Chefredakteur der „Leipziger Volkszeitung", geschrieben: Sie habe sich zu sehr als Frau und zu wenig als Parteigenossin gezeigt; ähnlich äußerte er sich auch noch am Ende seines Lebens.

Bebel sann, um aus der unbefriedigenden Lage herauszukommen, auf Mittel, die ihm vertraut waren; wiederum war von Unterwerfung oder Trennung die Rede. Zwei Jahre zuvor hatte er in Jena, in einer großen Volksversammlung, eine neue, viel radikalere Partei prophezeit, falls es zur Spaltung komme. Diesen Gedanken variierte er nun immer wieder. Ob er selbst etwas tun könne, die „tiefgreifenden Meinungsverschiedenheiten" auszugleichen und der Spaltung vorzubeugen, fragte er nicht, sein Gefährte Kautsky tat es noch weniger. Er war inzwischen zu der Einsicht gelangt, daß „die Bernsteinerei" eine neue Partei darstelle, und seit der Pariser Erfahrung ohnehin entschlossen, klare Verhältnisse zu schaffen. Bestärkt fühlte er sich durch umlaufende Gerüchte, daß die Gegner – die innerparteilichen – nur auf Bebels Tod warteten und sich eben nur so lange still verhielten, bis dessen Autorität verblichen sei. „Wir haben allen Grund", so hatte er schon im Juni 1901 Adler erläutert, „die Krisis, d. h. die Auseinandersetzung mit diesen Leuten, zu beschleunigen, damit sie noch stattfindet, solange August lebt. Ist er nicht mehr da, hilft uns sein Prestige nicht mehr, dann nimmt die Krisis viel schwerere Formen an, dann kommt's zur Spaltung."

Der Donnerschlag von Dresden

Auch wenn die Klingen für die Zeit ,danach' schon geschärft wurden, Bebels Anziehungskraft hatte in nichts nachgelassen, sie war magisch wie eh und je. Nirgends enthielten seine Reden, die die Parteipresse so ausführlich wie immer wiedergab, Neues; der Kapitalismus wurde vorgeführt, sein bevorstehendes Ende und vor allem der Reichstag, dessen Verhandlungen er in eher klagendem denn anklagendem Ton und in zunehmender Breite schilderte. Doch wohin er kam in jenem Wahlkampf 1903, in dem er wieder ein gewaltiges Programm abwickelte, überall bot sich das gleiche Bild: die Säle brechend voll, die Hochrufe weithin hallend. Die „Magdeburger Volksstimme" schrieb, wie sie alle schrieben – von einem Bebel, der „ganz Leben, ganz Bewegung" und ein „jugendlicher Greis" sei. Es versagte ihm bisweilen die Stimme, und er drohte mit Absagen, die er fast nie wahrmachte. Wütend wurde er nur, wenn er in einem ,sicheren' Wahlkreis auftreten sollte, noch dazu, wenn auch schon andere Prominenz da gewesen war, dann sagte er ab und ging stattdessen in Wahlkreise, die er für stiefmütterlich behandelt hielt. Seinem einstigen Wahlkreis im Elsässischen die Ehre zu erweisen, fand er selbstverständlich. 8.000 Menschen hatten sich in der alten Bahnhofshalle zu Straßburg versammelt, bevor die Polizei die Zugänge abriegelte.

Zu einem Triumphzug gestaltete sich die Tournee, die Bebel im Mai 1903 in die Städte des Ruhrgebiets führte. Die immerwährenden Hochrufe, die Bebel während seiner Fahrt durch die Kruppsche Fabrik in Essen begleiteten, waren die Antwort der Arbeiter an Wilhelm II., der wenige Monate zuvor, an gleicher Stätte, die Sozialdemokraten des Mordes beschuldigt und ausgerufen hatte: Wer das Tischtuch zwischen sich und diesen Leuten nicht zerschneide, lade Mitschuld auf sein Haupt. Der Anlaß: die Trauerfeierlichkeiten für Alfred Krupp, von dem es offiziell hieß, er sei einem Schlaganfall erlegen, und inoffiziell, er habe sich erschossen, nachdem der „Vorwärts" – im November 1902 – mit einem Sensationsbericht herausgekommen war; Krupp sei, so die Lesart des Blattes, wegen Homosexualität aus Italien ausgewiesen worden. Redakteur Kurt Eisner hatte mit diesem Coup den Kampf gegen den Paragraphen 175 ankurbeln wollen und geglaubt, im Sinne Bebels zu handeln, der mehr als einmal im Reichstag gefordert hatte, einschlägig veranlagte Männer vor Erpressung und strafrechtlicher Verfolgung zu schützen. Paul Singer jedenfalls erregte sich über alle Maßen, stürmte auf die Redaktion und bezog sich gleichfalls auf Bebel, der aber keinen Kommentar abgab. Es sei verpönt, so Singer, Privatangelegenheiten, besonders sexueller Art, auch der Gegner in die Politik hineinzuziehen.

Kurz nach seinem Kruppschen Ausfall hatte der Kaiser noch einen draufgesetzt und vor Arbeitern in Breslau erklärt: Die Sozialdemokratie hetze sie gegen die Arbeitgeber auf, gegen die anderen Stände, gegen Thron und Altar, beute sie aus, terrorisiere und knechte sie. Auf diese und eine ähnliche Einlassung des Kronprinzen gab Bebel am 22. Januar 1903 eine Antwort, die unter vielen guten Reichstagsreden vielleicht seine rhetorisch beste wurde und die nur dann hätte noch wirksamer werden können, wenn er sich aller Ausflüge in die bürgerliche Welt und deren baldiges Ende enthalten hätte. Es handelte sich um seine Reichstagsrede, in der er, beiläufig fast, auch bemerkte, daß Europa nicht nur ökonomisch, sondern auch militärisch in den

Schatten Amerikas treten werde; die Amerikaner würden, mit der ihnen eigenen Energie und Tatkraft, „Unglaubliches, bisher nie Dagewesenes leisten".

Der Höhepunkt der vielstündigen Rede wurde jener Augenblick, in dem er mit Kaiser und Kronprinz abrechnete, „einer der dramatischsten Momente im Leben des Reichstags", wie Hellmut von Gerlach in seinem 1909 veröffentlichten biographischen Essay über Bebel notierte; Gerlach, selbst Reichstagsabgeordneter, gehörte zum Kreis um Friedrich Naumann und stand der Sozialdemokratie in kritischer Freundlichkeit gegenüber. Er urteilte, daß Bebels Reden gar manchesmal parlamentarische Ereignisse gewesen seien, er den Gipfel aber am 22. Januar 1903 erreicht habe. „Nie ist den Mächtigsten im Reiche so gedient worden wie damals." Die Hand an der Glocke, wachsam wie ein Luchs, habe Graf Ballestrem, der Präsident des Reichstags, dagestanden, „immer auf dem Sprunge, Bebel zur Ordnung zu rufen. Aber er kam nicht dazu. So tief die Empörung Bebel durchzitterte, er blieb der Meister der parlamentarischen Form. Die Rechte wütete, die Sozialdemokratie jauchzte, die Regierungsvertreter zitterten, das ganze Haus stand im Banne."

Bebel verstand es nicht und wollte es nicht verstehen, die Sozialdemokratie für Leute wie Gerlach zu öffnen; er bezeichnete ihn im selben Jahr, in einem Brief an einen Genossen in Marburg, wo Gerlach in Stichwahl mit einem Konservativen stand, als „einen halben Reaktionär", er stehe zwar für die Aufrechterhaltung des allgemeinen Stimmrechts, des Koalitionsrechts und sozialer Reformen, aber eben auch für die Kolonial- und die Weltpolitik des Reiches. Seine ganze Erbitterung galt den Sozialdemokraten, die sich, wie Vollmar und der junge Rechtsanwalt Heine, die „Lobhudeleien" der „Frankfurter Zeitung" und „der Naumann, der Gerlach u. Consorten" so wohl gefallen ließen.

In der gleichen Reichstagsdebatte, zwei Tage nach der Rede Bebels, hatte sich der Reichskanzler, im Bemühen, den verheerenden Eindruck der Kaiserreden zu verwischen, an die SPD gewandt und ausgerufen: „Meine Herren, ich wünsche Ihnen einen Millerand!" Zuvor hatte er den Abgeordneten erzählt, daß Seine Majestät einem Bericht des deutschen Botschafters in Paris – er hatte mit dem sozialistischen Minister gesprochen – ein Marginal angefügt habe: „Hätten wir einen Millerand!" Fürst Bülow, Reichskanzler seit 1900, der am liebsten allen gefallen wollte, auf eine Weise, die zu nichts verpflichtete, und gern auch den Sozialdemokraten gefallen hätte, empfing tags darauf Georg von Vollmar, der eigene Kontakte zu den Franzosen, zu Millerand und Jaurès unterhielt. Bülow ließ ihn Einsicht nehmen in den Botschaftsbericht, doch Gegenstand des Gesprächs waren nicht nur, vermutlich nicht einmal in erster Linie, französische Angelegenheiten. Bülow in seinen „Denkwürdigkeiten" über Vollmar: „Ich empfing von ihm den Eindruck eines nicht nur gescheiten, sondern auch ehrlichen und charaktervollen Mannes, mit dem, unbeschadet der beiderseitigen Grundsätze, eine praktische Verständigung wohl möglich war. Den Anfang mußte freilich die Ernennung von Parlamentariern aus verschiedenen Parteien zu Ministern bilden", dazu aber habe sich der Kaiser nicht entschließen können... Für den Bayern war die Audienz beim Reichskanzler keine unbedingte Besonderheit, im Landtag pflegte er mit den Ministern und dem Ministerpräsidenten Podewils unbefangenen Kontakt.

Die Reichstagswahl am 16. Juni bescherte der SPD einen Erfolg, wie sie ihn selbst kaum erwartet hatte. Über drei Millionen Stimmen, fast eine Million mehr als 1898, bedeuteten einen Anteil von 31,7 Prozent und 81 Mandate. Die Erhöhung der Lebensmittelkosten hatte den sozialdemokratischen Zuwachs, der sich in erster Linie aus der weiter wachsenden Industrialisierung nährte, noch beschleunigt. Das Ergebnis löste Freude aus und setzte Fragezeichen. Was macht eine Partei mit drei Millionen Wählern im Rücken? In einem Reich, dessen Regierung parlamentarische Verantwortung nicht kennt? Daß sofort schwarz gemalt wurde, zeugte nicht von einem Bewußtsein neu gewonnener Stärke, eher von Verlegenheit. Die Köpfe blieben eingezogen, so als erwarte man jederzeit einen neuen Schlag.

Eine Ausnahme, wie immer, war Vollmar, dem langsam erst, zu langsam, wenige, zu wenige, jüngere Kräfte nachwuchsen. Unter dem Eindruck des Wahlerfolgs legte er ein Sofortprogramm vor, dessen Herzstück die Verfassungsreform bildete. „Die innenpolitischen Zustände des Deutschen Reiches und die Sozialdemokratie" überschrieb er einen Aufsatz, den er ursprünglich für ein englisches Publikum verfaßt hatte und in dem er sein Programm erläuterte: Die Zukunft Deutschlands sei dadurch bedingt, „daß seine Bahn endlich von dem Wust unhaltbar gewordener Hindernisse reingefegt und daß es zu einem modernen, demokratischen Staatswesen gemacht werde, in dem sich alle Kräfte des politischen Fortschritts ungehemmt entfalten und in freien Verhältnissen und Formen gestalten können". Eine nennenswerte Reaktion in der Partei blieb aus. War es zu sehr auf das Nächstliegende gerichtet? Zu wenig die Phantasie reizend? Als Eduard Bernstein seine Konsequenz aus dem Wahlresultat zog und meinte, die zweitstärkste Fraktion solle den Posten eines Vizepräsidenten im Reichstag fordern, brach sofort ein Sturm der Entrüstung los; er hatte seinen symbolträchtigen Vorstoß in den „Sozialistischen Monatsheften" plaziert, dem Organ der Revisionisten. Wenn der Reichstag eröffnet und das Hoch auf den Kaiser ausgebracht wurde, hatten die sozialdemokratischen Abgeordneten stets durch Abwesenheit geglänzt. Nun sollte einer der Ihren zu Hofe gehen?

Bebel saß in Küsnacht, als die Mine losgetreten wurde. Vielleicht wäre seine Reaktion nicht ganz so übertrieben ausgefallen, hätte er sich nicht vom Geschehen abgeschnitten gefühlt; in der Partei wurde über die langen Abwesenheiten ihres Vorsitzenden ohnehin schon geklatscht. Er ließ zwei geharnischte Erklärungen los, darin erkannte er auf Prinzipienverrat und drohte eine Generalabrechnung für den nächsten Parteitag an. Die besondere Note der Erklärungen: Der „Vorwärts", für den sie bestimmt waren, verweigerte den Abdruck! Ein Vorgang, den das „Berliner Tageblatt" als „Palastrevolution" einstufte. Der „Oberfeldherr", so die Zeitung über Bebel, wich in die „Leipziger Volkszeitung" aus, wo er seine Artikel mit einer Beschimpfung des „Vorwärts" anreicherte, und verfaßte ein ausführliches „Nachwort zur Vizepräsidentenfrage und Verwandtem", das in der „Neuen Zeit" erschien. War es Bebel, wie er leibte und lebte? In der strikten Weigerung, über die Sache auch nur nachzudenken? In der ebenso strikten Anerkennung vorgegebener Regeln? Kniehosen, Wadelstrümpfe, Schnallenschuhe, die bei Hofe zu tragen waren, hatten es ihm besonders angetan. Aber warum versuchte man's nicht im Gehrock? Für Bebel gab es stets nur zwei Möglichkeiten: Formen achtete man, oder man entzog sich, übertreten, zurechtgebogen wurden sie nicht. Daß er sie in diesem Fall nicht achten mochte, er, der die Usancen des Reichstages respektierte wie kaum einer sonst, hatte tiefere Ursachen. Seinen sächsischen Treueeid führte er selbst an, aber er tat alles, ihn zur Bedeutungslosigkeit herunterzuspielen. Und hatte er nicht recht? Der Schwur eines kleinen Landtagsabgeordneten hatte keine Folgen gehabt, die Systemfrage war nicht gestellt, die Scheidegrenze nicht berührt worden. Hingegen ein Sozialdemokrat im Präsidium des Reichstags? Mit Rechten und Pflichten gegen das System?

Bebel war nicht der einzige, der sich über den „Vizepräsidentenspuk" – Auers Briefsprache – aufregte. Die „Neue Zeit" focht in vorderster Front, mit Mehring als Vorkämpfer. Der harte Kern der Traditionalisten, all derer, die sich einer Erneuerung der Partei widersetzten und den Versuch, unmittelbaren Einfluß zu nehmen auf die Gegebenheiten, mißbilligten, hetzte Bebel auf, falls er noch aufzuhetzen war. Die Gerüchte, daß die einen auf sein Ende warteten und die anderen damit Politik machten, konnten ihm nicht verborgen geblieben sein. Wilhelm Keil, einer der führenden schwäbischen Sozialdemokraten, der mit Bebel einige Briefe wechselte, hat in seinen Erinnerungen festgehalten: Bebel seien Redereien zugetragen worden, wonach Freunde Bernsteins gesagt hätten, sei einmal der alte Bebel entthront, werde auch die „radikale Rasselbande" bald entthront sein. Einen langen Schweizer Sommer lang steigerte sich Bebel in eine regelrechte Besessenheit hinein, in einen Wahn, aufräumen zu müssen in der Partei. Ignaz Auer, weiter dazu da, den Vorsitzenden auf dem laufenden zu halten (oder es auch sein zu lassen), schwante nichts Gutes. Er hörte aus der Partei, daß Bebel eine rege Korrespondenz führe und – so erinnert sich Wilhelm Keil – schwankende Genossen herüberzureißen suche. Keil erhielt im August einen Brief aus Küsnacht, in dem angekündigt wurde, daß es nun kein Zurück mehr gebe und der Kampf mit dem Revisionismus beginnen müsse.

Ende Juli hatte Auer, in einem Brief an Bebel, noch gehofft, daß es in Dresden an Zeit fehle, „wieder einen Beschluß für die Zukunft zu fassen, der bei der ersten praktischen Gelegenheit wieder in die Ecke gestellt werden muß". Vier Wochen später hoffte er nicht mehr, sondern war sicher, daß wieder ein „Stiergefecht" aufgeführt und Bebel mittun werde, dem er Empfindlichkeit vorhielt und Eifersucht gegen Vollmar. Vom 27. August 1903 an verweigerte Auer die bisher übliche Anrede „Lieber August" und schrieb fortan nur noch an den „Lieben Bebel", er schloß statt mit bisherigen

„herzlichen" nun nur noch mit „besten Grüßen" und befleißigte sich insgesamt eines geschäftsmäßigen Tones. Schon vor dem Hannoverschen Parteitag hatte er Bebel „Fanatismus" vorgeworfen, der ihn unduldsam mache, und damals schon hatte Auer befürchtet, daß der Vorsitzende „ausfällig" werde. Victor Adler, dem Bebel einen gewissen Respekt entgegenbrachte und der mehrfach gewarnt hatte, für einen Mann wie Bernstein keinen Platz in der SPD zu lassen, versuchte auf seine Weise, den Freund zu besänftigen; der Ton der Briefe, die er vom Zürcher See erhielt, hatten auch ihm düstere Ahnungen eingeflößt. Daß man die Revisionisten im Sack ertränken sollte, war nur eine der Bebelschen Meinungsäußerungen gewesen.

Mehrfach war Adler im Laufe des Sommers in Küsnacht gewesen, wußte also genau, wie es um Bebel stand. Aber sein Brief vom 8. September, mit dem er den Deutschen, rechtzeitig vor dem Parteitag, in ein sanfteres Fahrwasser locken wollte, war so österreichisch doppeldeutig abgefaßt, daß er Wirkung nicht zeitigen konnte. Nun war Adler auch ein wendiger Zeitgenosse, einer, der es mit den Prinzipien nie so genau nahm, der so und auch anders konnte und jedenfalls auf seinen Vorteil hielt. Die österreichische Partei brauchte immer mal wieder Geld von den Deutschen, auch Adlers „Arbeiter-Zeitung" hing am Tropf des sozialdemokratischen Geldhahns; gerade zur Zeit des Dresdner Parteitages benötigte sie neuerliche 20.000 Mark, und da schien es doch angezeigt, wider die eigene Überzeugung in Bebels radikales Horn zu stoßen. Frau von Vollmar soll ihm damals ins Gesicht gesagt haben: „Ich bewundere Ihren Verstand, aber nicht Ihren Charakter." So berichtete es Wolfgang Heine, der Vollmarianer, der mittlerweile Reichstagsabgeordneter geworden war, 1928 an Lily Braun, die den denkwürdigen Brief in ihre Biographie über Heinrich Braun aufnahm.

Bebel war gereizt und geladen, als er in Dresden ankam. Er konnte nicht entspannt und nicht zufrieden sein, als er am 20. September, nach acht Tagen schier endloser Diskussion, wieder abreiste. Seine Resolution hatte alles enthalten, was ihm heilig war, die Zurückweisung des „Vizepräsidentenspuks" und die Verurteilung – „auf das entschiedenste" – der revisionistischen Bestrebungen wie der „Politik des Entgegenkommens an die bestehende Ordnung der Dinge"; auch die Mitarbeit an bürgerlichen Blättern, namentlich an Maximilian Hardens „Zukunft", sollte unterbunden sein. Und doch hatte der Parteitag die Entschließung mit 288 gegen nur elf Stimmen durchgehen lassen. Nur einige hartgesottene Bernsteinianer hatten sich verweigert, die an praktischer Arbeit interessierten Auers, Vollmars, Heines aber wie gewohnt zugestimmt. Hatte Bebel den Parteitag nicht zum Richter angerufen, auch zum Richter über die Reichstagsfraktion, in der der rechte Flügel so stark vertreten war? Hatte er nicht die Siegerpose gewollt? Hatte er nicht seine Rede, so man die vielstündigen zusammenhanglosen, auch persönlichen Beschimpfungen eine solche nennen will, ganz auf Zwietracht angelegt, auf Scheidung? Er sprach's an mehr als einer Stelle offen aus: „Nie und zu keiner Zeit waren wir uneiniger als gerade jetzt, nie und zu keiner Zeit waren die Differenzen größer als gerade jetzt! Das zu vertuschen und darüber abermals mit Zuckerwasser hinwegzukommen, das habe ich für meine Person herzlich satt!"

Bisweilen nahmen seine Ein- und Ausfälle komische Züge an, und der Parteitag amüsierte sich königlich, so als Bebel sich Vollmars Heimatstadt vornahm und ausrief: „München ist das Capua der deutschen Sozialdemokratie. In München wandert keiner auf die Dauer ungestraft unter den Bierkrügen." Schon mancher sei nach München gezogen „als braver, prinzipientreuer, fester Genosse" – er sehe so einige hier sitzen – und nach ein paar Jahren in München an Geist und Seele gebrochen gewesen. „Und wenn ich selbst nach München ziehen sollte, ich würde mich vor mir selber fürchten." Nach dem Tod seiner Frau, 1910, geisterte die Meldung durch die deutsche Presse, Bebel ziehe nach München, die „Münchener Post" hob noch bei seinem Tode diese Absicht hervor und erinnerte daran, wie gern er in der Stadt geweilt habe. War es eine unterschwellige Liebe, die ihn an München band? Eine Sehnsucht nach Lebensfreude, der nachzugeben seinem preußischen Naturell verwehrt war und die sich in Aggression entlud?

Daß dem „Feuerkopf Bebel" oftmals und gerade in Dresden „der rednerische Überschwang mit verstandesmäßigen Erwägungen" durchgegangen sei, urteilte Carl Severing, der Bebel sehr bewundert hat, in seinem „Lebensweg". Welche verstandesmäßigen Überlegungen aber hätten hinter seinem Dresdener Donnerschlag gestanden? Daß er „der Todfeind der bürgerlichen Gesellschaft" war und bleiben wollte, wußte man, dazu bedurfte es des Auftritts nicht und erst recht nicht der befehlshaberischen Attitüde; „ich wünsche", „ich verlange", waren Wendungen, derer er sich immer gern bediente, doch in Dresden noch mehr als sonst. Georg von Vollmar, der nach ihm sprach, rief ihm aus tiefster Empörung zu: „Wer Dinge und Menschen lenken will, der muß vor allem verstehen, sich selbst zu beherrschen." Vollmar redete vier Stunden lang, intelligent und inhaltsreich und folgenlos. Es war sein letzter großer Auftritt vor der Partei. Der Eisenbahnunfall verschlimmerte sein Kriegsleiden, und die 1908 einsetzende Schüttellähmung setzte der aktiven Politik ein Ende; er starb 1922.

Das Echo auf den Dresdner Parteitag war verheerend, bei Freund und Feind. Hellmut von Gerlach, ebenso wie Naumann in Dresden zu Gast – beide hatte sich Bebel in übler Weise vorgenommen – urteilte in seiner biographischen Studie: Nie sei die Sozialdemokratie in eine tiefere Tiefe geschmettert worden, er – und nicht nur er – nannte Bebel den Hauptschuldigen, der den Parteitag zum Jakobinerklub gemacht habe. Auch ein Teil der eigenen Presse, Eisners „Vorwärts" voerneweg, zeigte sich entsetzt. Delegierte, auch die, die tüchtig Beifall geklatscht hatten, kehrten alles andere denn erbaut in ihre Heimat zurück. Einer von ihnen war Friedrich Ebert. In seinem Bericht in Bremen befand er: Parteitage wie der Dresdner, der vor allem durch Bebels Auftreten „ein sehr tiefes Niveau" gezeigt habe, sollten in Zukunft verhindert werden.

Bebel selbst war sich keiner Schuld bewußt. Er zog gegen den „Vorwärts" zu Felde und hielt in Berlin eine riesige Versammlung, die an neuen Grobheiten – laut ausführlichem Bericht der „Arbeiter-Zeitung" – nichts zu wünschen übrig ließ; mit der „Keule" wollte er jetzt „drein hauen", so „daß die Fetzen nach rechts und links fliegen". Im Reichstag nannte er den Parteitag einen „Jungbrunnen" und erntete dafür die stürmische Heiterkeit des Hauses. Einen Monat später reiste derselbe Bebel nach Breslau, der preußische Landtags-wahlkampf entbrannte. Der Zulauf war so enorm wie immer, die Zustimmung so enthusiastisch wie eh und je. Und was tat Bebel? Er sprach in der allerfriedlichsten Weise über – Eduard Bernstein. Er tat ein übriges und kündigte an, daß Bernstein selbst in einigen Tagen eine Versammlung halten werde. Das Publikum dankte mit großem Beifall.

Eine gewisse Einsicht scheint sich Bebels mit Zeitverzug bemächtigt zu haben. Er mochte spüren, daß er überreizt hatte und seine eigene Stellung in Gefahr war. Auf dem Parteitag 1904, der unter Eberts perfekter Regie und souveräner Leitung in Bremen stattfand, war Bebel – die Presse registrierte es sofort – um einen friedfertigen Eindruck bemüht. Es ward ihm um so leichter, als die Partei insgesamt Luft holte und nur organisatorische sowie – zum ersten Mal – kommunalpolitische Fragen auf der Tagesordnung standen. Der Revisionismus-Streit hatte sich im Sande verlaufen. Ausgeschlossen war niemand, geklärt nichts. Die Zeit heilte manche Wunden und ging hinweg über Bebels Versuch, sie anzuhalten. Nach Dresden war nichts mehr wie zuvor. Ob Bebel seinem jugendlich-feurigen Temperament zum Trotz alt werde, fragte nicht nur das „Berliner Tageblatt".

Der reiche Onkel

Die SPD war stark und stolz, reich und großzügig. Maß und Muster für den Rest der sozialistischen Welt zu sein, fand sie selbstverständlich und entsprach ihrem Anspruch. Noch Ende 1911 huldigte, laut „Vorwärts", der Belgier Emile Vandervelde, einer der führenden Männer der Internationale, der SPD als der größten sozialistischen Partei der Welt und nannte sie „unser aller Muster". Auch Leo Trotzki, der die Schwäche der Bolschewiki für die deutsche Vorkriegspartei teilte, fand in seinen Erinnerungen „Mein Leben", daß sie im Kreis der sozialistischen Parteien die erste Geige gespielt habe. Sie selbst hatte das Gefühl, etwas Besonderes zu sein, in organisatorischer Kraft und theoretischer Klarheit. Es hatte sie seit den Tagen von Karl Marx nicht verlassen, war aber nach 1890, nach der ‚heroischen' Ära des Sozialisten-Gesetzes, verstärkt hervorgetreten. Die Hochachtung für die Deutschen personifizierte sich in Bebel, er galt als unbedingte Autorität in der Internationale. Kleinere Parteien baten ihn unaufhörlich um Rat oder auch nur um Grußworte und kleine Interviews, die er bereitwillig in alle Welt schickte. Und man rief ihn zum Richter an in inneren Streitigkeiten, so taten es die Ungarn und – die Franzosen.

In der Blutwoche des Mai 1871 waren 30.000 Kommunekämpfer gefallen, wer überlebte, hatte das Land verlassen müssen. Es sollte viele, viele Jahre dauern, bis sich die französische Arbeiterbewegung von diesem Aderlaß erholte. Erst als 1893 der 34jährige Jean Jaurès, aus kleinen Verhältnissen stammend und doch Absolvent einer der Pariser Elitehochschulen, ins Rampenlicht des Palais Bourbon trat, wandelte sich die Szene. Am Endziel einer sozialistischen Gesellschaft wollte er durchaus festgehalten wissen, doch den Materialismus durch eine idealistische Komponente ergänzt sehen; promoviert hatte Jaurès über „Die Ursprünge des deutschen Sozialismus bei Luther, Kant, Fichte und Hegel". Dogmen kannte er keine, und seinen Namen machte er sich weder mit Prinzipien noch mit Prophetien. Berühmt und bei seinen Gegnern berüchtigt wurde Jaurès, weil er auf den evolutionären Weg nicht nur setzte, sondern ihn auch ging. Sozialismus ohne die Errungenschaften der bürgerlichen Republik war für ihn nicht vorstellbar, sie gegen alle Bedrohungen – derer es genug gab im Frankreich jener Jahre – schützen zu helfen, setzte er Herz und Verstand ein und die gewaltige rednerische Kraft, die ihm eignete. In der ersten Stunde schon hatte er auf seiten jenes jüdischen Hauptmanns gestanden, der aufgrund gefälschter Dokumente aus der Armee verstoßen und zu lebenslanger Verbannung verurteilt worden war; daß er seinen Einsatz fürs erste mit seinem Parlamentssitz büßte, machte ihn nicht wankend. Jaurès ruhte und rastete nicht, bis Alfred Dreyfus rehabilitiert wurde. Über den Regierungseintritt Millerands war er nicht begeistert, doch er billigte den Schritt, weil es hieß, die umkämpfte Republik festigen zu helfen. Er selbst wurde 1903 zum Vizepräsidenten der Nationalversammlung gewählt, in eben jenem Jahr, in dem der „Spuk" Bebel und die deutsche Partei heimsuchte, und galt als eine der Schlüsselfiguren im Palais Bourbon. Der Kampf um die Trennung von Staat und Kirche wäre ohne Jaurès nicht so schnell so erfolgreich gekämpft worden.

Der Versuch des Jules Guesde, des entschiedenen Gegenspielers von Jaurès, die Internationale für die eigenen Zwecke einzuspannen, war 1900 zwar gescheitert, doch durch die Dresdner Resolution fühlte sich Guesde, der auf den Klassenkampf fixiert war, so sehr ermutigt, daß er es noch einmal probierte. Er beantragte, daß der Kongreß der Internationale, der im August 1904 in Amsterdam stattfinden sollte, die Resolution der SPD für verbindlich erkläre. Auf diese Weise würde Jaurès die Lebenslinie abgeschnitten, und es könnten wieder klare Verhältnisse einkehren; die französischen

Privates Treffen anläßlich des Kongresses der Internationale 1893 in Zürich.
V.l.: Ferdinand und Frieda Simon, Clara Zetkin, Friedrich Engels,
Julie und August Bebel, Eduard Bernsteins Stiefsohn, Regine und Eduard Bernstein.

Sozialisten hatten sich, als einer der ihren amtliche Würden übernahm, gespalten.

Bebel hatte zeit seines Lebens auf die Franzosen heruntergeguckt, auf andere auch, so die „angelsächsische Rasse", die er Schlüter als „außerordentlich schwerfällig" schilderte und nicht fähig, über den unmittelbaren Vorteil hinauszusehen. Doch mit den Franzosen hatte er's besonders. Daß ohne die Finanzspritzen der SPD die Internationale womöglich nicht begründet worden wäre, jedenfalls nicht 1889 und nicht in Paris, und daß ohne zusätzliches deutsches Geld nicht einmal ein Protokoll gedruckt worden wäre, darüber regte er sich mächtig auf. In jenem Jahr 1889 schrieb er an Liebknecht: „Die Organisation, in welcher die Deutschen allein den Franzosen überlegen sein sollen, ist doch ein Zeichen politischer Bildung. Denn wer als politischer Mann nicht begreift, daß Organisation und Opferwilligkeit die Grundlagen allen politischen Erfolges sind, dessen politische Bildung steht tief." Dieser Meinung war er noch immer, und noch immer auch meinte er, alles besser zu wissen und besser zu machen. Als der Bau des Panama-Kanals seine skandalösen Schlagzeilen machte, zu Beginn der neunziger Jahre, tadelte er die französischen und die italienischen Sozialisten und ließ Turati wissen: „Fest steht, daß das nicht in Deutschland vorkommen konnte, ohne daß wir tüchtig zugegriffen und die Sache ausgenutzt hätten."

So mag Bebel einigermaßen erstaunt gewesen sein, als Jean Jaurès in Amsterdam die Rednertribüne bestieg und nicht nur leidenschaftlich seine eigene zupackende Politik verteidigte, sondern auch und nicht minder leidenschaftlich das abwartende Stillehalten der deutschen Sozialdemokraten angriff. Der Franzose hatte sich schon im Jahr zuvor über Kautskys Politik mokiert und in einem Zeitungsartikel die Diagnose gestellt, daß die soziale Revolution als tönerne Sparkasse aufgefaßt werde; bevor man sie öffnen dürfe, müsse sie erst ganz gefüllt sein. Jaurès hielt den Deutschen einen Spiegel vor, der nichts verbarg und endlich einmal durch die theoretischen Formeln hindurchsehen ließ. Er war empört über die deutsche Anmaßung, eine eigene Resolution allen anderen aufzwingen zu wollen, und fand den Irrtum verhängnisvoll. Die Zweiteilung der Gesellschaft in Ausbeuter und Ausgebeutete geißelte er als unklug. Unklug nannte er auch, alle die, die ökonomisch zwar nicht zum Proletariat, aber doch auch nicht zu den ausbeutenden Klassen zählen, nicht zusammenfassen, sondern sich selbst überlassen zu wollen. So forderte er, für die Reformen, die man selbst wünsche, alle Kräfte, besonders die in Frankreich „Radikale" genannten Liberalen, einzuspannen, und fuhr fort: Was im gegenwärtigen Moment auf den politischen und sozialen Fortschritt Europas und der Welt drücke, „das sind nicht die angeblichen Kompromisse, die waghalsigen Versuche der französischen Sozialisten, die sich mit der Demokratie verbündet haben, um die Freiheit, den Fortschritt, den Frieden der Welt zu retten, sondern das ist die politische Ohnmacht der deutschen Sozialdemokratie". Zwischen der „anscheinenden politischen Macht", wie sie sich in den wachsenden Stimmenzahlen ausdrücke, und der wirklichen Macht der SPD sah er einen Gegensatz, der mit wachsender Wahlmacht zunehme.

Jaurès ging noch einen Schritt weiter, er forschte nach den Ursachen und fand sie darin, daß die revolutionäre Tradition – wenn überhaupt – nur schwach entwickelt war und die Partei alles tat, sie noch weiter abzustumpfen. Der Franzose nannte mehrere Beispiele, die Hinnahme der sächsischen Wahlrechtsbeschneidung und vor allem den parteioffiziellen Rat an die Arbeiter, die verlangten Glückwunschadressen an den Kaiser zu unterschreiben, und das, nachdem Bebel so mutige Worte gegen Kaiser und Kronprinz geschleudert hatte. Revolutionär war man nicht, aber parlamentarisch war man auch nicht, der Ankläger legte den Finger auch in diese Wunde und hielt den Angeklagten vor, sie wüßten selber nicht, wie sie vorgehen sollten. Nach dem großen Wahlsieg 1903 habe man „eine Kampfparole, ein Aktionsprogramm, eine Taktik" erwartet. „Ihr habt", so redete er die Deutschen unmittelbar an, „die Tatsachen geprüft, befühlt, belauert – aber die Geister waren noch nicht reif. Und da habt ihr vor Eurem eigenen Proletariat, vor dem internationalen Proletariat, Eure Ohnmacht zu handeln hinter der Intransigenz theoretischer Formeln verhüllt, die Euer ausgezeichneter Genosse Kautsky Euch bis an sein Lebensende liefern wird."

Bebel antwortete, als entstamme er einer anderen Welt. Er verstand nicht. Er verstand vor allem nicht, daß man sich ein Recht auch nehmen, daß man etwas wagen und einsetzen müsse. Er wollte weiterhin glauben und glauben machen, daß die Wirklichkeit durch Papiere gestaltet würde. Er konnte nicht einsehen, daß die bürgerlichen Freiheiten einen Wert in sich darstellten und positive Bündnisse verlangten. Auch seine Ausführungen über Republik und Monarchie fielen unter die Überschrift des Alles oder Nichts, entweder jetzige Klassenherrschaft in welcher Form auch immer oder künftige sozialistische Gesellschaft. Er mochte in der französischen Republik Vorzüge nicht erkennen: „Uns ihretwegen die Köpfe einschlagen zu lassen, das fällt uns nicht ein", und er scheute sich auch nicht, die Vorzüge der deutschen Monarchie herauszustellen. Wie schon in den sechziger Jahren brachte er auch jetzt wieder das Beispiel der Eisenbahnen, die anders als in Frankreich im Deutschen Reich längst verstaatlicht seien... Schon im Dezember 1903 hatte er sich im Reichstag an Bülow gewandt und erklärt: „Sie brauchen nur dieselben Rechte und Freiheiten, die in den bürgerlichen Republiken der Arbeiterklasse gewährt werden, in Ihrer Monarchie zu gewähren, und die Sehnsucht nach der Republik wird von selbst verschwinden." So war es folgerichtig, daß er Jaurès am Ende seiner Gegenrede vorhielt, durch die Unterstützung für den Minister Millerand den Sozialismus „auf das schwerste kompromittiert" zu haben und hinzusetzte: „Das war der verhängnisvollste Schritt Ihres Lebens, das gefährlichste Angebinde, das Sie dem internationalen Sozialismus haben geben können." Die französische Sozialdemokratie biete ein Schauspiel, „das das Gegenteil von nachahmenswert ist".

Die Rede hörte sich außerordentlich klassenkämpferisch an. Oder außerordentlich deutsch? Wer wollte sagen, welches Maß an Identifikation mit dem Reich und wieviel Stolz auf das Reich hier verborgen lagen? Nach der Abstimmung über die Dresdner Resolution zu schließen, gewann Bebel das Rededuell; Jaurès' selbstbewußt-zupackende Art war nicht nur den Deutschen verdächtig. Mit der Annahme der Dresdner Resolution erklärte der Kongreß die Einheit des französischen Sozialismus für notwendig, und in der Folge dieses Beschlusses fanden 1905 die zerstrittenen Brüder in der SFIO zusammen, der Section Française de l'Internationale Ouvrière; im Namen spiegelte sich der Geburtshelfer der neuen Partei. Bebel richtete einen zufriedenen Brief an den Einigungskongreß, und Jean Jaurès war souverän genug, mitzutun und – seinen eigenen Weg fortzusetzen; im letzten Jahrzehnt seines Lebens führte er einen verzweifelten Kampf um die Bewahrung des Friedens. Am 31. Juli 1914 wurde er von einem französischen Nationalisten ermordet.

Die Hochachtung und die Folgsamkeit für Bebel und die SPD

kam nicht immer und nicht überall von Herzen oder aus Überzeugung, sondern hatte bisweilen einen sehr handfesten Hintergrund. Bebel selbst hatte aus dem Führungsanspruch schon während des Sozialisten-Gesetzes die Pflicht abgeleitet, nicht nur die Kongresse der Internationale finanzieren zu helfen, sondern auch den Parteien anderer Länder Geld zu geben, ohne Bedingungen. „Die ausländischen Genossen wissen uns übrigens regelmäßig zu finden, wenn sie Geld brauchen", hatte er noch Engels wissen lassen und die Norweger, Holländer, Belgier, Sizilianer ins Feld geführt. 1885 schrieb er, als die Schweden „ihm auf den Hals geschickt" wurden: „Es ist doch klassisch, daß die an Händen und Füßen geknebelte deutsche Sozialdemokratie zum internationalen Allerweltshelfer avanciert." Manche kamen, wie die Holländer, des öfteren in den Genuß deutschen Geldes, und die Liste der Empfänger wurde lang und länger – mit Amerikanern, Schweizern, Kroaten, Ungarn, Polen und Russen in einer besonderen Situation und auch Franzosen; in diesem Punkt zeigte sich Bebel großzügig in doppelter Bedeutung. 1906 schrieb er an seinen Widersacher von Amsterdam: „Wir würden in dem Verschwinden der ‚Humanité' ein großes Unglück erblicken" und schickte 25.000 Francs; die Zeitung „Humanité" hatte Jaurès selbst aus der Taufe gehoben. Eine einzige Nation ging leer aus, die der Tschechen. Bebel mochte sie nicht, ob die Marx'sche Tradition fortsetzend oder ob Adler, seinem deutsch-österreichischen Freund, zuliebe, den er hin und wieder noch aufhetzte. Bebel geißelte den „nationalen Fanatismus" der Tschechen und fand, es könne „nicht leicht unangenehmere Leute geben". Minna Kautsky, der schriftstellernden Mutter des Theoretikers, gestand er noch 1911 zu, sich unter den Tschechen nicht wohl zu fühlen: „Die sind das böse Element im österreichischen Kaiserstaat." Besondere Genugtuung dürfte es Adler bereitet haben, daß die seltenen Gesuche der Tschechen abgelehnt wurden; er selbst kassierte, für die Partei und die Zeitung, am meisten. Noch 1912 machte er 40.000 Mark locker. Widerstände im sozialdemokratischen Vorstand ob soviel Mildtätigkeit konnten die Summe drücken, nicht mehr.

1907, auf dem Stuttgarter Kongreß der Internationale, kanzelte Gustave Hervé, damals noch Anti-Militarist, die SPD als „Wahl- und Zahlmaschine" ab. Bebel ließ sich nicht aus der Ruhe bringen, die Reaktionen während seiner Antwort aber ließ die Zwiespältigkeit der Zahlerei hervortreten. Bebel rühmt den Nutzen der Zahlmaschine, Jaurès ruft: „Das wissen wir und danken Euch." Bebel hofft, daß die Zahlmaschine in Zukunft noch mehr leiste, und Adler ruft: „Wir nehmen es gern!"

Man hatte sich wechselseitig ans Geben und Nehmen gewöhnt. Die Empfänger fanden die Deutschen dafür gut genug und nahmen ihre Spendabilität für selbstverständlich, die Geber glaubten, Geld (und Organisation) mit Politik und dem Recht, alles besser zu wissen, gleichsetzen zu können. 1911, auf dem Jenaer Parteitag, wies Bebel eine „illoyale" Kritik Rosa Luxemburgs zurück; sie hatte in der Marokko-Krise publik gemacht, daß Bebel und die SPD die Einberufung des Internationalen Sozialistischen Büros, des Koordinationsgremiums der Internationale, dem sie selbst angehörte, verhindert hätten. Bebel entgegnete: „Wenn es eine Nation gibt, die gegenüber der Internationale allzeit in erster Linie ihre verdammte Pflicht und Schuldigkeit getan hat, dann war es die deutsche Partei."

IX. Dämmerung

Bebel hatte, bei wechselnden Gelegenheiten, oft wiederholt, daß die Sozialdemokratie ihr Vaterland verteidigen werde. Am 7. März 1904, ein halbes Jahr, bevor er in Amsterdam auf den Rest der Welt heruntersah, fand er im Reichstag aktuellen Anlaß, weiter auszuholen, als er es sonst zu tun pflegte. Er tat es keineswegs im Zeichen jüngsten deutschen Weltmachtstrebens, das er nicht einmal erwähnte, sondern weil einige seiner Dresdner Parteitagsäußerungen ihm unliebsame Mißverständnisse hervorgerufen hatten.

Soldatenmißhandlungen waren von Bebel viele, viele Male aufgespießt worden, im Reichstag und sonstwo. Es gab kaum ein Thema, das ihm mehr am Herzen lag, und Hjalmar Branting nannte ihn denn auch, in einer schwedischen Zeitung, einen „ombudsman", einen Wehrbeauftragten, wie man heute sagen würde. Auch auf dem Dresdner Parteitag hatte er wieder einen Bericht gegeben und von „Unruhe in der Armee" gesprochen. Damit war ihm eine Wendung herausgerutscht, die neben seinen sonstigen Dresdner Einlassungen dem Reichskanzler Vorwand zu einem betont anti-sozialdemokratischen Kurswechsel boten. Bebel mochte die Deutung, er oder seine Partei wollten zu Unruhe anstiften, auf keinen Fall auf sich sitzen lassen. Welch ein Gedanke hätte ihm ferner gelegen! Wenn er jetzt erstens anerkannte, daß der Kriegsminister wie die Militärverwaltung den Mißhandlungen durchaus entgegenzutreten suchten – nur eben ohne merkbaren Erfolg – und zweitens hervorhob, daß mit den mißhandelnden, „geistig minderwertigen" Subjekten nicht etwa der ganze Offizierstand identifiziert werden solle, so steckte nicht Taktik dahinter, sondern die gleiche Überzeugung, aus der heraus er die sozialdemokratischen Armeeangehörigen aufrief, nicht aufzufallen. Er machte sich zum Sprecher einer intakten und integren Armee und forderte: „Noli me tangere".

Drei Jahre später gab es Grund zu neuer Aufregung um die Armee. Der Grund diesmal: Schlagzeilen über Homosexualität, die die Enthüllungen im Harden-Prozeß provozierten. Maximilian

Harden hatte in seinem Blatt diverse und mit feinsten Namen gespickte Fälle enthüllt, worüber es zum Prozeß gekommen war. Während der Etatberatungen, November 1907, erinnerte Bebel daran, daß er schon im Jahr zuvor auf das Überhandnehmen der homosexuellen Gewohnheiten in Berlin hingewiesen, der Chef der Kriminalpolizei alles bestätigt und ein nationalliberaler Abgeordneter befunden habe: „Bebel hat noch zu wenig gesagt." Jetzt fragte derselbe Bebel, warum man in Potsdam den Befehl erlassen habe, daß die Mannschaften nicht mehr in weißen Hosen und hohen Stiefeln ausgehen dürften, und fand, es sei alles immer schlimmer geworden: „Dieselben Subjekte, die sich als männliche Prostituierte verkaufen, fürchten nicht etwa die Polizei, nein, die Polizei fürchtet sie. Soweit sind wir. Bei der Polizei sind alle Namen eingetragen, darunter solche aus den höchsten Gesellschaftskreisen und Leute, die sich für Geld hergeben und Erpresser werden." In einem Jahr seien nicht weniger als zwanzig Offiziere in den Tod gegangen wegen der Erpressungen aus den verschiedensten Regimentern. „Diese männlichen Subjekte schreien ja Unter den Linden an der Kranzlerecke adelige Namen aus, Namen von Prinzen, um sich zu empfehlen." Schlußfolgerung: „Das muß offen ausgesprochen werden. Denn nur dadurch, daß nichts vertuscht wird, kann Besserung eintreten." Kriegsminister von Einem sprach vor dem Reichstag Bebel seinen ausdrücklichen Dank aus, daß er „die leidige Frage in einer so ruhigen und sachlichen Weise" behandelt habe. Er bestätigte dessen Schilderungen und malte selbst ein düsteres Bild.

Bebel wollte eine Armee, die unbelastet war von überkommenen Atavismen, eine moderne, effektive, kurzum kriegstüchtige Armee, moralisch unanfechtbar im Innern wie nach Außen; auch die Chinapolitik des Reiches kritisierte er, weil er das deutsche Vorgehen für unmoralisch hielt. In seiner schlagzeilenträchtigen Reichstagsrede vom 7. März 1904 bemühte er durchaus die ökonomischen Gegensätze, die sich weiter verschärfen würden, beeilte sich aber hinzuzusetzen, daß sie – „zum Glück" – in der Armee keine Rolle spielten. Bebel erklärte, an den Kriegsminister gewandt, „daß Sie wohl oder übel mit der Sozialdemokratie in der Armee werden rechnen müssen, und zwar in steigendem Maße. Das Verhältnis von Sozialdemokraten und Nichtsozialdemokraten in der Armee wird in demselben Maße sich verschieben, wie im bürgerlichen Leben die Anhänger der

Sozialdemokratie sich den übrigen bürgerlichen Parteien gegenüber verschieben". Wenn der Dreißig-Prozent-Anteil auch in der Linie noch nicht erreicht sei, so in der Reserve und in der Landwehr in um so höherem Maße. In einzelnen Gegenden, in Sachsen etwa, auch in einzelnen Truppenteilen, seien „kaum noch etwas anderes als Sozialdemokraten vorhanden". Wieder verglich er die Sozialdemokraten mit den Christen im Römischen Reich, doch anders als diese, die das Kreuz an die Helme schlugen, würden sie nicht die rote Fahne an die Helme stecken. „Meine Herren", rief er aus, „Sie können künftig keinen siegreichen Krieg ohne uns schlagen. Wenn Sie siegen, siegen Sie mit uns und nicht gegen uns; ohne unsere Hilfe können sie nicht mehr auskommen. Ich sage noch mehr: Wir haben sogar das allergrößte Interesse, wenn wir in einen Krieg gezerrt werden sollten – ich nehme an, daß die deutsche Politik so sorgfältig geleitet wird, daß sie selbst keinen Grund gibt, einen Krieg hervorzurufen –, aber wenn der Krieg ein Angriffskrieg werden sollte, ein Krieg, in dem es sich dann um die Existenz Deutschlands handelte, dann – ich gebe Ihnen mein Wort – sind wir bis zum letzten Mann und selbst die ältesten unter uns bereit, die Flinte auf die Schulter zu nehmen und unseren deutschen Boden zu verteidigen."

Hatte Bebel einen Freibrief ausgestellt? Einen Freibrief für jene, die er selbst „die herrschenden Klassen" nannte? War die Rede der Ausdruck jahrzehntelanger Anpassung, die sich unter dem Deckmantel der Formel von der künftigen sozialistischen Gesellschaft vollzogen hatte? Man hat gemeint, mit seinem Hinweis auf ihre starke Repräsentanz in der Armee habe Bebel die Sozialdemokratie zu einem unberechenbaren Faktor machen wollen. Worin aber hätte die Unberechenbarkeit der Bebelschen Sozialdemokratie liegen sollen? Er selbst war niemals auf den Gedanken gekommen, daß Ge- und Verbote zu anderem da sein könnten, als eingehalten zu werden. Wie sollte gerade er seine Partei zu einem Unsicherheitsfaktor machen? Und mit welchem Ziel? Erst 1903 hatten ihn die italienischen Sozialisten gefragt, was sie anläßlich der Zaren-Visite in Rom tun sollten, und laut deutscher Zeitungsberichte von Bebel die Antwort erhalten: „Nichts!"

In der Rede vom März 1904 hatte er die Summe all dessen gezogen, was seit der Reichsgründung immer wieder angeklungen war. In dem Jahrzehnt, das ihm zu leben noch vergönnt war, sollte er vielmals noch Gelegenheit nehmen, die Aussage zu bekräftigen. Dem Klassenkampf und der sozialistischen Gesellschaft schwor er deshalb nicht ab, erst recht nicht ließ er sich über wachsendem nationalen Bewußtsein zu parlamentarischem Spiel verleiten. Bebel hielt die Spanne aus, er lebte sie bis an sein Ende. Daß bis weit über seinen Tod hinaus auch radikale Linke sich auf ihn berufen konnten, liegt in eben dieser Doppelbödigkeit begründet. Die „Leipziger Volkszeitung", das Sprachrohr der sich mehr und mehr verselbständigenden Parteilinken, hatte sich Bebels Vaterlandsrede sogleich vorgenommen, das Blatt war durch das Echo aufgeschreckt und fühlte sich durch einen Kommentar Friedrich Naumanns in der „Hilfe" regelrecht provoziert; dort hatte es nach Bebels Auftritt geheißen, die Sozialdemokratie beginne „nationalsozial" – Naumanns Markenzeichen – zu werden. Das Leipziger Blatt bog sich – unter dem Titel „Partei und Nation" – die Rede so zurecht, wie es sie gern gehabt hätte. Bebel habe, so der Rettungsanker, nicht unterstellt, daß die nationalen Interessen der Bourgeoisie dieselben seien wie die des Proletariats. Nein, er hatte es nicht unterstellt, er hatte die Unterscheidung gar nicht vorgenommen.

Drei Jahre später war ein Teil der Parteipresse erbost über Bebel, weil er in seiner Rede zum Militäretat Karl Liebknechts Schrift über den Antimilitarismus mit keinem Wort erwähnt hatte. Stattdessen war ein anderer junger Sozialdemokrat in jener Budgetdebatte hervorgetreten und zwang Bebel, sich vor ihn zu stellen. Sein Name: Gustav Noske. Der Reichstagsneuling hatte es, April 1907, fertiggebracht, von der Fraktion als dritter Sprecher nominiert zu werden; er hielt eine – dem ersten äußeren Eindruck nach – mächtig aus dem sozialdemokratischen Rahmen fallende Rede. Das „Berliner Tageblatt" gewann den Eindruck, daß hier einer sein Debüt gegeben hatte, der „auch eine ganz andere Auffassung von Welt und Menschen hat, als sie sonst in der Sozialdemokratie herkömmlich war. Es ist ein neuer Geist, der aus ihm spricht". Dabei hatte sich Noske, was den Kern seiner Einlassungen betraf, nämlich den Willen, Deutschland verteidigen zu helfen, nicht anders aufgeführt, als die Partei es offiziell auch tat, schon gar nicht anders als Bebel. Doch Bebel sprach, wenn er seinen patriotischen Gefühlen Ausdruck verlieh, immer auch vom Zusammenbruch der bürgerlichen Gesellschaft, und vermied es, Konsequenzen aus seinem Bekenntnis zur Vaterlandsverteidigung zu ziehen. Er ließ es bei der Flinte, die er auf den Buckel nehmen wollte und die ihn nun für den Rest seines Lebens begleiten sollte, bewenden. Schon 1893, in einer Versammlung in Bremen, hatte er die seinerzeit anstehende Heeresvermehrung mit den Worten abgelehnt, daß man die Ursache aus der Welt schaffen solle. Als ihn ein wohlwollender Freisinnsmann darauf aufmerksam macht, daß auch ein Irrer einmal angreifen könne, und fragte, wie man sich den Krieg vom Leibe halte, wenn nicht durch eine Armee, wich Bebel aus und antwortete in der damals noch seltenen Wendung: „Wir wollen Deutschland nicht wehrlos machen. Wir hängen schließlich auch daran, sonst könnten wir ja nur alle auswandern. Werden wir angegriffen, dann lassen wir das Vaterland nicht im Stich."

Es war der Ton, der die Musik machte, die Art und Weise, in der Gustav Noske im April 1907 dem Kriegsminister entgegengetreten war und der sich merklich von jenem Umgangston unterschied, dessen er sich später befleißigte; 1918/19 sollte er die Behauptung staatlicher Macht mit Anpassung an die Generalität verwechseln. 1907 hatte von Einem der Sozialdemokratie die nationale Gesinnung abgesprochen, wogegen Noske sich scharf verwahrte und worauf er ohne jedes Beiwerk entgegnete, daß die Landesverteidigung für jeden Deutschen eine selbstverständliche Pflicht sei. Die Parteipresse, soweit sie antimilitaristisch gesonnen war, vorneweg die „Leipziger Volkszeitung", war sofort über Noske hergefallen, und für den Essener Parteitag im Herbst standen die Zeichen auf Sturm. Doch Noske verfuhr nach dem alten Bebelschen Motto, daß Angriff die beste Verteidigung sei, und genoß es, daß die Attacken mehr oder minder versteckt auch auf Bebel zielten. Denn der Vorsitzende konnte Noske nicht leiden, wegen dessen allzu kesser Unabhängigkeit und weil er giftige Pfeile gegen Rosa Luxemburg und den „östlichen Zuzug" abschoß. Doch nun konnte Bebel nicht anders, als sich vor ihn zu stellen und vor dem Parteitag Farbe zu bekennen: Noskes Jungfernrede im Reichstag sei „eine gute Rede" gewesen und in der Fraktion von keiner Seite kritisiert worden. „Er hat eine ganze Reihe Sachen erörtert, von denen es notwendig war, daß sie im Reichstage ausgeprochen wurden."

Begleitet von Singer und den ebenfalls zur Budget-Kommission des Reichstags gehörigen Fraktionskollegen Südekum und Noske untermauerte Bebel am 10. Mai jenes Jahres 1907 sein Interesse am Wohlergehen der Truppe und machte ihr seine Aufwartung; der Kriegsminister hatte den Kommissionsmitgliedern zugesagt, ihnen das neue Feldgeschütz und das neue Maschinengewehr einmal vorzuführen. Der Vorgang wurde von einigen wenigen bürgerlichen Blättern – unter der Überschrift „Bebel im Offizierskasino" – als eine Besonderheit gewürdigt. Einen ausführlichen Bericht erstattete unter dem Datum des 13. Mai der sächsische Militärbevollmächtigte in Berlin an seine Exzellenz, König Friedrich August III. zu Dresden.

Den Kommissionsmitgliedern, so ward „gehorsamst" gemeldet, hätten sich andere Reichstagsabgeordnete, auch der Präsident Graf Stolberg angeschlossen, sie alle seien am Anhalter Bahnhof vom Herrn Kriegsminister begrüßt worden und um 8.30 Uhr nach Jüterborg abgefahren. „Unter den Reichstagsabgeordneten befanden sich diesmal auch die Sozialdemokraten Bebel, Singer, Noske und Südekum, was allgemein auffiel und zu den verschiedensten Kombinationen Veranlassung gab. Die einen glaubten, hierin den ersten Schritt zur Mauserung der Sozialdemokraten zu einer Partei zu erblicken, mit der sich regieren lassen würde – die anderen neigten der Meinung zu, die Sozialdemokratie habe infolge der letzten Wahlen eingesehen, daß sie nur mit freundlichen Gesinnungen für die Armee die verlorenen Stimmen wiedergewinnen könne und es infolgedessen für notwendig befunden, ihre Militärfreundlichkeit vor der Öffentlichkeit zu dokumentieren. Wer nun recht hat, wird erst die Zukunft lehren; auf jeden Fall waren die sozialdemokratischen Vertreter bemüht, ihr lebhaftes Interesse für die Armee zu zeigen. In ihrem Auftreten waren sie bescheiden, taktvoll und zuvorkommend und gerierten sich durchaus nicht wie Vertreter einer Partei, die bisher noch keinen Groschen für die Armee bewilligt hat."

Allen Teilnehmern war zunächst die Konstruktion des neuen Feldgeschützes erklärt worden; daran hatte sich ein Scharfschießen einer Feldbatterie angeschlossen. Der sächsische Militärbevollmächtigte beobachtete, wie der Abgeordnete Bebel mit einem Zeissschen

Fernglase die Geschoßwirkung „eifrigst" kontrollierte und auch mit seinem anerkennenden Urteile nicht zurückhielt. Dem Scharfschießen der Feldbatterie folgte ein solches der Maschinengewehr-Abteilung der Infanterie-Schießschule Spandau. „Nach dieser Besichtigung", so heißt es im Bericht weiter, „wurde in großen Kremsern, in denen auch die Sozialdemokraten neben Offizieren und anderen Abgeordneten Platz genommen und mit denen sie eifrigst über das Geschehen sprachen, nach dem Offizierskasino gefahren, wo ein einfaches Frühstück serviert wurde. Wieder saßen die Sozialdemokraten zwischen Offizieren und Reichstagsabgeordneten, mit denen sie sich in heiterster Stimmung angeregt unterhielten." Er habe, so fährt der Bevollmächtigte fort, von seinem Platze aus den Abgeordneten Bebel beobachtet, „der zwischen einem konservativen Abgeordneten und einem Offizier saß und dem gegenüber auch einige Offiziere Platz genommen hatten. Die Unterhaltung war sehr lebhaft und heiter, und bemerkte ich wiederholt den Abg. Bebel herzlich lachend und seinen Nachbarn zutrinkend. Während des Frühstücks erhob sich der Vorsitzende der Budgetkommission, Abg. Frhr. v. Gamp; er sprach im Namen aller Reichstagsabgeordneten seinen Dank aus für das Gesehene und allen denen, die an der Vorführung beteiligt gewesen seien; er fügte dann hinzu, wie sie alle den Eindruck gewonnen hätten, daß für die Armee unter der Leitung des jetzigen Ks. Herrn Kriegsministers vorzüglich gesorgt sei; er fordere daher auf zu einem Hoch auf die Herren, denen sie die heutige Besichtigung verdanken und auf die deutsche Armee.

In dieses Hoch stimmten die sozialdemokratischen Abgeordneten gleich lebhaft ein, wie die der anderen Fraktionen. Hierbei bemerkte ich, wie der Abgeordnete Bebel an den Nebentisch herantrat, um unter anderen mit dem Generalmajor v. Wachs und dem Oberstleutnant Goltz vom PrKM anzustoßen. Die Besichtigung in Jüterbog hatte einen allgemein befriedigenden Verlauf genommen. Natürlich bildete das überraschende Erscheinen der Sozialdemokraten das Hauptereignis des Tages und wurde ihr Verhalten von allen Anwesenden eingehend besprochen und im allgemeinen günstig beurteilt."

In den Zeitungen fand nur das Frühstück einen Niederschlag. Unter Berufung auf Offizierskreise ward hervorgehoben, wie wohl Bebel sich gefühlt habe, wie angenehm er aufgefallen sei durch seine guten Manieren und wie erstaunt er gewesen ob der Einfachheit und Gediegenheit des Essens im Offizierskasino. Er habe sich, so gaben ihn die „Hamburger Nachrichten" am 28. Mai wieder, ganz andere und falsche Vorstellungen gemacht über das Leben der Offiziere.

„Haben Sie die Adresse von Lenin?"

Es fing alles ganz harmlos an. Unter den Streithähnen auch der russischen Sozialdemokratie zu vermitteln, ihr insgesamt hilfreich zur Seite zu stehen, mit Geld und Rat, war Bebel Ehrensache. Dem Menschewiken Paul Axelrod, mit dem er 1904, bald nach dem Amsterdamer Kongreß, in einen regen Briefwechsel eingetreten war, riet er sogleich, sich mit dem Liberalismus nicht im voraus zu verfeinden, denn in Rußland komme man über ein liberales Regiment nicht hinweg; ein Rat, den er so sonst niemandem, schon gar nicht seiner eigenen Partei, erteilt hätte. Er war guten Willens und konnte sich lange nicht vorstellen, daß die Beteiligten es nicht auch waren. Am 5. November 1904 freute er sich darüber, daß Axelrod nach Berlin kommen wolle und dort „die Besprechung" abgehalten werden könne. So handele es sich nur um den Zeitpunkt und „darum, daß auch Lenin rechtzeitig unterrichtet wird". Er fand es gut, wenn russischerseits ein zweiter Vertreter komme und fragte: „Haben Sie die Adresse von Lenin?"

Die Besprechung kam nicht zustande. Bebel mühte sich weiter, aber alle Anläufe, die er nahm, verliefen im Sande. Von der Jahreswende an wurde sein Ton um so gereizter, als er nicht erkennen konnte, warum man sich auf die Teilnehmer nicht verständigte und warum sich die Leninisten auf ein fünfköpfiges Schiedsgericht – jede der beiden Parteien sollte zwei ausländische Mitglieder benennen und Bebel die ausschlaggebende Stimme bekommen – nicht einließen; daß der Streit „auf gleichem prinzipiellen Boden" geführt werde, galt ihm als selbstverständlich. Er fragte nicht nach, was die Menschewiken und Leninisten trenne, und wunderte sich nur, daß die innersozialdemokratischen Kämpfe sich in gleichem Maße verschärften, wie die Vorgänge in Rußland „gemeinsames Handeln zur Notwendigkeit" machten. Es trete, so beobachtete er zu Jahresbeginn 1905, das gerade Gegenteil dessen ein, was erreicht werden sollte. Axelrod habe ihm über Lenin Dinge mitgeteilt, die dessen Abneigung erklären könnten, teilte er, ein wenig verstört, Adler, seinem Vertrauten gerade in russisch-polnischen Angelegenheiten, mit und fügte hinzu, dann solle man eben gegen Lenin vorgehen. Der Aufklärungsversuch fruchtete nicht viel, im Mai fuhr er den armen Axelrod grob an und ließ ihn „im Auftrag des Parteivorstandes" wissen, daß die Mißstimmung unter den deutschen Genossen über die Spaltung der russischen Sozialdemokratie im Wachsen sei. Ausgerechnet der Menschewik bekam Bebels Zorn zu spüren: „Es ist doch ein bisher nie dagewesener Fall, daß mitten in der Revolution die Führer im Ausland es fertig bringen, 30 Tage lang einen Kongreß abzuhalten, der schließlich mit der Verschärfung der Gegensätze endet. Eine solche Handlungsweise grenzt an Gewissenlosigkeit und komplette Unfähigkeit, Führer der Bewegung zu sein." Und noch im Juli forderte er Axelrod in scharfem Ton auf, zu einer neuerlich geplanten Konferenz „alle sozialdemokratischen Fraktionen" einzuladen – „ohne Rücksicht auf die Streitigkeiten".

Der Petersburger „Blutsonntag" im Januar 1905, als Militär einen Petitionszug zum Zaren sprengte, hatte der Sache eine dramatische Wendung gegeben. Streiks und Meutereien an verschiedenen Ecken des russischen Riesenreichs wühlten die Seele der deutschen Sozialdemokratie auf. Während Bebel sich mit Geldangelegenheiten – der Parteivorstand hatte 10.000 Mark gestiftet – und Beschwerden Lenins über den Verteilungsmodus herumschlug, jubilierte Franz Mehring in der „Leipziger Volkszeitung": „Die Freiheit, die für Rußland anbricht, ist auch die Freiheit für Preußen, für Sachsen, für Deutschland." Auch „Vorwärts" und „Neue Zeit" widmeten den Ereignissen in Rußland und mehr noch in Russisch-Polen manche Spalte, doch dem Blatt in Leipzig tat es niemand gleich. Im ersten Halbjahr 1905 brachte es 24 Leitartikel zur russischen Revolution, dazu wöchentliche Betrachtungen des Luxemburg-Freundes Karski. Überall im Land stiegen das ganze Jahr 1905 über bis zum Jahrestag des „Blutsonntags" große Sympathiekundgebungen, jedes neue Ereignis, das aus Rußland gemeldet wurde, fand sein Echo in Deutschland, der Generalstreik, die Arbeiterräte, der Moskauer Barrikadenkampf. Für viele deutsche Sozialdemokraten, die von der Revolution immer nur gehört und gelesen hatten, war es das erste revolutionäre Erlebnis. Man sann darüber nach, ob eine neue Epoche europäischer Revolutionen eingeläutet werde – in Rußland und in Russisch-Polen, das höher entwickelt war, an Preußen grenzte und von Rosa Luxemburg in den Mittelpunkt des Interesses gelenkt wurde. Konnte der Funke nicht jederzeit überspingen? Waffen- und Schriftenschmuggel über die Grenze beruhigte so manches revolutionäre Gemüt, doch parteioffiziell ward er nicht gestattet. Bebel wäre, hätte man ihn gefragt, strikt dagegen gewesen, und das nicht nur aus Furcht vor der preußischen Staatsmacht.

Seit eh' und je hatte er der Idee eines polnischen Nationalstaats angehangen. 1894 gab er einem polnischen Briefpartner den Bescheid, daß eine starke polnische Sozialdemokratie „im Verein mit uns sowohl dem russischen Despotismus wie den Eroberungsbestrebungen des Zarismus nach Westen die Stirne zu bieten vermag"; das Arbeiterorgan „Robotnik", das ihm damals vorgestellt worden war, unterstützte die SPD mit viel Geld. Daß eine starke polnische Sozialdemokratie sich ausschließlich gegen Rußland wende und nicht auch gegen Preußen, war Teil Bebelschen Wunschdenkens. Er überwand es rasch, als Streiks in Posen und Westpreußen, auch in Oberschlesien, nicht zuletzt Schulstreiks gegen die Germanisierungspolitik deutlich machten, wie sehr das polnische Nationalgefühl das soziale Bewußtsein zu überlagern begann. Einen schönen Grundsatz von polnischer Unabhängigkeit aufzustellen, war eines, danach zu handeln, durchaus etwas anderes, zumal wenn einer so preußisch-deutsch empfand, wie Bebel es mittlerweile tat.

1906, im Dezember, anläßlich 40 Jahre preußisch-österreichischer Krieg, rechtfertigte er im Reichstag seinen Widerstand gegen Bismarcks Politik im Reichstag, doch gestand er zu, daß „jeder innerlich froh" gewesen, „als Schleswig-Holstein für Deutschland zurückgewonnen" worden sei. Warum sollte er, der sich in Halle 1890 darauf herausgeredet hatte, daß alle Nationalitätenfeindschaft ein Produkt der bürgerlichen Gesellschaft und ihrer Klassengegensätze sei, der aber nichts gelten lassen mochte, was Preußen tatsächlich hätte erschüttern können, warum sollte ausgerechnet er für einen polnischen Nationalstaat sein, der auch auf preußische Kosten gehen würde? So wenig er Neigung hatte, den inner-russischen Querelen auf den Grund zu gehen, so wenig gestand sich Bebel ein, daß sein eigenes preußisch-deutsches Empfinden mit den nationalen Interessen der polnischen Sozialdemokratie, die über das Recht auf die eigene Sprache hinausreichten, in Widerstreit lagen. Die Folge war, daß er das russisch-polnische Verwirrspiel noch undurchsichtiger machen half.

Am 9. April 1905 hatte Bebel einen Offenen Brief „An die deutschen Arbeiter und -innen in Russisch-Polen und Litauen" gerichtet und schon in der Adresse angezeigt, daß er sich nicht die Positionen der national orientierten, ursprünglich eng an die SPD angebundenen Polnischen Sozialistischen Partei, der PPS, zu eigen machte, sondern die der Luxemburgschen „Sozialdemokratie des Königreichs Polen und Litauens", der SdKPiL, die die polnische Arbeiterbewegung in die der Teilungsmächte – Deutschland, Rußland, Österreich – einfügen wollte und sich der internationalen proletarischen Revolution verpflichtet fühlte. Ihr gehörten auch Deutsche an, ihr Einfluß in der SPD war stärker, als es ihrer Zahl entsprach. Bebel konnte für diese anti-nationale Spielart des Sozialismus keine Vorliebe haben, deshalb war das Erstaunen so groß, als er sich jetzt der Sprache der Luxemburg und ihrer Gruppe bediente: „Ob polnischer, russischer oder deutscher Arbeiter und Arbeiterin, Eure Lebenslage ist dieselbe. Ihr leidet allesamt unter dem gleichen Druck, dem gleichen Elend, der gleichen Schmach. Wie jene rechtlos und jeder Willkür unterworfen sind, so auch Ihr." Am Ende forderte er die deutschen Arbeiter und Arbeiterinnen auf, in die Reihen der kämpfenden Brüder und Schwestern polnischer und russischer Nationalität einzutreten und die Reihen zu schließen. „Im Namen der internationalen Sozialdemokratie vereinigt Euch und marschiert vorwärts!" Welch eine Sprache und welch eine Welt zwischen dieser Parole und seinem früheren Bekenntnis zu einem unabhängigen Polen. Welch ein Abstand auch zu seiner Vaterlandsrede im Jahr zuvor!

Daß Bebel den Text selbst aufgesetzt hat, scheint ausgeschlossen. Es war nicht sein Ton, der hier angeschlagen ward. Ob Rosa Luxemburg oder einer ihrer deutsch-polnischen Freunde den Entwurf geliefert hat? Die Vermutung liegt nahe. Jedenfalls haben sie den Brief sofort und massiv für ihre Zwecke genutzt und damit die völlig verstörten PPS-Leute erst richtig in Rage versetzt. Über deren massive Angriffe war wiederum Bebel, weil er Angriffe ad personam schlecht vertrug oder weil er ein schlechtes Gewissen hatte, verbittert. Mit „Pfui" antwortete er dem PPS-Mann Jodko-Narkiewicz am 1. Juni 1905 auf ein Zirkular, das sich gegen Bebels Brief gewendet und die gesamte SPD dafür in Anspruch genommen hatte, und setzte hinzu: „Ich hoffe, die Stunde kommt, in der die Internationale ihr Urteil über das Verhalten einiger ihrer Glieder abgibt."

Warum hatte sich Bebel vor den Luxemburgschen Karren spannen lassen? Pflegte er nicht allein seinem eigenen Kopf zu folgen? Und hatte er nicht in der Polen-Debatte des Münchner Parteitages 1902 besonders maßvolle Worte gefunden? Daß ihm der nötige Durchblick fehlte und er sich keine Mühe machte, ihn zu bekommen, war eine Sache. Die andere war das zunehmend nationale, ja nationalistische Auftreten der PPS, das ihm zunehmend gegen den preußischen Strich ging. Überhaupt bekam er allmählich genug von dem russischen und dem polnischen Durcheinander. Seine Sympathien bezeugte er in Zukunft nur noch in allgemeiner Form, so der „russisch-polnischen Sozialdemokratie" Februar 1906 im Reichstag namens „der Arbeiterklasse der gesamten Kulturwelt". Bei derlei Unverbindlichkeiten ließ er es fortan bewenden. Kautsky gegenüber faßte er die Summe seiner russisch-polnischen Erfahrungen in den Satz: „Ein Narr, wer sich in ausländische Parteiangelegenheiten einmischt." Ein Narr auch, wer aus den Aktionen in Rußland und in Russisch-Polen Lehren ziehen wollte für die deutsche Arbeiterbewegung?

Rosa Luxemburg glaubte, aus den Streiks im Osten – Massenstreiks – müsse der Funke nach Deutschland überspringen, er sei nur noch zu entfachen – zu jenem politischen Massenstreik, der in die deutsche Revolution münden würde. Ihre Analogie, die sie wortgewaltiger denn je vertrat, fiel mancherorts auf fruchtbaren Boden, weil das Deutsche Reich 1905 von einer breiten Streikentwicklung erfaßt wurde; eine halbe Million Arbeiter beteiligten sich an Ausständen. Doch außer der Jahreszahl hatten die Streiks in Rußland und in Deutschland – hier aus der wirtschaftlichen Entwicklung geboren und um begrenzter sozialer Ziele willen geführt – nichts miteinander gemein; nicht einmal die gelegentlichen Forderungen, mittels Arbeitseinstellungen eine Wahlrechtsreform zu erzwingen, erzeugten ein Echo. Die Diskussion über politische Streiks war so alt wie die Arbeiterbewegung selbst. Vor und nach der Jahrhundertwende hatte sie durch belgische Unternehmungen, die teils von Erfolg begleitet waren und teils nicht, und durch den deutschen Wahlerfolg von 1903 – was tun mit drei Millionen Stimmen? – neuen Auftrieb erhalten. In der „Neuen Zeit" war die papierene Debatte, wann, unter welchen Eventualitäten und mit welchen fernen Zielen Massenstreik sein solle und dürfe, 1902 eröffnet worden. Sie zog sich durch die Jahre und die Seiten, auch durch die Seiten von Eisners „Vorwärts", und war unter dem Eindruck der russischen Revolution gerade besonders hitzig geworden, als die Gewerkschaften sie von der Ebene der Abstraktion herunterholten und ihr einen ernsthaften politischen Charakter verliehen, der ihr weder in Amsterdam, wo die Inernationale sich mit politischem Streik befaßt, noch in Bremen, wo der Parteitag die Frage vertagt hatte, zugekommen war.

Auf ihrem Kölner Kongreß, Mai 1905, zogen die Gewerkschaften, die nicht zum Gegenstand praxisferner Planspielereien werden mochten und deshalb überscharf reagierten, die Notbremse. Jeder Gedanke an politischen Ausstand wurde verworfen, die Parole „Generalstreik ist Generalunsinn" verselbständigte sich und wurde zum geflügelten Wort. Die Partei sah sich in Zugzwang gebracht, die Frage des Massenstreiks konnte nicht länger nur ihrer schreibenden Zunft überlassen bleiben. Auch Bebel, der sich an den revolutionären Übungen nicht beteiligt hatte, mußte Farbe bekennen. Nie hatte er in seinem Leben auch nur damit geliebäugelt, Druck außerhalb der Institutionen auszuüben, und selbst Streiks nur dann unterstützt, wenn sie durchorganisiert, finanziell abgesichert und ihre Folgen absehbar waren. Gegen spontane Arbeitsniederlegung sträubte sich alles in ihm. Als 1897 die Hafenarbeiter in den Ausstand getreten waren, hatte er nach Amerika geschrieben: „In Hamburg wird nicht viel Gutes herauskommen, unsere Leute werden zugreifen, sobald sie die geringste Konzession gemacht bekommen. Bekommen sie diese nicht – und die Reeder sind dickköpfige Protzen – dann werden sie auch nicht mehr lange aushalten können, weil es unmöglich ist, fernerweit Mittel aufzubringen. Der Streik hat riesige Opfer erfordert, und Partei und Gewerkschaften werden Jahre lang an den Folgen zu kauen haben. Und dabei sind wir nicht einmal sicher, daß im Frühjahr nicht ähnliche Vorgänge sich wiederholen. Man steht den unorganisierten Massen, von denen in der Regel die Streiks ausgehen, gänzlich machtlos gegenüber, wir müssen aber für alle Folgen eintreten."

Mitten in den Vorbereitungen für den Jenaer Parteitag, der über die Frage des Massenstreiks entscheiden sollte, schien Bebel von anderen als von Streiksorgen umgetrieben. Am 1. August 1905 beklagte er sich bei Kautsky, daß in den letzten Jahren das Wort ‚Arbeiterschaft' das Wort Arbeiterklasse fast ganz verdrängt habe. „Ich erblicke", so fuhr er fort, „in dieser Ausdrucksweise eine Vertuschung und Abschwächung der Klassenstellung der Arbeiter, die wir auf keinen Fall begünstigen dürfen, ganz abgesehen von der Inkorrektheit des Ausdrucks." Der Brief machte die Begleitmusik zu einem Aufsatz, den er in der „Neuen Zeit" publizierte. Ein Zentrumsmann mit Namen Blank hatte sich das Wahlergebnis von 1903 betrachtet und war zu dem in Buchform präsentierten Ergebnis gelangt, daß die SPD ihrer Zusammensetzung nach keine Klassenpartei sei, daß sie sich zu einer Volkspartei entwickelt habe und zu einer großen Koalitionspartei. Eine These, die Bebel gleichsam auf die Barrikaden trieb. Viele Seiten verwandte er darauf, die Blanksche These mit Hilfe von Statistiken zurückzuweisen und zu belegen, daß „die Grenzlinie" eingehalten werde, „der Klassenstandpunkt" als Kompaß diene und die Partei das sozialistische Endziel verfolge. Von Massenstreik kein Wort, und dennoch konnte er in seiner Jenaer Parteitagsrede, September 1905, nahtlos an diesen Aufsatz anknüpfen.

Den Dresdner Parteitag feierte er als „die große historische Tat", weil er bei Freund und Feind keinen Zweifel über die Stellung der Partei gelassen habe; er ergänzte, daß das Wahlresultat von 1903 nichts verändert und die Richtigkeit des Kurses nur bestätigt habe. Drei Millionen Wähler und 81 Mandate seien viel, aber nicht die Mehrheit, und die Machtverhältnisse immer noch die gleichen. Alles oder Nichts: Wer glaube, „daß wir, die stärkste Partei im Lande, die zweitstärkste im Reichstage, einen entsprechenden Einfluß auf die Regierung ausübten, der urteilt vollkommen falsch. Eine Oppositionspartei kann, solange sie nicht die Regierung in die Hand bekommt, überhaupt keinen maßgebenden Einfluß ausüben". Mit diesem Glaubensbekenntnis, daß er auf seine alten Tage so absolut formulierte wie eh und je, untermalte er seine Situationsschilderung – von sich zuspitzenden Klassengegensätzen und den „mit Notwendigkeit" daraus hervorgehenden Katastrophen, die man aber keinesfalls, jetzt so wenig wie früher, hervorrufen wolle. Er nannte Rußland, wo Katastrophen notwendig sein mochten, und Deutschland, wo die Entwicklung in friedlichen Bahnen gehalten werden könne. „Das hängt mit von uns ab. Es hängt aber in allererster Linie ab von der Macht, die wir unseren Organisationen geben, von der politischen Bildung und Einsicht, die wir in die deutsche Arbeiterklasse hineintragen." Doch „weit mehr als von uns hängt der Gang der Entwicklung von dem Verhalten unserer Feinde ab. Deren Tun und Lassen schreibt uns unsere Taktik vor."

War es eine rednerische Eingebung oder ein bewußtes Zeichen, daß er gerade an dieser Stelle warnte, die parlamentarische Tätigkeit zu unterschätzen? Und sie in Verbindung mit den positiven Ergebnissen des Bergarbeiterstreiks brachte? War es nur Zufall, daß er seinen Gedankengang über die unveränderten Machtverhältnisse mit dem Hinweis anreicherte, daß die Macht des Reichstags zugenommen habe? Bernstein hatte tags zuvor dessen steigende Ohnmacht beklagt, Bebel beeilte sich, das Gegenteil zu bekunden. Wolle er nicht auch auf diese Weise, die sich einfügte in die lebenslange Gleichzeitigkeit von Draußen und Drinnen, von Ablehnung des Systems und ihm Verhaftet-Sein, dem Massenstreik-Vorstoß die Spitze nehmen? Zu betonen, daß die Partei alle Veranlassung habe, „gerade in dieser Frage mit den Gewerkschaften zusammenzugehen" und sich nicht festzulegen, war ihm Herzenssache, nicht Pflichtübung oder Verbeugung vor gewerkschaftlicher Übermacht. Er krittelte an der Resolution des Kölner Kongresses herum, aber daß er ihr im Kern zustimmte und selbst von politischem Streik, hieß er nun General- oder Massenstreik, nichts wissen wollte, blieb nicht verborgen. Aus den Gewerkschaften war zuvor bekundet und Bebel damit aus der Seele gesprochen worden, daß bei einem Anschlag auf das allgemeine Wahlrecht die organisierten Arbeiter ihre Macht einsetzen würden; allein darauf zielte seine Resolution. Was hätte er nur ohne die Fuchtel der Wahlrechtsbeschneidung getan? Sie wurde zu jenem Fluchtpunkt in der Massenstreik-Debatte, von dem aus man gefahrlos radikale Reden halten und Eindruck machen und sich stark fühlen und die unterschiedlichsten Ansichten bündeln konnte – allerdings nicht die der Rosa Luxemburg. Als sie ihren Jenaer Schwur auf Massenstreik und Revolution gehalten, mochte Bebel dazu nicht schweigen. Er blickte auf die Parteitage der Sozialdemokratie zurück und bemerkte unter großer Heiterkeit, daß noch in keiner Debatte soviel von Blut und Revolution die Rede gewesen sei wie heute. „Als ich das alles hörte, habe ich ein paarmal unwillkürlich auf meine Stiefelspitzen gesehen, ob diese nicht bereits im Blut wateten."

Bebels Jenaer Auftritt war ein Plädoyer gegen den politischen Streik und für den Parlamentarismus. Parlamentarismus, wie er ihn verstand: Als Bühne, auf der er seine Rolle spielte und seine Partei repräsentierte, auf der er anklagte und das Wort der Verkündigung sprach. Es war kein Forum, auf dem er Zweckbündnisse zu schließen, Vorteile für seine Partei zu erzielen oder einen Zipfel der Macht zu fassen suchte. Es hätte, damit er die Rede hielt, die er in Jena gehalten, und die Resolution schmiedete, die in Jena angenommen wurde, der russischen Erfahrung nicht bedurft und erst recht nicht der Adresse von Lenin. Unmittelbar vor dem Parteitag hatte er Adler wissen lassen, wie sehr er sich bestätigt fühle: „Ich habe, was die schließlichen Erfolge betrifft, der russischen Revolution von Anfang an skeptisch gegenüber gestanden." Neu war die Konsequenz nicht, die er in diesem Herbst für die Partei zog: „Ehe wir uns in so große Kämpfe einlassen, müssen wir erst gründlich organisieren, agitieren, politische und wirtschaftliche Aufklärung schaffen, die Massen selbstbewußt und widerstandsfähig machen." Man rühme uns Deutschen nach, „wir seien philosophisch angelegte Köpfe, wir liebten, wie Heine sagt, das Theoretisieren – ja, dann haben wir aber auch die Tugend, zu organisieren wie kaum eine andere Nation". Allein der Nachsatz hatte es in sich: „Daß die deutsche Militärmacht, so sehr wir sie bekämpfen, organisatorisch ein Meisterwerk ist, das ist dieser deutsch-preußischen eigenartigen Veranlagung zu verdanken."

Daß seine Abwehr gegen Massenstreik-Pläne aller Art nichts mit einem innerparteilichen Kurswechsel zu tun hatte, belegte Bebel sogleich nach dem Parteitag, als der Vorstand Kurt Eisner, Chefredakteur des „Vorwärts" nicht der Form, doch der Stellung nach, hinaussetzte und mit ihm fünf Redakteure, die allesamt einem Gefühlssozialismus huldigten; Karl Kautsky hatte erfolgreich intrigiert, doch daß der Rauswurf auf so grobe Art erfolgte, lag allein in der Verantwortung des Vorsitzenden. Schon vor Parteitagsbeginn hatte Bebel gegen Journalisten gezetert, die „die Führung der Partei an sich reißen wollten, um die Sozialdemokratie französischen Zuständen entgegenzuführen".

Der Fortgang der Massenstreik-Debatte ist rasch erzählt. Im Februar 1906 trafen sich – vertraulich – im Gewerkschaftshaus zu Berlin Generalkommission und Parteispitze, die bekräftigte, daß sie den politischen Massenstreik nicht zu propagieren beabsichtige; anschließend informierte die Gewerkschaftsführung – ebenfalls vertraulich – die Vorstände der Einzelgewerkschaften. Teile des Protokolls, das über diese Unterredung angefertigt worden war, publizierte eine winzige Berliner Gruppe, die sich syndikalistisch, auch lokalistisch nannte, gegen jede politische Betätigung der Arbeiterbewegung zu Felde zog und Streiks um fast jeden Preis das Wort redete. Der entsprechend eingefärbte Bericht über die „Geheimkonferenz" wurde in einem Teil der Parteipresse begierig aufgegriffen und machte soviel böses Blut, daß auch der Parteitag 1906 im Zeichen des Massenstreiks stand. Wer aus der Entschließung von Jena herausgelesen hatte, die Partei im allgemeinen und Bebel im besonderen seien Anhänger des Massenstreiks, war schockiert ob der quasi-offiziellen Absprache mit den Gewerkschaften. Mit der Jenaer Resolution war es gegangen wie mit fast jeder Parteitagsresolution; sie erzeugte neuen Streit und verlangte nach einer neuen Resolution.

Bebel blieb nichts anderes übrig, als in Mannheim deutlicher zu werden, als es sonst seine Art war und auf das übliche Beiwerk von der bürgerlichen Gesellschaft und deren Zusammenbruch zu verzichten. Mißverständnisse und Fehldeutungen schränkte er auf diese Weise ein. Und Rosa Luxemburg mußte zugeben: „Ich wollte noch ein paar Worte zur Rede Bebels äußern, nur bin ich nicht sicher, ob ich sie richtig erfaßt habe, denn ich saß auf der linken Seite, und er hat heute immer nach rechts gesprochen."

Er schlug einen weiten Bogen vom rückständigen, despotisch regierten Rußland zum zivilisierten, mit allgemeinem Reichstagswahlrecht ausgestatteten Deutschland. Er nannte beide unvergleichbar und hielt es, unter Berufung auf den Reichskanzler, für undenkbar, daß das Reich à la 1792 in Rußland interveniere. Und weil eine solche Diskussion in der Internationale schon angehoben hatte, er ahnen mochte, daß sich die Massenstreik-Frage zu einer Frage von Krieg und Frieden zuspitze, und er vorbeugen wollte, bezeichnete er die Vorstellung vom Streik im Kriegsfalle als „eine kindliche Idee". Bei Ausbruch eines Krieges „marschieren vom ersten Tage ab in Deutschland fünf Millionen unter den Waffen, darunter viele hunderttausend Parteigenossen. Die ganze Nation steht unter den Waffen! Furchtbares Elend, allgemeine Arbeitslosgkeit, Hunger, Stillstand der Fabriken, Sinken der Wertpapiere – glaubt man, man könne in einem solchen Moment, wo jeder nur an sich denkt, einen Massenstreik inszenieren? Würde eine Parteileitung so kopflos sein, an einem solchen Tage einen Massenstreik zu inszenieren, so würde sofort mit der Mobilmachung der Kriegszustand über ganz Deutschland verhängt werden, und dann haben nicht mehr die Zivilgerichte, sondern die Militärgerichte zu entscheiden". Nachsicht werde nicht geübt werden, sie zu erwarten, sei unbegreiflich. „Es ist eben bei uns anders als in anderen Ländern. Deutschland ist ein Staatswesen, wie es zum zweiten Male nicht existiert. Man mag das oben als Kompliment ansehen, es ist aber Wahrheit."

Wollte noch einer so kühn sein und behaupten, unter Bebels Führung hätte sich die Partei zwischen 1914 und 1918 anders verhalten, als sie sich ohne Bebel verhalten hat?

Eberts Partei

Die gemeinsame Überzeugung, vom Massenstreik die Finger lassen zu sollen, hieß nicht, daß Partei- und Gewerkschaftsführung auch sonst ein Herz und eine Seele geworden wären. Daß man wechselseitig viel gesündigt habe, rechneten sich Bebel und Robert Schmidt, einstmals einer der „Jungen", vor; ihr Briefwechsel ist ein Zeugnis von Eifersüchtelei und Reiberei und Fremdheit. Bebel blieb, ob mit oder ohne Massenstreik, der Künder einer anderen Welt und der geschworene Feind reiner Reformpolitik, wie Carl Legien sie wollte. So lag auf der Hand, daß Bebel einem Mann den Sprung in die Parteispitze verwehren wollte, der gerade so agierte, wie die Gewerkschaften es gern hatten und der als Legiens Mann galt: Friedrich Ebert. 1904 noch hatte Bebel seine Wahl zu verhindern gewußt, 1905 schon nicht mehr; es traf sich, daß Ebert auf dem Jenaer Parteitag, als die gewerkschaftliche Macht allgegenwärtig schien, zum Sekretär gekürt wurde. Bebel fand sich ab und lernte Eberts Arbeitskraft und organisatorisches Talent schätzen. Ein persönliches Verhältnis sollte sich allerdings nicht einstellen, auch im Laufe der Jahre nicht. Bebel blieb bei einem geschäftsmäßigen

Befehlston, ohne Gehässigkeit, ohne Freundlichkeit, und er blieb bis zuletzt beim distanzierenden „Sie". Auch als Ebert sich längst eine starke innerparteiliche Stellung erworben hatte und schon für die Nachfolge Singers gehandelt wurde, behandelte Bebel ihn wie einen untergebenen Sekretär. Es ging um ein mögliches Parteitagslokal in Frankfurt, das Bebel sich angesehen hatte; er schrieb Ebert, daß er sich deshalb „sofort" an Dietzgen, Wiesbaden, wenden möge und: „Selbstverständlich erwarte ich von Ihnen ebenfalls Antwort." Auer gegenüber hätte er einen solchen Ton nie angeschlagen, und Ebert war, wenn nicht der Form, so doch der tatsächlichen Stellung nach, Auers Nachfolger, der Sekretär, der die Fäden zog und selbst nicht hervortrat, auch keine Ambitionen geltend machte. Ebert wäre allerdings nicht auf die Idee gekommen, den Vorsitzenden während dessen lang und länger währender Abwesenheit von Berlin auf dem laufenden zu halten. Bebel kam denn auch die Ahnung, die er Kautsky nicht vorenthielt, „daß im Vorstand gemogelt" wird, doch er jammerte nur darüber, tat nichts mehr dagegen. Ignaz Auer starb, nach langem Siechtum, im April 1907; auf der Trauerfeier sprachen Bebel für die deutsche, Adler für die ausländische und Rosa Luxemburg für die russische Sozialdemokratie.

Der 1871 in Heidelberg geborene Friedrich Ebert gehörte zur Generation jener jungen Männer, die einen ihren Gaben gemäßen Beruf nicht erlernen konnten und ein Feld, wo sie sich betätigen und entfalten konnten, in den Organisationen der Arbeiterbewegung suchten und fanden. Er hatte das Sattlerhandwerk gelernt, die Lehre aber kurz vor dem Ende abgebrochen, weil er vom Meister geschlagen worden war. Er ging auf Wanderschaft, kam in Berührung mit den Fachvereinen und der Sozialdemokratie und landete 1891 in Bremen, wo er sich rasch und durch ebenso unermüdlichen wie effektiven – vor allem gewerkschaftlichen – Einsatz einen Namen unter den Arbeitern machte. Das ungeliebte Dasein eines Gastwirts gab er auf, als ihm 1900 das neue Bremer Arbeitersekretariat übertragen wurde; im gleichen Jahr zog er in die Bürgerschaft ein. Doch bald nach der Jahrhundertwende begannen radikale Kräfte, aus denen die „Bremer Linke" hervorgehen sollte, das bis dahin eher beschauliche Parteileben durcheinanderzuwirbeln und Ebert, der auch unter liberalen Patriziern ein gewisses Ansehen genoß, unter Beschuß zu nehmen. Der Krach im Goethe-Bund, der weit über die

Hansestadt hinaus Schlagzeilen machte und wieder einmal die bürgerlich-proletarische Zusammenarbeit zum Gegenstand hatte, bestärkte Ebert in dem Wunsch, Bremen zu verlassen. Er war wie so mancher andere, die den Arbeitern auf sachlich-pragmatische Art zur Gleichberechtigung verhelfen wollten, kein Kämpfertyp und nicht mit einem ausgeprägten Selbstbewußtsein ausgestattet. Er überließ die Bremer Partei sich selbst und der neuen Linken und stürzte sich in die neue Aufgabe, die ihm statt bisheriger 2.400 nun stattliche 4.200 Mark im Jahr bescherte; ein Facharbeiter verdiente um 1.600 Mark.

Ebert brauchte das sozialdemokratische Parteileben nicht mehr zu bürokratisieren. Es war, spätestens seit den Jahren des Sozialisten-Gesetzes, durchorganisiert und reglementiert. Daß „französische Verhältnisse" einkehrten, hatte nicht nur Bebel verhindert wissen wollen. Als Ebert im Büro in der Lindenstraße erschien, arbeiteten hier bereits sieben besoldete Mitglieder des Parteivorstands, zusätzlich beschäftigte die SPD, die 384.000 Mitglieder zählte, runde fünfzig Sekretäre im Land, von den Zeitungs- und Druckereiangestellten nicht zu reden. Der Modernisierung des Bürobetriebs, die Ebert mit der Einführung von Schreibmaschine, Telephon und Ablage ins Werk setzte, hatte sich die alte Garde erst widersetzt; Telephone würden abgehört, und Briefe seien zu vernichten, damit sie nicht der Polizei in die Hände fielen. Erfahrungen, die aus der sozialisten-gesetzlichen Ära rührten, aber waren der Generation fremd, die jetzt in die Verantwortung strebte; neben Ebert machten nach und nach auch Scheidemann, Hermann Müller, Otto Braun, Severing, Hilferding, Otto Wels von sich reden. Sie alle waren in eine Partei hineingewachsen, die sich selbst genug war, die mit Verfolgung gern kokettierte und sie doch nicht als Realität empfand.

Niemand spürte den Wandel deutlicher als Bebel, der seine Weggefährten aus der Gründerzeit überlebte. Im April 1913 schrieb er, fast beschämt, an Konrad Haenisch: „Man sollte einmal einen Vergleich ziehen zwischen einer Wahlagitation vor 30 Jahren und jetzt. Damals kein Geld und kein Auto, heute Auto und Geld in Scheffeln." Es wäre verwunderlich gewesen, hätte Bebel, der so gern von den Zeiten des Sozialisten-Gesetzes erzählte und daraus auch kein Geheimnis machte, nur schön gefunden, was sich geändert hatte. 1910 klagte er, in einem Brief an Carl Ulrich: „Überall muß der

Arbeiterkandidat den hochnäsigen Intellektuellen weichen." Und ein Jahr später schimpfte er Adler gegenüber, das Kapital – das Kapital in der Partei – korrumpiere, er fand die Honorare zu hoch, und glaubte, der „Gewerkschaftsgeist" gehe um. Ebert konnte den Parteiapparat so rasch so wirksam auf Vordermann bringen, weil zuvor das Verbindungsverbot gesetzlich aufgehoben worden war und die Partei neue Statuten hatte verabschieden können; das überkommene Vertrauensleutesystem wich einer festen Organisationsform. Die Partei gliederte sich fortan in Bezirke und durfte sich erstmals Aufstellungen über ihre Mitgliedschaft erlauben.

Alle Welt hatte erwartet, daß Ebert sich der inneren Parteiangelegenheiten annehmen und darin aufgehen würde. Niemand hatte für möglich gehalten, daß er binnen kurzem den Freiraum, den er vorfand, ausfüllen und darüber so großen Einfluß erlangen könnte. Bebel war Künder geblieben, wenn auch ein einsam werdender Künder, über den man zu spotten begann. Am Abend seines 70. Geburtstages, am 22. Februar 1910, bekam er es fertig und rief den Berlinern, die sich in der „Neuen Welt" versammelt hatten, zu: „Ich hoffe, den Tag noch zu erleben, an dem ich Euch die Sturmfahne der Revolution vorantragen werde." Dabei kränkelte er lange schon und ließ kaum einen Brief aus, in dem er nicht über seinen schlechten Gesundheitszustand klagte. Nein, Kärrner war er schon seit Jahren, seit Beginn des neuen Jahrhunderts nicht mehr, sich um die Organisation – seine Organisation – zu kümmern, hatte er nicht mehr die Zeit und nicht mehr die Kraft. Und da die, die mit ihm und mit der Partei groß geworden, wegstarben, konnte sich Ebert so recht entfalten. War er die Personifikation des Wandels? Oder drückte sich der Wandel in jener Hottentotten-Wahl aus, in der die Geschichte von der Unaufhaltsamkeit des sozialdemokratischen Aufstiegs an ihr Ende gekommen schien?

Während des Sozialisten-Gesetzes war die Partei zweimal leicht zurückgegangen, 1881 an Stimmen und Mandaten, 1887 nur an Mandaten, es waren Einbußen, die sich durch die besonderen Umstände leicht erklären ließen und keinen Grund hergaben, an dem eigenen Sendungsbewußtsein zu zweifeln. Im Gegenteil, das Gefühl, sich trotz der Verfolgung zu behaupten, war noch stärker hervorgetreten. Am 25. Januar 1907 sah die Sache anders aus. Knappe vier Jahre nach dem strahlenden Sieg von 1903 verzeichnete die Sozialdemokratie zwar einen Stimmenzuwachs von einer knappen Viertelmillion Stimmen, doch der Anteil rutschte wieder unter die magischen 30, nämlich von 31,7 auf 28,9 Prozent, und die Zahl der Mandate sank von stolzen 81 auf magere 43.

Der alte Reichstag war vorzeitig aufgelöst worden, weil eine Mehrheit von SPD und Zentrum zusätzliche Gelder für den afrikanischen Kolonialkrieg verweigert hatte; Hereros und Hottentotten waren gegen die deutsche Herrschaft aufgestanden und hatten das Wahlkampfthema vorgegeben. Eine breite chauvinistische Stimmung rollte über das Land, vorbereitet durch die sogenannte Sammlungspolitik, gesteuert durch neue Verbände von Unternehmern und Landwirten und geschürt durch Kampforganisationen wie den „Reichsverband gegen die Sozialdemokratie" oder den „Ausschuß zur Förderung der Bestrebungen vaterländischer Arbeitervereine". Dieser Art von Übermacht stand die Sozialdemokratie einigermaßen hilflos gegenüber, ähnlich hilflos wie der Kolonialpolitik.

In seinem „Italienischen Krieg" hatte Lassalle die Eroberung von Völkern „ohne geschichtliches Dasein" als „Recht des höheren kulturhistorischen Berufs" bezeichnet und als Beispiel den Griff der Franzosen nach Algier und der Engländer nach Indien angeführt. Diese zivilisatorische Begründung kolonialer Machtentfaltung lag in der Zeit und lebte in der Sozialdemokratie fort. Noch 1907, auf dem Stuttgarter Kongreß der Internationale, hatte die von Bebel geführte deutsche Delegation – gegen die Minderheit um Rosa Luxemburg – eine Resolution vorgelegt und durchgesetzt, in der „nicht prinzipiell und für alle Zeiten jede Kolonialpolitik, die unter sozialistischem Regime zivilisatorisch wird wirken können", verworfen wurde. Kolonial- und „Weltpolitik", wie Wilhelm II. sie am 18. Januar 1896, dem 25. Jahrestag der Reichsgründung, propagiert hatte, hielt man durchaus für verschiedene Dinge. Daß sich im Deutschen Reich – und nicht nur hier – Kolonialismus, Weltmachtstreben und Flottenrüstung überlagerten, erschwerte es der Partei, ihren Kurs zu bestimmen.

Längst nicht für alle und nicht einmal für die große Mehrheit der Partei lagen die Dinge so einfach wie für Rosa Luxemburg und ihre Freunde, die das Prinzip des Kolonialismus bekämpften; die internationalen Gegensätze zwischen den kapitalistischen Staaten, so hatte die „Leipziger Volkszeitung" schon im März 1899 geurteilt, „sind nur eine andere Seite der inneren Klassengegensätze der kapitalistischen Gesellschaften", die Proletarisierung in den einzelnen Ländern werde also vorangetrieben. Doch auch Eduard Bernstein durfte nicht auf die innerparteiliche Mehrheit zählen, als er im Jahre 1900 seinen Aufsatz über „Sozialdemokratie und Imperialismus" veröffentlichte und die Meinung zurückwies, der Imperialismus sei ein letzter verzweifelter Versuch der Bourgeoisie, „ihre Herrschaft zu verlängern bzw. den Moment ihres Sturzes aufzuhalten". Er übertrug eine Einsicht allgemeiner Natur auf das kolonialpolitische Feld: Sich rein negierend zu verhalten, heiße, sich einer unvermeidlichen Entwicklung entgegenzustellen. Unmittelbar nach der Wahlschlappe von 1907 rügte er in einer Polemik gegen den „Vorwärts", „daß statt der großen Gesichtspunkte, die unsere Haltung in der Kolonialpolitik bestimmen, ganz untergeordnete Dinge, denen keine Beweiskraft innewohnt, und sehr übertriebene Behauptungen über die Mängel der deutschen Kolonien in den Vordergrund geschoben wurden und unseren Gegnern das Spiel ungemein erleichterten".

Auf eben diese Mängel stürzte sich auch Bebel, der Mitte der achtziger Jahre, in dem leidigen Streit um die Dampfersubventionen, schon die Möglichkeit kolonialer Eroberung hatte untergraben wollen. Seine Reden zur deutschen Kolonialpolitik waren Legion, ihr Tenor aber blieb sich immer gleich. 1894 hatte er den Ton angeschlagen, als er die Kolonialpolitik charakterisierte als „äußerlich Christentum, innerlich und in Wahrheit Prügelstrafe, Weibermißhandlung, Schnapspest, Niedermetzelung und Feuer und Schwert mit Säbel und Flinte". Den Ton behielt er bei, ergänzte ihn aber mehr und mehr durch Nützlichkeitserwägungen, durch Überlegungen, was der deutschen Politik fromme und was nicht; Ausgangspunkt war die Lage Deutschlands zwischen Frankreich und Rußland, war die Möglichkeit eines Zweifrontenkrieges in Europa. Beides, die Kritik an den Mißständen und die Frage der Zweckmäßigkeit, reichte nicht hin, eine verständliche Position zu begründen. Der Mainzer Parteitag 1900 faßte denn auch eine so allgemein gehaltene Resolution, daß sich Gegner und Befürworter in ihr wiederfanden. Zur einzigen Besonderheit geriet in Mainz die scharfe Verurteilung der englischen Südafrika-Politik. Bebel selbst ging noch einen Schritt weiter, als er 1901 auf einer Hamburger Frauenversammlung den Buren die lebhafteste Sympathie bekundete und „die barbarische Kriegführung der Engländer auf das entschiedenste" verwarf. Mainz war der erste und zugleich der letzte Versuch der Partei, sich über die Kolonialpolitik zu verständigen. Die Gegensätze wurden größer und spitzten sich zu, als der junge Noske forderte, Leute in die Kolonien zu entsenden, damit sich die Partei ein eigenes Bild machen könne. Dazu zeigte sie keine Neigung, doch daß der deutsche Kolonialbesitz zunehmende – stillschweigende – Anerkenntnis fand und der öffentliche Druck seine Wirkung zeigte, erwies die Resolution des Stuttgarter Kongresses.

Bebel schrieb, gleich nach der Wahl 1907, an Wilhem Blos: Die Gewerkschaften hätten sich weit besser als früher gehalten, hingegen das gesamte Kleinbürgertum, „bei dem der Klassenhaß geweckt wurde", und auch die niedere Beamtenschaft „uns im Stich gelassen". Auch seinem Freund Karl Manz – er war 1878 Redakteur bei der Berliner „Freien Presse" gewesen, hatte sich hernach in der Schweiz niedergelassen und war der deutschen Partei bei der Anlage von Geld behilflich – schickte er einen Wahlkommentar; er leitete ihn mit einem Dank für Geburtstagswünsche ein und fügte, entgegen seinen sonst üblichen Klagen, hinzu: „Wohl befinde ich mich und wenn das noch 30 Jahre so anhält, werde ich ja wohl erleben, daß wir unserem Gegner so gründlich die großen Mäuler stopfen, daß sie für immer genug dran haben." Übergangslos gab er zu, vom Resultat wenig erbaut zu sein. Mit Verlusten habe er gerechnet, aber nicht mit so vielen. Und dann wieder jene Wendung, die er auch jetzt nicht ohne Genugtuung anbrachte: Statt Erleichterung bekomme er selbst nun mehr Arbeit, Arbeit in Hülle und Fülle. Weitere Betrachtungen zur Wahl stellte er nicht an, er stürzte sich in die Arbeit, die ihm erst einmal Ärger bereitete und im übrigen deutlich machte, wie wenig er die Fäden noch in der Hand hatte. Schwindende Kräfte und persönliches Leid, das ihn umfing und ihn nicht mehr verlassen sollte, taten ein übriges, ihn dem Geschehen zu entfremden.

Man mußte nicht Karl Kautsky heißen, um im Wahlverhalten der von der „Werbekraft der Kolonialidee" angezogenen Mittelschichten das Ergebnis begründet zu sehen. Man mußte aber sehr wohl Karl Kautsky heißen, um den Schluß zu ziehen, daß die Partei auch in Zukunft den „Zwischenschichten" keine Versprechungen machen dürfe, die mit dem Gang der Entwicklung unvereinbar seien. Nicht diese habe sich den „Zwischenschichten" anzupassen, sondern jene der Partei! Lange und breite Ausführungen machte er über die politischen Folgerungen, die aus seiner sozialen Lagebeschreibung abgeleitet werden müßten; die Artikelserie in der „Neuen Zeit" überschrieb er „Reform und Revolution", aus ihr ging die Schrift „Der Weg zur Macht" hervor. Kautsky nahm auf, was er früher schon einmal dargelegt hatte: In den Zukunftsstaat wachse man nicht von selbst, sondern in revolutionärem Kampf hinein, eingeleitet durch Massenstreik. Und er brachte Belege bei. Belege von Engels, dessen Briefe aus dem Jahre 1895 er veröffentlichte und kommentierte. Unter dem Druck der deutschen Parteiführung, namentlich Bebels, hatte Engels seine Einleitung zu Marx' „Klassenkämpfen in Frankreich" entschärft, ein Tatbestand, den Kautsky für seine eigenen Zwecke auszunutzen gedachte.

An der Spitze der Partei war man entsetzt. 1895 war Engels mit der anstehenden Umsturzvorlage eingeschüchtert worden; wäre sie nicht gewesen, sie hätte erfunden werden müssen. Man wollte nun einmal nicht mit einem anti-gesetzlichen, umstürzlerischen Kurs in Verbindung gebracht werden, 1895 nicht, und jetzt erst recht nicht. Kurzerhand erging das Verbot, die im parteieigenen „Vorwärts"-Verlag bereits gedruckte Schrift auszuliefern. Die Begründung, wie Bebel sie am 6. März 1909 Adler gab: Man riskiere einen Hochverratsprozeß gegen Kautsky. Der so Umsorgte durchschaute das Spiel sofort und nahm sich einen Anwalt, einen gewissen Haase aus Königsberg. Er tat ein übriges und mobilisierte die mehrheitlich links besetzte Kontrollkommission, in der Clara Zetkin das große Wort führte, gegen den Parteivorstand; in der „Leipziger Volkszeitung" ließ er Auszüge aus seiner Schrift erscheinen. Er forderte für sich, was er seinen Gegnern noch nie hatte zugestehen mögen – Meinungsfreiheit.

Noch hatte Karl Kautsky nicht mitbekommen, daß sich Macht und Mehrheit in der Partei verlagert hatten, er nicht mehr der ungekrönte König der Parteitheorie war und manch einer nur darauf wartete, ihn endlich kaltstellen zu können. Im Parteivorstand saßen neben Bebel und Singer, der eh' nicht kampfeslustig und nun auch krank und müde geworden war, Ebert, Kassierer Gerisch, der betagte Wilhelm Pfannkuch, Luise Zietz, die Bebel nicht ausstehen konnte, Hermann Müller, der spätere Reichskanzler, und Molkenbuhr, der ähnlich orientiert war wie Ebert, nur viel schwächer. Kautsky versuchte, Adler einzuspannen, der über Jahrzehnte hin ein festes, oftmals vermittelndes Glied im innerparteilichen Machtgefüge gewesen war. Aber sollte es einem Ebert und all den anderen nicht gleichgültig sein, was ein Adler in Wien zu bemerken hatte, ein österreichischer Parteiführer, der sich noch dazu in finanzieller Abhängigkeit befand?

Nach manchem unerquicklichen Hin und Her blieb Kautsky nichts anderes übrig, als auf einen Kompromiß einzugehen. „Der Weg zur Macht" erschien im „Vorwärts"-Verlag, aber mit textlichen Änderungen und, fast noch wichtiger, als persönliche Meinungsäußerung. Den Anspruch auf Verbindlichkeit und Ausschließlichkeit, so alt wie das Erfurter Programm, konnte der Theoretiker Kautsky nicht länger erheben. Die Zeiten, in denen er diesen unseligen Anspruch mit nicht immer feinen Mitteln und unter Bebels schützender Hand geltend machen durfte, waren vorbei. Bebel selbst hatte es in seinem Brief an Adler eine „Eselei" genannt, daß Kautsky öffentlich aussprach, was er hätte denken oder nur „im Kreis der Vertrauensleute" aussprechen sollen. Mit Kautskys Ausführungen über einen revolutionären Kampf konnte er nicht einverstanden sein, aber deshalb stand er noch lange nicht auf seiten der Eberts und Molkenbuhrs. Es dämmerte ihm, daß in diesem neuartigen Kulissenkampf Kräfte am Werke waren, mit denen er nichts im Sinne und die er nicht unter Kontrolle hatte. So schlug er gemeinsam mit Dietz vor, daß das Büchlein in dessen Stuttgarter Verlag erscheine, ohne Änderungen. War nicht alles, was Bebel vorgeschlagen, auch verwirklicht worden? Doch auch diese Zeiten waren vorbei. Das Manöver ward durchschaut, Kautsky gab den Vorstandsbescheid nach Wien weiter: Für Stuttgart gelte das gleiche wie für Berlin.

Daß der Staatsanwalt herhalten mußte, um Kautsky die Grenzen seiner innerparteilichen Macht klarzumachen, war kein Versehen. Wer aus dem Vorstand hätte mit offenem Visier in den Ring steigen sollen? Friedrich Ebert hatte in Bremen für den reformistischen Weg, der seinem Wesen so sehr gemäß war, nicht gekämpft, und er setzte auch in Berlin keine eigenen Zeichen. Nach der Hottentottenwahl und der Bildung des Bülow-Blocks hatte er sich keineswegs auf die Seite derer geschlagen, die aus dem Ergebnis ein einziges

Gebot für die SPD ableiteten: Sich ohne Wenn und Aber auf den reformistischen Weg begeben und durchsetzen, was durchzusetzen ist, parlamentarisch und gegebenenfalls auch außerparlamentarisch, in gezielten Wahlrechtsdemonstrationen. Das Gebot war nicht neu, ähnlich hatte Georg von Vollmar schon gesprochen, als die sozialdemokratische Landtagsfraktion erstmals dem bayerischen Budget zustimmte. Doch hatte sich im Laufe der Jahre die Frage, wie strikt die Scheidelinie eingehalten werden solle, zugespitzt, in gleichem Maße, in dem die Partei stärker geworden und mit immer mehr Abgeordneten in die Landtage eingezogen war. Für Hunderte Sozialdemokraten in den Kommunalparlamenten stellte sich die Frage schon nicht mehr, doch gaben sie nicht den Ton an.

Die Bewilligung eines Haushalts hatte über die Jahre hin ihre Symbolkraft nicht eingebüßt. Die Zahl der Anhänger war gewachsen, die Zahl der ablehnenden Parteitagsbeschlüsse ebenfalls. Es sah so aus, als gewöhne man sich allseits an den Zustand. Selbst als 1908 auf dem Nürnberger Parteitag 66 süddeutsche Delegierte ein Minderheitsvotum abgaben und sich in Landesangelegenheiten ein eigenes Urteil vorbehielten, stieg niemand auf die Barrikaden. Erst als Ludwig Frank auf den Plan trat, hinter der besonderen Frage der Budgetbewilligung die allgemeine Frage nach der Stellung der Sozialdemokratie im Reich sichtbar machte und im übrigen nicht verhehlte, daß er auf die stereotypen Anordnungen nichts gebe, kam Bewegung in die Sache.

Ludwig Frank war 1874 in Nonnenweier bei Kehl geboren. Er hatte das Gymnasium besucht und als Klassenbester die Abiturientenrede gehalten: „Lessings Bedeutung für seine Zeit". Sein Schluß: Man müsse die Wahrheit nicht nur suchen, sondern auch die praktischen Folgerungen ziehen. Er studierte in Freiburg und Berlin Rechtswissenschaft, leistete seinen Militärdienst ab und wußte schon während der Praktikantenjahre, daß er in die Politik gehen und sich der Sozialdemokratie verschreiben würde. Mit 26 ließ er sich in Mannheim als Anwalt nieder. Kaum hatte er, radikal und links, in der Partei angefangen, erlebte er auf dem Amsterdamer Kongreß der Internationale Jean Jaurès und erkannte in ihm den Stern, dem er folgen wollte. Noch während der Tage von Amsterdam faßte er den Entschluß, die arbeitende Jugend zu organisieren, den er, wieder zu Hause in Mannheim, mit der Gründung des „Verbandes junger

Arbeiter Deutschlands" und dem Organ „Junge Garde" in die Tat umsetzte. Ausgerechnet an Kautsky schrieb er: „Ich erkenne jeden Tag mehr, wie sehr sich die Kluft zwischen sozialistischer Wissenschaft und Arbeit vertieft hat, und daß die Gefahr besteht, in wenigen Jahren die marxistische Theorie nicht in der Arbeiterbewegung, sondern neben der Arbeiterbewegung existent zu sehen."

1904 war in Baden das allgemeine, gleiche und direkte Wahlrecht eingeführt worden, Liberale aller Schattierungen und Sozialdemokraten verbündeten sich, um eine Zentrumsmehrheit zu verhindern – was gelang – und führten ihren „Großblock" im 1905 gewählten Landtag fort; ihm gehörten zwölf Sozialdemokraten an, unter ihnen Ludwig Frank, dem 1907 auch schon der Sprung in den Reichstag gelang. Friedrich Naumann, stets auf der Suche nach einer neuen Konstellation, wollte das badische Beispiel zum Modell für das Reich erklären, als sich 1909 die innenpolitischen Fronten lockerten. Seine Parole: „Von Bebel bis Bassermann."

Weder der eine noch der andere wollte davon etwas wissen. Beide zuckten, wie Theodor Heuss in seinen Erinnerungen festhielt, „mit ironischem Wohlwollen die Achseln". In seiner Magdeburger Parteitagsrede 1910, jener Polemik gegen Budgetbewilligung und liberales Bündnis, erzählte Bebel, wie er in der Wandelhalle des Reichstags den Führer der Nationalliberalen gefragt habe: „Nun, verehrter Herr Blockbruder, wie steht es denn mit uns", und der geantwortet habe: „Ach, Unsinn, Blödsinn." Darauf er, Bebel: „Jawohl, einverstanden." Auf dem nationalliberalen Parteitag kurze Zeit später ließ Bassermann dennoch erkennen, daß er gern den schwarz-blauen Block, den Bund von Zentrum und Konservativen, überwunden hätte... Der Bülow-Block war 1909 an den Klippen einer Erbschaftssteuer zerbrochen und der Reichskanzler darüber zu Fall gekommen; seit dem Juli 1909 regierte Theodor von Bethmann Hollweg ohne feste Mehrheit. Daß sich an seiner steif-starren Haltung im Innern nicht viel ändern würde, seiner wachsenden Sorge um Deutschlands äußeres Schicksal zum Trotz, hatte Bebel sogleich nach dem Kanzlerwechsel klargestellt.

Conrad Haussmann aus dem Württembergischen war einer der führenden Köpfe der alten Volkspartei. Er machte sich daran und schrieb auf, in der Form eines Offenen Briefes, den er in der Zeitschrift „März" veröffentlichte, welche Inkonsequenzen der

Bündnisfähigkeit der Sozialdemokratie im Wege stünden, und erklärte, warum sie durch ihre Demonstrationspolitik der Reaktion „unschätzbare Dienste" leiste. Haussmann schloß mit einer persönlichen Mahnung an Bebel: „Wenn einer den Entwicklungsprozeß, der in den Reihen Ihrer Partei eingesetzt hat, fördern kann, so sind Sie es, geehrter Kollege. Die Wellen führen schließlich auch an das Ufer, wenn der rechte Wind weht, aber eine richtige Steuerung kann den Weg gewaltig verkürzen." Die Abfuhr des so angesprochenen Steuermanns, zuerst in der „Schwäbischen Tagwacht" erschienen, war unmißverständlich und ebenso hart, wie er bei anderen Gelegenheiten eine Zusammenarbeit mit dem Zentrum zurückgewiesen hatte. Bebel zählte die liberalen Sündenfälle aus der Vergangenheit auf und, wie hätte er's lassen können, die Klassenforderungen, auf die die Arbeiterklasse nicht verzichte. Er verglich sie mit den Forderungen, die das Bürgertum an die feudale Gesellschaft gestellt habe, um den einen wesentlichen Unterschied hervorzuheben: „Indem die moderne Arbeiterklasse die Ausbeutung und Unterdrückung des Menschen durch den Menschen beseitigt, um eine Gesellschaft von Freien und Gleichen zu schaffen, fällt auch jede Klassenherrschaft, die nunmehr keine Existenzbedingungen mehr hat." Fast gnädig setzte er hinzu, daß man ehrliche liberale Forderungen auch ferner unterstützen werde.

Der im Ton ausgesprochen höflich, fast versöhnlich geführte Schlagabtausch machte erhebliches Aufsehen in der bürgerlichen Presse, die durchaus registriert hatte, daß Bebel zum Tode seines alten liberalen Widersachers Eugen Richter 1906 kondoliert hatte. Es gab kaum ein Blatt, das auf sich hielt und nun nicht über den Briefwechsel berichtete. Der Kommentar der „Frankfurter Zeitung", Oktober 1909: „Kirche oder Politik". Das Blatt schloß seine Betrachtungen mit einem Bild Bebels: „Man darf auch von Bebel nichts Unmögliches verlangen, und so sehr wir glauben, daß er es heute noch, als kranker Mann, über sich brächte, den Grundzug der Sozialdemokratie für verfehlt zu erklären, wenn er ihn dafür hielte, so wenig können wir annehmen, daß ihm diese Einsicht möglich sei. Er hat die deutsche Sozialdemokratie mitgeschaffen, an ihm, trotz aller materialistischen Geschichtsauffassung, lag es zum großen Teile, daß sie so geworden ist, wie sie ist oder noch ist, und er hat so gewirkt, weil er an die Richtigkeit dieses Wirkens glaubte, gleichviel aus welchen Einflüssen dieser Glauben entstand. Wenn man sich aber vierzig Jahre lang in marxistischen Gedankengängen bewegt, dann hat man aufgehört, die Dinge zu sehen, wie sie sind. Man muß von Bebel nichts Unmögliches verlangen. Und über das, was nach ihm kommen wird, kann man sich ja Gedanken machen, aber im übrigen ist es einfach abzuwarten. Daß sich die Sozialdemokratie, wie Bebel meint, nicht wesentlich ändern werde, dafür liegt kein zwingender Beweis vor. Es ist bekannt genug, daß die Richtung in ihr, die gerade eine solche Änderung wünscht, ständig zugenommen hat und somit Möglichkeiten vorhanden sind, die Bebel nicht sieht oder nicht sehen will. Aber man tut am besten, die Sozialdemokratie so viel wie möglich ihrer inneren Entwicklung zu überlassen."

Bebels Phantasie reichte nicht oder nicht mehr aus, sich vorzustellen, daß auch die Sozialdemokraten in einem Bündnis die Gewinnenden sein könnten. Paul Axelrod, den Menschewiken, hatte er 1905 zwar ermahnt, es mit den Liberalen nicht zu verderben, doch angefügt, daß ein Nebeneinander ein Miteinander eben nicht bedeute; so verstand er auch die Wahlbündnisse, die die SPD einging. In Magdeburg 1910, anläßlich seiner Budgetbetrachtungen, wiederholte er: „Es ist ein politisches Gesetz, daß überall, wo Rechte und Linke sich liieren, die Linke verliert und die Rechte gewinnt." Von einem solchen Gesetz hatte gerade Frank nichts wissen wollen. Er sah auch nicht ein, daß man in ein Parlament einzog, um nur zu protestieren und Anti-Parlamentarismus zu betreiben. Am 14. Juli 1910 hatte die badische Landtagsfraktion dem Haushalt des Großherzogtums wieder zugestimmt, damit gegen das Nürnberger Parteitagsdiktum verstoßen und die neue Runde in Magdeburg eingeläutet. Bebel war um so wütender, als auch in Bayern die Sache nicht ausgestanden war und hier die Fraktion mit dem Zentrum zusammenging, während sie in Baden mit den Liberalen gemeinsame Sache machte. Ein solches Durcheinander mußte ihm, der er soviel auf Klarheit und Ordnung hielt, gegen den Strich gehen. Am 20. August 1910, einige Wochen vor dem Parteitag, fauchte er, in einem Brief aus Zürich: „Dieser partikularistisch-anarchistische Spuk muß endlich ein Ende haben." Der Adressat: Der „liebe Kollege Ebert". Auch seinem alten hessischen Freund Ulrich kündigte er eine klare Auseinandersetzung für Mag-

deburg an; er fand, es sei besser, „friedlich, schiedlich" auseinander-
zugehen, wenn man nicht mehr in „gemeinsamer Schlachtfront"
kämpfe.

Die badische Partei, die in der Wahl 1909 die Zahl ihrer Mandate
von zwölf auf zwanzig hatte steigern können, berief sich auf eine
Reihe von Reformen, die vom „Großblock" durchgesetzt worden
waren – von der Erhöhung der Lehrergehälter über Steuererleichte-
rungen für kleine Einkommen bis hin zu einer Gemeinde- und
Städteordnung, die den Sozialdemokraten den Einzug in fast alle
Rathäuser ermöglichte, und zu einem freien Vereins- und Versammlungsrecht. Doch gerade diese Art von Erfolgserlebnissen beeindruckte Bebel überhaupt nicht. Wie früher den Franzosen hielt er
jetzt, in seinem Magdeburger Auftritt, den Badenern vor, daß die
preußischen Junker – er pickte sich das einst von Frank selbst
angeführte Gehalt der Weichensteller heraus – „viel mehr getan"
hätten, als die badische Parlamentsmehrheit und Regierung. Die
preußischen Kritiker des süddeutschen Vorgehens waren selbst
immer wieder verblüfft, wenn sie ins liberale Baden kamen und dort
ungestört die tollsten Versammlungen halten konnten; so spielte
Neid, der in hochmütige Mißgunst umschlug, ebenso eine Rolle wie
die Haßliebe, die sie an das Königreich Preußen band. Bebel bezeichnete den Kampf in Preußen als „etwas ganz anderes". Er habe schon
früher gesagt: „Der preußische Staat ist ein ganz anderes Ding als
jeder andere Staat. Er ist in seiner Art einzig in der Welt. Es gibt
keinen zweiten dem preußischen ähnlichen Staat, aber wenn wir
einmal diesen Staat in der Gewalt haben, haben wir alles. Aber das
kostet Mühe, das kostet Arbeit, das kostet Schweiß, das kostet
eventuell noch weit mehr. Damit könnt Ihr in Süddeutschland Euch
nicht messen, Ihr habt nicht die Möglichkeit, über dieses Preußen
richtig zu urteilen, im Süden versteht man nicht diesen Junkerstaat in
seiner ganzen Schönheit."

So sehr Bebel, begleitet von donnerndem Applaus, über die
Mißachtung von Parteitagsbeschlüssen schimpfte, er dachte nicht an
Rausschmiß. Vorher waren andere Töne laut geworden, aber hatte
er es je anders gehalten? Jetzt ließ er sogar Respekt durchscheinen,
Respekt für die badische Partei und, trotz aller Enttäuschung, auch
für Ludwig Frank: „Ich habe einmal große Hoffnungen auf ihn
gesetzt, er war auch einmal eine Zeitlang mein Liebling, mein

Benjamin, aber ich habe mich getäuscht. Er hat meine Hoffnungen betrogen." Zwei hitzige Tage lang schlug sich der Parteitag mit der Budgetangelegenheit herum. Rosa Luxemburg warf den Badenern „Kleinkrämerei" vor, sie hätten nach Goldschätzen gegraben und seien froh gewesen, als sie Regenwürmer fanden. Frank selbst hielt eine Rede, die nicht nur die „Frankfurter Zeitung" als „glänzend in der Form und inhaltlich voll überschäumender Kraft" empfand. Der Revisionismus verstecke sich nicht mehr, so das Fazit des Blattes, sondern „kämpft vielmehr mit dem radikalen Extremismus als Macht gegen Macht". Das stimmte nur zur Hälfte. Frank versteckte sich nicht, aber daß Macht gegen Macht kämpfte, war weit übertrieben. Als der Berliner Delegierte Zubeil im Namen von 211 Delegierten, zwei Dritteln also, beantragte, Bebels Resolutionsformel – „allerschärfste Mißbilligung" – durch den Satz zu ergänzen, daß zuwiderhandelnde Genossen „ohne weiteres außerhalb der Partei" stehen, und Bebel sah, daß er die Annahme nicht würde verhindern können, verließ er den Saal. Er war niedergedrückt von der Sorge um seine Frau und selbst nicht bei besten Kräften. Seiner Partei schien er sehr weit entrückt zu sein, als er sich in sein Hotel zurückzog und zum ersten Mal nach über vier Jahrzehnten einen Parteitag sich selbst überließ.

Seine Frau, die sich nach einer Operation zwei Jahre zuvor gut erholen konnte, war wieder sehr krank geworden, und Bebel hat den größten Teil des Jahres 1910 außerhalb Berlins verbracht. Den großen Arbeitskämpfen – im Mansfeldschen Kohlerevier im Oktober 1909, im Baugewerbe im April und in der Metallindustrie von April bis Oktober 1910 – stand er ebenso fern wie den Moabiter Unruhen im Herbst desselben Jahres und den preußischen Wahlrechtsmanifestationen, die im Frühjahr Aufsehen gemacht hatten. Die Gesetzesnovelle des Reichskanzlers war mit großer Spannung und noch größerer Hoffnung erwartet worden. Die Enttäuschung darüber, daß die Einteilung in drei Klassen festgeschrieben werden und ein nennenswerter Wandel nicht stattfinden sollte, hatte sich in spontanen Demonstrationen entladen. Sie zu kanalisieren und abzuschwächen, zum Beispiel dadurch, daß nur sonntags protestiert wurde, ließ sich die Parteiführung einiges einfallen; ob mit oder ohne Bebel, die Entscheidung wäre nicht anders ausgefallen. Für Massenstreiks war er jetzt so wenig zu haben wie früher, und zwischen einem allgemeinen, unter revolutionären Vorzeichen stehenden Streik, über den man solange debattiert hatte, und einem gezielten Streik für ein demokratisches Wahlrecht mochte er nun einmal nicht unterscheiden. Daß nichts dabei herauskomme, wußte er schon auf dem Höhepunkt der Frühjahrsproteste, in jenem Augenblick, da Rosa Luxemburg nach einer Parole verlangte, die Wahlrecht und Republik zugleich beinhaltete.

Sie schrieb einen entsprechenden Artikel und sandte ihn Kautsky, der sich, vorsichtig geworden, erst einmal bei Bebel erkundigte, ob er ihn abdrucken solle oder nicht. Bebel verwies auf die Beschlüsse der preußischen Landesorganisation und verneinte – nicht ahnend, welche Weiterungen die Sache haben würde. Während aus den Wahlrechtsprotesten die Luft längst heraus war – sie hatten sich schon vor dem Ersten Mai im Sande verlaufen –, begannen Karl Kautsky und Rosa Luxemburg, sich darüber nicht nur zu streiten, sondern dauerhaft zu zerstreiten. Kautsky hatte zwar gerade noch selbst mit revolutionären Gedanken gespielt, aber so revolutionär wie seine Freundin die Streiks nahm, wollte er's nicht gemeint haben, jedenfalls fand er jetzt, daß Preußen-Deutschland zu stark und das Proletariat noch nicht bewußt genug sei, um ernsthaft zur Sache zu gehen. Bebel sah nicht ohne Amüsement, wie sich die beiden jahrelangen Gefährten auseinander disputierten. Noch vor dem Parteitag 1910 ermahnte er Kautsky, „den Quark mit der Rosa" schwimmen zu lassen. Mit ihrem Schwur auf die Spontaneität der Masse konnte er nun wirklich nichts anfangen, aber leiden mochte er sie deshalb doch! Adler setzte er ins Bild: „Die Rosarei ist nicht so schlimm, wie Du denkst. Trotz aller Giftmischerei möchte ich das Frauenzimmer in der Partei nicht missen." Seine eigenen Erfahrungen sollte er erst noch machen.

Bebel blieb mit Kautsky gut Freund, er mochte Rosa Luxemburg nicht missen – daß er beider Zank um das proletarische Bewußtsein genauer verfolgt hätte, ist nicht anzunehmen –, und er konnte gar nicht anders, als auch den Weg des Ludwig Frank zu begleiten, der im Reichstag die preußische Junkerherrschaft so scharf angriff, wie es nur einer tun konnte, der ein Bewußtsein eigener Kraft hatte, der von der Flucht in eine sozialistische Zukunft nichts und von der Demokratisierung des Reiches alles hielt. Um Friedrich Ebert, der unermüdlich und unauffällig die Geschäfte führte und in dem sich die Partei in ihrer großen Mehrheit wiederfand, machte er sich keine Gedanken. Es hätte auch nichts genützt. Sein Aufstieg war, ob es Bebel gefiel oder nicht, eine Frage der Zeit. Als Singer zu Beginn des Jahres 1911 starb und Legien den Namen Ebert schon 'mal ins Spiel brachte, war's noch zu früh. Daß er eines Tages Bebel nachfolgen würde, stand fest. Vorerst war dessen Wahl auf Rechtsanwalt Hugo Haase gefallen, eine Wahl, gegen die nur der etwas haben konnte, der sich an der Spitze der Partei einen kraftvollen, unkonventionellen, auch charismatischen Mann gewünscht hätte. Haase war gemäßigt links wie Ebert gemäßigt rechts. Bebel wünschte sich, wie er 1912 Heinrich Braun darlegte, eine Führung, in der niemand ein Übergewicht über andere ausübe, und zeigte sich zufrieden, daß das „demokratische Element" zum Durchbruch gekommen sei. Weder Ebert noch Haase hatten das Zeug, ein „Übergewicht" auszuüben, beide verkörperten sie die Partei, und die Partei fand sich in ihnen wieder. Daß gerade sie die Spaltung verantworten mußten, hatte es nicht damit zu tun, daß sie keine Zeichen setzten, keine Forderungen stellten, die Dinge laufen ließen? Der eine durch passives Ja-, der andere durch passives Nein-Sagen?

Angst um Deutschland

Im Sommer 1911 sah es aus, als stehe das Deutsche Reich am Rand eines Krieges mit Frankreich. Paris hatte seinen tatsächlichen, vor allem wirtschaftlichen Einfluß auf das westliche Nordafrika absichern wollen und das Land annektiert. Die Reichsregierung, angetrieben durch den Kaiser, meinte, eigene Interessen anmelden zu müssen und entsandte einen leichten Kreuzer sowie ein Kanonenboot namens „Panther" an die südmarokkanische Küste. Der „Panthersprung nach Agadir" löste die zweite Marokko-Krise aus, in deren Verlauf man in Berlin zurückstecken mußte. Niemand schien gewußt zu haben, daß im Ernstfall Frankreich nicht nur auf Rußland, sondern auch auf englische Unterstützung würde rechnen können. Dabei hatte sich schon in der ersten Marokko-Krise 1905 herausgestellt, wie isoliert Deutschland war. Fortan sollten das deutsch-französische Wettrüsten zu Lande und das deutsch-englische zur See einander ergänzen.

1911 wurde die Annexion Marokkos durch Frankreich zum Signal für die Italiener, sich Tripolis einzuverleiben und den Anfang vom Ende des Türkischen Reiches einzuläuten. Die Türkei ward aufgeteilt, die beiden Balkankriege ließen sich nicht mehr verhindern, die Spannungen zwischen Wien und Petersburg verschärften sich. In den Hauptstädten verdichtete sich das Gefühl, daß jeder lokale Konflikt die Lunte an das europäische Pulverfaß legen könnte.

Bebel glaubte an einen Zusammenprall auf mittlere Sicht, nicht an eine akute Kriegsgefahr. So hatte er sich seit Jahren geäußert und seine Ansicht immer wieder damit begründet, daß ein europäischer Krieg „Unvorhersehbares im Gefolge" habe und daß jedenfalls die deutsche Regierung vernünftig agiere. Auch jetzt, 1911, unterstellte er keine direkte Mitverantwortung Berlins. Auf dem Jenaer Parteitag, September 1911, rühmte er sogar das Verdienst des Kaisers und dessen Regierung, den Frieden erhalten zu haben. Der Reichsregierung hielt er nur vor, daß sich das Verhältnis zu England ohne Not verschlechtert habe. Im übrigen betrachtete er die Marokko-Krise, die zweite wie zuvor die erste, unter innenpolitischen Gesichtspunkten: Die Regierung wolle ablenken und die Reichstagswahlen in ihrem Sinne beeinflussen. In der Ursachenforschung übersah er die Wirkung der Krise, die einen Wendepunkt in der Innen- und der Außenpolitik des Reiches markierte. Der Ausgang wurde weithin als Demütigung empfunden, wenn nicht als Niederlage. Das Gefühl, isoliert zu sein, entlud sich in einem neuen Nationalismus. Doch Innenpolitik hin, Innenpolitik her, „Marokko" sollte für Bebel zuerst ein innerparteiliches Problem werden und an jenem Ansehen kratzen, das die deutsche Partei in der Internationale genoß.

Das Internationale Sozialistische Büro hatte – so war es vom Kopenhagener Kongreß in Aussicht genommen – eine Eilanfrage an alle Parteien gerichtet, ob die Vertreter der betroffenen Länder – Deutschland, Frankreich, England, Spanien – unverzüglich zusammentreten und eine gemeinsame Anti-Kriegsaktion vorbereiten sollten. Alle waren einverstanden, nur für den deutschen Parteivorstand meldete Hermann Molkenbuhr Bedenken an; er nahm in Berlin die sommerliche Stallwache wahr. Unter dem Datum des 8. Juli 1911 teilte er mit, die deutsche Partei bitte in Anbetracht der bevorstehenden Reichstagswahlen, von Massenaktionen abzusehen, sie würden die Lage – gemeint: die Wahlaussichten – erschweren; mit der

Besprechung könne man warten. Auch wenn er an Molkenbuhr, der schlicht überfordert war, und dem Vorstand überhaupt herummäkelte, Bebel war einverstanden.

Molkenbuhrs Brief an Camille Huysmans, den Sekretär der Internationale, war auch Rosa Luxemburg, dem polnischen Mitglied des ISB unter die Augen gekommen. Sie veröffentlichte ihn sofort, kommentiert und leicht redigiert, in der „Leipziger Volkszeitung" und warf dem Parteivorstand eine „kleinbürgerliche Weltpolitik" vor; die Losung müsse lauten „Sozialismus statt Imperialismus". Bebel war außer sich vor Wut. Die Luxemburg habe sich, so ließ er Adler nun wissen, „diesmal ganz schandbar benommen". Allerdings wäre es nicht so weit gekommen, „wenn nicht Molkenbuhr ein Leimsieder wäre". Der lasse das Frauenzimmer lügen und antworte öffentlich kein Wort. „Ich habe ihm freilich den Standpunkt klar gemacht, aber was nützt das, wenn man fern von Madrid sitzt und fürchten muß, daß Antworten und Weisungen durch die Vorgänge überholt sind." Fern von Madrid hieß in diesem Fall Scheveningen. In dem holländischen Seebad verbrachte Bebel auf ärztlichen Rat die Sommerferien.

Auf dem Jenaer Parteitag 1911 redete er über die bevorstehende Reichstagswahl und über Marokko, man könnte auch sagen, er redete über die Wahl und über die Luxemburg. Er hielt sich streng an die Vorstandslinie und ging hart mit „der Rosa" ins Gericht; die Vorwürfe lauteten auf Indiskretion, Illoyalität und Bruch der Parteidisziplin. Ein entsprechendes Rundschreiben war den Delegierten schon vorab zugegangen. Bebel lobte die Lebenskraft einer Partei, die sich rühre und nicht mit allem einverstanden sei. Doch solle man nicht vergessen, daß die deutsche Partei stets ihre verdammte Pflicht und Schuldigkeit gegen die Internationale getan habe. An dieser Stelle nannte Bebel die Summe, die die SPD für die Opfer der russischen Revolution aufgebracht habe – eine halbe Million Mark, also weit mehr „als die ganze Internationale zusammen". Warum diese Hervorhebung? Spürte er, daß der Einfluß der deutschen Partei in der Internationale seit dem Stuttgarter Kongreß 1907, seit jener „glänzenden Heerschau", von der damals die Berichterstatter schrieben, abgenommen hatte und weiter abzunehmen drohte? Jaurès hatte in Stuttgart seiner Amsterdamer Kritik nichts hinzuzusetzen gehabt; die Linke aber, die damals auf Bebels Seite stand, war inzwischen dahinter gekommen, daß hinter dessen radikalen Redensarten ein radikales Vorgehen nicht zu suchen war.

So ernst die Angriffe auf Rosa Luxemburg gemeint sein mochten, so ernst nahm der Parteivorstand sein Bemühen, den Eindruck von Passivität zu verwischen. Schon als Huysmans am 30. Juli in Scheveningen erschien, hatte Bebel zugestimmt, daß deutsche Vertreter zu Anti-Kriegskundgebungen nach Paris führen; einige Tage zuvor hatten französische Gewerkschafter an einer Protestkundgebung in der Berliner Hasenheide teilgenommen. Im Spätsommer folgte eine ganze Serie von Massenversammlungen. Und Ende September, bald nach dem Parteitag, stieg in Zürich die Jahrestagung des ISB, an der Molkenbuhr und Bebel teilnahmen und auf der übungsgemäß auch eine Resolution zur Marokko-Frage auf den Weg geschickt wurde. Sie stellte, wie meist in diesen Jahren, einen deutsch-französischen Kompromiß dar, und war ein flammender Protest gegen die Kriegshetzer und ein Aufruf zu Initiativen, „um in umfassender Weise die Bewegung gegen den Krieg mit allen Mitteln zu entfachen".

Wieder zwei Monate später, im November, trat der deutsche Sozialisten-Führer vor den Reichstag und verteidigte Bethmann Hollweg gegen die Angriffe der konservativen Parteien wie der kronprinzlichen Fronde, von der er zu Recht annahm, daß sie bis in das hohe Offizierkorps vorgedrungen war und die Gestalt einer Kriegspartei angenommen hatte. Daß Bebel sich fast demonstrativ vor den Reichskanzler stellte, war keiner Augenblickslaune entsprungen. In der Parteiführung gewöhnte man es sich mehr und mehr an, die regierungsamtliche Außenpolitik als das kleinere Übel zu betrachten; auch dem Kaiser mochte niemand unterschieben, daß er den Krieg wolle. Und wirkten nicht auch die eigenen Friedensdemonstrationen als Gegengewicht gegen den chauvinistischen Teil der öffentlichen Meinung? Mußten sie nicht Bethmann geradezu willkommen sein?

In Jena hatte Bebel die Schrecken eines Krieges ausgemalt, und auch jetzt, da er der Regierung gegen deren Herausforderer von rechts helfen wollte, hatte er es nicht lassen können, vom Zusammenbruch der bürgerlichen Gesellschaft zu künden. Des stürmischen Beifalls der Delegierten war er sicher, als er ausrief: „Schon 1904 habe ich dem Reichskanzler Fürst Bülow gesagt, wenn ein großer Krieg kommt, steht die Existenz der bürgerlichen Gesellschaft auf dem Spiele. Und nicht wir sind es, die das herbeigeführt haben, sondern die Vertreter dieser bürgerlichen Gesellschaft." Sie allein trügen die Verantwortung „für all das ungeheure Elend und die schrecklichen Folgen eines solchen Krieges". War es eine Flucht vor der eigenen Verantwortung? Daß sie auch auf seiner eigenen Partei lag, spürte er sehr wohl, nur etwas damit anzufangen, wußte er nicht. Auf keinen Fall wollte er seine düsteren Voraussagen verstanden wissen, als drohe er mit der Revolution. Auch in Jena ließ er daran keinen Zweifel. Mit allergrößtem Nachdruck widersprach er einem Ernst Däumig, damals „Vorwärts"-Redakteur; später wurde er, auf dem Weg über die Unabhängigen Mitvorsitzender der KPD. Vier Wochen vor dem Parteitag hatte dieser Däumig auf einer Funktionärskonferenz, genauer: einer Generalversammlung der sozialdemokratischen Wahlvereine Großberlins, den Massenstreik im Kriegsfall propagiert. Der „Vorwärts" gab sich alle Mühe zu betonen, daß aus dieser Rede ein Aufruf zum Massenstreik nicht herauszulesen sei, doch große Teile der Presse taten gerade dies. Und so nahm Bebel sich vor, das „Gerede über den Massenstreik im Kriegsfall auf das richtige Maß zurückzuführen". Er bestritt, daß die deutsche Sozialdemokratie derlei Beschlüsse oder Empfehlungen internationaler Kongresse je mitgetragen habe. Es war ihm bitter ernst, das „Geschrei von der sogenannten Vaterlandslosigkeit der Sozialdemokratie" und die Behauptung, die SPD „gehe damit um, im Falle eines Krieges einen Massenstreik zu inszenieren", ein für allemal aus der Welt schaffen zu helfen. Daß er selbst dazu hätte beitragen können, zum Beispiel durch Verzicht auf seine Zusammenbruchsorakel, kam ihm nicht in den Sinn. Er hätte gemeint, das sei etwas ganz anderes. Daß auch Worte eine Wirklichkeit schaffen können, war ihm nicht bewußt.

Als im November Abgeordnete der Liberalen und des Zentrums die Däumig-Rede und die Frage des Massenstreiks vor den Reichstag brachten, wiederholte Bebel mit Nachdruck: Die Frage des Massenstreiks, des Militärstreiks im Krieg sei seit 1892 auf verschiedenen internationalen Kongressen – nicht zuletzt 1907 in Stuttgart – behandelt worden, und immer hätten die Vertreter der deutschen Sozialdemokratie in der bestimmten Weise erklärt: „Auf solche Vorschläge lassen wir uns nicht ein." Die Deutschen hätten stets geschlossen gegen solche Resolutionen gestimmt, „und dieser Weg bedeutet, meine Herren, daß die Partei an einen Massenstreik im Kriegsfall nicht denkt, nichts damit zu tun hat"! Wer diese Behauptung erneut gegen die Sozialdemokratie benutze, „der ist ein Verleumder, der handelt wider besseres Wissen, und den werden meine Parteigenossen, hoffe ich, in der rechten Weise für seine Verleumdung zu züchtigen wissen".

Mit dieser ebenso lebhaften wie defensiven Klarstellung am 11. November 1911 hatte Bebel seine eigentliche Marokko-Rede, die er zwei Tage zuvor gehalten, ergänzt; ein einziges Mal nur war er aus der Defensive wenigstens rhetorisch herausgetreten, als er nämlich forderte, daß der Reichstag auch über internationale Verträge müsse entscheiden können. Frank wurde noch deutlicher: „Unsere Kollegen in Paris machen Geschichte, wir machen Verhandlungsprotokolle." In beiden Reden hinterließ Bebel sein außenpolitisches Testament. Er nannte vier miteinander verbundene Bereiche:

Erstens, zur Sache selbst: Wichtiger als die Zustände in Marokko seien jene in den deutschen Ostprovinzen, denn „diese Ostprovinzen sind unser Marokko". Dort sei Raum frei für so viele Menschen, „daß wir sie in Marokko selbst bei der günstigsten Entwicklung nicht unterbringen könnten". Außerdem habe man eine Wahlparole gesucht. „Man weiß nicht mehr, wie man mit der Sozialdemokratie fertig werden soll. Da wäre ein auswärtiger Krieg ein ganz vortreffliches Ablenkungsmittel gewesen." Aber handelspolitisch sei Marokko so herzlich unbedeutend, „daß auch nur ein vierwöchentlicher Krieg für Deutschland hundertmal mehr Opfer erfordern würde, als alle die Vorteile betragen, die wir von Marokko herausschlagen können".

Zweitens, zu England: Er verwahrte sich gegen die These, die auch der Reichstag zu hören bekommen hatte, daß England der Hauptfeind sei. Zu allen Zeiten, insbesondere in den neunziger Jahren, habe er im Hause den Standpunkt vertreten, „daß wir nichts Klügeres in unserer auswärtigen Politik tun könnten, als uns mit England zu verständigen und England als viertes Glied in den Dreibund aufzunehmen, aus dem Dreibund einen Vierbund zu machen". Die deutsche Politik sei andere Wege gewandt, die Folgen würden in der Zukunft zutage treten. Und dann die Berufung auf einen besonderen Kronzeugen: „Wir haben allezeit für ein freundschaftliches Verhältnis und Zusammengehen mit England plädiert. Wir haben, so sehr wir sonst in den inneren und auswärtigen Fragen mit dem Fürsten Bismarck nicht einverstanden, allezeit den Standpunkt von ihm geteilt, den er in den achtziger Jahren dahin formuliert hat: Es gibt keinerlei ernsthafte Gründe, die uns mit England auseinanderbringen könnten, wir hätten im Gegenteil das größte Interesse, und da stehe kein Hindernis im Wege, gemeinsam Hand in Hand miteinander zu gehen." Mochte ein Krieg mit Rußland und Frankreich nicht zu verhüten sein, 1911 beschlich ihn mehr und mehr die Ahnung, daß „unsere blödsinnige England-Politik", so drückte er sich in Briefen aus, das Verhängnis heraufbeschwören könnte.

Es wollte Bebel nicht einleuchten, daß das offizielle London der deutschen Flottenrüstung nicht kraftvoller entgegentrat. Daß es im Sinne gemeinsamer Interessen, die den Erhalt des Friedens einschlossen, einer deutlichen Änderung der englischen Politik bedürfe, versuchte er einem Züricher Bekannten, dem Generalkonsul des Königreichs, Heinrich Angst, brieflich und gesprächsweise klarzumachen. „Sir Henry" berichtete getreulich ans Foreign Office, so an Außenminister Grey, Oktober 1910: Bebel könne „nicht verstehen, was sich die Britische Regierung und das Volk dabei denken, Deutschland so nah mit seiner Flottenrüstung an sich heranschleichen zu lassen". Mit dem in der Labour Party vorherrschenden Pazifismus wußte er überhaupt nichts anzufangen, er fand ihn weltfremd. Die Resolutionen, die Engländer und Franzosen der Internationale vorzulegen pflegten, behagten ihm nicht. Statt „im Stil der Friedensliga ein großes Geschrei" zu machen, so hatte er schon im August 1908 Adler wie Molkenbuhr bedeutet, sollten die Arbeiterparteiler „lernen, die Flinte auf den Buckel zu nehmen, um sich gegebenen Falles wehren zu können".

Drittens, zu Frankreich: Der Krieg 70/71 lag lange zurück, sein Nein gegen die Kriegskredite ebenfalls. Seither hatte ihn das Mißtrauen gegen den Nachbarn nicht verlassen und war im Laufe der Jahre stärker geworden. Jetzt, 1911, wollte er einmal dahingestellt sein lassen, ob Paris die Bestimmungen über „die offene Tür", wie sie das Marokko-Abkommen vorgesehen hatte, loyal handhaben werde. Er gestand, daß er sich von seinem Parteifreund Frank unterscheide, „der vorhin glaubte aussprechen zu dürfen, daß Frankreich sicher loyal handeln werde. Ich erwarte den Beweis. Wird er erbracht, wird niemand sich mehr freuen als ich". Im gleichen November 1911 schrieb er einem französischen Sozialisten, daß er sich dagegen verwahre, als anti-französisch hingestellt zu werden; ein Abgeordneter hatte eben dies behauptet. Er meinte, es sei mit dem Hinweis auf 70/71 getan und darauf, daß seine Partei „bis auf den heutigen Tag" sich geweigert habe, für das Heeres- und Marine-budget zu stimmen.

Und viertens, zur Stellung der Sozialdemokratie: Als Bebel – gerade hatte er sich noch so staatsmännisch über die deutsche England-Politik geäußert – die Götterdämmerung der bürgerlichen Welt heraufziehen sah und mit ruhiger Selbstverständlichkeit erklärte, daß hinter dem Generalmarsch der Kladderadatsch stehe, kam von rechts der Zwischenruf: „Nach jedem Kriege wird es besser!" Bebel ließ sich nicht darauf ein und beleuchtete die Haltung seiner Partei von der anderen Seite. Mehr als einmal rief er aus, daß er und seine Freunde der Reichsregierung gegenüber deren unver-nünftigen Widersachern die Stange hielten: „Uns schreckt es nicht, mal auf seiten der Regierung zu stehen, wenn diese mal vernünftig ist." So prinzipielle Gegner seien sie nicht, daß sie um jeden Preis, auch da, wo es sich um etwas Gutes handele, gegen das Gute stimmten. Er schloß die Debatte mit der – stolzen? – Feststellung, daß die sozialdemokratischen Friedensdemonstrationen der Regie-rung sehr gelegen gekommen seien. Diese sei froh gewesen, daß sie kamen, „damit sie wenigstens eine Stütze fand gegen die allgemeine Hetze, die von einigen der größten Parteien zum Kriege getrieben wurde". Die Regierung wolle von der Sozialdemokratie nichts wissen, und diese nichts von der Regierung. „Aber wenn durch Zufall einmal unsere Wege nebeneinander laufen, so lassen wir uns dieses Nebeneinanderlaufen gefallen. Wir handeln eben vernünftig."

Dem Marokko-Jahr mit seinen ununterbrochenen innerparteili-chen Kontroversen folgte ein rauschender Wahlsieg auf dem Fuße. Bebel spürte oder wollte spüren, daß es seiner integrierenden Per-sönlichkeit mehr denn je bedurfte, um die Partei zusammenzuhalten; tatsächlich konnten sich, bedingt durch den doppelten Boden, auf dem er agierte, immer noch sehr unterschiedliche und fast entgegen-gesetzte Kräfte auf ihn berufen. Das Gefühl, unentbehrlich zu sein, muß ihm wohlgetan haben, anders sind seine Mitteilungen an die Freunde, Adler vor allen anderen, aber auch Schlüter und Manz, nicht zu deuten. Er redete sich ein, auf dem Platze sein und die Zügel fest in die Hand nehmen zu müssen... Immer wieder schrieb er auch von Aufhören, aber das war nichts als Koketterie. Adler gestand er Ende 1912: „Das Radikalste wäre – wie das mein Arzt verlangte–, ich hinge die Politik an den Nagel und zöge zu den Kindern. Aber das hielte ich nicht aus. Dazu fühle ich mich wieder zu jung, und tät' ich's dennoch, wäre es bald ganz aus." Und war er nicht immer noch jung genug, um dazwischenzufahren? Einhalt zu gebieten, wenn die Scheidelinie verwischt zu werden drohte?

Aus den Wahlen vom 12. Januar 1912 war die SPD mit 4,25 Millionen Stimmen – 34,8 Prozent – als nun mit Abstand stärkste Partei hervorgegangen. Mit 110 Abgeordneten, von denen es 64 bereits im ersten Wahlgang geschafft hatten, stellte sie zum ersten Mal auch die stärkste Fraktion, für Reformisten und Revisionisten von noch größerer Bedeutung als für Bebel. Er fand es immer noch wichtiger, die Anhänger zu zählen, als mit den Liberalen zusammen eine Reichstagsmehrheit zu erringen. Und doch hatte er selbst jene Bedingungen formuliert, unter denen das Stichwahl-Abkommen zustande kam, und damit den Mandatsschub herbeiführen helfen. Es waren drei sehr bescheidene Bedingungen, die Bebel in einer Hamburger Rede im März 1911 genannt hatte. Sie waren so bescheiden und so sehr auf Defensive ausgerichtet wie sein innenpolitischer Kurs überhaupt; man denke an die Bedingung, unter der er einen Massenstreik billigen wollte, die der Wahlrechtsbeschneidung. Jetzt hatten sich bürgerliche Kandidaten, die in einer Stichwahl sozialdemokratische Stimmen verbuchen wollten, nur für die Aufrechterhaltung des Reichstagswahlrechts, gegen jede Beschränkung des Vereins- und Versammlungsrechts und gegen jedes anti-sozialdemokratische Ausnahmegesetz auszusprechen. Bebel hat das Abkommen mit der Fortschrittlichen Volkspartei, wie das neue Firmenschild des Linksliberalismus lautete, nicht selbst abgeschlossen, es wurde in seinen Einzelheiten von Ebert und Scheidemann ausgehandelt und erst eine Woche vor den Stichwahlen unter Dach und Fach gebracht.

Kaum war die Entscheidung vorüber, schrieb Bebel an Kautsky: „Mit den 110 habe ich genug; wäre noch ein Stichwahltag in Aussicht gewesen, hätte ich gebetet: O Herr! Halt ein mit Deinem Segen!" Der Stoßseufzer kam von Herzen. Denn nun stellte sich noch dramatischer als 1903 die Frage: Was tun mit so vielen Stimmen und so vielen Mandaten? Schließlich fehlten dem – fiktiven – Block von Bebel bis Bassermann nur noch wenige Sitze zur – fiktiven – Mehrheit. Der schwarzblaue Block war geschlagen, das Zentrum verstand das Warnzeichen und fing an, sich sachte umzuorientieren und eine gewisse Zusammenarbeit mit der SPD anzustreben. Die Dramatik der Frage enthüllte sich auch jetzt in der Wahl des Reichstagspräsidiums. 1903 hatte nur der Posten eines Vizepräsidenten zur Debatte gestanden, doch er hatte genügt, die Partei durcheinander- und Bebel aufzubringen. Neun Jahre waren seither ins Land gegangen, Jahre, in denen sich der Vorsitzende dem preußisch-deutschen Schicksal so sehr zugewandt hatte und in denen die Partei immer weiter in das Reich hineingewachsen war. Mußte er nicht jetzt zu einem anderen Urteil gekommen sein als 1903?

Bebel hat nie gesagt, was er getan hätte, wäre er zum Präsidenten gewählt worden. Die stärkste Fraktion hatte ihn vorgeschlagen, er unterlag einem Kandidaten des Zentrums im zweiten Wahlgang. Für Bebel waren 175 Stimmen abgegeben worden, also nicht nur sozialdemokratische und linksliberale, sondern auch etliche nationalliberale Stimmen, für den Zentrumsmann 196. Nein, Bebel hatte nicht im Traum mit seiner Wahl gerechnet. Er wäre auch nie und nimmer darangegangen und hätte um Stimmen geworben. Doch war nicht mit der Kandidatur ein Zeichen gesetzt, eine Bereitschaft gezeigt, daß man abseits nicht immer stehenbleiben wolle? In der Kampfabstimmung um den Posten des ersten Vizepräsidenten setzte sich Philipp Scheidemann, ebenfalls gestützt von Fortschrittlern und einem Teil der Nationalliberalen, gegen einen Konservativen durch; zweiter Vizepräsident wurde, auch mit Hilfe der Sozialdemokraten, ein nationalliberaler Mann. Nur ein gutes Jahr war es her, daß Bebel die badischen Freunde nicht nur wegen ihrer Budgetbewilligung, sondern auch und gerade wegen ihrer „Hofgängerei" unter Beschuß genommen hatte. Und nun sollte ein sozialdemokratischer Vizepräsident dem Kaiser seine Aufwartung machen? Sollte er, wenn er dem Reichstag präsidierte, das Hoch auf den Monarchen ausbringen? Wilhelm II. ließ nicht verlauten, daß er keinen Sozialdemokraten empfange, nein, man hörte, er werde das Präsidium des Reichstags nicht ohne den gewählten Sozialdemokraten empfangen. Scheidemann wollte oder durfte nicht zu Hofe gehen, und so kam, was kommen mußte. Bei der Wahl des endgültigen Präsidiums im März

– es hatte sich, so war es Reichstagsbrauch, zunächst um das provisorische gehandelt – fiel Scheidemann durch.

In seinen „Memoiren eines Sozialdemokraten" hat Philipp Scheidemann sehr vergnüglich von Bebels Nervosität berichtet. Bebel habe, in den Tagen nach der Wahl, unbedingt verhindern wollen, daß er das Amt aus Wut über die rechten Angriffe hinwerfe. Und er erzählt, wie Bebel ihn habe zu sich rufen lassen und erleichtert gewesen sei, als er seine Frage „Haben Sie auch einen anständigen Gehrock?" bejahte. Ob Bebel je in Aussicht gestellt hat, ein sozialdemokratischer Präsident oder Vizepräsident werde jede Vorschrift der Geschäftsordnung erfüllen, es läßt sich nicht belegen. Doch warum sollte er's nicht versprochen haben? Entweder, oder. Wenn schon ein solcher Posten, dann unter Wahrung aller Formen. Scheidemann vermerkt in seinen Erinnerungen auch, wie Bebel ihn aus einer Fraktionssitzung hinausgejagt habe; „es sei im Reichstag Brauch, daß der Präsident sogar aus seiner Fraktion ausscheide, um dadurch zu bekunden, daß er jetzt über den Parteien stehe. Da ich zur Zeit alleiniger Präsident sei, müsse ich die Sitzung verlassen. Wir dürften uns auf keinen Fall einen Verstoß gegen das parlamentarisch Herkömmliche zuschulden kommen lassen." Über das Presseecho auf Scheidemanns erste Amtshandlungen wird er sich von Herzen gefreut haben; die bürgerliche Presse in all ihren Schattierungen kam aus dem Staunen nicht heraus und war des Lobes voll. Das „Berliner Tageblatt" stellte nüchtern fest, daß er sich durch nichts von einem ‚bürgerlichen' Präsidenten unterscheide und sein Amt „mit außerordentlichem Geschick, Ruhe und Geschäftskenntnis" versehe. Die „Frankfurter Zeitung" fand, wie fast alle Kommentatoren, Scheidemann habe auf dem Stuhl Platz genommen, als ob er es gewohnt sei. Andere gaben dem Auftritt mehr Farbe; Scheidemann selbst zitiert die evangelische „Tägliche Rundschau", die schilderte, wie die Minister sich sanft „unter das rote Joch" gebeugt hätten, das Zentrumsblatt „Germania", das die sonore Stimme des neuen Präsidenten lobte, und die „Schlesischen Nachrichten", die „einen solch eleganten Reichstagspräsidenten" noch nicht gesehen haben wollten.

Daß die Geschäftsordnung Hofgang und Kaiserhoch in der Praxis einschloß, mag Bebel zunächst, erfüllt von der Bedeutung des Augenblicks, verdrängt haben. Er wollte, daß Scheidemann, der Sozialdemokrat, seine Sache so mache, wie es sich gehörte, aber er wollte nichts dafür riskieren und eben nicht die Entscheidung treffen, die zu treffen war. Den Gang ins Schloß als Formalie zu betrachten und ihn zu gehen, hätte den Willen zu aktivem Tun vorausgesetzt. Dieser Wille war nicht vorhanden. So fiel Bebel, als die Sache schief ging, sofort ins andere, ihm so sehr vertraute Extrem. „Die Bürgerlichen sind Canaillen, die Bande steht wie ein Mann, sobald es gegen uns geht", schrieb er, noch vor der Neuwahl des Präsidiums an Manz. Das voraussehbare Ende der „Präsidentenherrlichkeit" von Freund Philipp kommentierte er in gewohnter Manier: „Ist auch kein Unglück. Schafft Klarheit."

Indes, die Klarheit, die Bebel meinte, sollte mit und ohne Reichstagspräsidenten der Vergangenheit angehören. Hugo Haase, inzwischen Parteivorsitzender wie Bebel und seit der Wahl im Januar wieder Abgeordneter, wurde Vorsitzender der Geschäftsordnungskommission des Reichstags, und Dr. Albert Südekum stellvertretender Vorsitzender der Budgetkommission; Bethmann Hollweg begann, die Sozialdemokraten zu Besprechungen heranzuziehen, von denen sie bislang ausgeschlossen waren. Anzeichen der Auflokkerung? Wohin hätten sie geführt, wäre nicht durch den Krieg alles durcheinander geraten? Gegen geheime Sitzungen war die Linke in der Fraktion höchst mißtrauisch, doch mit der Vertraulichkeit nahmen es Linke wie Rechte gleichermaßen genau. In geheimen Beratungen der Budgetkommission erhielten deren sozialdemokratische Mitglieder Bebel, Frank und Ledebour die Bestätigung, daß die belgische Neutralität keineswegs respektiert werden würde. Sie legten Verwahrung ein, und hielten im übrigen den Mund.

Bebel machte auch Konsul Angst keine Andeutung. Die Kontakte mit dem betuchten Eidgenossen und Museumsmäzen in englischen Diensten häuften sich zwar 1912 und 1913 und mündeten in ein freundschaftliches, mit mancherlei Essenseinladungen gespicktes Verhältnis. Doch der Inhalt der Berichte, die nach London gingen, veränderte sich nicht. Angst maß ihnen nur immer größere Bedeutung zu, schließlich hatte ein Honorarkonsul in Zürich nicht alle Tage über große Politik zu berichten. Daß Bebel im Verhältnis zu England weiterhin die deutsche Schicksalsfrage sah, war den Reichstagsprotokollen und den Zeitungen zu entnehmen. Nicht bekannt war, daß er über die Jahre hin England zu stärkeren Anstrengungen in der eigenen Flottenrüstung ermunterte. Angst in einem Bericht vom 1. Mai 1911: „Herr Bebel ist der Meinung, daß es einen Weg gibt, aber nur einen, den ruinösen Flottenwettlauf zu beenden, nämlich die Aufnahme einer überwältigenden Sonderanleihe für die Flotte durch die Regierung Seiner Majestät." Ein knappes Jahr später meldete er unter Berufung auf Bebel, Deutschland habe schneller als von ihm erwartet, den Vorsprung Englands aufgeholt: „Selbst wir Sozialisten müssen zugeben, daß während der letzten zwölf Jahre in der deutschen Marine Hervorragendes geleistet worden ist." Englische Maßnahmen, wie er sie sich vorstellte, würden, so seine Einschätzung, Deutschland beibringen, daß die militärische Vorherrschaft zu Lande und zu Wasser über die eigenen Möglichkeiten gehe, die Finanzkraft reiche nicht hin.

Man hat, als die Dokumente in den siebziger Jahren bekannt wurden, die Frage des Landesverrats aufgeworfen. Gewiß, sein Motiv war edelmütig und so patriotisch, wie es nur sein konnte. Entsprang es doch dem sicheren Gefühl, daß Deutschland den Krieg gegen Rußland und Frankreich und England nicht würde gewinnen können. Doch für manche Juristen des Kaiserreichs und nicht nur für sie wäre der Fall kaum zu beschönigen gewesen. Nicht auszudenken, was passiert wäre, hätte jemand geplaudert...

Bebel warnte die Engländer auch, den deutschen Sozialdemokraten zuviel zuzutrauen; sie würden den Krieg nicht verhindern können. Auch der Wahlerfolg von 1912 sei nicht zu überschätzen. Gleich nach der Hauptwahl schrieb er Sir Henry, im neuen Reichstag werde für alle Rüstungen zu Wasser und zu Lande eine große Mehrheit vorhanden sein. Keine Partei, mit Ausnahme der Sozialdemokratischen, werde gegen die Rüstungen zu kämpfen bereit sein: „Das Verhängnis geht seinen Gang." Noch am 20. Januar 1913 berichtete der Konsul, Bebel habe wiederholt, „seine Partei sei machtlos, den Ausbruch eines Krieges zu verhindern, selbst eines Angriffskrieges". Von der Internationale redete er gar nicht erst. Seine distanzierenden Bemerkungen im Reichstag waren ernst gemeint gewesen, er wußte zu sehr um die unterschiedlichen Interessen, als daß er hätte meinen können, die Internationale werde die Dinge noch beeinflussen. Was er nicht wußte und worin er schwankte bis zuletzt, war die Einschätzung der Lage: Kommt es zum großen Krieg oder bleibt es bei regionalen Konflikten wie auf dem Balkan? Im Juli 12 schrieb er Adler, er glaube nicht an den Krieg, Anfang Oktober aber, bei

Betrachtung der europäischen Situation sei er zu der Ansicht gekommen, „daß das nächste Jahr uns wahrscheinlicherweise den europäischen Krieg auf den Hals bringt". Unterdessen erinnerte er – wie so oft in den äußeren Wirren dieser Jahre – an Bismarck, der gesagt hatte, der Balkan sei die Knochen eines einzigen pommerschen Grenadiers nicht wert.

Ende Oktober 1912 – der Erste Balkankrieg hat Anfang des Monats begonnen – tagt das Büro der Internationale in Brüssel, ohne Bebel, dem es nicht gut geht; es beschließt, einen außerordentlichen Kongreß einzuberufen und ein Anti-Kriegsmanifest zu entwerfen. Bebel ist überhaupt nicht einverstanden, fährt aber dennoch zum Kongreß, der Ende November in Basel zusammentritt, und nimmt auch das Wort – zu freundlichen, inhaltlich belanglosen Ausführungen. Hjalmar Branting berichtet, Bebel, der „grand old man" der Internationale, habe sich erst überreden lassen, im Namen des Kongresses dem Baseler Veranstalter zu danken; es sei ihm ein nicht enden wollender Beifallssturm entgegengebrandet. In dem Manifest wird die Arbeiterklasse aller Länder noch einmal aufgerufen, mit allen Kräften die Vernichtung der Blüte aller Völker zu verhindern und in allen Formen und allen Orten den Friedenswillen des Proletariats zu demonstrieren. Zuvor hatte Bebel dem Schweden noch ans Herz gelegt, daß die kleinen Staaten auf ihre Landesverteidigung nicht verzichten dürften, „solange die Großmächte bis zu den Zähnen gerüstet" seien.

Am 1. März 1913 bringen deutsche und französische Sozialisten ein gemeinsames Papier zustande, gegen das Bebel nichts hat. Am 11. Mai nimmt er in Bern an einer Konferenz deutscher und französischer Parlamentarier teil; vermutlich hat er Ludwig Frank, von dem die Initiative ausgegangen war, nicht absagen mögen. Vielleicht hat ihn auch der Gedanke gequält, sich um das Verhältnis zu Frankreich nicht hinreichend gesorgt zu haben? Man spricht sich gegen Chauvinismus und für Frieden aus und will Streitfragen durch ein Schiedsgericht beigelegt wissen. Unter den 34 Reichstagsabgeordneten sind 26 Sozialdemokraten, die französische Delegation ist ausgeglichener. Ende Juni ist er wieder – noch einmal – in Berlin.

Unmittelbar nach Beginn des Balkankrieges hatte die Regierung eine neue Heeresvorlage eingebracht, die nun verabschiedet werden sollte. Heeresvorlage hieß Heeresverehrung. Die SPD lehnte erst ab und stimmte dann Teilen der Finanzierungsgesetze zu – schwankend zwischen dem Gebot der Vergangenheit, dem System keinen Mann und keinen Groschen zu gewähren, und dem Wunsch der Gegenwart, Deutschland nicht nur rhetorisch verteidigen zu helfen; an der Fraktionssitzung nahm Bebel teil. Die Begründung für das Ja fiel entsprechend kleinlaut aus: Die Mehrkosten sollten zum ersten Mal in der Geschichte des Reiches dadurch aufgebracht werden, daß Vermögenszuwächse besteuert wurden. Ein Schritt auf dem Weg zu direkter Besteuerung schien getan, ein Schritt auch, die Arbeiter zu entlasten. Man hatte über dem Mittel den Zweck geheiligt, den zu nennen, die Ehrlichkeit gegen sich selbst fehlte. So groß die sozialdemokratische Zufriedenheit über die Art der Finanzierung gewesen sein mag, so mächtig der Wunschglaube an einen politischen Kurswechsel: Hätte man der Vorlage beigepflichtet, wenn man nicht auch die Heeresvermehrung bejahte? Lag nicht die Zustimmung auf jenem Weg, den Bebel in den letzten Jahren gegangen war? Daß er sich und Freund Adler damit tröstete, „daß ein europäischer Krieg zu einer Katastrophe wird, die alles in Frage stellt", er wäre nicht Bebel gewesen, hätte er anders empfunden.

Am 11. August 1913 legte er Molkenbuhr brieflich dar, wie man der kritischen Debatte in der Fraktion „den Hals umdrehen" könne; die „Hyperradikalen", die gegen die Wehrvorlage und das Abstimmungsverhalten zu Felde zogen, regten ihn auf. Er erbot sich, für den Parteitag, der wieder in Jena stattfinden sollte, eine erklärende Broschüre zu verfassen. Doch gehe es ihm „hundsfötig schlecht". Er habe sich das Alter schöner vorgestellt.

Das Testament

Am 22. November 1910 war Julie Bebel in Zürich gestorben. Wenige Tage später schrieb er an Louise Freyberger, die erste Frau Kautskys und Engels' langjährige Hilfe: „Was hilft's: Wir müssen zu ertragen versuchen." Ihre Grabstätte befinde sich in der Nähe vom Grab Gottfried Kellers, und auch für ihre Urnen sei dort Platz. „Wo hätte ich gedacht, daß ich Julie überleben würde?"

Die Teilnahme war allgemein, Bebel selbst nannte sie „rührend". Der Reichstagspräsident sprach ihm telegraphisch seine „herzliche

Anteilnahme" aus, und fast alle Zeitungen, nicht nur die sozialdemo-kratischen, würdigten Julie Bebel. Das „Berliner Tageblatt" stellte einen hübschen Vergleich mit Johanna von Bismarck an, einen Vergleich, über den Bebel geschmunzelt haben dürfte: „Es ist merk-würdig, daß er sowohl wie sein furchtbarer Gegner im Lebens-kampfe in bezug auf ihre Frauen die gleichen Erfahrungen gemacht haben. Johanna Bismarck und Julie Bebel, sie müssen, bei aller Verschiedenheit der Umwelt, woraus sie hervorgingen, im Kern ihres Wesens verwandte Naturen gewesen sein. In der Sorge um den Mann, für dessen Wesen und Bedeutung ihnen früh das volle Verständnis aufgegangen war, erschöpfte sich ihr Lebensberuf. Und beide Männer wußten, was sie an ihren Frauen hatten. In mancher Äußerung Bismarcks klingt das innige Verhältnis zu Frau Johanna durch, und auch Bebel hat vor der Öffentlichkeit mehr als einmal mit freundlichem Humor der fürsorgenden Hausfrau gedacht. So haben das adlige Fräulein wie das Proletarierkind ihr Leben so zu gestalten verstanden, daß der Dank von Millionen als schönster Kranz auf ihrem Grabe ruht."

Nach 44 Jahren harmonischer Ehe war Bebel nun allein. In Zürich hatte er die Kinder, in Berlin aber nur noch die Politik. Eine Zufluchtsstätte, vor allem des Sonntags, wurde ihm das Haus der Kautskys, denn allein sein mochte er nun einmal nicht. Seine eigene Häuslichkeit regelte er bis ins kleinste. Er stellte das Mädchen, das den Bebels schon zehn Jahre lang den Haushalt geführt hatte, als Wirtschafterin ein und schloß Verträge ab, erst mit dem Mädchen, einem Fräulein Richter, als diese sich verheiratete, auch mit deren Ehemann, einem Herrn Fänger; von der Festsetzung der Unter-miete, zwanzig Mark im Monat, über die Nutzung des Küchenge-schirrs bis zu den Gegenleistungen; es wurde nichts ausgelassen, was in einem geordneten Haushalt in Ordnung zu halten ist, vom Wohnraum bis zur Leibwäsche. Die beste Regelung konnte ihm häusliche Wärme nicht vermitteln, und so zog es ihn stärker noch als zuvor in die Schweiz. Er selbst war während der langen Leidenszeit seiner Frau arg heruntergekommen, doch erholte er sich im Laufe des Jahres 1911, und hin und wieder sprach er sogar von Wohlbefin-den. Es waren kurze Augenblicke nur noch, und bei seinem Tode wußte man, daß in Jena – Parteitag 1911 – zum letzten Mal der alte schneidige Kämpe aufgeblitzt war. Zum letzten Mal für alle sichtbar.

Unsichtbar bleiben seine schneidigen Einwürfe, die er gegen eine längst verstorbene, ihn dennoch niemals loslassende Person machte: Schweitzer.

1903 hat Bebel zum ersten Mal, beiläufig noch, angemerkt, daß er seine Erinnerungen zu schreiben gedenke. Es war jenes Jahr 1903, in dem er seinen letzten großen Wahlkampf führte und in dem er die Ahnung vermittelte, daß er nicht mehr auf der Höhe war. So hatte nicht nur der Zufall seine Hand im Spiel, als er im Jahr des Dresdner Parteitages in die Vergangenheit einzutauchen begann. Langsam erst, sehr langsam, denn noch war er dem Geschäft der Gegenwart verhaftet. 1906 schrieb er Gustav Mayer, dem nicht-sozialdemokratischen Historiker der Sozialdemokratie, über den Fortgang der Erinnerungen: „Wann wissen die Götter", er sei vorläufig mit Tagesarbeit überhäuft.

Doch es ging fort, vielleicht in gleichem Maße, wie die Tagesarbeit zurückging. Der erste Band, der die Zeit bis 1869 behandelte, erschien 1910, der zweite, der bis an das Sozialisten-Gesetz heranführte, bereits 1911. „Die Angelegenheit Schweitzer", wie er zu sagen pflegte, nahm den größten Raum ein, und sie beschäftigte Bebel auch immer noch am meisten. Nicht in dem Sinne, daß er nachgedacht, abgewogen hätte, nein, er war wie getrieben, daß an seinem Schweitzer-Bild nicht retuschiert werde. Daher der Briefwechsel mit Gustav Mayer, der 1911 seine Schrift über „Die Trennung der proletarischen von der bürgerlichen Demokratie" veröffentlicht und darin ein nuanciertes Porträt des einstigen ADAV-Führers gegeben hatte.

Sie tauschten auch Meinungen über Engels aus, über den Mayer eine Biographie vorbereitete. Bebel im Oktober 1911: Die Jugendgeschichte Engels' könne sehr interessant werden. Er sei „alle Zeit ein Schwerenöter, ein Lebemann par excellence" gewesen. Ihn mit einem Schweitzer auf eine Stufe zu stellen, sei aber unmöglich. Hier beginne sein „Rigorismus" ... Der „Frankfurter Volksstimme", die einen nichtssagenden Artikel „Um Schweitzer" gebracht hatte, schickte er eine so scharfe Beschwerde – seine Entgegnung war nicht gedruckt worden –, wie er sie in seinen besten Tagen nicht schärfer hätte formulieren können; der Unterschied war nur, daß früher sich jeder ängstlich beeilt hätte, Bebel zu Diensten zu sein, und jetzt nicht mehr. Schweitzer hielt ihn bis an sein Lebensende in Atem, vergällte ihm noch die letzten Monate, weil auch Parteihistoriker Mehring, den er ohnehin nicht mehr ausstehen konnte, diesem ihm so sehr verhaßten Menschen ein Denkmal setzte. Schweitzer war der einzige, den er über den Tod hinaus verfolgte. Mit anderen politischen Widersachern fand er stets ein persönliches Auskommen, so auch mit Eduard Bernstein, mit dem er in den letzten Lebensjahren wieder freundschaftlichen Umgang pflegte.

Bebels ganzer Stolz gehörte seinem Schwiegersohn, Ferdinand Simon, einem Arzt, der sich auch in der bakteriologischen Forschung einen Namen machte. In den letzten Dezembertagen des Jahres 1911 spritzt er, auf der Suche nach den Scharlach-Erregern, eine Maus mit Streptokokken, die ihn beißt und nun selbst infiziert. Er stirbt am 4. Januar 1912. Die einzigen beiden Versammlungen, die Bebel vor der Wahl in Hamburg halten wollte, werden abgesagt. Als er am Wahltag an Adler schreibt und – den Toten beklagend – sein trotziges „Was hilft's?" hervorstößt, ahnt er nicht, daß das Schlimmste noch bevorsteht. Seine Tochter Frieda, der die Schwermut in die Wiege gelegt war, wurde von Wahnvorstellungen heimgesucht und unternahm einen Selbstmordversuch. Er mußte sie in ein Heim bringen. Manz kümmerte sich, so daß er trotz ihres jammervollen Zustandes nach Berlin fahren konnte. Im Laufe des Sommers trat langsame Besserung ein. Schließlich rekonvaleszierte sie zu Hause, in der neuen Wohnung am Züricher Schanzenberg.

Für den Parteitag 1912 hatte er ein Referat nicht mehr übernommen und Louise Kautsky gestanden: „Ich habe zum ersten Mal in meinem Leben abgelehnt. Ich habe keine Stimmung." Woher auch sollte sie kommen? In Chemnitz hielt er vier Tage durch, dann legte er sich mit einer schweren Bronchitis ins Bett, der Parteitag ging ohne ihn zu Ende. Und doch ist in den Tagen von Chemnitz eines der schönsten Bilder vom alten Bebel entstanden. Hjalmar Branting, der nun in die schwedische Regierung eintreten sollte, hat es für die heimische Presse gezeichnet: Er habe an einem der Langtische in der Mitte gesessen, Blumen vor sich, „das weiße Haupt müde auf der Hand ruhend". Wenn er vom Festsaal, eine gute Viertelstunde außerhalb, in die Stadt gefahren sei, hätten barhäuptige Massen den Weg gesäumt. Die Hingabe zu sehen, die dem Alten entgegengebracht worden sei, habe ihn tief gerührt: „Überall anhaltender Beifall, überall Hochrufe." Er ließ sich nicht niederdrücken, auch jetzt nicht. Nach Wien ging der Bescheid: „Bei soviel Hilfe" – er meinte die gute Pflege im Chemnitzer Hotel, worin sich die Zietz und Louise Kautsky hervortaten – sei das Sterben unmöglich gewesen, und danach sehne er sich auch nicht. Sein Lebenswille war ungebrochen, er ward immer noch und immer wieder von der Politik genährt. „Das Jammern hat keinen Zweck, wo andere Aufgaben rufen", hatte er schon bei Simons Tod bekundet. Seine schriftstellerische Arbeit – der dritte Band der Erinnerungen stand aus – tat ein übriges, ihn bei der Stange zu halten. Was er angefangen, wollte er auch jetzt, selbst wenn alles so viel länger dauerte, zu Ende führen.

Bebel wäre nicht der ordentliche Mensch gewesen, der er war, hätte er nicht beizeiten seine persönlichen und seine Vermögensangelegenheiten geordnet. Unter dem Datum des 10. März 1913 unterzeichnete er sein Testament und überschrieb es „Mein letzter Wille". In einem besonderen Schriftstück gab er seiner Tochter, die zur alleinigen Erbin eingesetzt war, Verhaltensmaßregeln. Er führte ein Vermögensbuch an, das er in Berlin oder in Zürich verwahrte, je nach dem, wo er sich aufhielt, ferner ein Depositeneinlegebuch der Deutschen Bank, ein Einlegeheft der Schweizerischen Credit Anstalt, eine Lebensversicherungspolice bei der Lebensversicherungsgesellschaft Hannover und eine Police der Lebensversicherungsgesellschaft Viktoria in Berlin, wo er für den Fall eines Eisenbahnunglücks versichert war, Briefe über zwei Hypotheken auf einem Küsnachter Grundstück und den Grundbuchausweis über sein Eigentumsrecht am Stuttgarter Gebäude des Dietz-Verlages. All diese Dokumente hütete er in einem Stahlfach der Schweizerischen Credit Anstalt. Nach seinem Tode geisterten phantastische Ziffern durch die Zeitungen, Summen, die Bebel hinterlassen haben sollte. Es steckte keine Böswilligkeit dahinter, sondern eine Angabe, die Tochter Bebel dem Fiskus gemacht haben sollte: eine runde Million Schweizer Franken.

Die Summe existierte, nur schloß sie die Anteile am „Vorwärts"-Verlag und der Buchdruckerei ein, die Bebel zwar formal versteuerte, für die er aber nur Treuhänder war und auf die er keinen materiellen Anspruch hatte. So sahen sich Rechtsanwalt Hugo Haase und Oberrichter Otto Lang, beide hatte Bebel seiner Tochter als Vertrauenspersonen benannt, den einen für Preußen, den anderen

für die Schweiz, zu einer Mitteilung veranlaßt: Bebels eigene Hinterlassenschaft belaufe sich auf 305.000 Mark. Als das Königliche
Amtsgericht zu Leipzig das Testament Julie Bebels eröffnete, hatte
Bebel – unter Beifügung des gegenseitigen Testaments der Ehepartner, datierend vom 1. 10. 1866 – handschriftlich mitgeteilt, der Wert
des Nachlasses seiner Frau betrage 9.000 Mark, sein eigenes Vermögen 258.000 Mark. Die Summe mag in den zweieinhalb Jahren bis zu
seinem Tode auf die 305.000 Mark angewachsen sein; sie rührte im
wesentlichen aus der Drechslerei, der Schriftstellerei und der Erbschaft. Einen Multiplikator von 20 zugrunde gelegt – das Gehalt
eines schweizerischen Bundesrats beispielsweise betrug 1912 knappe
13.000 Franken und ist inzwischen bei mindestens 280.000 Franken
angekommen – hätte Bebels Hinterlassenschaft einen heutigen Wert
von runden sechs Millionen Mark.

In seinem Testament verfügte er, wer bedacht werden sollte: Der
Vorstand der Sozialdemokratischen Partei Deutschlands mit 20.000
Mark – „in 3½ prozentigen Schuldverschreibungen der bayerischen
Staatsbahnen“, das Geld durfte nur in einen Unterstützungsfonds für
hilfsbedürftige Parteigenossen und deren Angehörige fließen; der
Vorstand des Vereins „Arbeiterpresse“ mit 10.000 Mark zu den
gleichen Konditionen; der Magistrat der Stadt Wetzlar mit 6.000
Mark – „in 3½ prozentigen Schuldverschreibungen der Hessischen
Landeshypothekenbank AG in Darmstadt für Armen- oder Waisen-
unterstützung“. Bebel bestimmte ausdrücklich, daß die Papiere zum
Nennwert, nicht zum Kurswert in Anrechnung kommen sollten,
„also z. B. eine auf 1.000 M. lautende Schuldverschreibung kommt
mit 1.000 M. in Anrechnung“. Kleinere und zwischen 1.500 und 400
Mark fein abgestufte Beträge erhielten ein Bruder Simons in Zwik-
kau, Verwandte seiner Frau und von ihm selbst, insgesamt sechs
Personen. Auch seine Wirtschafterin vergaß er nicht, ihr sollte in der
Überlassung von Möbeln und Wäsche entgegengekommen werden,
und zusätzlich zu der vertraglich festgelegten Abfindung gedachte er
ihr noch 300 Mark zu – „vorausgesetzt, daß ihr Verhalten dieses
rechtfertigt“.

In der Anlage zu seinem Testament bestimmte Bebel, seinen
Anteil an den Stuttgarter Grundstücken Dietz für 60.000 Mark zu
verkaufen, „Kaufkosten und sonstige Abgaben zu Lasten des Käu-
fers“. Er wies darauf hin, daß von der Einschätzung zur Erbschafts-

steuer alle Schenkungen und Legate „in vollem Betrag vom vorhandenen Vermögen in Abzug zu bringen" seien, um dann vorzubringen, was ihm besonders am Herzen lag: „Meines Erachtens kann nach meinem Tode für Euch Zürich als dauernder Wohnort *nicht* in Betracht kommen. Ich rate dringend, einen anderen Wohnort zu wählen und zwar wegen der *äußerst ungünstigen Steuerverhältnisse.*" Schätze er das Vermögen, das ihnen – Tochter und Enkel – verbleibe, so würde sich das Verhältnis der Steuern zwischen Berlin und den umliegenden Städten und Zürich folgendermaßen gestalten: Staat Preußen mit Berlin: 1.370 Franken, Canton und Stadt Zürich 3.715 Franken im Jahr. Schlußfolgerung: „Dafür hättet Ihr in einer anderen Stadt die schönste Wohnung frei. Es wäre also Torheit und Verschwendung, wolltet Ihr Zürich dieses Mehr an Steuern schenken."

Schließlich fügte er einen Absatz an, den er überschrieb: „Sicherung gegen Vermögensverlust". Darin mahnte er, Auslosungen nicht zu versäumen, auf den Verfalltermin von Coupons zu achten und jährlich die Papiere zu kontrollieren, und: „Schafft keine Papiere an, mag der Zins bzw. die Dividende noch so hoch sein, wenn das Papier nicht *als absolut sicher* anzusehen ist." Wegen möglicher Depotunterschlagungen riet er, in das offene Depot einer Bank *nur* Aktien zu geben; Aktien müßten einer Bank übergeben werden, die Anmeldung der Bank über die gezahlten Coupons sei aber genau zu kontrollieren, „damit Ihr nicht in Schaden geratet. Jede Bank gibt zeitweilig – die Deutsche Bank halbjährlich – Bericht über die in ihrem Depot befindlichen Papiere. Ein solches Verzeichnis findet Ihr z. B. in dem grauen Heft ‚Depot Scheine etc.', das im Mahagonischränkchen liegt." Er benannte Bankier Ullmann und Hugo Heimann, der mit Bernstein verwandt und Auers Schwiegersohn war, als Vertrauenspersonen.

Am 30. April 1913 regelte Bebel in einer „Letztweiligen Verfügung" die einzig noch offene Frage und bestimmte für den Fall, daß er aus dem Leben scheide, bevor das Manuskript zum dritten Band „Aus meinem Leben" druckfertig gestellt sei, es als Fragment veröffentlicht werde. Er bestimmte weiter, „daß an dem Manuskript materiell nichts geändert werden darf, sondern nur formell, d. h. stilistisch". Am 21. Juli, also nur drei Wochen vor seinem Tode, berichtete er Kautsky von seiner Verfügung und bat ihn, die Herausgabe zu übernehmen. Er möge den Brief sorgfältig aufheben, zwecks Legitimation. Kautsky kam dem Wunsch sofort nach, der dritte Band erschien im Januar 1914. Er war noch weit weniger durchgearbeitet als der zweite Teil und kaum mehr als ein Fragment. Er hatte es, so groß seine Mühe gewesen sein mag, nicht mehr gezwungen. Im Laufe jenes letzten Lebensjahrzehnts, in dem er sich dem Werk zugewendet, hatten ihn die Kräfte verlassen, langsam erst, dann immer schneller. Die Memoiren sind der Spiegel.

Im Frühjahr 1913, als er seine Angelegenheiten ordnete, war er vom Gefühl des nahen Endes durchdrungen. Am 20. Mai bat er Karl Manz aus Bern, wo er an dem deutsch-französischen Parlamentariertreffen – laut Briefkopf „Verständigungskonferenz" – teilnahm: „Vorsicht ist die Mutter der Weisheit. Sollte mir auf der Reise oder in Berlin ein Unglücksfall zustoßen (Herz, Hirnschlag etc.), so habe ich eine Notiz bei mir, wonach man Ihnen den Unfall telegraphisch mitteilen soll, damit Sie meine Tochter vorsichtig davon unterrichten." Er sei überzeugt, daß er und Genosse Lang ihr mit Rat und Tat zur Seite stehen würden. Seine Fürsorge für Tochter und Enkel konnten größer nicht sein. Allein, sie waren beide nicht dazu ausersehen, das großväterliche Erbe weiterzugeben, so wie er es sich vorgestellt haben mag. Der Enkel nahm sich im Januar 1916, inzwischen 24 Jahre alt und Student der Medizin, in Jena das Leben. Die Tochter verließ Zürich im Jahre 1921, doch gewiß nicht aus den materiellen Gründen, die der Vater genannt hatte. Sie zog nach Zwickau, wo die Familie ihres verstorbenen Mannes zu Hause war. 1938 fand sie Aufnahme in ein Diakonissenheim, 1944 in ein Bürgerheim, wo sie 1948 starb. Abgesandte der Einheitspartei erwiesen ihr die letzte Ehre.

Bebel hatte sich die Demonstration nicht nehmen lassen und die Schlußabstimmung über die Wehrvorlage, Juni 1913, noch mitgemacht. Als der bayerische Abgeordnete Franz Schmitt sich von ihm verabschieden wollte, antwortete er, so Schmitt in seiner Münchner Trauerrede: „Ich fühle meinen Zustand, bei mir kann es von einem zum anderen Tag zu Ende sein."

X. Letzte Tage einer Epoche

Seit dem 7. Juli hält sich Bebel, müde und mit einer Nierenge-
schichte kämpfend, in Zürich auf. Am 1. August fährt er mit Tochter und Bankier Ullmann aus Frankfurt, seinem alten Bekannten,
nach Bad Passug im Kanton Graubünden und nimmt im Kurhaus
Quartier. Kurarzt Dr. Scarpetetti schüttelt bedenklich den Kopf, er
stellt Herzaffektationen fest und steckt den Patienten ins Bett. Nach
acht Tagen fühlt Bebel sich besser und geht wieder spazieren. An die
ärztliche Anweisung, nicht zu arbeiten, hält er sich weiterhin. Nach-
mittags auf der Terrasse und nach dem Abendessen ist er vergnügt
und unterhält Kurhausdirektor Brenn mit Erzählungen aus seinem
Leben. Auch einige Gäste scharen sich um ihn, einer von ihnen hat
die Erinnerungen an Bebels letzte Tage dem „St. Galler Tageblatt"
übermittelt, aus dem andere sie nachdruckten. Am Abend des
12. August berichtet er von der großen Arbeit, die noch vor ihm
liege, der Vollendung des dritten Memoirenbandes. „Ich möchte
noch leben, aber nur, wenn ich arbeiten kann", sagte er. Als der
Enkel von einem Ausflug zurück ist, begibt er sich zur Ruhe. Frieda
sieht, wie es ihre Gewohnheit ist, mehrmals nach ihm. Um halb fünf
in der Frühe findet sie ihn friedlich schlafend. Um acht, als sie
wiederkommt, liegt er genau so friedlich da, aber tot. Eine Lähmung
hatte sein Herz erfaßt, zwischen fünf und sechs Uhr war er hinüber-
geschlafen. Im Kurhaus verbreitet sich die Kunde gegen Mittag, sie
ruft lebhaftes und teilnehmendes Empfinden wach. Per Boten wird
die Nachricht nach Churwalden übermittelt und geht von dort in die
Welt. In seinem Testament hatte Bebel Feuerbestattung in Zürich
verfügt.

Tags darauf, Donnerstag, den 14. August, 15 Uhr, trifft der
Leichnam in der Stadt ein und wird im Volkshaus am Helvetiaplatz
aufgebahrt. Die Friedhofsbehörde beschließt eine Ausnahme und
setzt die Einäscherung auf Sonntag nachmittag, nicht wie üblich auf
Sonnabend fest; weitesten Kreisen soll die Teilnahme ermöglicht
werden. Unterdessen defiliert die Bevölkerung, wie die Züricher

„Wochen-Chronik" notiert, „ohne Unterschied des Alters und des Geschlechts an der Bahre", und die Kränze mehren sich „zu nie gesehener Fülle". Des Chronisten Resumee: Des „73jährigen Hinschied hat in der ganzen Welt größeres Aufsehen erregt als der eines gekrönten Hauptes". Den Leichenzug, der sich am Sonntag, dem 17. August, zum Friedhof auf dem Sihlfeld bewegt, nennt er den größten, den Zürich je zu sehen bekommen habe. Die Glocken von St. Jakob sind kein kirchlicher Ehrerweis; in Zürich konnte ein jeder ein sogenanntes bürgerliches Grabgeläute bestellen, im Fall Bebels ist es, wie die Blätter melden, die die Sache untersucht haben, „von sozialdemokratischer Seite" bestellt worden. Rund 1.200 mit besonderen Einlaßkarten versehene Teilnehmer begleiten die nächsten Angehörigen und persönlichen Freunde zum Freiplatz vor dem Krematorium. Fünfzehn Redner rühmen den Verstorbenen. Der Grütli-Männerchor stimmt ein Lied an, das der wenige Meter entfernt ruhende Gottfried Keller verfaßt und das Bebel sich, laut „Wochen-Chronik", für seine Totenfeier gewünscht hat: „Du lichter Schatten, habe Dank..."

Zur Beerdigung, von Günter Grass in seinem „Butt" dichterisch überhöht, waren Abordnungen der Partei aus allen Ecken Deutschlands nach Zürich gefahren. Wem es denn doch zu weit oder wer sonstwie verhindert war, beteiligte sich an den lokalen Trauerkundgebungen. Allein in Berlin fanden derer sechzehn statt, sämtlich hoffnungslos überfüllt.

Die Beileidsbekundungen aus aller Welt waren unübersehbar. Reichstagspräsident Dr. Kaempf schickte der Tochter eine Depesche und sprach ihr „bewegten Herzens das aufrichtigste Mitgefühl" aus. Es war Brauch, daß der Präsident an der Beisetzung von Abgeordneten nur teilnahm, wenn diese in Berlin abgehalten wurde; auch als Windthorst starb, hatte es eine Ausnahme nicht gegeben. Kaempf veranlaßte jedenfalls, daß im Namen des Reichstags, dessen ältestes Mitglied Bebel gewesen war, ein prachtvoller Kranz die Grabstätte schmückte. Weit über die Parteigrenzen hinweg ward Bebels Tod als Verlust beklagt, und bis auf wenige Ausnahmen auf der äußersten Rechten widmete ihm auch die bürgerliche Presse schöne Nachrufe. „Der alte Bebel", so würdigte ihn der „Wetzlarer Anzeiger", habe „trotz seiner radikalen Parteistellung" zu denjenigen Abgeordneten gehört, „die stets das Ohr des Hauses fanden." Der „Berliner Lokal-

Anzeiger" erinnerte an „die elektrisierende Wirkung seines Namens" und bemerkte, auch seine Gegner würden nicht mit dem Zeugnis zurückhalten, daß „mit ihm eine geistig bedeutende Persönlichkeit aus dem politischen Leben des deutschen Volkes verschwindet". Mit der inneren Geschichte des Deutschen Reiches bleibe sein Name dauernd verknüpft.

Mancherorts mischte sich in die Bekundung des Beileids Bedauern. Bedauern darüber, daß den bürgerlichen Reihen kein solcher Führer entwachse. „Uns blüht kein August Bebel!" jammerte die „Deutsche Montagszeitung" und erklärte: „Früher konnte, wer Bebel nicht im Herzen hatte, zu Bismarck aufblicken", heute hingegen... Bebel hätte sich in höchstem Maße geehrt gefühlt, wären ihm jene Zeilen unter die Augen gekommen, mit denen der Nachruf schloß: „Laß Dir's nachrufen in Dein Züricher Grab, grauer Kämpfer: Du hast auch unsere Tränen. Um Dich weinen auch die, denen Du keine Fahne trugst. Gerade darum, weil Du sie uns nicht trugst!" Selbst die „Deutsche Arbeitgeber-Zeitung" ließ es sich nicht nehmen, dem Verstorbenen Achtung zu bezeugen und ebenfalls zu seufzen. Bei Bebel, so hieß es unter der Überschrift „Der Tod des ‚Altmeisters'", habe man immer gewußt, woran man war. „Er hat wohl niemals aus seinem Herzen eine Mördergrube gemacht. Und solchen Mut – wie selten trifft man ihn heute! – soll man achten, wo er uns auch entgegentritt." Das Motiv zog sich durch so manche und nicht nur bürgerliche Spalte. Nach dem Weltkrieg urteilte in der „Berliner Volkszeitung" Ignaz Wrobel alias Kurt Tucholsky: „Bebel war ein Kerl."

Was den einen der „Kerl", war den anderen dessen „ehrlicher Charakter", der er trotz Draufgängertum und Fanatismus gewesen sei. Friedrich Naumann, der sich vom Tode Bebels „bewegt" zeigte, gedachte „mit Unzähligen seiner menschlichen Größe und Kraft". Den Satz des „Berliner Tageblatts" wandelten viele andere Zeitungen nur unwesentlich ab: „Daß einer der interessantesten Männer ehrlichsten Charakters und der glänzendsten, temperamentvollsten Redner mit ihm verschwindet, unterliegt auch für diejenigen keinem Zweifel, die ihn politisch bekämpften." Diese Seite der Betrachtung ward auch im Ausland angeschlagen. Betrug und Gemeinheit seien Bebel fremd gewesen, seine Mittel nur „vom höchsten moralischen und geistigen Kaliber", urteilte ein Londoner Blatt.

Als habe man geahnt, wie sehr Bebel am Ende seines Lebens um England geworben hatte, stimmte die Presse des Königreichs besondere Lobeshymnen an. Die „Times" sprach von „einer großen Gestalt", die hinweggegangen sei; der Drechslermeister habe seinen Namen tief in die Geschichte seines Landes eingegraben. Und der „Daily Telegraph" schwelgte: „Mit Bebels Tod endet eine der wundervollsten Karrieren des modernen Deutschland, und mit ihm ist einer der bemerkenswertesten Männer unserer Zeit verschieden." In Frankreich ließ kein Blatt unerwähnt, daß Bebel sich einst der Fortsetzung des Krieges widersetzt und der Annexion Elsaß-Lothringens sein Nein entgegengeschleudert hatte. Daß er von allen politischen Männern Deutschlands der am besten gekannte und geachtete sei, war der allgemeine Tenor, dem Jean Jaurès in der „Humanité" einen Glanzpunkt aufsetzte: „Was an ihm so gefiel, war seine Offenheit und sein Geradheit, war sein loyaler, klarer und feiner Blick, sein liebes Lächeln, war vielleicht vor allem – um ein im Deutschen gern angewendetes Wort zu gebrauchen – diese Frische der Erregung und der Tat, diese Lebhaftigkeit der Hoffnung, diese Empfänglichkeit der Intelligenz."

In den eigenen sozialdemokratischen Blättern ward Bebel eine nicht enden wollende Hymne dargebracht. Als reiche die Prosa nicht hin, um dem Empfinden Ausdruck zu verleihen, endete sie nicht selten in Versform. Sie unterschied sich nur durch den traurigen Anlaß von den Lobpreisungen, die zu seinem 70. Geburtstag angestimmt worden waren. Damals hatte der Parteivorstand weiße Blätter an die Bruderparteien, die regionalen Parteiorganisationen wie die zahlreichen gewerkschaftlichen Verbände geschickt. Sie alle schrieben und dichteten, malten und zeichneten und sandten die Blätter zurück, die zu dem berühmten Goldenen Buch – „golden" seines Einbands wegen – zusammengebunden und Bebel überreicht wurden. Der pompös-panegyrische Ton, der den Glückwünschen anhaftete, beherrschte auch die sozialdemokratischen Nekrologe. Von den „Millionen der Entrechteten und Ausgebeuteten", denen er in „selbstloser Hingabe Erwecker und Wortführer" gewesen sei, hatte der Parteivorstand am 22. Februar 1910 gesprochen und damit jenes Motiv vorgegeben, das am 13. August 1913 wiederkehrte und die Nachrufe durchzog. Es war das Motiv der vollkommenen Einheit zwischen Bebel und dem Proletariat, Bebel und der Partei, zwischen Führer und Masse, Befreier und Menschheit. Landauf, landab war ähnlich wie in der Wiener „Arbeiter-Zeitung" zu lesen, daß Bebel, „einer der größten Arbeiter an dem Werke der Befreiung des Menschengeschlechts, fortleben und unvergänglich erstrahlen" werde „im Bildersaale der Helden der Menschheit". Bebel, das Herz der Arbeiterbewegung, ihr Leben, ihr Blut, ihre Seele – eines der Bilder tauchte in fast jedem Artikel auf.

In den anspruchsvolleren Beiträgen, seien sie aus Anlaß des 70. Geburtstages oder seines Todes verfaßt, wurde Bebel immer wieder mit den anderen Größen der Arbeiterbewegung verglichen, und immer wieder war das Ergebnis das gleiche. Otto Bauer, sozialistischer Theoretiker und österreichischer Parteiführer nach dem Ersten Weltkrieg, hatte es 1910 im „Kampf" in die Worte gefaßt: „Bebel fehlt viel von dem, was Marx, Engels, Lassalle, Liebknecht, was Jaurès, Guesde, Kautsky, Adler, Vandervelde adelt. Aber eines hat er ihnen allen voraus: Selbst ein Arbeiter, ist er der Seele des Proletariats stets näher gewesen als sie. Des Arbeiters Schicksal hat er selbst erfahren: Elend, Hunger, Arbeitslosigkeit, den hoffnungslosen Daseinskampf des kleinen Meisters, die Leiden des Verfolgten, vom Bürgertum boykottierten, von den Schergen des Klassenstaates verfolgten Agitators selbst erlebt. So fühlt er wie die Arbeiter selbst." Dichtung und Wahrheit, Wunsch und Wirklichkeit lagen in diesem Urteil dicht beieinander. Doch dies war das Bild, das blieb.

Mystische Züge wurden ihm überall verliehen, in den Trauerreden kleiner Funktionäre, in den Würdigungen der Zeitungsschreiber, in der Beerdigungsszene des „Butt". Unbeholfen und übertrieben klang vieles, was in den Augusttagen des Jahres 1913 und später noch aufs Papier geworfen wurde, und auch ein so grober Vergleich, wie ihn Fritz von Unruh in seinem Roman „Kaserne und Sphinx" anstellte, war kein Einzelfall; Bebel tritt als „der Generalissimus von ein paar Millionen Arbeitern" auf, der den Proletariern mindestens soviel bedeute wie den Offizieren der deutsche Kaiser. Willi Bredel wies in seinem Roman „Die Väter" dem toten Bebel die Züge eines Heiligen zu. Daß gerade ein kommunistischer Schriftsteller den ersten Mann der Vorkriegspartei auf diese Weise überhöhte, schien eine dichterische Eingebung nicht zu sein. In ihren Ruhmesblättern hatten die Vertreter des linken Flügels der internationalen Arbeiterbewegung grelle Farbtupfer gesetzt und Bebel so gewendet, wie er ihnen ins Bild paßte. Lenin pries ihn, in seinem Glückwunsch zum 70. Geburtstag, den er gemeinsam mit Martow und Kamenjew unterzeichnet hatte, wie in seinem Nachruf, als den „einflußreichsten Führer der internationalen, dem Reformismus und dem Opportunismus feindlichen Sozialdemokratie". Einen wahren Kult veranstaltete Maxim Gorki, der ihm schon 1903 ein von einem sibirischen Häftling gefertigtes Tintenfaß geschickt hatte. 1908 erheiterte Verleger Dietz die Hamburger Arbeiter mit der Erzählung, daß Gorki, laut eigenem Bekunden, Fabrikarbeiter im fernen Kasan über Bebel aufkläre und ihnen beibringe, wie große Angst selbst der deutsche Kaiser vor Bebel habe. In seinem Beleidstelegramm zeigte sich der Dichter-Agitator „zutiefst erschüttert vom Tod des alten Adlers, des Propheten der Wahrheit".

In die gleichen Tasten wurde am linken Rand der SPD gegriffen. Alfred Henke, einer der Bremer Radikalen, feierte Bebel in der „Bürger-Zeitung" als den Mann, der keine Kompromisse gekannt, dafür aber einen solchen Glauben an die werdende Kraft der sozialistischen Idee gehabt habe, daß er „für das volle Entfalten des Banners eintrat, ohne Rücksicht darauf, ob seine purpurne Röte momentan abschreckte". Rosa Luxemburg schließlich, die den Toten besser kannte und erfahren hatte, daß sein Wirken nicht nur in der sozialistischen Idee und der Kompromißlosigkeit aufging, machte aus der Not eine Tugend, denn auch sie wollte Bebel für sich und ihre Sache retten. In der „Gleichheit", dem Zetkinschen Frauenblatt, schrieb sie: „Weil er jederzeit für die Anforderungen der Praxis wie für die Anforderungen der revolutionär-prinzipiellen Taktik gleiches Verständnis hatte, nur weil er niemals die eine Seite der Bewegung der anderen opferte, weil ihm nie die tägliche Mühe des harten Kampfes zu öde und zu kleinlich vorkam, um aus dem Steinfelsen der bürgerlichen Ordnung einige karge Tropfen der Linderung für die verhungernden und durstenden Massen herauszuschlagen, aber auch das sozialistische Endziel des Weges ihm nie zum fernen, schwachschimmernden Sternchen verblaßte, sondern stets wie eine strahlende und wärmende Sonne alle Pfade beleuchtete: nur deshalb konnte Bebel zum geliebten Führer der Millionen werden."

Rosa Luxemburg hatte, jenseits der eigensinnigen Wertung, erfaßt, was Bebel ausmachte. In der Mitte der sechziger Jahre hatte er

August Bebel 1912 in Zürich.

selbst das Maß zu setzen begonnen, nach dem er antreten und seinen Weg gehen wollte. Seither war er der Künder des sozialistischen Endziels, der Künder einer Gesellschaft, in der alle gleich und miteinander versöhnt sein würden, und der Kärrner einer Partei, die er groß und reich machte und weit ausgreifen ließ, ohne mit der bürgerlichen Gesellschaft in Kollision zu geraten. Von deren Zusammenbruch, dem „Kladderadatsch", wie er auch sagen sollte, schrieb er zum ersten Mal – Zufall oder nicht? – 1867, in jenem Jahr, da er in den Norddeutschen Reichstag eingezogen war und Teil hatte an einer zentralen Institution des Systems. Woher er die Vorstellung des Zusammenbruchs nahm, wie er auf sie verfiel, warum er nie mehr von ihr ließ, ist so wenig zu entschlüsseln wie die Erleuchtung eines Propheten und die chiliastische Gewißheit, die er verkündet. Die Prophetie vom Zusammenbruch der bürgerlichen und von der Heraufkunft der sozialistischen Gesellschaft begleitete Bebel ein Leben lang und ward auch dann noch beschworen, als er sich um Deutschlands Schicksal in einem künftigen Krieg schon sehr ängstigte und dem Reichskanzler zeitweilig zur beinahe einzigen Stütze zu werden schien.

Nicht nur auf seiner großen Geburtstagsfeier 1910, auch anläßlich der 50. Wiederkehr seiner Ankunft in Leipzig, die er im festlichen Kreise der einstigen Parteiheimat beging, rief er aus, laut Bericht der „Volkszeitung": „Mir ist die Entwicklung wohl manches Mal zu langsam gegangen, und ich habe verschiedenfach meinen Gedanken in Form von Prophezeiungen Ausdruck gegeben. In unsern eigenen Reihen hat man darüber gehöhnt und dies als Illusionismus bezeichnet. Ich mag mich um Tage und Jahre geirrt haben, nicht aber um Jahrzehnte, sicher ist, daß der Sieg kommen muß. Und wenn ich auch nicht mehr dabei sein sollte, so bin ich doch überzeugt, daß die Schar, die hinter uns steht, sich bewußt ist, daß es keine Macht gibt, die ihr widerstehen kann. Von 1867 über das Jahr der Wende, 1890, als er in einem berühmten „Neue Zeit"-Artikel anzeigte, das kapitalistische System werde noch vor der Jahrhundertwende an seinen „inneren Widersprüchen mit Notwendigkeit zugrunde gehen", bis ins Jahr 1911 – hernach hatte er keine größeren Auftritte mehr – schob er den Zeitpunkt des Zusammenbruchs immer wieder hinaus. An dem Glauben, daß er komme, wurde er deshalb nicht irre.

Nur ein einziges Mal, zu Jahresbeginn 1910, ließ er erkennen, daß er sich doch wenigstens wunderte – über die Länge des Weges und die Lebensfähigkeit des Kapitalismus. Er tat es nicht öffentlich, auch nicht im Brief an einen seiner Weggefährten, Adler, Kautsky, sondern in zwei aufeinanderfolgenden Briefen an Freund Schlüter im fernen New York. „Wer hätte", so staunte er, „vor 30–40 Jahren geglaubt, daß solche Entwicklungsphasen dieser Kapitalismus durchmacht", und er fragte: „Helfen kann nur eine Katastrophe, aber wann wird diese kommen?" Es scheine, daß erst die ganze Welt durch den Kapitalismus in Aufruhr gebracht werden müsse, „ehe grundlegende Umgestaltungen erfolgen".

Seinen Glauben an das Ende bisheriger Geschichte in einer konfliktfreien Gesellschaft konnte er sich bewahren, weil er sich den Glauben an die Masse – das Volk, die Menschheit – bewahrte und, gemessen daran, der einzelne ihm wenig gegenwärtig war. Seine Geschichte über den Bauernkrieg schloß er mit dem schrecklich-naiven Wort vom Instinkt der Massen, der „wunderbar" sei. Seine Bremer Versammlung 1893 zierte er mit dem Bekenntnis: „Die Gesellschaft wird nie etwas tun, was unvernünftig ist. Die Masse, so sagt schon Aristoteles, hat immer Recht, weil sie am besten weiß, was ihr nottut. Daß die Masse sich in ihrer Mehrheit auf falsche Wege leiten ließe, ist einfach undenkbar." So nahm er auch an einer der beliebtesten Streitfragen der Theoretiker, die sich um den Übergang zum Sozialismus drehte, nicht teil, sie entlockte ihm allenfalls ein Lächeln. Immer wieder, so auch in Dresden 1903, befand er, in jeder großen Volksbewegung hätten sich zur rechten Stunde auch die rechten Männer gefunden. Schon 1885 war ein nach Amerika ausgewanderter Parteisekretär darauf aufmerksam gemacht worden, daß die Katastrophe ihre Werkzeuge gebären werde. Er fügte hinzu, auch 1789 habe noch niemand an Robespierre und Marat gedacht...

Der deutsch-dänische Literat Georg Brandes, ein Kenner der Berliner Szene, schilderte 1891 ein Mittagessen mit Bebel und resümierte: Er „gleicht den ersten Christen, die das tausendjährige Reich für unmittelbar bevorstehend halten". Die frühen Christen bemühte Bebel selbst, ein Leben lang und auf immer die gleiche Weise. Sie halfen ihm die Rolle versinnbildlichen, in der er sich zu sehen liebte. Wie aber vertrugen sich die frühen Christen mit den Jüngern des Karl Marx, von denen einer zu sein, er gleichfalls behauptete? Was wäre aus Bebel geworden, hätte er die Welt nicht durch eine marxistische Brille sehen gelernt? Oder hätte Karl Kautsky, der nicht nur selbsternannte Interpret des Marxismus, seine Wege nicht gekreuzt?

Bebel fühlte und dachte in den Kategorien des Zusammenbruchs und der Zweiteilung der Gesellschaft – die Herrschenden des Heute auf der einen, die Träger des Kommenden auf der anderen Seite –, bevor er mit Marx und Engels in Berührung gekommen war und die eine oder andere Schrift gelesen hatte; einem genaueren Studium der Texte hat er sich zeit seines Lebens nicht unterzogen, regelrecht bearbeitet nur Engels' „Vom Ursprung der Familie", ein Werk, dem er 1890 seine „Frau" anpaßte. Dennoch galten ihm Marx und Engels seit dem Ende der sechziger Jahre als unbedingte Autorität in Glaubensfragen. Die bloße Verkündigung des Wortes konnte nicht hinreichen, wenn eine große Organisation aufgebaut und mit Leben erfüllt werden sollte. Es galt, der wachsenden Anhängerschar einsichtig zu machen, daß die „Scheidelinie", die sie von der bürgerlichen Gesellschaft trennte, unüberwindbar und unter allen Umständen zu bewahren sei. Dazu reichte ihm der Marxismus die „wissenschaftliche" Rechtfertigung. Und „wissenschaftlich" mußte sie sein, weil die Zeit danach verlangte und Bebel zu wenig Entfaltungsstolz besaß – nicht um eine eigene Organisation zu schaffen, doch um die Welt, wie sie nun einmal war, in die Schranken zu fordern. Des marxistischen Vokabulars bediente er sich selten und willkürlich. Aber die von Karl Marx und Friedrich Engels geformten Theoreme dienten ihm als Vehikel auf der Flucht vor dem Hier und Heute.

In keinem Augenblick des halben Jahrhunderts, das sein politisches Dasein umspannte, hat er sich die Hände gerieben oder war schadenfroh ob eines tatsächlichen Niedergangs der bürgerlichen Gesellschaft. Im Gegenteil. Er war stolz nicht nur auf die Sozialgesetze, gegen die er angekämpft hatte, er war überhaupt stolz auf sein Land. Als Julius Vahlteich, sein Gefährte aus frühen Leipziger Tagen, den es nach Amerika verschlagen hatte, um die Jahrhundertwende einen Besuch in der Heimat ankündigte, ließ er ihn beizeiten wissen, wie sehr Deutschland und seine großen Städte sich verändert hätten und wie sehr er staunen werde. Das Lob der deutschen Industrie und der deutschen ökonomischen Macht sang er oft; daß er den Anteil, den die Arbeiterklasse daran habe, besonders herausstrich, minderte es nicht. 1888, während der kurzen Herrschaft

Friedrichs III., seufzte er, in einem Brief an Adler: „O, wenn doch ein Wunder passierte und der jetzige Kaiser auf ein paar Jahre gesund würde." 1902 warf er Wilhelm II. vor, Haß zu säen, und hielt dem versammelten Reichstag „andere deutsche Fürsten" vor, die nicht täten, „was der Kaiser tut" und die die Reserve beobachteten, die „ihnen ihre Stellung als konstitutionelle Fürsten auferlegt". Sprach so ein Systemgegner?

Bebel sprach, als ob er warne und helfen wolle, er sprach zum Besseren, nicht zum Schlechteren. Doch die Kraft, etwas zu tun für das Bessere, wollte ihm nicht zufließen. Außer Rand und Band geriet er, als Bayern und Badener anfingen, mit den von ihm so freundlich benannten „konstitutionellen Fürsten" anzubändeln, und die Badener ihrem Großherzog sogar höfische Aufwartung machten. Ein sozialdemokratischer Gang bei Hofe war für ihn so ungefähr das Schlimmste, was passieren konnte. Die „Scheidelinie" hätte niemand mehr wiedergefunden, und was wären die Weiterungen gewesen? Es steckte keine klassenkämpferische Überzeugung dahinter, sondern die moralisch-korrekte Haltung dessen, der nicht vermengt haben will, was nicht vermengt gehört, und im übrigen von Berührungsangst nicht frei ist.

Der Reichskanzler von Bethmann Hollweg geht 1912, im Kasino des Reichstags, auf Bebel zu, der nach längerer Abwesenheit zurückgekehrt ist, und erkundigt sich nach dessen Befinden; Gustav Mayer, der Historiker, hat den unerhörten Vorgang in seinen Erinnerungen festgehalten. War es doch das erste Mal, daß ein Reichskanzler ein persönliches Wort an Bebel richtete, der denn auch prompt errötete. Warum ist Bebel nicht ein einziges Mal von sich aus auf einen der Reichskanzler zugegangen? Und hätte die Gleichberechtigung für sich und für die Bewegung, die er vertrat, auch durch einen solchen Schritt einzufordern gesucht? Einen Schritt, der nichts kostete – außer das Prinzip. Das aber war ihm heilig und wichtigster Bestandteil seines Wortschatzes, in dem auch „Klarheit", „Entschiedenheit" und – als Negativposten – „Verschwommenheit" einen herausgehobenen Platz hatten.

Es war kein Irrtum, wenn er verschiedentlich, so auch 1904 in einem Brief an den Frankfurter Max Quarck, „unsere Junker für mustergültig" erklärte. „Die Kerle" – fühlte er sich irgendwo in seinem Innersten wesensverwandt? – hätten Festigkeit und „sind keine Waschlappen und Wetterhähne." Es entbehrt nicht der Ironie, daß Theodor Mommsen in seinem letzten Lebensjahr, 1903, urteilte: „Jedermann in Deutschland weiß, daß mit einem Kopf wie Bebel ein Dutzend ostelbischer Junker so ausgestattet werden könnten, daß sie unter ihresgleichen glänzen würden." Was seinen eigenen Stil betraf, so ging er klar und entschieden und in schneidendem Ton zu Werke. Noch in einem seiner letzten Briefe, Juli 1913, belehrte er die Gecks in Offenburg – Adolf Geck war ein scharfer, aber erfolgloser Kritiker der badischen Reformisten und mit Bebel befreundet–, daß der, der in der Politik stehe, im Bewußtsein seines guten Rechts dem Feinde – er meinte den innerparteilichen Feind! – „an die Gurgel springen" müsse. Versöhnliche Zungenschläge waren ihm im politischen Kampf, für ihn immer ein Kampf um den Kurs der Partei, fremd, nicht im persönlichen Umgang, in dem sich derselbe Bebel als ein Mann von herzgewinnender Liebenswürdigkeit entpuppte.

Wenig Marxistisches und nichts Klassenkämpferisches auch enthielt Bebels Sorge um des Reiches äußeres Schicksal, die ihn seit den siebziger Jahren erfüllte und ihn in zunehmendem Maße beschwerte. Er wetterte gegen die Flottenpolitik des Admiral von Tirpitz und gegen die Verschlechterung der Beziehungen zu England. Er tat es nicht anders als mancher Bürger und mancher Edelmann, vielleicht mit noch mehr Herzblut. Von dem Glauben an die Unvermeidlichkeit, die „Naturnotwendigkeit" der Entwicklung war er tief durchdrungen. Und doch redete er gerade in seinen letzten Lebensjahren gegen die Unvermeidlichkeit eines Krieges, den Deutschland gegen den Rest der europäischen Großmächte ausfechten würde und den er nicht gewinnen könne. Mit Rußland und Frankreich habe man genug zu tun... Daß er hin und wieder und auch am Ende noch vom sozialdemokratischen Erbe des europäischen Blutvergießens phantasierte, stand auf einem anderen Blatt und schmälerte nicht seine Besorgnis.

Hatte Friedrich Naumann recht, als er Bebel nachrief: „Für diesen Mann ist es der rechte Abschluß, daß seine letzte Abstimmung die Bewilligung einer militärischen Deckungsvorlage war?" Denn von diesem selben Mann konnte ein Karl Kautsky in der Wiener „Arbeiter-Zeitung" sagen: „Es ist die Tatsache, daß ich mit August Bebel in vollster Ideenübereinstimmung lebte und wirkte bis zu seinem letzten Atemzuge, und nie in höherem Grade als in den letzten Jahren."

Bebel, der es sich wohl überlegt haben dürfte, warum er den Parteitheoretiker zu seinem literarischen Nachlaßverwalter einsetzte, hätte kaum widersprochen. Schließlich hatte er über die Jahrzehnte hin dem Marx-Exegeten jenen Freiraum bereitet und bewahrt, den dieser brauchte, um sein ideologisches Monopol aufzubauen und zu verteidigen.

Auf die Finessen der Kautskyschen Deutungen kam es dabei nicht an, sie waren für Feinschmecker zubereitet, nicht für Bebel und nicht für die Parteigänger, denen die Glaubensartikel des Schriftgelehrten unbekannt, wenn nicht gleichgültig blieben. Ins Gewicht fiel allein, daß Kautsky der deutschen Sozialdemokratie das revolutionäre Ziel setzte und begründete, warum sie um dieses Ziels willen an der gegenwärtigen Ordnung weder teilhaben noch auf sie einwirken dürfe, sei es durch parlamentarische Bündnisse, sei es durch die „Straße". Nirgendwo hat Kautsky den Kern seines Strebens so bloßgelegt, wie in seiner Philippika gegen die belgische Wahlrechtsdemonstration, der Bebel nicht widersprach. An Victor Adler schrieb Kautsky 1902 von der Folge eines Sieges, der einen großen Schritt in Richtung Demokratie bedeutet hätte: „Nichts als eine fast unmögliche Position, in der man wenig leisten, aber sehr leicht Schiffbruch erleiden kann." Denn, so fuhr der Theoretiker beschwörend fort: „Das Volk erwartet Großes von uns. Wir könnten aber in dem kleinen Rahmen nur Bescheidenes leisten und müßten doch über kurz oder lang mit aller Welt in Konflikt kommen."

Kautsky hätte niemals soviel Zeit und Kraft binden können, wenn nicht in der Partei – vom Vorsitzenden Bebel abwärts – eine große Bereitschaft, ja ein Verlangen nach Ersatzhandlungen bestanden hätte. Denn was waren die endlosen Streitereien, die nicht selten in giftiger Atmosphäre ausgefochten wurden, anderes als Ersatzhandlungen? Die Streitereien über den Zerfall der Mittelschichten, die Verelendung der Bauern, den dereinstigen Übergang zum Sozialismus – würde er mit oder ohne Gewalt vollzogen? – und vieles andere mehr, das für die Wirklichkeit im Kaiserreich ohne Belang war. Der spitzbübische Ignaz Auer meinte, als der Revisionismusstreit anhob, daß es Pfaffen und Ketzer gebe, wo Dogmen seien, und fand, daß Bernstein seine eigenen Kinder fresse. Seine Schlußfolgerung, die er 1899 an Adler schickte: „Wenn Kautsky die andere Hälfte auffräße, dann wären wir die Wechselbälge der beiden Kirchenväter los, und wir brauchten uns nur über ‚Taktik' zu streiten." Wenn es so einfach gewesen wäre!

Georg von Vollmar und die Handvoll unbefangener Reformisten wußten, warum sie nur in Ruhe gelassen werden wollten und gar nicht erst darum kämpften, die ewige Theoretisiererei und das ewige Wenn und Aber aus der Partei zu verbannen. Dazu hätte es des allgemeinen Willens bedurft, in die Gesellschaft hineinzuwirken und die Frage, ob man willkommen war oder nicht, auf sich beruhen zu lassen. Des Willens, für die eigene Gleichberechtigung ein Wagnis einzugehen. Stattdessen zog man sich zurück und baute sich – auch dies eine Ersatzhandlung – in der nicht nur beeindruckenden, sondern selbstgenügsamen Subkultur seine eigene Welt. Man war nicht anders, aber unter sich.

Bebels suggestive Wirkung auf die Massen ist sprichwörtlich geworden. Hatte sie damit zu tun, daß er die Welt so einfach zu erklären wußte, daß er die Gewißheit einer künftigen sozialistischen Gesellschaft vermittelte und die Reinheit der eigenen Bewegung verkörperte? Wäre Bebel ohne den visionären Zug, der ihm eignete, nicht der große Arbeiterführer geworden, der er war?

Nach dem Dresdner Parteitag 1903 tadelte ein linksliberaler Beobachter der düsteren Szene Paul Singer, der Form nach Vorsitzender wie Bebel: Ein solcher Kampf um Phantome beweise die Unfähigkeit zur Realpolitik. Der gute Singer, sichtlich deprimiert, antwortete in entwaffnender Offenheit, man nehme jede kleine Konzession für die Arbeiter an, wie der Revisionismus es auch tue. Aber ohne ein solches letztes Ziel könne man den Arbeitern die riesigen Opfer für die Partei nicht zumuten. Der Beobachter war Ernst Feder, junger Redakteur am Berliner „Tageblatt" und dem Kreis um Naumann nahestehend.

Es ist wenig wahrscheinlich, daß Bebel sich ähnlich wie Singer eingelassen hätte. Er hätte den Einwand gar nicht erst verstanden, weil er mit dem Begriff „Realpolitik" nichts anzufangen wußte, weil er mit kindlicher Unbedarftheit glaubte, was er wünschte, und ihm Reflexionen dieser Art fremd, wesensfremd waren. So lag in seiner Persönlichkeit, die keinen Riß aufwies und von keinem Zweifel angeweht wurde, ein Quell seiner Wirkung. Auch sein Wohlstand, zu dem er mit dem Geschick und dem Glück des Tüchtigen gekommen war, machte ihm kein Kopfzerbrechen. Immerhin hatte er sein

Geld in einem System angelegt, dessen baldigen Untergang er vorhersagte. Sein Geld zu wahren und zu mehren und es dereinst an seine Tochter zu vererben aber war sein unangefochtenes Bestreben.

Der zweite Quell seiner Anziehungskraft lag in seinen visionären Gaben begründet, die kein Zeit- und kein Parteigenosse mit ihm teilte und die den Nachfolgern abgingen. Es waren Gaben, die er einwickelte in den bisweilen unterschwelligen, bisweilen offen ausgesprochenen Ruf, nicht aufzufallen und nicht wider den Stachel der Obrigkeit zu löcken; ein Freund von Streiks oder gar Massenstreiks war Bebel nie. Wenn sich Aggression gegen das System auch in eine Flucht aus dem System verflüchtigen konnte, dann machte das Zusammenspiel von Aggression und Anpassung, von Feindseligkeit und Fügsamkeit die Bebelsche Persönlichkeit und ihre Wirkung aus und prägte auch seine Sozialdemokratische Partei. Seine Lebensphilosophie, daß man nicht schiebe, sondern geschoben werde, lag in der Logik seines Herzens und war auch die Logik seiner Partei. Im privaten Leben wurde daraus: Man müsse hinnehmen, was man nicht ändern könne. Bebel war ein asketischer Mensch, eher auf Entsagung gerichtet denn auf Entfaltung und Gestaltung. Er zeigte es in seiner Sprache, in der sich von den bildreichen Wortschöpfungen eines Bismarck keine Spur fand. Bebel wäre ein guter preußischer Offizier geworden, Bismarck wohl kaum.

Schon in den Tagen nach dem 13. August 1913 war aufgefallen, wie sehr Bebels Loblied auch im bürgerlichen Lager gesungen wurde, daß aber ausgerechnet die „Frankfurter Zeitung" nicht einstimmte. Ein Wink der Geschichte, daß das demokratische Blatt schärfer sah als all die, die ihm entweder sehr nah oder sehr fern standen? Es kam in seinem Nachruf zu dem gleichen Urteil, das Hellmut von Gerlach schon 1903, in seinem biographischen Essay, gefällt hatte. Die „Frankfurter Zeitung" schrieb: „Es klingt paradox und ist doch wahr, wenn man sagt: Der Führer der größten Partei Deutschlands ist nie im eigentlichen Sinne des Wortes Politiker gewesen." Politisch habe er von der Hand in den Mund gelebt. Bebels Natur ward als „ein eigentümliches Gemisch von Praktiker und Prophet" charakterisiert. Von den Dingen, die nicht nur von unmittelbarer praktischer Bedeutung seien, sehe er nur das „Endziel". Was kritisch betrachtet ein Fehler sei, „gerade das war die

*August Bebel am Steuerrad des Schiffes „Vorwärts".
Vor ihm die aufgehende Sonne mit der Inschrift „Freiheit". Lithographie von 1913.*

Hauptursache seiner Popularität. Gerade sein Temperament, das ihn hinderte, die Dinge ruhig abzuwägen und ebenso zu behandeln, und das ihn trieb, mit Elan gegen die Schäden der Gesellschaft zu streiten und der Menge das Bild des tausendjährigen Reiches zu zeigen, gerade das hat ihn zu dem Manne gemacht, den die Masse der Sozialdemokratie verehrt."

Hätte „die Masse der Sozialdemokratie" einen anderen Mann gleichermaßen verehrt? Einen, der sie Selbstbewußtsein nicht nur im eigenen Kreis gelehrt hätte, sondern auch gegenüber der Obrigkeit und den Stützen der Gesellschaft? Der ihr beigebracht hätte, zu fordern und herauszufordern? Der selbst nicht errötet wäre, wenn ein Reichskanzler sich herabließ, ein persönliches Wort an ihn zu richten? Und sich nicht begnügt hätte, Führer einer Art von Massensekte zu sein? Die Masse, auch „die Masse der Sozialdemokratie", ist wendisch. Doch die Selbstverständlichkeit, mit der Friedrich Ebert, der von Bebel nicht die visionäre Kraft, wohl aber die Selbstbescheidung vor den herrschenden Gewalten geerbt hatte, zum Nachfolger gekürt ward, setzte ein Zeichen. Ludwig Frank, von dem Bebel, laut

Kautskys brieflicher Mitteilung an Adler, noch im Juni 1913 gesagt haben soll: „Der präsentiert sich bereits als mein Erbe", hatte nie den Hauch einer Chance. Wer hätte ihn stützen sollen, wer sich von ihm mitreißen lassen wollen?

Wie am Ende der Weimarer Republik noch einmal, war im Frühsommer 1913 der Eindruck erweckt worden, als fänden sich linke und rechte Sozialdemokraten, Außenseiter allesamt, zu gemeinsamer Aktion, um die Reform des preußischen Wahlrechts in Gang zu bringen – mittels politischen Massenstreiks. Doch die Partner waren der Zahl nach zu klein, sie waren auch zu verschieden, als daß ein Bund hätte tragen können. Und so stellte Kautsky in seinem Brief an Adler, 28. Juni 1913, erleichtert fest: „Zum Glück ist Rosa noch viel mehr eitel als klug, und so empfing sie Frank nicht als Bundesgenossen, sondern als unlautere Konkurrenz." Schon 1902, als er so herablassend über die belgischen Wahlrechtsdemonstranten schimpfte, hatte er geurteilt: „Merkwürdigerweise sind gerade unsere Realpolitiker und Staatsmänner viel ungeduldiger als wir Revolutionäre." Bebel empfand nicht anders.

Frank war ungeduldig, auch selbstbewußt, seine Partei fordernd, seine Gegner herausfordernd. Die Sozialdemokratie galt ihm als Instrument, um den Arbeitern, so rasch wie möglich zu sozialer und politischer Gleichberechtigung zu verhelfen. Bourgeoisie und Junker wollte er zu demokratischen Zugeständnissen zwingen – wenn es ging, wie in Baden, durch parlamentarische Bündnisse, wenn es nicht ging, wie in Preußen, durch außerparlamentarischen Druck. Wie hatte Max Weber in seiner Freiburger Antrittsvorlesung 1895, auf dem Höhepunkt Bebelschen Glanzes, wenn auch sehr von oben herab, gesagt? Die Arbeiter seien Kleinbürger und verstünden nichts von der Macht, wie man sie erobere und wie man sie verwende. Eben dies wollte Frank ändern.

Er meldete sich am 5. August 1914, noch vom Reichstag aus, freiwillig. Zu zeigen, daß der Beschluß vom Vortag nicht taktisch bedingt war, sondern, wie er wenige Tage später an Friedrich Stampfer schrieb, „es uns also mit der Pflicht zur Verteidigung der Heimat bitter ernst ist", ließ alle anderen Überlegungen zurücktreten. Es drängte ihn, die Vaterlandstreue nicht nur des Sozialdemokraten, sondern auch des jüdischen Deutschen zu beweisen. Er fiel an der Westfront, in seinem ersten Gefecht, und starb, fast auf den

Tag genau und fast im gleichen Alter, um fünfzig Jahre später, wie Ferdinand Lassalle, mit dem er oft verglichen worden ist. Im Temperament, in der Intelligenz und der Erscheinung schien er ihm ähnlich zu sein. Aber den Badener prägte seine bäuerliche Herkunft, äußerlich und in seinem ruhigen Wesen, das von jeglicher Extravaganz frei war.

Ludwig Frank ähnelte einem anderen, sechzehn Jahre jüngeren Sozialdemokraten, der aus der elsässischen Nachbarschaft stammte und in der Weimarer Sozialdemokratie so wenig den Ton angab wie Frank in der Bebelschen: Julius Leber. Beide waren lebensheitere Menschen, sie glichen einander in der offenen und weltoffenen, in der dogmenfreien und kraftvollen Art, in der sie sich der Politik und der Sozialdemokratischen Partei verschrieben. Lag der Grund darin, daß sie beide in den Freiheitstraditionen des Westens wurzelten?

Im Rückblick haben sich Bebels letzte Tage bis zum 4. August 1914 verlängert. Man gewöhnte sich an, die Zustimmung zu den Kriegskrediten als Sündenfall einer Partei zu sehen, die bis dahin und solange Bebel lebte, unbefleckt geblieben war. Doch das Ja des 4. August lag in der Logik der Parteigeschichte, und wie auch hätte sich eine so große Organisation wie die deutsche Sozialdemokratie an einem einzigen Tage verwandeln können! Bebel selbst hätte die Entscheidung, wäre er noch dabei gewesen, herbeigeführt – vielleicht etwas anders begründet und jedenfalls begleitet von einem lauten Schwur auf die sozialistische Gesellschaft, die kommen werde. Man fühlte sich vom Zarismus bedroht, und sich gegen „die Russen" zur Wehr zu setzen und das Vaterland, dem man angehörte, verteidigen zu helfen, war Bebels und nicht nur Bebels eingefleischte Überzeugung gewesen. Und hätte er auch den Burgfrieden mitgetragen und sich verhalten, wie seine Nachfolger sich verhielten? Den Kriegskrediten zuzustimmen, war zwingend fast, sich auf den Burgfrieden einzulassen und lange Kriegsjahre lang sich still zu verhalten, ein ander Ding.

In fünf Jahrzehnten hatte Bebel nicht ein einziges Mal versucht, mit „den Herrschenden" ins politische Geschäft zu kommen. Das Gesetz, nach dem er angetreten, ließ es nicht zu. Wie also hätte ausgerechnet er in der Ausnahmesituation des Krieges darangehen sollen und Zugeständnisse verlangen? Kredite gegen Demokratisierung? Nein, diszipliniert wie er nun einmal war, hätte auch – und gerade – Bebel der Dinge geharrt, die da kommen sollten.

Bebel war zur rechten Zeit gestorben. Hätte er den 4. August noch erlebt, sein Bild – das des Führers der einen und reinen Arbeiterbewegung – wäre verdunkelt worden. Und das Gefühl, daß eine mit seinem Namen verknüpfte Epoche versunken sei, gar nicht erst aufgekommen.

In einer Testamentsklausel aus dem Jahre 1899, erst nach dem Zweiten Weltkrieg veröffentlicht, bekannte Theodor Mommsen, er habe sein Leben lang gern „ein Bürger" sein wollen. Doch es sei nicht möglich gewesen in einer Nation, „bei der der einzelne, auch der Beste, über den Dienst im Gliede und den politischen Fetischismus nicht hinauskommt". Dem entgegenzuwirken, zeigte sich Bebels Sozialdemokratie nicht hinreichend willens und nicht hinreichend fähig. Dienst im Gliede und politischen Fetischismus schrieb sie auf ihre Weise groß, zu groß. Erst Bebels Erben haben, schmerzlicher noch als seine jüngeren Zeitgenossen, erfahren müssen, daß es naturnotwendigen Fortschritt nicht gibt, und lernen können, daß Freiheit mehr ist als ein Nebenprodukt sozialer Veränderung. Bebels Sozialdemokratie war ein sehr deutsches Wesen. Der Mann gehört in die Reihe der großen Arbeiterführer. Er gehört erst recht in die deutsche Ahnengalerie des 19. Jahrhunderts.

Nachweise

Die wenigen Dokumente aus Bebels Wetzlarer Zeit, gesammelt im Historischen Archiv der Stadt Wetzlar, sind veröffentlicht in:
Flender, Herbert. August Bebel in Wetzlar. Wetzlar 1984.

Die persönlichen Dokumente aus den Leipziger Jahren, darunter ein Stammbaum, der anläßlich Bebels Einbürgerung vorgelegt wurde, sowie Unterlagen, die aus dem Arbeiterbildungsverein rühren, finden sich im Stadtarchiv Leipzig. Sie sind zum Großteil publiziert in:
Leipziger Bebel-Dokumente. Ediert von Heidrun Förster und Manfred Unger mit einer Einführung von Wolfgang Schröder. Hrsg. vom Stadtarchiv Leipzig. Leipzig 1972.

Die Akte über seinen Kirchenaustritt befindet sich im Staatsarchiv Leipzig. Hier liegen auch die Polizeiakten der Stadt Leipzig, die Bebel betreffen.

Für die Frühzeit der Arbeiterbewegung in Leipzig ist eine farbige Quelle die Schrift: Die Gründung der Deutschen Sozialdemokratie. Eine Festschrift der Leipziger Arbeiter zum 23. Mai 1903. Leipzig 1903.

Die Protokolle über die Verhandlungen des Sächsischen Landtags befinden sich im Staatsarchiv Dresden, ebenso die Akten sächsischer Ministerien, der Polizei des Königreichs Sachsen und der sächsischen Gesandten, darunter der Bericht des Militärbevollmächtigten in Berlin über Bebels Besuch bei der Truppe.

Bebel hat – vor allem in der frühen Zeit – einen großen Teil seines Schriftverkehrs vernichtet; die Polizei wurde nicht fündig. Ein anderer Teil ist auf der Seite der Empfänger verloren gegangen. Erhalten haben sich Korrespondenzen aus der Zeit des Leipziger Arbeiterbildungsvereins und des Verbands Deutscher Arbeiterbildungsvereine, die Akte liegt in der Historischen Kommission zu Berlin und ist in wesentlichen Auszügen veröffentlicht:
Schraepler, Ernst. Der Zwölfer-Ausschuß des Vereinstages deutscher Arbeitervereine und die Ereignisse von 1866. Aus der Korrespondenzmappe des Vorsitzenden, Schneidermeister Staudinger. In: Jahrbuch für die Geschichte Mittel- und Ostdeutschlands. Berlin, Band 16/17 (1968) S. 211–253.

Von den siebziger Jahren an ist, wenn auch gewiß mit Lücken, ein sehr umfänglicher Briefwechsel überliefert, der im wesentlichen in zwei Archiven bewahrt wird. Auf dem Weg über das alte SPD-Archiv ist der größere und wichtigere Teil der Korrespondenz im Internationaal Instituut voor Sociale Geschiedenis (IISG) in Amsterdam gelandet, er ist auf Mikrofilm auch im Archiv der sozialen Demokratie der Friedrich-Ebert-Stiftung in Bonn einzusehen; es handelt sich neben

Briefen um einige Exzerpte. Der kleinere Teil befindet sich, durch Aufkäufe, Schenkungen und die Hinterlassenschaft von Bebels Tochter Frieda Simon, die 1948 in Zwickau starb, im Zentralen Parteiarchiv der SED in Berlin (DDR); hier handelt es sich neben Korrespondenzen um persönliche Dokumente, darunter das Testament, Ausarbeitungen, Prozeßmaterialien und Haftakten, Exzerpte, Presseausschnitte und das Goldene Buch. Ein winziger Teil des Bebelschen Briefwechsels ist über private Kanäle, zum Beispiel die Familie Liebknecht, ins Zentrale Parteiarchiv der KPdSU in Moskau gewandert, er ist in Kopie im Parteiarchiv der SED vorhanden. Einzelne Briefe sind über diverse Archive verstreut.

Veröffentlichte Briefwechsel

Victor Adler. Briefwechsel mit August Bebel und Karl Kautsky sowie Briefe von und an Ignaz Auer, Eduard Bernstein, Adolf Braun, Heinrich Dietz, Friedrich Ebert, Wilhelm Liebknecht, Hermann Müller und Paul Singer. Gesammelt und erläutert von Friedrich Adler. Wien 1954.

August Bebels Briefwechsel mit Friedrich Engels. Hrsg. von Werner Blumenberg. The Hague 1965.

August Bebels Briefwechsel mit Karl Kautsky. Hrsg. von Karl Kautsky Jr. Assen 1971.

Ferner

Eduard Bernsteins Briefwechsel mit Friedrich Engels. Hrsg. von Helmut Hirsch. Assen 1970.

Friedrich Engels' Briefwechsel mit Karl Kautsky. Hrsg. und bearbeitet von Benedikt Kautsky. Wien 1955.

Wilhelm Liebknecht. Briefwechsel mit Deutschen Sozialdemokraten. Band 1 1862–1878. Hrsg. und bearb. von Georg Eckert. Assen 1973.

Einzelne gedruckte Briefe

Dlubek, Rolf und Ursula Hermann. Briefe August Bebels an Robert Seidel. In: Beiträge zur Geschichte der Arbeiterbewegung (künftig: BzG) 12 (1970), S. 563–575.

Eckert, Georg. Aus der Korrespondenz des Braunschweiger Ausschusses der Sozialdemokratischen Arbeiterpartei. In: Braunschweigisches Jahrbuch, Band 45. Braunschweig 1964.

Gemkow, Heinrich. Briefe August Bebels aus den Jahren 1886/1887. In: BzG 2 (1960), S. 135–153.

Gemkow, Heinrich. Ein Brief August Bebels an polnische Sozialisten. In: BzG 3 (1961), S. 135–153.

Gemkow, Heinrich. Aus den Anfängen der Eisenacher Partei. Unveröffentlichte

Briefe August Bebels und August Geibs an Weimarer Sozialdemokraten. In: BzG 7 (1965) (= Sonderheft), S. 127–135.

Gemkow, Heinrich. Drei unbekannte Bebel-Briefe aus dem Gefängnis. In BzG 7 (1965), S. 44–53.

Gemkow, Heinrich. Im Kampf um die Gründung der Partei. Unveröffentlichte Briefe an Bebel und Liebknecht (Juni bis August 1869). In: BzG 11 (1969), S. 620–639.

Gemkow, Heinrich und Gudrun Hofmann. Aus den Anfängen der Eisenacher Partei. Unveröffentlichte Briefe an Bebel und Liebknecht. In: BzG 18 (1976), S. 843–871.

Globig, Martha. „Du bist der einzige, auf den ich meine Hoffnung setze...“ Ein unbekannter Brief August Bebels an Karl Liebknecht vom 10. November 1908. In: BzG 3 (1961) (= Sonderheft), S. 253–256.

Harstick, Hans-Peter. August Bebel zum Problem der Kriegsverhütung. Ein Brief an James Ramsey MacDonald vom 3. August 1908. In: Militärgeschichte, Militärwissenschaft und Konfliktforschung. Festschrift für Werner Hahlweg. Osnabrück 1977, S. 119–131.

Kampffmeyer, Paul. Bebel und die 1. Internationale nach Briefen von Bebel an Johann Philipp Becker. In: Vorwärts vom 18. 1. 1927.

Langewiesche, Dieter. Zur Frühgeschichte der deutschen Arbeiterbewegung. Unbekannte Briefe von August Bebel und Wilhelm Liebknecht aus den Jahren 1866, 1867 und 1869. In: Archiv für Sozialgeschichte 15 (1975), S. 301–321.

Offermann, Toni. August Bebel und der Deutsche Nationalverein. Unbekannte Briefe Bebels aus seiner Tätigkeit in der sächsischen Arbeiterbewegung 1865/66. In: Internationale Wissenschaftliche Korrespondenz 14 (1978), S. 312–328.

Seeber, Gustav. August Bebel und Max Hirsch. Vier unveröffentlichte Briefe August Bebels aus den Jahren 1865–1868. In: Zeitschrift für Geschichtswissenschaft (künftig ZfG) 14 (1966), S. 766–780.

Schwab, Herbert. August Bebels Antwort auf einen offenen Brief Conrad Haußmanns. In: BzG 15 (1973), S. 461–465.

Wittwer, Walter. Ein Brief August Bebels vom Dezember 1891. In: BzG 18 (1976), S. 648–653.

Weitere gedruckte Quellen

Der Hochverratsprozeß wider Liebknecht, Bebel, Hepner vor dem Schwurgericht zu Leipzig vom 11.–26. März 1872. Mit einer Einleitung von Wilhelm Liebknecht. Berlin 1894. Neudruck der 2. Auflage von 1911, hrsg. von Karlheinz Leidigkeit. Berlin (DDR) 1960.

Stenographische Berichte über die Verhandlungen des Reichstages des Norddeutschen Bundes (1867–1871) und des Deutschen Reichstages (1871–1913).

Berichte über die Verhandlungen der Vereinstage deutscher Arbeitervereine 1863 bis 1869.

Protokolle über die Kongresse der Sozialdemokratischen Arbeiterpartei (1869–1874), den Vereinigungskongreß der Sozialdemokraten Deutschlands (1875), die Sozialisten-Kongresse (1876–1877), die Kongresse der Deutschen Sozialdemokratie (1880 und 1883); Bericht über die Verhandlungen des Parteitages der Deutschen Sozialdemokratie (1887); Protokolle über die Verhandlungen der Parteitage der Sozialdemokratischen Partei Deutschlands (1890–1913).

Die Sozialdemokratie im Deutschen Reichstag.

Tätigkeitsberichte und Wahlaufrufe aus den Jahren 1871 bis 1893. Berlin 1909.

Die I. Internationale in Deutschland (1864–1872). Dokumente und Materialien. Berlin 1964.

Internationaler Sozialisten-Kongreß Paris 1889. Paris 1900. Amsterdam 1904 und Stuttgart 1907. Außerordentlicher Internationaler Sozialisten-Kongreß Basel 1912.

Protokoll der Verhandlungen des V. Kongresses der Gewerkschaften Deutschlands abgehalten zu Köln 1905.

Briefe, Reden und Schriften Bebels sind, in einer breiten Auswahl gesammelt:

August Bebel. Sein Leben in Dokumenten, Reden und Schriften. Hrsg. von Helmut Hirsch. Köln. Berlin 1968.

August Bebel. Schriften 1862–1913. 2 Bände. Hrsg. von Cora Stephan, o. O. 1980.

August Bebel. Ausgewählte Reden und Schriften. Band 1. 2/1. 2/2. 6 (= Aus meinem Leben). Hrsg. von Horst Bartel, Rolf Dlubek und Heinrich Gemkow. Berlin (DDR) 1978–1983.

Einen genauen Überblick über Bebels eigene Werke und Schriften gibt:

Schraepler, Ernst. August-Bebel-Bibliographie. Hrsg. von der Kommission für Geschichte des Parlamentarismus und der politischen Parteien. Düsseldorf 1962.

Seit Bebel 1883 Hamburger Reichstagsabgeordneter geworden war, legte die Hamburger Polizei ein regelrechtes Bebel-Archiv an, mit ausführlichen Mitschriften seiner Auftritte in der Hansestadt und einer sehr reichhaltigen Sammlung von Presseausschnitten – nicht nur aus Hamburger Blättern, sondern aus dem ganzen Reich. Die umfänglichen Bestände lagern im Staatsarchiv Hamburg (Polizeibehörde. Politische Polizei).

Auch die preußische Polizei legte ein Pressearchiv über Bebel an, es befindet sich heute, zusammen mit Akten der preußischen Polizei und des Innenministeriums, im Zentralen Staatsarchiv der DDR in Merseburg.

Im Schweizerischen Sozialarchiv in Zürich sind die Reste von Bebels Bibliothek aufgehoben; Bebel hatte testamentarisch verfügt, daß sich sein Enkel Werner aus seiner Bibliothek nehmen solle, was er möchte.

Zeitgenössische Periodica, deren Jahrgänge von Bedeutung sind und aus denen einzelne Artikel nicht aufgeführt werden

Arbeiter-Zeitung
Archiv für Sozialwissenschaft und Sozialpolitik
Archiv für die Geschichte des Sozialismus und der Arbeiterbewegung
Bremer Bürgerzeitung
Demokratisches Wochenblatt
Der Sozialdemokrat
Der Volksstaat
Der Wahre Jakob
Die Neue Gesellschaft
Die Neue Welt
Die Neue Zeit
Die Zukunft
Hamburger Echo
Jahrbuch für Sozialwissenschaft und Sozialpolitik
Sozialistische Monatshefte
Vorwärts

Eine Quelle besonderer Art ist das unveröffentlichte Skript von Kautsky-Sohn Benedikt über Bebel. Es handelt sich um eine biographische Skizze, die sich aus der intimen Kenntnis der Familie Kautsky speist, aber leider nur bis in die Anfänge des Sozialisten-Gesetzes geführt ist. Das Skript befindet sich im Verein für Geschichte der Arbeiterbewegung in Wien.

Ausgewählte Literatur

Es sind jeweils die benutzten Ausgaben angeführt, Aufsätze aus Sammelbänden nicht eigens wiedergegeben, Standardwerke zur Geschichte der Arbeiterbewegung nicht genannt und Nachschlagewerke auch nicht.

Adamy, Kurt. Wilhelm Liebknecht 1826–1900. Daten aus seinem Leben und seiner politischen Tätigkeit. Potsdam 1976

Arbeiterbewegung und Geschichte. Festschrift für Shlomo Na'aman zum 70. Geburtstag. Hrsg. von Hans-Peter Harstick. Arno Herzig. Hans Pelger. Trier 1983

Arbeiterbewegung und Reichsgründung. Hrsg. von Horst Bartel. Berlin (DDR) 1971

Auer, Ignaz. Nach zehn Jahren. Material und Glossen zur Geschichte des Sozialistengesetzes. Nürnberg 1913

August Bebel. Eine Biographie. Hrsg. von einem Autorenkollektiv unter Leitung von Horst Bartel. Berlin (DDR) 1963

Balabanoff, Angelica. Erinnerungen und Erlebnisse. Berlin 1927

Balser, Frolinde. Sozial-Demokratie 1848/49–1863. Die erste deutsche Arbeiterorganisation „Allgemeine Arbeiterverbrüderung" nach der Revolution. 2 Bände. Stuttgart 1962

Bartel, Horst. August Bebels Stellung zur Vaterlandsverteidigung. In: BzG 5 (1963), S. 846–860

Bartel, Horst. Die Durchsetzung des Marxismus in der deutschen Arbeiterbewegung im letzten Drittel des 19. Jahrhunderts. Probleme der zweiten Hauptperiode der Geschichte der deutschen Arbeiterbewegung. In: ZfG 14 (1966), S. 1334–1371

Bartel, Horst. Die Linken in der deutschen Sozialdemokratie im Kampfe gegen Militarismus und Krieg. Berlin (DDR) 1958

Bartel, Horst. Marx und Engels im Kampf um ein revolutionäres deutsches Parteiprogramm 1879 bis 1890. Zu einigen Problemen der Hilfe von Karl Marx und Friedrich Engels für den Kampf des „Sozialdemokrat" gegen das Sozialisten-Gesetz. Berlin (DDR) 1961

Bartel, Horst. Zur Auseinandersetzung zwischen Marxismus und Revisionismus in der deutschen Arbeiterbewegung. In: BzG 19 (1977), S. 199–218

Bartel, Horst. Zur Politik und zum Kampf der deutschen Sozialdemokratie gegen die Bismarcksche Sozialreformpolitik und gegen Rechtsopportunismus in den Jahren 1881/84. In: ZfG 6 (1958), S. 1089–1093

Bartel, Horst und Annelies Laschitza. Walter Schmidt. Reform und Revolution im

Ringen um die Konstituierung der Arbeiterklasse. Zum politisch-ideologischen Formierungsprozeß des Proletariats in der zweiten Hälfte des 19. und zu Beginn des 20. Jahrhunderts. In: ZfG 23 (1975), S. 636–650

Bartel, Horst und Wolfgang Schröder. Gustav Seeber. Heinz Wolter. Der Sozialdemokrat 1879–1890. Ein Beitrag zur Rolle des Zentralorgans im Kampf der revolutionären Arbeiterbewegung gegen das Sozialisten-Gesetz. Berlin 1975

Beike, Heinz. Die deutsche Arbeiterbewegung und der Krieg von 1870/1871. Berlin 1957

Belli, Joseph. Die Rote Feldpost unterm Sozialistengesetz. Berlin. Bonn 1978

Benser, Günter. Zur Herausbildung der Eisenacher Partei. Eine Untersuchung über die Entstehung der Arbeiterbewegung im sächsischen Textilgebiet Glauchau-Meerane. Berlin 1956

Bergsträßer, Ludwig. August Bebel und die Anfänge der deutschen Arbeiterbewegung. In: Süddeutsche Monatshefte 9 (1911/1912), S. 645–661

Bernstein, Eduard. Aus den Jahren meines Exils. Berlin 1918

Bernstein, Eduard. Geschichte der Berliner Arbeiterbewegung. Ein Kapitel zur Geschichte der deutschen Sozialdemokratie. 3 Bände. Glashütten 1972

Bernstein, Eduard. Ignaz Auer. Eine Gedenkschrift. Berlin 1907

Bernstein, Eduard. Sozialdemokratische Lehrjahre. Berlin. Bonn 1978

Beyer, Marga. August Bebels Statutenentwurf aus dem Jahre 1890. In: BzG 19 (1977), S. 421–429

Birker, Karl. Die deutschen Arbeiterbildungsvereine 1840–1870. Mit einem Vorwort von Ernst Schraepler. Berlin 1973

Bley, Helmut. Bebel und die Strategie der Kriegsverhütung 1904–1913. Eine Studie über Bebels Geheimkontakte mit der britischen Regierung und Edition der Dokumente. Göttingen 1975

Blos, Wilhelm. Denkwürdigkeiten eines Sozialdemokraten. 2 Bände. München 1914 und 1919

Brandes, Georg. Deutsche Persönlichkeiten. München 1902

Brandis, Kurt (d. i. Karl Friedrich Brockschmidt). Die deutsche Sozialdemokratie bis zum Fall des Sozialisten-Gesetzes. Leipzig 1931

Brandt, Willy. August Bebel. Über Bündnisfähigkeit der sozialen Demokratie. Rede zur Eröffnung der August-Bebel-Ausstellung in Berlin. In: Die Neue Gesellschaft/Frankfurter Hefte 35 (1988), S. 233–241

Branting, Hjalmar. Tal och skrifter. Stockholm 1926

Braun, Lily. Memoiren einer Sozialistin. Berlin. Bonn 1985

Braun-Vogelstein, Julie. Heinrich Braun. Ein Leben für den Sozialismus. Stuttgart 1967

Braunthal, Julius. Victor und Friedrich Adler. Zwei Generationen Arbeiterbewegung. Wien 1965

Bülow, Bernhard von. Denkwürdigkeiten. 4 Bände. Berlin 1930–31

Calkins, Kenneth R. Hugo Haase. Demokrat und Revolutionär. Aus dem Amerikanischen von Arthur Mandel. Berlin 1976

Calkins, Kenneth R. The Election of Hugo Haase to the Co-chairmanship of the

SPD and the Crisis of Prewar German Social Democracy. In: International Review of Social History (IRSH) 13 (1968), S. 174 ff.

Conze, Werner. Möglichkeiten und Grenzen der liberalen Arbeiterbewegung in Deutschland. Das Beispiel Schulze-Delitzschs. Heidelberg 1965

Conze, Werner. Vom „Pöbel zum Proletariat". Sozialgeschichtliche Voraussetzungen für den Sozialismus in Deutschland. In: Vierteljahrsschrift für Sozial- und Wirtschaftsgeschichte 41 (1954), S. 333–364

Conze, Werner und Dieter Groh. Die Arbeiterbewegung in der nationalen Bewegung. Die deutsche Sozialdemokratie vor, während und nach der Reichsgründung. Stuttgart 1966

Das kaiserliche Deutschland. Politik und Gesellschaft 1870–1918. Hrsg. von Michael Stürmer. Kronberg/Ts. 1977

Die großpreußisch-militaristische Reichsgründung 1871. Voraussetzungen und Folgen. 2 Bände. Hrsg. von Ernst Engelberg und Horst Bartel. Berlin (DDR) 1971

Die Konstituierung der deutschen Arbeiterklasse von den dreißiger bis zu den siebziger Jahren des 19. Jahrhunderts. Hrsg. von Hartmut Zwahr. Berlin (DDR) 1981

Dlubek, Rolf. Der Triumph eines revolutionären Vermächtnisses und das Elend seiner Verfälscher. Zum 100. Jahrestag des Eisenacher Kongresses. In: Einheit 8 (1969), S. 991–1004

Dlubek, Rolf. Die Rolle des „Kapital" bei der Durchsetzung des Marxismus in der deutschen Arbeiterbewegung. In: Beiträge zur Marx-Engels-Forschung. Berlin (DDR) 1968, S. 19–72

Dlubek, Rolf und Ursula Hermann. Die Gründung der Sozialdemokratischen Arbeiterpartei in Eisenach 1869. In: Geschichtsunterricht und Staatsbürgerkunde 26 (1984), S. 817–824

Eckert, Georg. Wilhelm Bracke. In: Niedersächsische Lebensbilder. Band 4. Hildesheim 1960

Eichler, Ernst. August Bebel über die Rolle der Arbeiterbildungsvereine und über sozialistische Schulpolitik. In: Jahrbuch für Erziehungs- und Schulgeschichte 3 (1963), S. 119–138

Eisner, Kurt. Wilhelm Liebknecht. Sein Leben und Wirken. Berlin 1900

Engelberg, Ernst. Deutschland 1849–1871. Von der Niederlage der bürgerlich-demokratischen Revolution bis zur Reichsgründung. Berlin (DDR) 1972

Engelberg, Ernst. Deutschland von 1871 bis 1897. Deutschland in der Übergangsphase zum Imperialismus. Berlin (DDR) 1965

Engelberg, Ernst. Die Rolle von Marx und Engels bei der Herausbildung einer selbständigen deutschen Arbeiterpartei (1864–1869) In: ZfG 2 (1954), S. 509–537 und 637–665

Engelberg, Ernst. Revolutionäre Politik und Rote Feldpost 1878–1890. Berlin 1959

Evolution und Revolution in der Weltgeschichte. Ernst Engelberg zum 65. Geburtstag. Hrsg. von Horst Bartel. Heinz Helmert. Wolfgang Küttler und Gustav Seeber. 2 Bände. Berlin (DDR) 1976

Europäische Arbeiterbewegungen im 19. Jahrhundert. Deutschland, Österreich, England und Frankreich. Hrsg. von Jürgen Kocka. Göttingen 1983

Eyck, Erich. Der Vereinstag Deutscher Arbeitervereine 1863–1868. Ein Beitrag zur Entstehungsgeschichte der deutschen Arbeiterbewegung. Berlin 1904

Fesser, Gerd. Linksliberalismus und Arbeiterbewegung. Die Stellung der Deutschen Fortschrittspartei zur Arbeiterbewegung 1861–1866. Berlin (DDR) 1976

Fischer, Wolfram. Armut in der Geschichte. Erscheinungsformen und Lösungsversuche der „Sozialen Frage" in Europa seit dem Mittelalter. Göttingen 1982

Frank, Ludwig. Aufsätze, Reden und Briefe. Ausgew. und eingel. von Hedwig Wachenheim. Berlin o. J.

Fricke, Dieter. Auf dem Weg nach Mannheim. In: ZfG 25 (1977), S. 430–450

Fricke, Dieter. Die deutsche Arbeiterbewegung 1869–1914. Ein Handbuch über ihre Organisation und Tätigkeit im Klassenkampf. 2 Bände. Berlin (DDR) 1987

Fülberth, Georg. Proletarische Partei und bürgerliche Literatur. Auseinandersetzungen in der deutschen Sozialdemokratie der II. Internationale über Möglichkeiten und Grenzen einer sozialistischen Literaturpolitik. Neuwied und Berlin 1972

Gall, Lothar. Bismarck. Der weiße Revolutionär. Frankfurt am Main. Berlin. Wien 1980

Gemkow, Heinrich. August Bebel. Leipzig 1969

Gemkow, Heinrich. Friedrich Engels' Hilfe beim Sieg der deutschen Sozialdemokratie über das Sozialisten-Gesetz. Berlin (DDR) 1957

Gemkow, Heinrich. Paul Singer, ein bedeutender Führer der deutschen Arbeiterbewegung. Mit einer Auswahl aus seinen Reden und Schriften. Berlin 1957

Gerlach, Hellmut von. August Bebel. Ein biographischer Essay. München 1909

Gestalten der Bismarckzeit. Hrsg. von Gustav Seeber. Berlin (DDR) 1978

Gilcher-Holthey, Ingrid. Das Mandat des Intellektuellen. Karl Kautsky und die Sozialdemokratie. o. O. und o. J. (= Berlin 1986) (Hier weiterführende Angaben zu Kautskys Schriften)

Goldenberg, Boris. Beiträge zur Soziologie der deutschen Vorkriegssozialdemokratie. Berlin 1931

Groh, Dieter. Negative Integration und revolutionärer Attentismus. Die deutsche Sozialdemokratie am Vorabend des Ersten Weltkrieges. Frankfurt/M. Berlin. Wien 1974

Heckart, Beverly. From Bassermann to Bebel. The Grand Bloc's Quest for Reform in the Kaiserreich 1900–1914. New Haven and London 1974

Heidegger, Hermann. Die deutsche Sozialdemokratie und der nationale Staat 1870–1920. Göttingen 1956

Herbst des Alten Handwerks. Meister, Gesellen und Obrigkeit im 18. Jahrhundert. Hrsg. von Michael Stürmer. München. Zürich 1986

Hermann, Ursula und Karl Brundig. Die Agitationsreise August Bebels durch Thüringen im Juni 1869. Zur Vorbereitung der Sozialdemokratischen Arbeiterpartei. In: ZfG 18(1970), S. 899–912

Heuss, Theodor. Erinnerungen 1905–1933. Tübingen 1963

Heuss, Theodor. Friedrich Naumann. Der Mann, das Werk, die Zeit. Stuttgart und Tübingen 1949

Hirsch, Helmut. August Bebel. Mit Selbstzeugnissen und Bilddokumenten. Reinbek bei Hamburg 1988

Hirsch, Helmut. Rosa Luxemburg. In Selbstzeugnissen und Bilddokumenten. Reinbek bei Hamburg 1969

Hochdorf, Max. August Bebel. Geschichte einer politischen Vernunft. Berlin 1932

Industrialisierung, sozialer Wandel und Arbeiterbewegung in Deutschland und Polen bis 1914. XVI. deutsch-polnische Schulbuchkonferenz der Historiker 24. bis 29. Mai 1983 in Warschau. Hrsg. von Karl-Ernst Jeismann. Braunschweig o. J.

Innenpolitische Probleme des Bismarck-Reiches. Hrsg. von Otto Pflanze unter Mitarbeit von Elisabeth Müller-Luckner. München. Wien 1983

Internationales Jahrbuch für Politik und Arbeiterbewegung. Jahrgang 1913. Berlin 1914

Jansen, Heinrich. Georg von Vollmar. Eine politische Biographie. Düsseldorf 1958 (Hier bibliographische Angaben)

Jung, Werner. August Bebel. Deutscher Patriot und internationaler Sozialist. Seine Stellung zu Patriotismus und Internationalismus. Pfaffenweiler 1986

Kampffmeyer, Paul. Unter dem Sozialisten-Gesetz. Berlin 1928

Kampffmeyer, Paul und Bruno Altmann. Vor dem Sozialistengesetz. Krisenjahre des Obrigkeitsstaates. Berlin 1928

Kautsky, Karl. Erinnerungen und Erörterungen. Hrsg. und bearb. von Benedikt Kautsky. Den Haag 1960

Keil, Wilhelm. Erlebnisse eines Sozialdemokraten. 2 Bände. Stuttgart 1947/48

Klühs, Franz. August Bebel. Der Mann und sein Werk. Berlin 1923

Kocka, Jürgen. Klassen oder Kultur? Durchbrüche und Sackgassen in der Arbeitergeschichte. In: Merkur 36 (1982), S. 955–965

Kötzschke, Rudolf und Hellmut Kretzschmar. Sächsische Geschichte. Werden und Wandlungen eines Deutschen Stammes und seiner Heimat im Rahmen der Deutschen Geschichte. 2 Bände. Dresden 1935

Kundel, Erich. Marx und Engels im Kampf um die revolutionäre Arbeitereinheit. Zur Geschichte des Gothaer Vereinigungskongresses von 1875. Berlin 1962

Lademacher, Horst. Zu den Anfängen der deutschen Sozialdemokratie 1863–1878. Probleme ihrer Geschichtsschreibung. In: International Review of Social History 4 (1959), S. 239–260 und 367–393

Lange, Annemarie. Berlin zur Zeit Bebels und Bismarcks. Berlin 1972

Laufenberg, Heinrich. Geschichte der Arbeiterbewegung in Hamburg, Altona und Umgebung. 2 Bände. Hamburg 1911 und 1931

Lehmann, Hans Georg. Die Agrarfrage in der Theorie und Praxis der deutschen und internationalen Sozialdemokratie. Vom Marxismus zum Revisionismus und Bolschewismus. Tübingen 1970

Leidigkeit, Karl-Heinz. Wilhelm Liebknecht und August Bebel in der deutschen Arbeiterbewegung 1862 bis 1869. Berlin (DDR) 1958

Leipart, Theodor. Carl Legien. Köln 1981

Lenin. Stalin über August Bebel. Mit einem Geleitwort von Otto Grotewohl. Berlin 1948

Leuschen-Seppel, Rosemarie. Sozialdemokratie und Antisemitismus im Kaiserreich. Die Auseinandersetzungen der Partei mit den konservativen und völkischen Strömungen des Antisemitismus 1871–1914. Bonn 1978

Lidtke, Vernon. The Outlawed Party: Social Democracy in Germany 1878–1890. Princeton 1966

Lipinski, Richard. Die Geschichte der sozialistischen Arbeiterbewegung in Leipzig. Leipzig 1931

Lösche, Peter. Arbeiterbewegung und Wilhelminismus. Sozialdemokratie zwischen Anpassung und Spaltung. In: Geschichte in Wissenschaft und Unterricht 20 (1969), S. 519–533

Lucas, Erhard. Vom Scheitern der deutschen Arbeiterbewegung. Basel und Frankfurt am Main 1983

Lutz, Heinrich. Zwischen Habsburg und Preußen. Deutschland 1815–1866. Berlin 1985

Maehl, William H. August Bebel. Shadow Emperor of the German Workers. Philadelphia 1980

Mann, Golo. Deutsche Geschichte des neunzehnten und zwanzigsten Jahrhunderts. Frankfurt 1958

Mann, Golo. Hundert Jahre Deutsche Sozialdemokratie. In: Neue Gesellschaft 10 (1963), S. 183–189

Marxismus und die deutsche Arbeiterbewegung. Studien zur sozialistischen Bewegung im letzten Drittel des 19. Jahrhunderts. Hrsg. von der Deutschen Akademie der Wissenschaften. Berlin (DDR) 1970

Matthias, Erich. Kautsky und der Kautskyanismus. Die Funktion der Ideologie in der deutschen Sozialdemokratie vor dem Ersten Weltkrieg. In: Marxismusstudien. Hrsg. von Iring Fetscher. 2. Folge (1957), S. 151–197

Mayer, Gustav. Arbeiterbewegung und Obrigkeitsstaat. Hrsg. von Hans-Ulrich Wehler. Bonn-Bad Godesberg 1972

Mayer, Gustav. Erinnerungen. Vom Journalisten zum Historiker der deutschen Arbeiterbewegung. Zürich 1949

Mayer, Gustav. Friedrich Engels. Eine Biographie. 2 Bände. Haag 1934

Mayer, Gustav. Johann Baptist von Schweitzer und die Sozialdemokratie. Jena 1909

Mayer, Gustav. Radikalismus und bürgerliche Demokratie. Frankfurt am Main 1969 (darin der Aufsatz aus dem Jahre 1912 „Die Trennung der proletarischen von der bürgerlichen Demokratie in Deutschland 1863–1870")

Mehring, Franz. Geschichte der deutschen Sozialdemokratie. Erster und zweiter Teil. In: F. M. Gesammelte Schriften Band 1 und 2. Berlin (DDR) 1976

Meyer, Thomas. Bernsteins konstruktiver Sozialismus. Eduard Bernsteins Beitrag zur Theorie des Sozialismus. Berlin und Bonn 1977 (Mit bibliographischen Angaben auch zum Revisionismusstreit)

Miller, Susanne. Das Problem der Freiheit im Sozialismus. Freiheit, Staat und Revolution in der Programmatik der Sozialdemokratie von Lassalle bis zum Revisionismusstreit. Frankfurt/M. 1964

Mommsen, Hans. Arbeiterbewegung und Nationale Frage. Ausgewählte Aufsätze. Göttingen 1979

Morgan, Roger. The German Social Democrats and the First International 1864–1872. Cambridge 1965

Müller, Dirk H. Idealismus und Revolution. Zur Opposition der Jungen gegen den Sozialdemokratischen Parteivorstand 1890 bis 1894. Berlin 1975

Na'aman, Shlomo. Demokratische und soziale Impulse in der Frühgeschichte der deutschen Arbeiterbewegung der Jahre 1862/63. Wiesbaden 1969

Na'aman, Shlomo. Die Konstituierung der deutschen Arbeiterbewegung 1862/1863. Assen 1975

Na'aman, Shlomo. Lassalle. Hannover 1970

Neitzel, Sarah C. August Bebel. Populist Reformer or Marxist Revolutionary? Phil. Diss. Texas Techn. University 1974

Nettl, Peter. Rosa Luxemburg. Köln. Berlin 1967

Neumann, Ernst Wilhelm. August Bebel. Mensch und Werk. Wedel in Holstein 1947

Nipperdey, Thomas. Die Organisation der deutschen Parteien vor 1918. Düsseldorf 1961

Noske, Gustav. Erlebtes aus Aufstieg und Niedergang einer Demokratie. Zürich 1947

Offermann, Toni. Arbeiterbewegung und liberales Bürgertum in Deutschland 1850–1863. Bonn 1979

Pretsch, Gerhard. Über das Wirken Bebels in Leipzig und Sachsen. In: Sächsische Heimatblätter 10 (1964), S. 2–10

Revolutionäres Parteiprogramm – Revolutionäre Arbeitereinheit. Studien zum Kampf um die Vereinigung des Marxismus mit der Arbeiterbewegung. Hrsg. vom Institut für Marxismus-Leninismus beim ZK der SED und vom Institut für Marxismus-Leninismus beim ZK der KPdSU. Berlin (DDR) 1975

Ritter, Gerhard A. Arbeiterbewegung, Parteien und Parlamentarismus. Aufsätze zur deutschen Sozial- und Verfassungsgeschichte des 19. und 20. Jahrhunderts. Göttingen 1976

Ritter, Gerhard A. Staat, Arbeiterschaft und Arbeiterbewegung in Deutschland. Vom Vormärz bis zum Ende der Weimarer Republik. Berlin. Bonn 1980

Ritter, Gerhard A. Die Arbeiterbewegung im Wilhelminischen Reich. Die Sozialdemokratische Partei und die Freien Gewerkschaften 1890–1900. Berlin 1963

Roth, Günther. The Social Democrats in Imperial Germany. A Study in Working Class Isolation and National Integration. Totowa, New Jersey 1963

Rothe, Rudolf. Zum Streit um die Dampfersubvention. In: Archiv für Sozialgeschichte 1 (1961) S. 109–118

Saul, Klaus. Staat, Industrie, Arbeiterbewegung im Kaiserreich. Zur Innen- und Sozialpolitik des Wilhelminischen Deutschland 1903–1914. Düsseldorf 1974

Scharlau, Winfried B. und Zbynek A. Zeman. Freibeuter der Revolution. Parvus-Helphand. Eine politische Biographie. Köln 1964

Schauer, Rolf. Revolutionäre Taktik der deutschen Sozialdemokratie unter dem Sozialistengesetz. Bemerkungen zum Freiberger Geheimbundprozeß 1886 und zu Bebels Haft in Zwickau. In: Beiträge zur Archivwissenschaft und Geschichtsforschung. Schriftenreihe des Staatsarchivs Dresden. Band 10. Weimar 1977. S. 211–228

Scheidemann, Philipp. Memoiren eines Sozialdemokraten. 2 Bände. Dresden 1928

Schieder, Theodor. Staat und Gesellschaft im Wandel unserer Zeit. Studien zur Geschichte des 19. und 20. Jahrhunderts. München 1958

Schieder, Wolfgang. Anfänge der deutschen Arbeiterbewegung. Die Auslandsvereine im Jahrzehnt nach der Julirevolution von 1830. Stuttgart 1963

Schmidt, Walter und Rolf Dlubek. Die Herausbildung der marxistischen Partei der deutschen Arbeiterklasse. Konzeptionelle Fragen der ersten Hauptperiode der Geschichte der deutschen Arbeiterbewegung. In: ZfG 14 (1966) S. 1282–1333

Schorske, Ernst. Die große Spaltung. Die deutsche Sozialdemokratie 1905–1917. Berlin 1981

Schraepler, Ernst. August Bebel. Sozialdemokrat im Kaiserreich. Göttingen 1966

Schraepler, Ernst. Handwerkerbünde und Arbeitervereine 1830–1853. Die politische Tätigkeit deutscher Sozialisten von Wilhelm Weitling bis Karl Marx. Berlin. New York 1972

Schröder, Hans-Christoph. Sozialismus und Imperialismus. Die Auseinandersetzung der deutschen Sozialdemokratie mit dem Imperialismusproblem und der „Weltpolitik" vor 1914. Hannover 1975

Schröder, Wilhelm. Bismarcks Postdampferlinien und die Sozialdemokratie. In: Wissenschaftliche Annalen 6(1957), S. 5–27

Schröder, Wilhelm und Gustav Seeber. Zur Vorbereitung des Erfurter Programms. In: ZfG 14 (1966), S. 1117–1147

Seeber, Gustav. Die deutsche Sozialdemokratie und die Entwicklung ihrer revolutionären Parlamentstaktik von 1867 bis 1893. Einführung in die originalgetreue Reproduktion des Buches „Die Sozialdemokratie im Deutschen Reichstag". Berlin (DDR) 1966

Seeber, Gustav. Lenin über die deutsche Arbeiterbewegung von 1871 bis zum Ausgang des 19. Jahrhunderts. In: BzG 12 (1970), S. 191–214

Seeber, Gustav. Zwischen Bebel und Bismarck. Zur Geschichte des Linksliberalismus in Deutschland 1871–1893. Berlin (DDR) 1965

Seeber, Gustav und Heinz Wolter. 1870/1871. Die Gründung des Deutschen Reiches und die Arbeiterbewegung. In: BzG 13 (1971), S. 3–22

Seidel, Jutta. Zu einigen Aspekten der proletarisch-internationalistischen Position der deutschen Sozialdemokratie im letzten Drittel des 19. Jahrhunderts. In: BzG 12 (1970), S. 723–733

Severing, Carl. Mein Lebensweg. 2 Bände. Köln 1950

Sozialdemokratie und Sozialismus. August Bebel und die Sozialdemokratie heute. Köln 1974

Stampfer, Friedrich. Erfahrungen und Erkenntnisse. Köln 1957

Steinberg, Hans-Josef. Sozialismus und deutsche Sozialdemokratie. Zur Ideologie der Partei vor dem 1. Weltkrieg. Berlin. Bonn 1976

Steiner, Herbert. Die Arbeiterbewegung Österreichs 1867–1889. Beiträge zu ihrer Geschichte von der Gründung des Wiener Arbeiterbildungsvereines bis zum Einigungsparteitag Hainfeld. Wien 1964

Stephan, Cora. „Genossen, wir dürfen uns nicht von der Geduld hinreißen lassen!" Aus der Urgeschichte der Sozialdemokratie 1862–1878. Frankfurt am Main 1977

Stürmer, Michael. Arbeit und soziale Sicherheit in Alteuropa. In: Zur Geschichte der Arbeiterbewegung in Bayern. Hrsg. vom Germanischen Nationalmuseum Nürnberg. Nürnberg 1985, S. 11–23

Stürmer, Michael. Das ruhelose Reich. Deutschland 1866–1918. Berlin 1983

Ulrich, Carl. Erinnerungen des ersten hessischen Staatspräsidenten, hrsg. von Ludwig Bergsträsser. Offenbach 1953

Unger, Manfred. Leipzigs Stellung in der Deutschen Geschichte. In: Sächsische Heimatblätter 10 (1964), S. 141–157

Varain, Heinz Josef. Freie Gewerkschaften, Sozialdemokratie und Staat. Die Politik der Generalkommission unter der Führung Legiens (1890–1920), Düsseldorf 1956

Victor, Walter. Ein Kranz auf Bebels Grab. Skizze zur Geschichte der deutschen Arbeiterbewegung. Weimar 1948

Wachenheim, Hedwig. Die deutsche Arbeiterbewegung 1844 bis 1914. Köln und Opladen 1967

Weber, Rolf. Die Entwicklung der sächsischen Arbeitervereine 1848/49. In: BzG 10 (1968), S. 345–372

Weber, Rolf und Wolfgang Enke. Rolf Vettermann. Die Anfänge der proletarischen Bewegung in Leipzig, Altenburg und Erlenburg. Hrsg. von der SED-Bezirksleitung Leipzig. Kommission zur Erforschung der Geschichte der örtlichen Arbeiterbewegung o. O. und o. J.

Wehler, Hans-Ulrich. Das deutsche Kaiserreich 1871–1918. Göttingen 1975.

Wehler, Hans-Ulrich. Sozialdemokratie und Nationalstaat. Nationalitätenfragen in Deutschland 1840–1914. Göttingen 1971

Wendel, Hermann. August Bebel. Ein Lebensbild für deutsche Arbeiter. Berlin 1913

Witt, Peter-Christian. Friedrich Ebert. Parteiführer, Reichskanzler. Volksbeauftragter. Reichspräsident. Bonn 1987

Wittwer, Walter. Streit um Schicksalsfragen. Die deutsche Sozialdemokratie zu Krieg und Vaterlandsverteidigung 1907–1914. Berlin (DDR) 1967

Wolter, Heinz. Alternative zu Bismarck. Die deutsche Sozialdemokratie und die Außenpolitik des preußisch-deutschen Reiches 1878 bis 1890. Berlin (DDR) 1970

Wrona, Vera. Die theoretisch-weltanschauliche Entwicklung August Bebels. In: ZfG 16 (1968), S. 347–362

Zeise, Roland. Der Beitrag der Arbeiterbewegung in Sachsen zur Herausbildung der marxistischen deutschen Arbeiterpartei 1848/49 bis 1869. In: Sächsische Heimatblätter 29 (1983), S. 193–200

Zwahr, Hartmut. Bourgeoisie und Proletariat am Beginn der bürgerlichen Umwälzung in Sachsen. Die Septemberereignisse von 1830 und die Anfänge der deutschen Arbeiterbewegung. In: ZfG 25 (1977), S. 656–675

Zwahr, Hartmut. Proletariat und Bourgeoisie in Deutschland. Studien zur Klassendialektik. Köln 1980

Zwahr, Hartmut. Zur Klassenkonstituierung von Bourgeoisie und Proletariat in Deutschland. In: Zeitgeschichte 9 (1981), S. 151–163

Zwahr, Hartmut. Zur Strukturanalyse der sich konstituierenden deutschen Arbeiterklasse. In: BzG 18 (1976), S. 605–628

Namensregister

Die kursiv gesetzten Seitenzahlen verweisen auf Abbildungen.

413

Die Autorin

Brigitte Seebacher-Brandt, die Frau von Willy Brandt, geb. 1946, studierte in Berlin Germanistik und Geschichte. Sie arbeitete bei Radio Bremen und dem Sender Freies Berlin, wurde 1972 Sprecherin der Berliner SPD und ein Jahr später Chefredakteurin der „Berliner Stimme". Sie hat 1984 promoviert. Im selben Jahr erschien ihr Buch „Ollenhauer. Biedermann und Patriot".

CIP-Titelaufnahme der Deutschen Bibliothek

Seebacher-Brandt, Brigitte:
Bebel : Künder u. Kärrner im Kaiserreich / Brigitte Seebacher-Brandt. – Berlin ; Bonn : Dietz, 1988
ISBN 3–8012–0137–6